土地法の
歴史と課題

田山輝明 著

（土地法研究第 3 巻）

成文堂

まえがき

　ここに、『土地法の歴史と課題』（土地法研究第3巻）を出版するにあたって、初めにその内容について若干の感想を記しておきたい。
　私が、昨年、早稲田大学を定年退職してからすでに1年以上が経過した。ここに収録した論文などは、定年前に執筆したものであるが、定年直前までの12年間は、大学行政に従事していたため（法学部長として4年、大学常任理事として8年）、その間も執筆活動は中断しなかったが、論文集のような形で公刊することはかなわなかった。ようやくそれが可能になり、研究者としては、大変ありがたいことだと思っている。
　第1編は、入会権に関する論文であるが、厳密に言えば、その特殊形態としての「入会権的墓地利用権」に関するものである。入会権については、かつて米軍の演習地（山梨県）内の入会権について、書いたことはあったが（拙著『米軍基地と市民法』、一粒社）、その後、この問題はフォローしていない。最近になって、墓地利用権に関する論文（最初は鑑定意見として）を執筆する必要性が生じたため、入会権的性格を有する墓地利用権を研究するようになった。これは、入会権としては特殊形態であるが、一方、墓地利用権としては、最も歴史的に重視されてしかるべきものである。
　第2編「借地関係の近代化と現代的課題」の第1章は、日本民法典の賃貸借関係の関連規定を正確に理解するために、その誕生の歴史を再確認しようとしたものである。時代の経過と共にやむを得ないとは思うが、賃貸借の分野においても、我々の世代にとっては「常識」と思われる事項が若い世代にとってはもはやそうではないことを痛感させられることがしばしばあるので、簡潔に書き残しておきたいと考えた次第である。本章は、北京の社会科学院が発行した「星野英一先生の追悼論文集」に収録されているが、日本では公表していない。
　第2章は、第1章で扱った明治・大正時代以後の借地法制の展開を簡潔にフォローしたものである。まさに現代的な「サブリース」（第3章）の問題

第3章は、サブリース契約に関する最高裁判決が出される直前に、鑑定意見として執筆したものであるが、高裁への提出の直後に、最高裁判決が出されてしまった。結論的には、最高裁判決とは異なるが、論文全体の趣旨は今でも維持できるものと考えている。

　第3編「土地の継続的利用権をめぐる現代的諸問題」第1章「継続的土地利用と黙示の契約」は、もともと鑑定意見として執筆したものである。正式な利用契約に基づかない土地の利用契約は、時代を遡ればさかのぼるほど多かったのではないかと思われる。この問題は、民法レベルで考察すべき場合や、契約締結以後に関連の特別法が制定された場合など、が考えられるため、法的問題点は複雑である。

　同編第2章「補論・農業生産調整枠とその権利化」は、それ自体は、農業生産の調整枠の問題であるが、本質的には、土地における農業生産（利用）の問題であると思われるので、ここに収録した。ドイツにおいて経験された牛乳とブドウの生産調整に関する理論と制度を日本のコメの生産調整に応用してみた「仮説」である。コメに限らず、生産調整がなされる場合には、同様の問題が生じうる。

　第4編「不動産に関する判例評釈」の第1章は、「宅地・通路に関する判例評釈」である。これに次いで、不動産のうち農地に関するものは、第2章に収録した。本編で扱った判例は、いずれも民法上の論点に直結しているので、関連する論点について、今後も参照していただけるように配慮したつもりである。

　第5編「ドイツ土地法上の諸問題」の第1章「災害復興の手段としての区画整理」は、最初は、阪神淡路大震災の直後に弁護士会の主催で行われたシンポジュームで発表したもの（ハンブルクの災害復興）であったが、公表の機会がないままになっていた。2011年3月の東日本大震災の後に、日本土地法学会で、その一部を含めて発表の機会が与えられたものである。

　同編第2章「土地所有思想と公共思想」は、ドイツ法を研究してきた民法専攻者としての、ライフワーク的テーマである。地表の一部である土地を、個人が、しかも広大に所有するということが何故法的に許されるのか、この

問題はおそらくは永遠の「謎」であろう。諸外国の中には、私的所有を廃止したところもあるが、このような問題は長いスパンで観察しなければならない。おそらくは、土地の私的所有を認めるには、一定の社会的義務を伴うことを認めることが前提となろう。この問題について、近代ドイツの法思想が日本においてどのように受け入れられたか、また受け入れられるべきか、を検討してみた。

　本編第3章「農村計画と農村整備」は、多くの国に都市計画があるように、農村計画も必要なのではないか、という基本的観点に立って、農村計画学会などで、北村貞太郎先生（当時、京都大学教授）等と共同研究をしたことがあったが、その成果を、農業法学会の皆さんにも知っていただきたいと思って、行った学会報告である。

　第6編・補論『過去60年のドイツ連邦共和国における農地整備法の展開』は、ボン大学名誉教授であるエーリヒ・ヴァイス先生の著書の翻訳である。私の博士論文は、『西ドイツ農地整備法制の研究』であったので、この冊子をヴァイス先生から送っていただいた際には、すぐに読ませていただいた。当時、私はまだ現役であったので、研究室にはドイツ語が堪能な若手研究者がいたから、さっそく皆で読まないかと、声をかけた。農業法を専攻していた亀岡鉱平君（楜沢研究室）と賃貸借を研究していた梶谷康久君を中心にして、翻訳グループが結成された。下訳担当者の報告に基づいて参加者全員で検討した。これは、私の大学院での民法研究（ドイツ法研究）の最終授業であった。本編は、翻訳として小冊子にして出版してもらうことも可能であろうと考えたが、昨今の出版事情を考えて『土地法研究第3巻』の付録とさせてもらった。

　なお、本書には、事項索引を付けなかった。土地法という枠は設定したものの、範囲が広いので、索引の必要性は低いと考えたためである。その代りに、総目次の他に、各編と章に細目次を付けて参照事項の発見の便宜を図った。しかし、第6編第2章のドイツ農地整備法については「条文事項索引」を付した。それによって、関心のある事項について必要な条文を探しやすくするためである。

　本書の出版に当たっては、成文堂編集部の飯村晃弘氏のご尽力をいただい

た。記して感謝申し上げる。

　本書を学恩ある故ヴォルフガンク・ヴィンクラー博士（ドイツ・ゲッチンゲン大学農業法研究所）に感謝の念をもって捧げる。
　Dieses Buch ist dem verstorbenen Herrn Dr. Wolfgang Winkler mit dem herzlichen Dank gewidmet！

Prof. Dr. Teruaki Tayama

2015年4月　　田山　輝明

目　次

まえがき……………………………………………………………… i

第1編　明治期以降の土地制度の近代化の一側面 …………… 1

第1章　官有地の入会権 ……………………………………………… 2
一　官（国）有地上の入会権に関する最上級審判決 …………… 2
　1　昭和48年の最高裁判決の要旨（2）
　2　大正4年の大審院判決の事案と要旨（3）
二　最高裁判決の意義 ……………………………………………… 5
　1　明治政府の林野政策（5）
　2　大正4年の訴訟の原告弁護団の立論（6）
　3　大正4年判決の位置づけ（7）

第2章　入会権的墓地利用権の歴史的展開 ………………………… 9
一　共同所有権の特殊形態としての共有的入会墓地等の沿革 … 9
　1　明治維新まで（9）
　2　明治初期の地租改正・土地官民有区分等との関係（9）
　3　地所名称区分と地券発行の終了等（14）
　4　大正・昭和期における墓地利用者集団と入会的共同所有墓地並びに宗教団体法の制定（16）
二　第二次大戦後の農地改革等の影響と宗教法人の設立・檀信徒会の法人化等 …………………………………………………… 19
　1　農地改革等の総有的墓地利用への影響（19）
　2　宗教法人の設立とその影響（20）
　3　墓地利用者集団・檀信徒会等の一般社団法人化（21）
三　墓地利用者の入会権者としての実体とその法的性格 ……… 22
　1　部落有墓地等の利用権原の法的性質（22）
　2　部落共有墓地と入会権との関係（22）
　3　墓地入会権の特殊性（26）
　4　入会権的墓地利用権の法的根拠ないし法源（27）
まとめ ……………………………………………………………… 28

         1 「墓寺」における総有墓地 *(28)*
         2 総有墓地と都市化の影響 *(28)*
         3 入会権的性格を残した墓地利用権 *(29)*
         4 墓地の底地権利者 *(29)*
         5 墓地周辺地と環境変化 *(30)*

第2編　借地関係の近代化と現代的課題 ……………………………*31*
  第1章　借地借家法のルーツとしての建物保護法——近代法の継承と伝統的市民生活の軋轢…………………………………………………*32*
    はじめに——星野英一先生の借地・借家法………………………………*32*
    一　プロローグとしての民法605条と地上権推定法 ……………………*32*
      1　民法修正案理由書604（現605）条との関連 *(32)*
      2　明治33年の「地上権ニ関スル法律」 *(33)*
    二　借地関係の実態………………………………………………………*34*
    三　地震売買と建物保護法——帝国議会での審議………………………*35*
    四　法案提出の社会的背景………………………………………………*36*
      1　戦争と財政事情 *(36)*
      2　都市問題 *(37)*
      3　地震売買の統計 *(37)*
    五　帝国議会衆議院での提案と審議………………………………………*38*
      1　借地人の権利保護の請願 *(38)*
      2　工作物保護法案 *(38)*
      3　建物保護ニ関スル法律案 *(40)*
    六　帝国議会貴族院での建物保護法案の審議……………………………*41*
      1　特別委員会の審議 *(41)*
      2　法案第1条の内容 *(41)*
      3　法案第2条・3条の内容 *(42)*
    まとめ…………………………………………………………………………*43*
      1　民法施行法 *(43)*
      2　借地問題から借家問題へ *(44)*

3　建物保護法の不完全さと「借地法案」(44)
第2章　借地法成立後の借地権の展開……………………………………46
　はじめに……………………………………………………………………46
　一　伝統的な不動産利用権と近代的私法…………………………………46
　　　1　民法施行法 (46)
　　　2　借地問題から借家問題へ (47)
　　　3　建物保護法の不完全さと「借地法案」(47)
　二　明治期の借地法案の不成立……………………………………………47
　三　大正期の借地法・借家法の成立………………………………………48
　四　戦時体制と地代家賃統制令……………………………………………48
　五　罹災都市借地借家臨時処理法…………………………………………49
　六　昭和16年の法改正………………………………………………………49
　七　昭和41年における借地借家法の改正…………………………………49
　八　1991（平成3）年の法改正……………………………………………50
　九　その後の改正……………………………………………………………50
第3章　借地をめぐる利用権の現代的展開………………………………52
　一　「不動産サブリース契約」の多様性と借地借家法32条の適用 …52
　　　1　課題の設定──「サブリース」概念と判例 (52)
　　　2　民法と借地借家法における賃料額決定の自由 (54)
　　　3　借地契約の長期性と賃料額の変更 (54)
　　　4　サブリース契約の多様性と賃料の増減請求 (55)
　　　5　賃料増減請求に関する法規範の相互関係 (56)
　　　6　不動産サブリース契約の多様性と借地借家法32条の適用 (56)
　二　借地借家法の構造と強行法規性………………………………………57
　　　1　借地借家法と地代家賃増減請求権の生成 (57)
　　　2　強行法の根拠規範（37条）と32条の強行法規性 (60)
　　　3　賃料に関する特約と民法90条 (63)
　三　「サブリース契約」等の複合的契約類型の考え方 ……………………64
　　　1　営業の賃貸借 (64)
　　　2　社宅の利用関係 (65)

        3　委任の例——民法651条の適用が制限される場合 *(66)*
        4　不動産変換ローン *(67)*
    四　おわりに——基礎事情の変化と賃料増額の合意……………………*69*

第3編　土地の継続的利用権をめぐる現代的諸問題 …………*73*
　第1章　継続的土地利用と黙示の契約——契約に基づかない土地の継続的利用の意義……………………………………………………………*74*
    一　契約に基づかない土地の継続的利用をめぐる課題の設定と問題点の整理………………………………………………………………*74*
        1　はじめに——課題の設定 *(74)*
        2　私人間における基本的問題点 *(74)*
        3　利用者が公共的事業主体である場合における問題点 *(75)*
    二　私人間における土地利用の黙認…………………………………*76*
        1　継続的土地利用の黙認 *(76)*
        2　黙示的ないし推定的意思表示の認定とその前提 *(77)*
        3　推定的意思の認定の具体例 *(78)*
        4　使用貸借契約の性質と他人間における認定 *(80)*
        5　土地利用権と所有権の長期的制限 *(81)*
    三　私人と公共的事業主体との間における土地利用………………*84*
        1　問題の特殊性 *(84)*
        2　公的または公共的事業主体が用地を取得できない場合（明渡し請求）*(85)*
        3　私的土地所有者が明渡し請求をしない場合（契約不締結）*(87)*
    四　まとめ——類型的考察……………………………………………*88*
        1　開始された土地利用の黙示的合意の基礎が存在する場合 *(88)*
        2　開始された土地利用が黙示的合意の基礎を欠く場合 *(89)*
        3　類型的検討——推定的意志と客観的事実との関連 *(89)*
　第2章　農業生産調整枠とその権利化——日本のコメ作付け規制のあり方に関する覚書………………………………………………………*91*

 はじめに——ドイツにおける牛乳とワインの生産調整手法を参考にして……………………………………………………………………… *91*
 一　日本におけるコメの生産目標数量の配分…………………… *92*
 二　生産調整枠システムの導入に際しての問題点……………… *93*
  1　法律に基づいたシステムであるべき（*93*）
  2　調整枠配分の対象経営の限定とその経営上の保護施策（*93*）
  3　最初の調整枠付与は無償で（*94*）
  4　調整枠の付与は期間限定で（*94*）
  5　配分枠決定の基準時（*95*）
  6　「地域備蓄」システムの設置（*96*）
 三　生産調整枠の実施過程で生じる問題点……………………… *96*
  1　権限行使の法定期間（*96*）
  2　生産調整枠の譲渡等による価格の発生（*97*）
  3　生産調整枠（作付け権限）と土地や経営との結合の是非（*98*）
  4　調整枠は人または個別経営と結合されるべきか（*99*）
 四　権利化した調整枠と権利移転の方法…………………………… *99*
  1　「枠」移転状況の把握（*99*）
  2　「枠」ないし権限の取引範囲の規制（*100*）
  3　権限移転の方法（*101*）
  4　調整枠の取引所制度（*101*）
  5　用益賃貸借の場合（*102*）
  6　作付け権限の流動化と関連諸要素への配慮（*103*）
  7　調整枠の譲渡可能性と新規参入者（*104*）
  8　調整枠システムの終了（*104*）
 まとめ・その1 ………………………………………………………… *105*
 まとめ・その2 ………………………………………………………… *107*

第4編　不動産に関する判例評釈 ……………………………… *109*
 第1章　宅地・通路に関する判例評釈 ………………………… *110*
  一　共有不動産の不実登記の是正方法 ……………………… *110*

二　給排水施設使用許諾請求事件……………………………… *118*
　　　1　導管袋地所有者の隣地利用権の根拠（*126*）
　　　2　施設利用権のための要件（*126*）
　　　3　施設利用権者の義務（*128*）
　　　4　施設利用の法的関係の性質（*128*）
　　三　自動車のための袋地通行権…………………………………… *129*
　　四　民法213条の囲繞地通行権の対象地の特定承継と当該通行権の帰趨
　　　　……………………………………………………………………… *140*
　　　1　本判決の意義・概要・判旨等（*140*）
　　　2　関連判例等（*141*）
　　　3　学説（*142*）
　　　4　本件最高裁判所判決の評価（*149*）
　　　5　問題の捉え方（*151*）
　　　6　私見（*152*）
第2章　農地に関する判例評釈…………………………………………… *155*
　　一　消滅時効の起算点——農地売買における許可申請協力請求権　*155*
　　　1　許可申請協力請求権の法的性質（*157*）
　　　2　農地売買の法構造——農地法と民法の交錯（*159*）
　　　3　他人物売買を前提とした場合の消滅時効の起算点（*161*）
　　二　小作地に対する宅地並み課税を理由とする小作料（賃料）増額請
　　　　求の可否………………………………………………………… *164*
　　　1　固定資産税の性格と宅地並み課税（*167*）
　　　2　賃料の性格と農業の自然的条件（*167*）
　　　3　賃料減額請求権（*168*）
　　　4　生産緑地指定の拒否との関係（*169*）
　　　5　具体的解決策（*169*）
　　三　転用目的の農地につき農地法5条所定の許可を得るための手続き
　　　　がとられていない場合における買主の自主占有の開始時期… *171*
　　　1　はじめに（*172*）
　　　2　先例（*172*）

3　農地法3条および5条の沿革と相違点 (*173*)
　　4　農地法上の許可の意義と効力 (*174*)
　　5　買主としての地位と許可協力請求権の法的性格 (*177*)
　　6　取得時効 (*177*)
　　7　法定条件付き売買における自主占有の判断 (*179*)
　　8　農地法上の許可の効力と民法162条2項の適用（善意）(*181*)
　　9　農地の引渡等と「特段の事情」(*182*)
　　10　上告受理申立理由との関係 (*183*)

第5編　ドイツ土地法の諸問題 …………………………… *185*
第1章　災害復興の手段としての区画整理——ドイツの歴史に学ぶ… *186*
　はじめに……………………………………………………………… *186*
　一　ハンブルクの大火災とその復興………………………………… *187*
　　1　大火災 (*187*)
　　2　ハンブルクの火災復興令の特徴 (*188*)
　　3　ハンブルクの復興に関するまとめ (*191*)
　二　オーデル川の氾濫と耕地整理法の特例………………………… *192*
　　1　ドイツ農地整備手続と導入原則 (*192*)
　　2　オーデル川洪水等規制法について (*193*)
　三　代償物の理論 Surrogationstheorie と換地 ……………… *199*
　　1　農地整備における Surrogation の思想 (*200*)
　　2　民法における類似の思想・制度 (*200*)
　　3　農地整備法と区画整理法における換地の関連性 (*201*)
第2章　土地所有思想と公共思想……………………………………… *203*
　はじめに——本章の趣旨…………………………………………… *203*
　一　近代的土地所有権の成立過程における特徴 ………………… *204*
　　1　封建的農地所有の解体 (*204*)
　　2　私的土地所有観念の生成とその制限原理 (*204*)
　二　古典的私的所有権と社会的義務——ドイツにおける社会的義務
　　　論………………………………………………………………… *206*

1　イェーリングの思想 (206)
　　　2　ギールケの思想 (207)
　　　3　A・ダマシュケの土地改革思想——開発利益の社会への吸収 (207)
　三　日本における大正デモクラシーと所有権の社会化…………… 210
　　　1　古典的所有権と社会的義務 (210)
　　　2　日本における社会的義務論——平野義太郎『民法におけるローマ思想とゲルマン思想』（大正13年）(211)
　　　3　末弘厳太郎著『物権法上巻』にみる社会化思想 (212)
　　　4　戦時体制下の日本の土地法 (213)
　四　第二次大戦後の日本の農地改革とその評価………………… 215
　　　1　日本の農地改革とドイツのシュタイン・ハルデンベルクの改革（1809年）の比較 (215)
　　　2　ドイツにおける市街地の土地所有制限の継続的発展 (217)
　　　3　日本における都市計画法制の発展 (219)
　五　私的土地所有の保障と開発行為……………………………… 219
　　　1　土地所有概念の歴史的背景 (219)
　　　2　ドイツにおける開発利益の吸収の制度化 (221)
　　　3　農地整備手続と公共思想 (223)
　六　まとめ——土地基本法の位置づけと評価…………………… 224
第3章　農村計画と農村整備——ドイツ法に範を求めた立法論と解釈・運用…………………………………………………………………… 227
　一　農村計画の必要性——立法論的考察………………………… 227
　　　1　はじめに (227)
　　　2　計画概念について (227)
　　　3　農村計画（法制）の提案 (230)
　二　農地をめぐる法的規制の基礎………………………………… 232
　　　1　憲法上の基礎——土地所有権との関係 (232)
　　　2　農村計画の法律的基礎 (232)
　三　国土開発規制の基本思想——農村計画による国土利用原則の確立
　　　………………………………………………………………… 233

1　開発・建築規制 *(233)*
　　　2　開発の原則的禁止 *(234)*
　　　3　開発に関する哲学と農村計画法 *(234)*
　　　4　農村計画法による国土利用規制の確立 *(236)*
　四　土地改良法・農地法の「農村整備法的」解釈・運用………… *237*
　　　1　優良農地の保全と都市との交流 *(237)*
　　　2　自然環境の保全 *(237)*
　　　3　農村の「計画」的発展——現行法制の運用 *(239)*
　五　運用を踏まえた立法上の課題……………………………………… *240*
　　　1　土地改良事業の類型化 *(240)*
　　　2　分筆作業の簡略化等 *(240)*
　　　3　土地利用計画と地区詳細計画（利用調整計画）*(240)*
　　　4　農地保有合理化法人の活用 *(241)*

第6編・補論　ドイツ農地整備法の現状 ……………………… *243*

第1章　『過去60年間のドイツ連邦共和国における農地整備法の展開』 *244*
　まえがき……………………………………………………………………… *244*
　　　1　若干の前註 *(245)*
　　　2　1953年7月14日の農地整備法（連邦法律官報第Ⅰ部591頁）からその1976年3月16日の法改正（連邦法律官報第Ⅰ部546頁）まで *(247)*
　　　3　1976年3月16日の農地整備法（連邦法律官報第Ⅰ部546頁）*(261)*
　　　4　2006年8月28日の連邦制改正法（連邦法律官法第1部2034頁）におけるドイツ連邦共和国の農地整備法について *(306)*
　　　5　1990年6月29日の旧ドイツ民主共和国の農業適応法におけるドイツ連邦共和国の農地整備法について *(311)*
　　　6　結語 *(313)*
第2章　《資料》農地整備法（条文）と条文事項索引 ………… *314*
　付録……………………………………………………………………………… *377*

第1編　明治期以降の土地制度の近代化の一側面

　日本における土地所有の近代化を考えるには、土地所有権自体を検討対象としなければならないことは当然である。しかし、そのテーマはあまりにも大きいので、本書では、それを実現することはできない。本書では、まさにその一側面である入会権との関連を取り上げることとする。
　明治維新まで、営々と継続してきた土地をめぐる利用も、大きな時代の転換点においては、その強力な権力と政策的方向性に翻弄されて、その権利的内容も大きくゆがめられ、もしくは否定されてしまったこともあったようである。
　しかし、その影響下にあった権利が生活に密着したものであった場合には、権利行使が継続された結果、時の権力との間で衝突が生じた。入会権の行使はその典型の一つであると考えられる。第1章で取り上げたテーマは、長い年月をかけてようやく法的な解決を見たものである。
　第2章では、それを確認し、前提としたうえで、特殊なテーマである「入会権的墓地利用権」について検討してみた。

第1章　官有地の入会権

一　官（国）有地上の入会権に関する最上級審判決

　最高裁判所は、圧倒的な学説の批判を考慮して、以下に述べるように、官有地上の入会権に関する大正4年の大審院判決を変更し、国有地上にも入会権を承認するに至った（最判昭48・3・13民集27・2・271）。[1]

1　昭和48年の最高裁判決の要旨

　まず、当該判決の「官民有区分」に関する認識についてみておこう。
（1）明治7年太政官布告第120号地所名称区別　　これにより、土地は、官有地と民有地のいずれかに編入されることになり、明治8年6月には地租改正事務局乙第三号達によって、官民有の区別は、証拠とすべき書類のある場合はそれによるが、村持山林、入会林野については、積年の慣行と比隣郡村の保証の二要件があれば、書類がなくても民有とした。
（2）同年7月地租改正事務局議定地所処分仮規則等　　上記の方針は、この仮規則に引き継がれたが、同年12月地租改正事務局乙第11号達によってこの方針は変更され、入会林野等については、従来の成跡上所有すべき道理のあるものを民有と定めるのであつて、薪秣を刈伐し、秣永山永下草銭冥加永等を納入していたというだけでは民有とすべきではないと解釈すべき旨を明らかにした。
（3）同9年1月地租改正事務局議定山林原野等官民所有区分処分派出官員心得　　さらに同心得書に基づいて具体的な区分の基準を示し、(中略)こ

---

[1] ここに至るまでの入会権に関する（民法）学説については、北條博編『入会権学説集』（後掲）を参照。当該最高裁判所判決に至る判例の動向については、中尾英俊『入会にかんする最高裁判決』（後掲）を参照。

れらの規定によると、村民に入会慣行のある場合においても、所有すべき道理のない場合には、その地盤は官有地に編入されるべきものとなっているのであるが、その場合に、村民の有した入会権が当然に消滅するか否かに関する規定は置かれていなかつた。右心得書3条但書の趣旨も、右入会権の当然消滅を規定したものとみることは困難であるとされた。

（4）官民有区分処分　そもそも、官民有区分処分は、従来地租が土地の年間収穫量を標準とした租税であつたのを地価を標準とする租税に改め、民有地である耕宅地や山林原野に従前に引き続きまたは新たに課税するため、その課税の基礎となる地盤の所有権の帰属を明確にし、その租税負担者を確定する必要上、地租改正事業の基本政策として行なわれたもので、民有地に編入された土地上に従前入会慣行があつた場合には、その入会権は、所有権の確定とは関係なく従前どおり存続することを当然の前提としていたのであるから、官有地に編入された土地についても、入会権の消滅が明文をもつて規定されていないかぎり、その編入によって、入会権が当然に消滅したものと解することはできないというべきである。（中略）このような解釈をするにあたって、旧国有林野法（明治32年法律第85号）、同法施行規則（明治32年農商務省令第25号）、国有土地森林原野下戻法（明治32年法律第99号）、旧国有財産法（大正10年法律第43号）、現行国有林野法、現行国有財産法の各規定は、その妨げとなるものではない。以上の解釈と異なる大審院判例（大正3年（オ）第572号同4年3月16日判決・民録21輯328頁（中略））は、変更されるべきである。

　以上のような最高裁判決によって、大審院判決（大判大4年3月16日（入会権確認請求ノ件）前掲）がもたらした国有地上の入会権に関する長年の課題は、基本的に解決されたのである。

2　大正4年の大審院判決の事案と要旨

　では、変更されなければならなかった大審院大正4年の判決とは、どのような内容であったのだろうか。

（1）事案の概要　原告である東内村・西内村は、明治初期の地所官民有区分（以下、官民有区分）の際に、官有地に編入された林野について、国有

土地森林原野下戻法に基づき、行政訴訟を提起したが、棄却されたので、その林野に古くから入会っていたとして、国を相手に、入会権の確認を求めた。

長野地裁は、「国有林野ハ収益財産ニシテ原則トシテ民法ヲ適用スベキ財産ニ属シ入会権亦我邦古来認メラレタル民法上ノ権利ナリトセバ国有林野ノ上ニ入会権ノ存在ヲ認許セサルヘカラサルコト復タ論ヲ俟タス」として、原告の請求を認容した。

国は、控訴し、被控訴人が古くから山年貢、山手米を納め、係争地に入会っていた事実は認めるが、国有林野に対する入会権は、地租改正処分によって、一般に消滅したのであり、これは、当時の法令によって明らかであるから、当該入会権も地租改正処分によって消滅したと主張した。被控訴人は、控訴棄却の判決を求めた。

東京控訴院は、「官有地ニ編入セラレタル土地ニ付テハ全然入会権ヲ認メサルヲ法ノ精神ナリトス」として、原判決を破棄したので、被控訴人は上告した。

（2）判決の要旨　明治初年地租改正処分ニ於テ官有地ニ編入セラレタル土地ニ対シ従前慣行ニ依リ村民ノ有シタル入会権ノ如キ私権關係ハ同処分ニ依リ其編入ト同時ニ當然消滅シタルモノトス

（3）当該判決の構成と内容

（イ）農村において、入会慣行が存在した場合であっても、「明治8年6月地租改正事務局乙第三号達」を根拠として、「従来数村入会又ハ一村持等積年ノ慣行存在スル地所ハ仮令簿冊ニ明記ナキモ其慣行ヲ以テ民有ノ証ト認メ之ヲ民有地ニ編入スヘキ旨ヲ規定」したとの認識を示した。

（ロ）そのうえで、「明治9年1月地租改正事務局議定山林原野等官民所有区分処分方法第1条」を引用しつつ、入会慣行を2分し、「慣行ノ証跡ニ照シテ実質上之ヲ村ノ所有地ト同視スルニ足ルモノ又ハ村民ガ之ニ付テ樹木等ヲ自由ニスルコト土地ノ所有者ト異ナラサルカ如キ重キ関系ヲ有シタルモノハ悉ク之ヲ民有地ト定メ村民カ之ニ付テ単ニ天生草木等ノ伐採ノミヲ為スカ如キ軽キ関係ヲ有シタルモノハ皆之ヲ官有地ト定メ」た。その結果、官有地編入のために村民の生活に差し障りが生ずるような場合には、「地所払下又ハ

貸渡等ヲ許」したので、これを前提として「其法意ノ存スル所ヲ推尋スレハ官有地ニ編入シタル土地ニ対シ従前慣行ニ依リ村民ノ入会利用シ来リタル関係ハ入会権ナルト否トヲ問ハス改租処分ニ依リ編入ト同時ニ当然消滅セシメ一切斯ノ如キ私権関係ノ存続ヲ認メサルモノト解セサルヲ得ス」と断じた。
(ハ) さらに、「国有林野法第 8 条 4 号、同法施行規則第 7 条 4 号」によって、「府県設置以前入会ノ慣行アリタル林野ニ在リテハ其入会ヲ為シタル者ヲ縁故者トシ其者ニ国有林野ノ売払ヲ許シタル趣旨等ニ照シ之ヲ考フレハ改租処分ニ於テ官有ニ編入シタル土地ニ対シ如上私権関係ノ存続ヲ認許セサリシ法意ヲ推知スルコトヲ得」としたうえで、「地租改正処分ニ於テ官有地ニ編入セラレタル土地ニ対シ従前慣行ニ依リ村民ノ有シタル入会権ノ如キ私権関係ハ改租処分ニ依リ官有地編入ト同時ニ当然消滅ニ帰シタルモノ」と判示した。

二　最高裁判決の意義

1　明治政府の林野政策

（１）明治政府は、壬申地券の発行（明治 5-6 年）に際して、耕地に対する関係では農民の私有権を明確に法認したが、山林原野に対しては、例外的な場合を除き、村民の私有権を否定しようとした。その結果、林野上の権利は侵害の危険に直面したため、この政策に対する農民の強い抵抗が生じた。これに対して、政府は、地券発行の段階で、公有地制度を創設して一時的に対処したが、それは、新たな問題を生むことになり、本質的な解決には至らなかった。すなわち、暫定的な公有地制度は、その必要に適合せず廃棄され、その後に導入されたのは、公有地を官有と民有とに区分する処置であった。これも、入会稼ぎ等に依存する当時の生産関係の下での農村住民にとっては、過酷な施策であった。また、明治政府は、できる限り多くの林野を官有地としようとしたため、その点でも農民との間において深刻な闘争が生じた。

その結果は、農民の林野の所有に対する意識を強化させることになった。

耕地の改租における問題は農民の新祖負担が重いことにあったが、林野の改租においては、問題の焦点は土地に対する権利そのものにあった。すなわち、林野における農民の闘争は権利闘争の性格をもった。その結果、地租改正終了後に相次いで民有引き戻しの要求が起こり、これを最終的に打ち切るために、国有土地森林原野下戻法（明治32年）が制定された（地租改正との関連については、福島正夫・地租改正（吉川弘文館、昭和43年）はしがき）。

（2）さらに山林原野については、官民有区分で民有に属した村持ちの土地について、これを再び公有林野とする政策がとられた。それは新政府が新たな地方制度を編成する過程で実施され、特に明治21年4月の地方自治制の施行を決定的な基点として進められた。

すなわち、林野に対する地租改正が終局した後、明治21年の地方自治制、明治22年の憲法発布を転換点として、官公有の林野制度は大きな展開を見るに至った。さらに、官有林の中から御料林が設置された（福島正夫・地租改正の研究、有斐閣、511頁以下）。また、明治21年3月までは、地租改正の成果として、全国の林野は官有と民有の2種類であったが、同年4月からは、官有林野は国有林野・御料地に、そして従来の民有林野は私有林野・公有林野に分かれることになった（福島・前掲研究なお、同書515頁引用の文献も参照）。

2　大正4年の訴訟の原告弁護団の立論

これは、官有地上の入会権を承認する立場であり、前掲判決文から確認できる限り、後に議論されるほぼすべての重要論点を網羅している。

（1）官有地への編入によって、当該土地に関する一切の権利（利用権を含む）が消滅するとすれば、これに関する明らかな根拠規定が設けられるべきであったが、その様な規定は存在しない。

（2）入会権消滅の根拠として引用される明治9年1月29日の地租改正事務局別報第11号同局派出官員心得書第3条但書も、「官有ト定マリタル地所ノ内伐採ヲ止ムルトキハ忽チ支吾ヲ生スベキ分」すなわち、「秣永山永」等を納めて草木を採取してきたが未だ入会権（物権）として成立しない分につき、当該地所の払下げ又は貸下等の処分をするようなことは、内務省の管掌であって、地租改正事務局の権限には属しない、ということを注意的に定め

たものにすぎず、入会権消滅の根拠にはなりえない。
（3）本判決の最後の部分で、国有林野法第8条第4号、同法施行規則第7条第4号において、入会慣行に対して一定の配慮（縁故者に対する売払い等）をしていることを、権利消滅の根拠としているが、原告の権利主張を否定する根拠にはならない（前掲民録21・342）。

3　大正4年判決の位置づけ

　この判決は、当時の林野政策を背景として、明治初期の地租改正・官民有区分との関連において、一定の位置づけがなされるべきである。

（1）明治初期の地租改正・官民有区分等との関係

　地租改正は、1873年（明治6年）に明治政府が行った土地に関する租税制度改革であるが、一般的には、これにより、日本に初めて土地に対する私的所有権が確立したとされることから、地租改正は土地制度改革としての本質を有していた（福島・前掲改正・はしがき）。

　このような改革において、近代民法が慣習上の物権としてのみ認識していた入会権のような権利をどのように位置づけるかという点は、未経験の課題であった。明治政府としても慣習を無視することは、民法の規定に照らしてもできないことであったが、慣習に関する調査を十分に実施する時間も費用もなかったであろう。戒能通孝氏は、「地盤の調査のみによって官有地に編入せられた旧入会箇所の入会権が、官有地編入と同時に当然消滅に帰したとの理論的ならびに法規的根拠は見出せない」と批判していた（戒能通孝・入会の研究479頁、日本評論社、昭和18年）。

　また、地租を国家財政の基礎とせざるを得なかった明治政府としては、国有山林の確保は重要な課題であった。そのためにも、国有地上の入会権はできる限り、認めたくなかったであろう。そのような背景があったとはいえ、本判決は、従来の判例（大判明治11年1月24日判決民録明治11年自1月至4月1丁、これについては、小林三衛・国有地入会の研究、後掲、349頁以下、など）をも無視したものであった。なお、国を相手として入会権の確認を請求した事件は、これが最初である。

(2) 大正4年判決の役割と学説の批判

「1」で述べたような林野政策の流れの中で、本件判決は登場した。本判旨は、大審院においては以後一貫して維持され（大判大正4・11・3、昭和8・11・20）、下級審もこれに従ってきた（東京控訴院判決大正4・5・13新聞1035、盛岡地裁昭和6・10・21新聞3344）。第二次大戦後の北富士演習場における入会権争訟についても、政府は、この大審院判決をよりどころとして、入会慣行は認めても、入会権は認めなかった。しかし、学説の圧倒的多数（北条浩・入会権学説集上・下、徳川林政史研究所、参照）は、一定の要件の下で、国有地にも入会権は存在しうるとしていた（小林三衞「国有地上の入会権」ジュリ・基本判例解説シリーズ86）。本件判決は、このような関係農民の長年にわたる抵抗（例えば、篠崎五六『小繋事件の農民たち』勁草書房、1966、参照）と学説（特に第二次大戦後の学説）の批判によって、最高裁判所により、本質的な変更を受けることになったのである（川島武宜「国有地上の入会権」ジュリ、553・82）。

【参考文献】
中尾英俊・入会権の判例総合解説（信山社、2007年）
中尾英俊・入会にかんする最高裁判決（橘書院、1980年）
小林三衞・国有地入会権の研究（東京大学出版会、1968年）
北條浩編・入会権学説集・私法編・上・下（徳川林政史研究所、1965年、1966年）

第2章　入会権的墓地利用権の歴史的展開

一　共同所有権の特殊形態としての共有的入会墓地等の沿革

1　明治維新まで

　部落有墓地の歴史は、各集団が保有する資料によって異なるのは当然であるが、しばしば戦国時代以前にまで遡ることができるとされている。しかし、それは寺としての歴史ではなく、墓地ないし共同埋葬地（共葬墓地）としての歴史である。そのような墓地としての利用を含む土地利用権は、今日なお墓地などが現存するのであれば、明治以降ももちろん存続していたと考えられる[1]。

2　明治初期の地租改正・土地官民有区分等との関係

（1）地租改正の本質

　地租改正は、本編第1章でも述べたように、1873年（明治6年）に明治政府が行った土地に関する租税制度改革でもあり、これにより、日本において初めて土地に対する私的所有権が確立したとされることから、地租改正は土地制度改革としての本質を有している。故・福島正夫教授は、「地租改正は、日本が封建鎖国の幕藩体制から国際社会に身を投じた天皇制体制にその機構を転換するに当たり、新機構（国家的・経済的・社会的な）編成の根本土台として、急速に実施しなければならなかった全国的な土地改革である」と述べている[2]。

　1）　一般的な墓地の歴史については、寺社経営編集会編著『寺の墓地全書』創作出版社、昭和55年、1-24頁、茨城県弁護士会編『墓地の法律と実務』ぎょうせい、平成9年、3-12頁、吉田久『土地所有権論』昭和12年、巖松堂書店、第6章、同『墓地所有権論と墓地使用権論』昭和37年、新生社、特に第2章参照。又、まさに社会史的観点からは、森謙二『墓と埋葬の社会史』1993年、講談社現代新書が興味深い。

しかし、部落有地については、入会権的地権者の集団は地租改正等により近代的所有権（共有権）を取得したと理解すべきではない。むしろ、その様な原則的な流れの中にあって、このような土地は、慣行的な権利（一種の入会権）として、地租改正の実施、さらには民法の施行後も、残存してきたと解すべきである。

（2）地券の発行と土地の所有者

　明治初期の地租改正に際して、ある土地が官有地に編入されたとしても、それによって入会権が消滅することはないという点については、後に述べるが（一1（6）4（1）本編第1章も参照）、仮に、私有地として地券が現在の所有者以外の者に交付されていたとしても、「地券ハ所有権ヲ証明スル書面ニシテ設権証券ニ非サレハ真正ノ所有者ハ其誤謬ヲ証明シテ地券ノ更正ヲ請求スルコトヲ得」るのである（大判大7年5・24民録24・1010）。したがって、ある土地の真の所有者が誰であるかを確定するためには、地券に関する調査は不可欠ではない。

（3）上知令と土地官民有区分

　墓地の歴史を考察する以上、寺社領との関連についても、一定の検討をせざるをえない。故・福島教授は、その著『地租改正の研究』において、「明治3年12月、各藩の版籍奉還にしたがい、社寺領の一般上地を命じられ、官有地編入となった。この場合の寺社領の上知は、封建領主と同様に特権と共に与えられていたものを返還するという意味を有していた。地券発行から地租改正の段階で、一定の基準を設けて官民有区分を行い、境内地で祭事法要に必需なもの、社寺が出金買得した土地等は社寺所有とし、また上地したものも、各種の縁故により無代価、低価あるいは相当価により人民に払下げうるものはその処分を行った。右のような審査の対象となったものは、全国総体で、神社は13・3万、寺院は5・1万に上り、境外上地は前者70,670町、後者43,743町であった。社寺境内上地処分は、明治13年度に至っても盛んに行われた。」と述べている[3]。入会権の目的であった土地は、私見によれば、

---

2)（福島正夫・地租改正（吉川弘文館、昭和43年）はしがき（以下、福島・改正という）。なお、本編では、入会的墓地に焦点を当てているが、墓地一般については、竹内康博『墓地法の研究』（愛媛大学法学会叢書14号、成文堂、2012年）特に第1章参照。

このような意味で上知の対象となる資格を有していなかったのである（なお、上知は上地とも書く）。

（4） 官民有区分と国民の法意識

官民有区分が実施された明治5年ごろには、一般的にいえることと思われるが、当時の国民には、土地に対する明確な権利意識が欠けていた（近代的土地所有権との関連ではむしろ当然であったと思われる[4]）。そのため、このような土地の一部は、「所有者不明」[5]として官有地に編入された可能性が高い（土地の従来通りの利用が認められている限り、地権者達はあえて文句を言わなかった、または言えなかった可能性がある）。その結果、入会権的な墓地ないし埋葬地の実態は、土地官民有区分の前後を問わず、共有入会地またはこれに類似するものであった（墓地利用は存続していた）にもかかわらず、手続き上は、いったん官有地に編入された可能性が高い。

（5） 墓地に関する処理

「取調規則」[6]および「地所処分仮規則」[7]によって、「人民」の共有墓地と規定された寺院旧境内中の墓地は、一般的には、寺院所有とされたのではなく、各府県の取り扱いによっても異なるようであるが、町村共有又は使用者（檀家）共有として、地券が発行されたようである。「総テ民有地ノ証ナキモノ民有地ヲ政府ヘ買上ケシ神社敷地ハ官有地第一種寺院敷地ハ同第四種ヘ編入スヘシ但従前検地帳ニ何社寺ト名請アル高内引ノ分モ本条同様タルベシ」と定められ、社寺令上知令の対象となった寺領（旧境内地）は「取調規則」によって現境内、共有墓地、田畑、居住地、山岳、荒蕪地等に分割され、私有地（寺有、僧侶有、私人有等）以外は、官有地第四種に編入されることとされた。ただし、共有墓地については、「仮規則」第6章に「墓地処分ノ事」という規定を設け、別途の処理がなされた。同第一条によれば、「従前官有

---

3) 福島正夫・地租改正の研究（有斐閣、1962年）448頁
4) 戒能通孝・入会の研究（一粒社、昭和33年）、特に26頁以下。
5) 中田薫「公有地の沿革」法制史論集第3巻519頁以下。
6) 明治8年6月29日付・社寺境内外区画取調規則（地租改正事務局乙第4号達、法令全書1804頁以下）。
7) 明治8年7月8日付・地所処分仮規則（地租改定事務局議定、明治初年地租改正基礎資料、上巻563頁以下）。

地ニ設クル墳墓ノ地区域ヲナシタル地ハ今度更ニ民有地第三種ト定メ人民共有墓地トナスヘシ、但区域内ニ余地アルトモ将来の備地ト心得据置クヘシ」と定めた[8]。同第二条では、「寺院旧境内内ニ設クル墓地ハ実地ノ景況ニヨリ境内外ヲ区分シ境外ニ属スルモノハ第一条ノ通処分スヘシ、但境内堂塘ニ傍テ星散独立シ区域定メカタキ分ハ先以テ従前ノ儘現境内ニ据置キ内訳腹書ニ記載スヘシ」とされていたのである。しかし、入会墓地の対象土地は、前述のように、所有者不明として官有地第四種に編入されたものと思われる。

　部落有墓地については、もう一つの可能性があった。つまり、上記「仮規則」第三章「山林原野秣場処分の事」の諸規定が適用された可能性である。外観的には寺院墓地ではなかったかもしれないので（平地林の中の共同埋葬地等の場合）、雑多な土地（入会地）として処理された可能性も否定できない。つまり、「上知」の問題ではなく[9]、課税（賦税）の問題として、理論的には入会地的墓地として配慮された可能性も否定できない。同章第一条では「山林原野秣場等簿冊ニ明記セルモノハ勿論従来甲乙村入会等ノ証跡アルモノハ民有地トシ其証左ナキモノハ官有地第三種ト定メ内務省ノ処分ニ帰スヘキ事」とされていたからである。しかし、当時の政府の認識には、入会地（権）はなかったと思われるので、所有者の確証亡き土地として、官有地第四種への編入がなされたと考えられる。

　ここでは、「証跡」または「証左」と言っており、地所名称区別改定などでは、「確証」と規定しているが、「明治九年頃の内務省地租改正事務局の解釈に依れば、確証とは書証」であったという[10]。部落有墓地も、上記の規定により「証左」なしとして、官有地に編入された可能性も否定できない。

　つまり、地権者達は、このような土地を墓地ないし埋葬地と考えていたため、通常の入会地のように粗朶の採取のような明確な「入会稼ぎ」が行われていたわけでもなかったので、共同の墓地ないし埋葬地としての利用のみが継続していたとすれば、「所有者不明地」として官有地に編入されたとして

---

8) ここで言う「将来の備地」の意味は、墓地が拡張される場合の予備地の意味であると思われる。本件においても、「備地」は認められていたと思われる。
9) 北條浩・明治初年の墓地所有権と利用１・２（帝京法学14-２；16-１）（一）32頁。
10) 中田前掲論文519頁。

も、地権者達は、新たに課税されず、かつ土地の墓地利用が妨げられない限り、特に異議申し立てなどはしなかった可能性は高いと思われる。

なお、多くの地域について、明治20 (1887) 年から22年にかけて地押丈量に基づいて作成された「地押調査図」が存在している（同図面では、墓地と境内地は無税地として赤く塗られている場合がある）。

(6) 官有地に編入された入会地

上記のような土地は、地租改正（官民有区分）作業の中で、所有者不明の土地として官有地に編入さたれようであるが、この種の土地は本来的には入会地であったと解するので、その適否は甚だ疑問である。判例は、かつて、官有地には入会権は存在しないとの見解であったが、現在では「官民有区分処分によって官有地に編入された土地につき、村民が従前慣行による入会権を有していたときは、その入会権は、右処分によって当然には消滅しなかったものと解すべきである。」と述べて、その存在を認めている（最判昭和48年3月13日民集27・2・271）。したがって、官有地に編入された各土地についても、真の所有者は誰であったかは、現時点で、改めて判断の対象になりうるものと考える。すなわち、官民有区分（官有地編入）のみによって、土地の共同所有権的（入会権類似の）権利が消滅することはなかったと解すべきである。この種の土地は、地租改正の前後を通じて、一貫して共有入会地またはそれに類似した土地であったと解すべきである。

(7) 社寺上知令と境内地

この点で、明治4年の社寺上知令との関連も重要である。同令によれば、もし寺院が建っていれば、官有地には編入されなかったはずであるからである。つまり、社寺領上知令は、領主的土地所有解体の一環をなすものであり、社寺領については、旧境内地のうち、本堂および庫裏を現境内として社寺の所有地として残し、あとは上知（地）として官有地に編入された[11]。しかし入会権的墓地の場合は、本格的な建物が存在しなかったため、「所有者不明土地」として官有地第4種に編入された場合が多いと思われる。

また、逆に、明確な社寺領であれば、入会地扱いがなされた可能性はな

---

11) 岩本由輝「近代墓地法制の形成・展開と墓地慣行の軋轢（1）——旧城下仙台を中心にして」東北文化研究所紀要40／2009、2頁。

い。

3 地所名称区別と地券発行の終了等

(1) 地所名称区別

　明治6（1873）年3月25日太政官布告114号「地所名称区別」および明治7年3月19日大蔵省内規により、寺院墓地は免税地として扱われ、明治7年11月7日太政官布告120号「改正地所名称区別」により、寺院墓地は官有地第4種（民有でない寺院・学校・病院など）に編入され、地券を発行せず、地租を課さないこととされた。ここでいう官有地とは、地券、租税等の取り扱いによる分類であって、国に所有権が帰属したことを意味するものではないと解されているようである[12]。すなわち、当時の地権者達は、地租との関係に大きな関心を持っていたと思われる。「地所名称」を官有とすれば免税となると説明された地方では、従来の土地利用の継続が認められるのであれば、形式上官有となることを認めた可能性もある。通常の寺社有地であれば、境内地は国有地ではなく、寺社有地であったはずであり（上知の例外）、その際に官有地に編入されたとは考えにくい。

　また、明治7年の地所名称区別改定法[13]により、一般の墓地・境内地は、官有地第4種となったが、明治8年6月29日地租改正事務局達乙第4号社寺境内外区画取調規制によっても、「境内地」と「共有墓地」とがこれまでの「上知」の対象から除外されており、一般的には、同年の地所処分仮規則により旧免税境内墓地は、官有地第4種から民有地第3種（官有でない墓地など）へ編入されることになった[14]。ここでいう「共有墓地」の「共有」とは、民法上の共有を意味するのではなく（もちろん、民法は制定されていない）、檀家中の共同墓地として把握されたことを意味する、と解することができる（東京高裁昭和63年3月31日判時1280・75参照）。

　この種の土地の一部については、民有地第3種として地券が発行されていた可能性も全くないわけではないが、確認できない。なお、仮に当時、部落

---

12) 福島・改正、221頁等参照。
13) 明治7年11月7日付・地所名称区別改定（太政官第120号布告、法令全書、162頁以下。）
14) 吉田久・墓地所有権と墓地使用権論（前掲）26頁。

有墓地共有者等の地権者以外の者に地券が交付されていたとしても、それによって真の地権者が権利を失うことはなかったと考えられる（前述一2（2）および後述三2（3）参照）。

（2）登記法の制定・公布

明治19（1886）年に登記法（法律第1号）が公布され、同20年2月から施行され、登記料および手数料を要しないこととされた（31条第3）。また、明治22年の土地台帳規則と同施行規則により土地台帳が作成されることとなった（地券の発行は終了）。ここに、土地台帳・登記簿上の名義と真の所有者（例えば、本件入会的墓地共有者）との不一致が生じる可能性が生まれた。事情は異なるが、仙台市で昭和32年と61年に提起された訴訟「私有墓地経営管理権確認並びに同条例取消事件」についても、ここに直接的原因があるとされている[15]。

なお、この種の土地を、本質的には入会的性格を有する一種の部落有財産であると理解すると、それが公有財産（場合によっては官有）とされてしまった場合に、どのように解すべきかについて、入会権研究者である北条浩氏は、「これらが公有財産となっても、そのなかには依然として私有財産としての性質を保持している場合もあり、形式と実態とが必ずしも一致しない例も多い。こうした形式と実質との背反が紛争にまで発展し、その法的処理を裁判所がうけたときには、実質がいかに形式を圧倒しているか否か、ということが調査され、これによって私的権利の有無が判断される。これらの所有に関する問題は、なによりもまず、地所名称区別において、所有が官有と民有とに大別されたことに原因がある。」と述べている[16]。

（3）入会権的共同墓地と埋葬

相当数の者が一定の場所を遺体の埋葬場所として利用してきたことを、特にその権利関係を、現時点において、法的に判断しなければならないとすれば、まず民法と墓地に関する特別法規に照らして検討する必要がある。元々の通常の（粗朶採取等を目的とした）入会地を埋葬地として利用した場合もあったと思われるが、初めから一定の場所を相当数の者が共同の埋葬場所とし

---

[15] 岩本前掲論文18頁。
[16] 北条前掲論文83頁。

て利用してきた場合もあったと思われる。この場合には、粗朶を採取したりはしないが、土地の地縁的共同利用があるので、利用権者の権利は入会権または入会権類似の権利と解してよいと思われる。上記のいずれであるかは断定できない場合でも、一定の地域内に居住する者が、埋葬地として共同利用してきたことが、各種の証拠から肯定できればよいと思われる。「耕地畦際」に遺骸を埋葬することを禁止した1872年（明治5年）の大蔵省「達第118号」公布前においては、墓地と遺体埋葬地は必ずしも一致していなかったと思われるので、かつては遺体埋葬地としての共同利用も存在したというべきかもしれない。

　明治5年（1872）年9月4日「地所売買譲渡ニ付地券渡方規則（追加）」において、「墓所地ハ従前ノ通無税地ト可致事」（大蔵省達126号）と規定した。1974年（明治7年）4月20日の「墓地処分内規則」（内務省地理局発議）によれば、「死人ヲ埋メ木石等ヲ以テ其地ニ表識スル者之ヲ墳墓ト称ス」（1条）、「墳墓陳列一区画ヲ為シ政府ノ許可ヲ受又帳場に記載スル者之ヲ墓地又ハ埋葬地ト称ス」（2条）とされていた。

　したがって、従前、単なる埋葬地であったか否かはわからない場合でも、一定の記録から見て、この頃以降、墓地として扱われてきたことが十分に推測できる場合もある。墓地およびその周辺地一帯が入会地類似の土地であり、その中央の一部が墓地として利用されてきたと解するのが自然である場合もある。

4　大正・昭和期における墓地利用者集団と入会的共同所有墓地並びに宗教団体法の制定

（1）官有地上の入会権

　大正期には、墓地利用権そのものに関する判例や立法については、大きな動きはないが、官有地上の入会権に関する重要な判例が出された（大判大4・3・16民録21・3・328、本編第1章参照）。この事件では、国有林野内の入会権の存否を地元の村が国との間において真正面から争ったが、地租改正処分による官有地編入は全てその土地上の私権関係を廃絶するものであるとして、国が全面勝訴した。この判例理論は、最判昭48・3・13（民集27・

2・2717）によって変更されるまで続いた（本編第一章参照）。
（2） 宗教団体法の制定
　昭和14年に宗教団体法が制定されたが、その目的は、戦時体制確立の一環であったこともあるが、当時の宗教団体の法規は「概ネ明治初年ノ法制未ダ整ハザル間ニ定メラレマシタ布告、布達等雑多ナルモノヨリ成リ、断片的デアッテ、其ノ適用上往々ニシテ疑義ヲ生ジ易ク、行政上ノ不便ハ申スニ及バズ、延イテハ宗教団体ノ発達ト其ノ教化活動ヲ阻碍スルコト少カラザルモノガアル、随テ茲ニ宗教行政ノ根本法規ヲ完備シ、煩雑ナル在来ノ規定ヲ整頓シ、宗教団体ニ対スル国家ノ保護監督其適正ヲ得ルト共ニ、多面宗教教化活動ニ便益多カラシムルコトハ、最モ必要ナルコトト思考致スノデアリマス（衆議院速記録16号310頁）」と、当時の荒木文部大臣は述べていた。要は、宗教団体に関する現行法規を整備統一し、併せて宗教団体の国家における地位を明確にし、国家の宗教団体に対する保護監督を強化し、宗教行政の根本的規準を示すことにあったのである[17]。つまり、墓地等の法的整備が目的とされてはいなかったことは確かなことである。
（3） 国有財産の寺院への無償譲与法
　「寺院ニ無償デ貸与シアル国有財産ノ処分ニ関スル法律」（昭和14年法律第78号）が、宗教団体法と時を同じくして制定された。これは、前述の社寺領上知が端緒であったと解されている。つまり、民有の証拠がない限り、官有地に編入されたため、多くの社寺の境内地が国有地に編入されていた結果、社寺側からの返還要求が強く、政府もこれに対処せざるを得なかったのである[18]。地租改正の際の「誤り」を正す意味があったといっても過言ではないだろう。同法の第一条は「社寺上地、地租改正、寄付（中略）又は寄付金による購入（中略）によって国有となった国有財産で、この法律施行の際、現に神社、寺院又は教会（以下社寺等という）に対し、国有財産法によって無償で貸しつけてあるもの、又は国有林野法によって保管させてあるもののう

---

[17] 高梨安麿・宗教団体法明解、（教文館、昭和15年）4頁以下、江口瞖次『宗教団体法論・上』35頁以下、立命館出版部、昭和16年、龍谷大学宗教法制研究会編・宗教法講座創刊号（1977年）に特集がある。谷口知平「宗教団体・宗教法人をめぐる法律問題」、山下博「宗教法人法について」、山本信夫「宗教法人法と行政実例」、白鳥幸雄「宗教法人の実務について」。
[18] 渡辺蕙・逐条解説宗教法人法、ぎょうせい、昭和62年3版、6頁。

ち、その社寺等の宗教活動を行うのに必要なものは、その社寺等において、この法律施行後1年内に申請をしたときは、これを其の社寺等に譲与することができる」と定めている。

しかし、同法は、見做し宗教団体への「譲与」を認めていなかったので、利用権者集団を宗教団体とする必要が出てきた。この法律（14年法）に基づく処理は、昭和16年から開始されたが、戦争の激化に伴い、昭和18年に停止された。

（4）宗教団体の成立

この頃には、境内地につき無償譲与を受けるため、宗教団体の設立許可を申請し、特定宗派を本山とする宗教団体の登記を完了した例も多かったようである。墓地部分はすでに譲与されていたが、形式上は、境内地は官有地のままであり、境内地の譲与申請の主体は法人でなければならなかったので、檀信徒会等の多数派が帰依していた特定宗派の宗教団体となる方法を選択した場合もあったと思われる。いずれにしても、墓地利用権者集団が、宗教法人化する目的が上記のようなものであった場合には、宗教法人の手続きは法に則って行うが、従来の団体（権利能力なき社団）の解散手続きは行っていなかったと思われる。したがって、墓の底地の所有権が誰に帰属することになったかは、微妙な問題である[19]。

（5）無償譲与と土地利用団体

昭和18年頃になされた土地の「無償譲与」の申請は、宗教法人化に連動したものであったため、全く形式上、法人に対するものとしてなされたが、本来、「地租改正の誤り」（官有地への編入）を正す趣旨に鑑みれば、この種の土地の場合には、本来、土地は共同の入会権者である墓地利用者団体に、形式上無償譲与により戻されるべきであった。

---

19) 櫻井圀朗「宗教法人法における宗教団体と宗教法人」宗教法24号135頁以下、2012年日本私法学会報告レジュメ参照。

二　第二次大戦後の農地改革等の影響と宗教法人の　設立・檀信徒会の法人化等

1　農地改革等の総有的墓地利用への影響

（1）墓地周辺の小作地

　戦後の農地改革の際に、当時、墓地周辺部の共有的入会地は小作地であった場合が多かったようであるが、その場合には、農地解放の結果、これらの小作地は多くは解放されたようである。農地改革の際に、寺社の小作地が解放の対象になったことは、衆議院特別委員会で審議されていることからも、確かな事実である[20]。例えば、埼玉県については、『農地改革事件記録』（農政調査会、昭和31年）に、次のような叙述がある。「埼玉県における法人（主として寺院）の私有せる農地は、昭和二十二年二月一日現在、約四千町歩［自作地三二八町三五一四歩、小作地三、六七二町四六〇五歩］。『最初県の指導方針としては、国の方針に則りその保有を認めるや否やは、主として村の具体的事情に応じて農民の意向如何にかからせるという方針を取った。寺院の農地所有の発生及び発展経過を見れば寺院の檀家、篤志家より夫々献納したもので檀家総代というのは、地主階級が占めていて、農村の地主的な支配体制の維持と寺院との関係は爾来不可離のものであった。その故に、農村の地主的な保守的な勢力の強いところほど寺院維持に対する念願が強くこれが買収には相当足踏み状態にあった。然るに小作農の強い農地委員会においては、どんどん認定買収するという方針が進められた。これに対して寺院側では仏教会を通じて、県下における寺院所有の農地買収に対する反対運動を起し、関係庁に対して陳情する等の行動に出でたが、二十二年五月の県農地委員会において法人団体の自作地小作地を全面的に買収し、農地改革の徹底を期するよう決議し、農地部長名を以って全市町村農地委員会に示達した。これに対し仏教会は寺院教会の維持及び住職等の生活擁護を名目に、強硬執拗に再三県当局及び県農地委員会に陳情を行ったが、県も又県農地委員会

---

[20] 大石眞「いわゆる国有境内地処分法の憲法史的考察」（法制研究66（2）号、九州大学法政学会、1999-07）724頁-5頁。

も、むしろ寺院側においては今次農地改革の趣旨に則って、自主的に且つ全面的に解放すべきであると主張し頭初の方針を曲げなかった。』(『埼玉』一二一〜二頁、なお、二二・四・二八附「埼玉新聞」参照)」[21]。

なお、千葉県柏市の「龍泉院の概要」を見ると、「昭和23年、農地改革により農地すべてと山林の一部を失う」という記述がある[22]。

(2) 入会地の割地利用

「寺」に農業のための固有の労働力は存在していなかったと考えれれるので、農地であった以上、小作に出されていた可能性は高い。農地改革前に「寺」(権利者集団) からの小作地であったことは、入会理論との関係では、いわゆる「割地利用」の1形態として理解するのが適切なのではないかと思われる。[23] 一般的に、割地利用が長期化すると、当該土地利用権は、限りなく土地所有権に近づくこともある。[24]

2 宗教法人の設立とその影響

昭和14 (1939) 年の宗教団体法は、前述のように (一4 (2))、墓地行政の国家的統制を目的として制定されたものであるから、それによって成立した法人が、墓地の共同所有権者の権利を吸収することは考えにくい。宗教団体法は、昭和20年10月に連合国最高司令部の覚書により、治安維持法などと共に廃止の指令を受けたが、宗教法人令 (昭和20年勅令719号、[25]) により、最小限度混乱を防止し、宗教法人法 (昭和26年法律126号) が制定された。同法

---

21) 昭和20年4月28日の埼玉新聞 (920号) に、埼玉では、4500町歩中、340町歩が自作地であるという記事がある。
22) (http://www.ryusenin.org/content/view/14/28/) ほかにも、愛媛県松山市の西法寺のホームページをみると、「昭和22年より農地改革が実施された。西法寺の所有する田畑、山林のほとんどが県からの買収令書によって次々と買収された。買収前の西法寺の所有財産は　1　田1町1反3畝十二歩　2　畑3反1畝二十歩　3　山林1町3反3畝6歩　買収後の寺有財産は、1宅地3畝15歩　当時非農家の宅地であったもの　2　雑地　1反十四歩　当時竹藪、草地、荒廃地であったもの　3　山林9反5畝二十八歩　農地改革による寺有地代金は　計14,973円95銭也」という記載がある。http://home.e-catv.ne.jp/ja5dlg/jiden/jiden.htm
23) 中尾英俊・入会権の判例総合解説 (信山社、2007年)、86頁以下。
24) 沖縄総合事務局農林水産部「農家の土地保有・利用関係基礎調査報告書[知念村 (久高島)]」(昭和60年) 石井啓雄／田山輝明共同執筆、9頁以下。新潟県内務部「新潟県に於ける割地制度」(昭和四年)、新版註釈民法 (7) 368頁参照。
25) 吉田孝一／井上恵行／荒川正三郎『宗教法人令の解説と運営』新教出版社、昭和22年。

の制定理由によれば、同法の目的は「宗教団体に法人格を与え、宗教法人が自由で、かつ自主的な活動をするための物的基礎を獲得させることであります。これがためには、あくまでも信教の自由と政教分離の原則を、基本としなければならないと考えます。それとともに、宗教法人の責任を明確にし、かつその公共性に配慮を払うこともまた忘れられてはならないのであります。」[26]ということにあったのである。ここでいう「物的基礎を獲得させる」とは、宗教法人にも一定の制限のもとで収益事業を行うことができるとした（同法6条2項）ことを指していると思われる。すなわち、墓地や境内地を巡る土地所有権の帰属については、従前の権利者団体であるのか、新しい宗教法人であるのかが、考察される必要があるのである。なお、このような問題は、通常の寺社墓については、もともと法人化の前から、寺社の所有地であったのだから、もちろん問題にならない。

3　墓地利用者集団・檀信徒会等の一般社団法人化

　一般社団財団法によって、一般社団法人となったとしても、もともと入会集団に類似する権利能力なき社団であったのであるから、これによって、土地所有の関係に本質的な変化が生じたわけではないが、団体として、土地を含む様々な権利関係を整理するためにもよいと考えて、法人化の途を選択した場合もあると思われる。設立総会も慣行に従ってなされ、いわゆる「法人成り」のケースであるから、定款なども、若干の例外を除き、従来の慣行を明文化したものが多く、それを確認する意味が強かったと思われる。このような権利者集団は、おそらくは、自然村的集団として出発し、民法施行後は、権利能力なき社団としての位置づけがなされ、このような一般社団法人化により、権利者団体として、形式上は完成したといえるであろう。これ以後は、檀信徒会は、自己の権利について、登記等の対抗要件を具備することが可能になった。

　もっとも、一般社団法人及び一般財団法人に関する法律に従って、社員総会や理事会の議決方法については、定款上は、多数決原理が採用されている

---

26)　井上恵行・改訂宗教法人法の基礎的研究、（第一書房、昭和47年）280頁以下。

場合が多いと思われる。ここでも、実体と形式の間において若干の齟齬がみられる。

三　墓地利用者の入会権者としての実体とその法的性格

1　部落有墓地等の利用権原の法的性質

これは、一般的な寺院墓地（墓地を寺院が設営する場合）と異なり、複数の権利者の土地利用は、寺院（特定の宗派）との関連で結合していたのではなく、特定宗派を超えて、墓地としての土地利用との関連で結合していた場合もあると考えられる（後述3も参照）。なお、竹田聴洲氏によれば[27]、葬弔ないし墓を直接の前提あるいは原由として寺が開創され、事理的・事件的に墓が寺より先行する場合もある（ちなみに、いわゆる寺墓は順序が逆になる）。

2　部落共有墓地と入会権との関係

（1）典型的な総有墓地

部落営墓地の発生は古いが、少なくとも「徳川時代墓地は原則として一村又は一部落の共有（入会）に属し」ていたとされている[28]。したがって、このタイプにおける墓地使用の法律関係は、「総有」関係であったと考えられる[29]。

（2）部落共有墓地の利用権

問題となる利用権が、本質的に見て、入会権の性質を有するか、という点については、入会権に関する研究の蓄積を参照して判断すべきである[30]。

そもそも、一定部落の構成員による墓地共同利用権を入会権的な権利として理解できるのであろうか。福島正夫教授は、その著『地租改正』[31]において

---

27) 竹田聴洲「民族仏教と祖先信仰」（上）著作集第一巻（平成5年、国書刊行会）617頁。
28) 中田薫「公有地の沿革」法制史論集第3巻492頁以下。
29) 大判昭和9年7月12日民集13巻17号1372頁。同評釈・戒能通孝・判例民事法昭和9年度330頁。
30) 入会権に関する文献・学説については、川島武宜編集・注釈民法（7）（有斐閣、1968年）501頁以下。

て、社寺地は「地租改正の特例として」位置づけられており、紛争の多い問題のひとつとして「このほか墓地の問題もあり」と、一言触れておられる。

（3）総有墓地と地券

明治維新以前の部落共有墓地の法律関係は、いまだ明確にされていないが、明治維新以降は、租税等の関連法規等によって、以下のように律せられていたものと思われる[32]。地券発行との関連も興味深い。

（イ）明治6年11月20日大蔵省伺（明治8年史官編纂法令彙集民法第2巻）

「従来墓地規律ナク人民共有ハ無税、私有ハ有税ノ慣習ヲ遂ヒ候処、地租改正ニ付テハ地価ノ定方等不都合ニ付私有ノ分モ無税被致度」という資料などから、当時の様子がある程度は推測できる。

（ロ）明治4年9月4日大蔵省布達第126号地券規則第25条

「従前高内外ニ不拘社寺卿蔵ノ類或ハ埋葬地等地主定リ無之分ハ地引絵図中ニ其訳可記置事」、同30条中に「墓所地ハ従前ノ通無税地ト可致事」、年月日不明の堺県伺「一村總墓ノ儀ニ付地券除地ノ部ニ取調可申村方ヨリ願出ニ付伺」に対して、明治6年2月20日租税寮指令で、「書面墓地ノ儀ハ高内引ニ取計券状相渡ニ不及候」と回答している。つまり、埋葬地などには、地券の交付はなされなかったのである。

（ハ）明治7年11月7日太政官布告第120号地所名称区別改正法

これに基づき、民有第三種という地種を置き、「地券ヲ発シテ地租区入費ヲ賦セザルヲ法トス」るものを「官有ニアラザル墳墓地ヲ云」うとした。

以上のような事情から考えて、この種の共有墓地に地券を発行しなかったことは、共有墓地の私所有権を否定する意味ではなかったのである[33]。

（4）墓地の法形態

墓地の分類は様々な観点から可能であるが、所有形態による分類によれば、公有と私有に分けられるが、私有はさらに、個人有、寺院有、公益法人有、まれではあるが現在では株式会社有があり、古くから続くものとして部

---

31) 福島同書231頁。
32) 戒能通孝「共有墓地――共有墓地使用区画の割当方法」判例民事法昭和9年度101番、322頁以下
33) 戒能前掲評釈226頁。

落有などがある[34]。古くからの広義の部落有墓地の利用権については、物権類似の権利と解する学説[35]や裁判例[36]がある。これらによっても、部落有墓地や埋葬地は、通常、入会地類似の共同所有地であったと解するのが自然である。

(5) 入会集団の構成員の地位

入会集団とその構成員が、いかなる権利を有するかについては、以下の大審院判決が参考になる。「旧徳川幕府ノ頃ヨリ明治初年ニ至ル迄ニ於ケル我

---

[34] (社)全日本墓園協会・墓地使用権の法的性格に関する研究(同墓園協会、昭和57年)

[35] 学説として、吉田久・墓地所有権と墓地使用権論(新生社、1962年)、濱田源治郎「墓地にまつわる諸問題」(同著『裁判宗教法』酒井書店、1978年)、谷口知平「墓地使用権の性質と、その承継と相続」(宗教法研究第一輯、法律文化社、1979年、『現代家族法体系』4巻、1980年)、大沢正男「墓地の所有と利用の法律関係」立正法学17巻3号(1983年)、中尾英俊「墓地使用権の性格」(『現代財産権論の課題』敬文堂、1988年)、田山輝明「墓地使用権の法的性質」(ジュリスト No. 975、1991年、善家還暦記念所収「宗教法学の課題と展望」成文堂、1992年)、丹羽崇之「村落共同墓地の法的性格」保健医療経営大学紀要 NO.3 [2011.3]、23-30頁、丹羽崇之「村落共同墓地の使用権」徳山大学総合研究所紀要．(27・28) [2006.03]、森謙二 / 明治初年の墓地及び埋葬に関する法制の展開／藤井正雄・義江彰夫・孝本貢編『家族と墓』(早稲田大学出版部) ／1993等。

[36] 最上級審の判例として、墓地使用権確認及石垣撤去請求事件、大判昭和5年7月14日民集9巻10号730頁、慰謝料請求事件——共同墓地の廃止ト墓地使用権トノ関係、大判昭和17年3月4日民集21巻5号201頁、入会権確認請求事件最判昭和48年3月13日判タ No.295号119頁、国有境内地譲与申請不許可処分取消請求事件最判昭和49年4月9日判時740号42頁等がある。
裁判例として、各権利の承継者の指定家事審判申請併合事件大阪高決昭和24年10月29日家裁月報2巻2号15頁、墳墓地妨害排除請求事件津地判昭和38年6月21日下民集14巻6号1183頁、墓石収去土地明渡等請求事件山形地判昭和39年2月26日下民集15巻2号384頁、墓石収去土地明渡等請求事件(寺院対集落住民)仙台高判昭和39年11月16日(下民集15巻11号2725頁)、墳墓移転等請求事件(寺院対檀家)仙台地判昭和43年3月4日下民集19巻3・4合併号119頁、墓碑撤去並びに損害賠償請求事件——墓地使用権の性質(本家対分家)・岡山地裁津山支部判決昭和44年2月13日判時567号72頁、愛知学院大学宗教法制研究所紀要22号260頁、墳墓地明渡請求事件東高判昭和46年9月21日高民集24巻3号344頁、建物収去土地明渡等請求控訴事件(共葬墓地の墓地使用権に基づく請求)(集団対寺院)福岡高判昭和59年6月18日(判タ535号218頁)、祭祀財産承継者指定に対する即時抗告事件大阪高判昭和59年10月15日判タ541号235頁、建物収去土地明渡請求事件神戸地判昭和60年7月31日(判タ567号224頁)、土地所有権確認等請求事件(権利能力亡き社団の総有の例)(集落代表対土地所有者)鹿児島地判昭和60年10月31日(判タ578号71頁)、所有権確認等請求控訴事件(寺院対檀家総代)東高判昭和63年3月31日判時1280号75頁、墓地等収去土地明渡反訴請求控訴事件(土地所有者対集団)大阪高判昭和63年12月22日(判タ695号184頁)、土地所有権確認請求事件大阪高判平成2年2月16日判タ741号159頁、所有権確認請求控訴事件(旧自然村の総有墓地の例)(集落代表対土地所有者)福岡高判平成5年3月29日(判タ826号271頁)、土地所有権移転登記手続請求控訴事件(時効取得)東京高判平成20年12月18日判タ1306号266頁等がある。

国ノ村並村内ノ部落ハ法人格ヲ有シタレトモ現時ノ法制ニ於ケル法人トハ多少其ノ性質観念ヲ異ニシ其ノ住民ト全然分離シタル別個独立ノ人格ヲ有スルモノニ非スシテ其ノ住民ノ全体ヨリ成ル総合的実在団体タルニ外ナラサルモノト謂ウヘク……従テ村又ハ部落ノ所有物ハ同時ニ其ノ住民ノ共有物タルモノニ係リ唯住民ニシテ其ノ地ヲ去ルトキハ之ヲ失ヒ他ヨリ入リテ新ニ其ノ住民トナル者ハ之ヲ取得スルニ過キサルモノト解スルヲ相当トス」と述べている（大審院昭和3年12月24日新聞2948・10）。ここでいう「総合的実在団体」は、学説において実在的総合人といわれているものを意味していると解してよい。

　故・我妻栄教授は「入会権は、近代的な法人格を有する地方自治体という制度が輸入される以前の、『実在的総合人』（Genossenschaft）としての部落協同体の共同所有権および他人の土地における共同収益権であって、その権利自体の管理は部落団体に属し、それに基づく収益権能だけが各部落民に属する関係である。民法は、各部落民の個人的収益権に着眼して、これを入会権とした。しかし、その背後に、右のような共同体が存在していることを無視することはできない」と述べている。したがって、このような共同体（自然村）の複数が行政上一つの村とされても、それによって、実在的総合人がその存立の根拠を失うことはない。行政村としての権能は町村に吸収されるが、共同経済団体（自然村）としての権能は、依然として、残存する、と述べている[37]。

　入会集団が、時代の変遷とともに、近代的な行政村として、発展していったのと同様に、墓地使用者団体は、国家政策上、寺社として法人化する必要が生じた。その結果、墓ないし埋葬地の利用者集団が、宗教団体として法人化する必要も生じてきた。しかし、その場合にも、実在的総合人としての自然村は、土地に関する実質的権利主体として、存続していたと解すべきである。沿革に鑑みて、寺が先行した「寺墓」ではなく、墓が先行した「墓寺」である場合には、土地利用者集団を実態とする実在的総合人は、単に（宗教）法人制度の改革によって消滅することはないと解すべきである。

---

37) 我妻栄・新訂物権法（民法講義Ⅱ）（有泉亨補訂）、岩波書店、1983年、439頁以下。

3 墓地入会権の特殊性

(1) 特殊な入会権としての墓地利用権

　古くは土葬が一般的であったと思われるので（明治6年7月に火葬禁止令が出されるが、同8年5月には廃止されている）、埋葬地の周辺には相当に広い土地を確保していたとも考えられる。あるいは入会地の真中に墓地ないし埋葬地を設けたのかもしれない。その結果、狭義の墓地部分は、「特殊の入会権」（この表現につき、注35の文献を参照）となり、その他の部分は、その予備の入会権（地）（注7の「地所処分仮規則6章1条但書」参照）として存続してきたとも考えられる。周辺の都市化等の社会の変化・発展に応じ、また火葬が一般化するに伴って、伝統的な「入会稼ぎ」はもとより周辺の予備地の確保の必要性は低下したものと、考えられる。

　「特殊な入会権」という表現は、墓地利用権は入会権類似の権利であることの別表現である。特に、通常の入会権であれば、前述の大審院昭和3年の判決も述べているように、入会権者の居住する集落を去ると、構成員としての資格を失うが、墓地の場合には、遺骸が埋葬されているため、それを理由として、簡単に排除することはできない。特に、土葬が行われていた時代には、それは困難であり、しかも強制措置によって排除することはほとんど不可能であったからである。入会地としての統制の手段は、せいぜい墓石・墓標の「畳積」程度の処分であった。一般的に、墓地においては、通常、墓石・墓標の完全撤去は行われない[38]。その他、墓地としての利用から生じる特殊性を考慮しなければならない点もあるため、上記のような「特殊な」という表現を用いているようである[39]。

(2) 墓地に関する権利の帰属者

　通説的見解によれば、入会権は、村落共同体またはこれに準ずる共同体が、一定の土地に対して「総有」的に支配する慣習上の物権である。このような墓地においては、墓地利用者の集団が前記の「準ずる共同体」に相当す

---

[38] 大判昭和9年7月12日民集13巻17号1372頁。同評釈・戒能通孝・判例民事法昭和9年度330頁。

[39] 川島武宜／川井健編集・新版注釈民法（7）（有斐閣、2007年）568頁 ［中尾］

るかが検討されるべきである。当該共同体が、土地利用に関して、意思決定をなし、これに違反する構成員に対しては、制裁を加える等によって団体として統制できるものであることが必要であったからである。上記（一3（1））の考察によれば、墓地に付属する檀信徒会は、「共同体」の要件を充足しているものと考える。したがって、本件墓地利用者集団は、入会的権利の帰属主体となりうるものと考えられる。明治初期の土地官民有区分においても、前述のように、土地の当該共同所有権は消滅しなかった。宗教団体法や宗教法人法との関連においても、権利能力なき団体から宗教を司る形式的な法人に土地の共同所有権の移転が行われたとは考えにくい。墓地利用権者集団としての「寺」が墓地の管理運営を行ってきた実態があるからである。ここでも、寺墓ではなく、墓寺であることが確認されうる場合がある。

4　入会権的墓地利用権の法的根拠ないし法源

　入会権類似の墓地利用権については、墓地およびその周辺の土地利用をめぐる慣習が法源である。これを前提にして、権利の性質に反しない限度で、民法の個別的規定の適用の可否を検討すべきである。民法施行前から存在していた慣習に基づく権利は、同施行法35条、37条との関係において存続しえたのか否かを検討してみなければならない。

　この点では、裁判例（福岡高判昭和59・6・18判タ535号218頁）が参考になる。すなわち、入会地やこれに類する権利は、民法施行前から慣習法上認められたものであり、施行法37条の登記を経ることなく、同一内容を以て慣行に基づいて認められてきたものと解すべきである。もちろん、慣習的権利のすべてが、民法施行後にあっても存続しえたわけではない。社会の慣行によって生成存続した権利であって、それが社会の法的確信によって支えられ（物権法定主義と矛盾しない）、かつ物権である以上、一定の公示方法を具備している必要がある。つまり、民法の共有や地役権に関する規定を無条件に適用すべきではなく、入会や部落有墓地に関する慣行とそれに関する民法理論を適用すべきである[40]。

40）我妻栄・新訂物権法（民法講義Ⅱ）（有泉亨補訂）、岩波書店、1983年、427頁以下等。
（初出：清水誠先生追悼論集、『日本社会と市民法学』、日本評論社、2013年）

まとめ

1 「墓寺」における総有墓地

　部落有墓地は、その歴史において、土地所有の面から見る限り、幾つかの大きな節目を通過してきた。

　第一は、明治初期の地租改正である。部落有墓地は、封建領主と同様の権力を有していた「寺社」有の墓地としてではなく、入会地類似の部落共有墓地として「地租改正」を通過してきたのではないかと思われる。

　第二は、宗教との接点である。部落有墓地であっても、墓をめぐって宗教的祭事が行われるようになり、そのために「堂」のようなものが設けられるようになると、一種の「寺」のような機能を営むようになる。それが法律上の問題に発展してくるのは、昭和に入ってからの宗教団体法および宗教法人令・宗教法人法の制定との関連においてである。特に、墓地や境内地を含む土地所有権が宗教法人に、何らかの原因で移るのか、という点が問題になる。

　第一の問題においていかなる立場に立つか（入会地的性格を肯定するか否か）によって、第二の問題に対する基本的立場も異なることになろう。前記三つの法人関係の法令の制定趣旨と共有墓地の土地所有権の帰属の問題を考えてみなければならないからである。このような大きな流れの中で、以下のような問題点の整理を行うことができる。

2 総有墓地と都市化の影響

　部落有墓地の沿革については、利用可能な文献や書証等を参照して考察した結果、墓地ないし埋葬地としての利用から始まった檀信徒会等による土地利用の歴史を大きな流れとして確認することができる。すなわち、墓地利用権者の土地は、本来、「粗朶の採取などを行っていた入会地」または「埋葬地の環境確保のための入会地類似の土地」であったが、次第に入会稼ぎ自体は必要ではなくなり、しかも周辺地の都市的発展などによりまたは土葬から火葬への転換等により、埋葬予備地または環境上の配慮地の必要性が低下

し、その部分は、まずは小作地として活用され、後には、宅地としても賃貸されるようになった場合もあるのではないかと思われる。これは、「入会権もしくは類似の権利の変遷」という枠組みにおいて認識ないし推測できる。つまり、土地所有のレベルでは、このような土地は、沿革的には一貫して墓地ないし埋葬地のための共有的入会地ないし入会権的性格を持った共有墓地であったと解してよいと思われる（前述、一参照）。この点で、すでに江戸時代に幕府等から一定の権限を付与されていた寺社（封建領主類似の性格を有する）において存在していた寺社有の墓地（入会地的性格は有しない）とは異なる。

3　入会権的性格を残した墓地利用権

　このような墓地等の利用権は、民法典上は、「共有の性質を有する入会権」等であると解せられるが、関連の条文を共有規定から探して類推適用するのではなく、その内容は入会権ないしは入会地に関する学説・判例に従って、同地をめぐる慣習ないし当該土地利用の沿革に即して理解すべきである。すなわち、おそくとも江戸時代以降、営々として利用されてきた当該墓地利用権が、地租改正や民法の制定による土地所有権の近代化にもかかわらず、一種の入会権類似の権利として残存してきた事例もあると思われる。この点で、地租改正等においても、典型的な寺社有墓地の場合とは、その処理の仕方が異なっているのである。

4　墓地の底地権利者

　従って、このような土地については、墓地利用権者集団以外に土地所有者は存在しないと解せられる。国も（官有地編入との関連）、「宗教法人」も土地については真の権利者ではなかったであろう。特に、宗教法人の成立後においても、その背後に存在してきた墓地利用の権利者集団が土地の共同所有権者であると解すべきである。その点については、登記と入会権との関係（代表者名義の共有登記など）と同様に、入会集団ないし入会権者と法人等の表面的（登記簿上の）権利者との関係として理解すべきである。墓地については様々な沿革と形態があるので、共同の地権者集団、寺、宗教法人等の相

互関係をそれぞれの沿革に即して理解すべきだからである。なお、この点についても、学説（注19の文献参照）・判例（例えば、東京高判昭和63・3・31判時1280・75、鹿児島地判昭和60年10月31日判タ578号71頁、福岡高判平成5年3月29日判タ826号271頁等）が蓄積されているので、これらを参照すべきである（前述、二参照）。

なお、慣習上の権利の存続と民法施行法35条、同37条との関連については、前述二4参照。

5 墓地周辺地と環境変化

墓地の周辺地（しばしば賃貸地を含む）についても、原則として、墓地利用権者の共同所有に属していたと解するのが、沿革に照らして自然である。地租改正、土地官民有区分、周辺地の市街地化、耕地整理もしくは区画整理、第二次大戦後の農地改革（小作地の解放）、土葬から火葬への転換など、当該土地の環境をめぐる幾多の変遷を経て、特に、農地改革による小作地解放の影響の下で、墓地を含む関連土地がまとまって存在しなくなっている場合もあるが、各土地の沿革をたどれば、周辺土地を含む入会地の原型にたどり着けるものと考える（明治初期の「地押丈量」に基づく地図などが参考になる）。

なお、地租改正との関連について、敷衍すると、当時のこのような墓地は、封建領主と同様に特権を与えられていた寺社有地ではなく、入会地に類似する共同所有地又は自然村の共有墓地であったと思われる。国有地に編入されたのも、寺社有地（まさに上知の対象）だったからではなく、所有者不明土地であったからであると解するのが自然である。

（鑑定意見として執筆したものを、修正・加筆して、清水誠先生追悼論集『日本社会と市民法学』2013年、日本評論社、351頁以下に収録させていただいたものである）

第2編　借地関係の近代化と現代的課題

　賃貸借契約を利用して、住宅用の土地利用権を確保することは、居住の安定性の観点から考えて、本来好ましいことではない。特に「契約自由の原則」を前提とする民法上の契約としてこれを実現することは、借主側にとってリスクが大きい。明治維新後において、日本にも民法典を制定する際に、既存の土地利用関係を近代的な契約関係に移行しなければならないという課題が生じた。ただし、従来からの土地利用関係は、それなりに（その時代の実情のもとで）安定していたのではないかと思われる。土地の用益をめぐる貸主と借主の間には、矛盾があったのであるが、法的な制度の大きな変革（近代的民法典の制定等）がそれを顕在化させたのである。これは、「寝た子を起こす」ような側面を有していたことは否定できない。

　現在では、借地借家法の下で、様々な法規制により、安定的な状態にあるように見える借地借家関係も、明治維新以降の幾つかの変動期を経て今日の状態があることを知っておくべきである。

　その意味で、第1章では、借地借家関係における構造的対立点を歴史的に概観しておくことにする。

　第2章では、日本に特有の賃借権としての借地権が、現代にいたるまでの間にどのような法的変遷を遂げてきたか、について概観している。ここで取り上げた立法等については、多くの既存の業績が存在するので、借地借家関係における現代的問題を理解する前提として最小限度必要と思われる立法等について触れるにとどめている。

　第3章では、いわゆるサブリース契約と借地借家法32条の適用の可否について論じている。同契約はそもそも多義的である上に、純粋に貸借関係が問題になる場合と、他の契約関係と合体して存在している場合とがある。後者の場合にも、借地借家法32条を適用してよいかなどが問題となる。

第1章　借地借家法のルーツとしての建物保護法
――近代法の承継と伝統的市民生活との軋轢

はじめに――星野英一先生の借地・借家法

　本稿は、本来、中国社会科学院が企画した「星野英一先生の追悼論集」のために執筆したものである。そのこともあり、私の現在の関心と星野先生のご業績との関連から、始めたい。

　星野英一先生の民法分野での御業績を挙げればきりがないが、特別法の分野では何と言っても『借地・借家法』[1]であろう。本章のテーマとの関係では、明治42年制定の建物保護法に関連して、先生は、同書において、法案が「工作物保護法」から「建物保護法」に変更されたことの意義について、「その物自体の使用・収益価値の保護ではなく、その中で営まれる人の生活・営業の保護が目的とされていると考えられる。」と述べておられる（同書8頁）。「建物」の保護という立法者の意図は正確に理解されたうえで、上記のような解釈をなされたのである。建物保護法は借地借家法10条に吸収された後においても、まさに星野先生の解釈通りの機能を営んでいるのである。本稿では、建物保護法制定の意義について、本章の副題に示したような観点から、論じてみたい。

一　プロローグとしての民法605条と地上権推定法

1　民法修正案理由書604（現605）条との関連

　他人の土地を利用する権利は、地上権の他に賃借権があり、実際上は後者

---

1) 星野英一『借地・借家法』（法律学全集、有斐閣、1969年）

が重要な機能を営んでいた。特に、民法施行後においてはそうであった[2]。民法制定者は必ずしもそのような事態を予測していたわけではなかったようであるが、不動産賃借権については、居住の安定等の観点から、特別な配慮をしていた。すなわち、第604（現605）条の制定趣旨は、次のようなものであった。

（理由）「（中略）既成法典ハ賃借権ヲ物権トセルニ困リ之ヲ第三者ニ対抗シウルハ当然ノコトナルモ本案ハ此権利ヲ人権ト爲シタルヲ以テ之ヲ第三者ニ対抗センニハ特別ノ明文ヲ必要ナリトス而シテ不動産ノ賃借ハ登記ヲ必要トシ登記シタル後ノ効力ハ不動産物権ノ登記シタルモノト同一トス佛國民法（中略）ハ本案ト等シク不動産ノ賃貸借ヲ登記スルヲ許スモ佛ニアリテハ十八年（中略）ヲ越ユル賃貸借ニ限リテ登記シ得ルモノトセリ是レ非ナリ賃貸借ノ期間ニ因リテ此区別ヲ附スルハ穏当ニアラス尚或法律ニ於テハ之ガ登記ヲ全ク認メス從テ賃貸借ヲ第三者ニ封抗スルヲ得サルモノトシ唯賃借物ノ買主其他ノ権利承継人ハ或期間前主ノ取結ヒシ賃貸借契約ヲ解除スルヲ得サルモノトセルノミ此制度モ亦決シテ十分ニ賃借人ノ権利ヲ保護スルニ足ラス」[3]。

　登記を可能とするこの規定は、フランス民法の1743条を参考にしたものと解されているが、債権（人権）である賃借権に対抗力具備の可能性を与えたものであり、後に多くの解釈論上の論点を生じさせることになった。

2　明治33年の「地上権ニ関スル法律」

　民法に605条を置いたにもかかわらず、明治31年の民法施行直後に土地利用権の分野で、立法によって対応する必要があったのは、市街地における地上権による利用関係であり、そのための法律が、「地上権ニ関スル法律」（明治33年法第72号）であった。これは、従来の土地利用権が物権としての地上権に類似するものであるとの推定に基づく立法であった。同法の内容は、まず「本法施行前他人ノ土地ニ於テ工作物又ハ竹木ヲ所有スル為其ノ土地ヲ使用スル者ハ地上権者ト推定ス」（第1条）であり、地上権の推定に関する証

---

2) 戒能通孝『債権各論』（巌松堂書店、1950年）224頁。
3) 広中俊雄編・民法修正案理由書（五百十九）五百七十九頁。

拠法上の規定であった。さらに、第二条は「第一条ノ地上権者ハ本法施行ノ日ヨリ一箇年内ニ登記ヲ爲スニ非ザレバ之テ以テ第三者ニ対抗スルコトヲ得ズ」(第１項)、「前項ノ規定ハ本法施行前ニ善意ニテ取得シタル第三者ノ権利ヲ害スルコトナシ」(第２項)とする登記法上の規定であった。これらは近代法的な感覚としては当然の規定であったと思われる。しかしながら、これ等の規定は、民法との関連において、同法施行以前からの「借地」関係に重要な影響を持つことは明らかであった。[4] このことは、建物保護法に関する帝国議会での議論にも表れている（後述、法案理由書等参照）。

二　借地関係の実態

　上述のような立法者の配慮にも関わらず、新立法が必ずしも実態を踏まえたものではなかったため、近代的な民法とその特別法が既存の「借地」関係に与えた影響は甚大なものであった。
　つぎに掲げる法律新聞[5]の社説は、問題の所在を余すところなく指し示している。
　「(中略) 地主と借地人との關係たるや往々只金銭上の利益のみにして旧藩時代の情誼を求むるも決して見得べからざるものあり而も其の契約當時に於て「借地御入用の節は何時なりとも自費を以明渡可申」云々の書面を提供しあるを以一朝其間に衝突あらんか此書面は直に借地人を制縛するのみならず借地人にして既に多年間営業を爲し累代因て以て安く信用因て以て固きにより一朝之を離去するに於ては将来果して如何なるべきやを顧慮して遂に如何なる條件も地主の言うが儘に諾するの已むを得ざるに至る夫れ既に貸地人たり借地人たり地位自ら主客の差異あるを以て借地人は既に明治三十三年法律第七十二号に因り当然地上権の登記を請求し得べき地位にあるに拘わらず事の裁判所に係属すると主位たる地主の意向とを憚り従来の情誼必ずや不法も無からんとの宋譲の仁を學ぶの間に於て其地主は之れを奇貨とし之を他に転売し若しくは転売したる如く仮装し以て地所明渡の訴訟を提起したるもの其

---

4) 戒能通孝・借地借家法（日本評論社、1939年）21頁
5) 明治38・8・30法律新聞（法律新聞社、東京市）300號３頁。

例敢て乏しからず吾人が某所に於て「不当なる地代増加の為め拙者所有の家屋を売却す」との掲示を見たる如き読者果して如何なる感想をか惹起する。

然るに他の一面には實際物価の騰貴せるのみならず土地の負担も増加せるを以て相当の地代に増加を爲さんとすれば借地人等相一致して反対を唱ふるものあるを見る。(中略)若し此現象をして底止する所なからしめんか早晩地主党借地党を現出すべきを顧慮するものなり法律あるものは徒らに法律の一部に跼蹐して情誼あることを知らず情誼あるものは徒らに情誼の旧套に齷齪して法律あることを知らず(中略)是れ独り法律上の問題にあらずして社会各般の問題たらん」(明治38・8・30日300號3頁)。

この社説は、民法の制定により、「借地」関係の性質が変化せざるを得なかった様子(軋轢)を具体的に述べている。社説自身も述べているように、①このような変化にも関わらず、近代法が予定していた対等の当事者関係は当時の日本社会には確立しておらず、地主・借地人間には、封建的主客の関係が残っていたことを示している。②このような借地関係における矛盾は、借地人の団体的反対行動により一層強められ、表面化したと考えられる。

川島教授は、これを分析して、「当時の借地関係が、単に貨幣関係によって分解された関係にとどまるのか、さらに両当事者に近代的(等価交換的)な要素が現れてきているか、は今のところ詳らかにしえない」と述べている[6]。

これは、後に、広中俊雄教授らによって指摘されたことにも関連するが[7]、従来の日本社会における「人的関係」＝封建的関係の残滓と近代法規範との衝突として理解することができよう。いわゆる「人的関係」から「即物的関係」への近代化的転換である。

三　地震売買と建物保護法——帝国議会での審議

民法施行後、建物保護法が制定された明治42年前までの間は、未だ必ずしも近代的な行為規範が存在していなかった日本社会に対して「売買は賃貸借

---

6) 川島武宜『所有権法の理論』(岩波書店、1987年) 58頁
7) 広中・債権各論講義(第5版)、(有斐閣昭和54年) 175頁。

を破る」という民法上の原則が、裁判規範として適用されることになった。即ち、土地の賃貸借において、貸主Aからの地代値上げ要求に対して借地人Bが応じない場合に、Aが当該貸地を第三者Cに譲渡すると、新地主CはA・B間の賃貸借契約（債権関係）には拘束されないから、新地主Cからの建物収去・土地明渡の請求（物権的請求）が可能であり、Bはこれに応じなければならなかった。地主からの地代値上げの請求に対して、裁判所がこのような近代的民法規範を適用し始めたのである。民法施行前には、必ずしもそのような実態ではなかったようである[8]。建物の敷地の所有（地盤の所有）が変動すると地上建物が壊されたため、A・C間の売買は、当時の新聞などによって「地震売買」と呼ばれた。「地震」という表現と結びついたのは、当時、イタリアの大地震が日本国民の頭の中にもあったからかもしれない[9]。

四　法案提出の社会的背景

建物保護法制定の社会・経済的理由としては、日清・日露戦争後の財政政策と戦勝景気による大都市の地価の上昇を挙げることができる。

1　戦争と財政事情

この点については、財政ないし税制の問題と市街地の地価騰貴の問題が重要であり、白羽論文等[10]が早くからそれを分析していた。

日清戦争後、引き続く戦費調達のため、明治37年に第一次非常特別税法によって、政府は地租を増徴し、その後まもなく明治38年に第二次非常特別税法によって再び増税した。しかも、軍備拡充等のため戦時中のこの非常特別税を戦後も継続施行すべき改正法律案を可決した[11]。

日露戦争後は、大都市の膨張との関連が特に重要であったようである。

---

8) 戒能・債権各論223頁。法律新聞（注29）等参照。
9) 法律新聞555号社説、3頁
10) 白羽祐三「賃借権の物権化（一）」法学新報62巻2号19頁以下。
11) 藤田武夫『日本資本主義と財政（下）』19頁。

また「明治四三年宅地地価修正法に従へば、市街宅地の法定地価は一躍旧来の十八倍まで増加」したようである。[12]。東京についても同様であった[13]。

2　都市問題

　日露戦争の後の住宅問題の発生は、明治39年ごろからはじまっている。すなわち、日露戦争を通して軍事的目的の国営事業と軍備横張は急速に行われたが、日露戦争の勝利は、軍事的勢力の独占と資本との結合の意義を増大し、朝鮮並びに中国に対する植民地的支配を決定的なものとし、日本資本主義は急速に発展していったのである。しかしながら、この発展は、農村収奪と労働者の低賃金を前提としてなされたものであった。この時期において軽工業の発達は著しく、重工業部内においても国家的な保護と統括の下に生産が行われ、都市には労働者や小市民が集中し著しい住宅難を発生させたのである。[14]。

3　地震売買の統計

　一方で、興味があるのは、当時、地震売買がどの程度行われていたかという点である。法案審議において、政府委員がこの点に関する統計を提出していた。それによれば、東京地方裁判所（区裁判所の統計はない）で扱った案件を基にした数字ではあるが、明治39年には、土地明渡請求事件の総数121件中28件が地震売買に該当し、40年には、163件中52件、41年には、108件中31件であった。[15]全国の裁判所における統計ではないが、大都市における「地震売買」の実態を、これによって推測することは可能である。当時の新聞等がとり上げるに値する問題であったといえよう。

---

12)　戒能通孝『債権各論』225頁
13)　瀬川信久・日本の借地（有斐閣、1995年）89頁以下。
14)　石井金之助『現下の住宅問題』12頁、瀬川前掲書118頁、237頁。
15)　帝国議会貴族院議事速記録第1号（明治42年3月9日）3頁

五　帝国議会衆議院での提案と審議

1　借地人の権利保護の請願

　明治41年第24回帝国議会に、塩入大輔外32名から「借地人ノ権利保護ノ請願」が出された。請願の内容は次のようなものである[16]。
第一条　土地ノ所有者カ其ノ地上ニ所在スル他人ノ工作物又ハ竹木ノ取去ヲ請求スルトキハ予メ相当ノ移転料ヲ提供スルコトヲ要ス但工作物又ハ竹木所有者ノ違約ニ原因シタルトキハ此ノ限ニアラス
第二条　前条ノ移転料ハ工作物又ハ竹木ノ種類ト土地ノ状況トヲ斟酌シテ裁判所之ヲ定ム
第三条　此ノ法律ハ発布前存立ノ工作物又ハ竹木ニモ之ヲ適用ス
　明治41年3月10日にも衆議院に磯部四朗ほか6名により、上記と類似した法案が提出されたが[17]、その他の請願の形をとった法案も存在した。

2　工作物保護法案

　高木益太郎外一名の提出にかかる「工作物保護ニ関スル法案」では、条文は次の一カ条のみのであり、きわめて簡明なものであった[18]。
　「地上権又ハ土地賃借権ニ因リ工作物ヲ有スル者ハ登記ナシト雖其ノ事実ヲ知リタル第三者ニ対抗スルコトヲ得」
　この提案は、趣旨説明の後、18名の委員会に付託された[19]。
　以下の「工作物保護ニ關スル法律案理由書」は、この法案提出の理由を詳細に述べている。「民法発布以前ニ於ケル貸地人ト借地人トノ関係ハ全ク對等ノ地位ニ立チ互ニ其権利ヲ抗争スルコトナク情誼ヲ主トシテ行ハレ現ニ借地證書ノ如キモ唯貸地人ニ之ヲ徴スルノミニシテ借地人ハ何等契約ノ證拠ヲ有セサリシ、然ルニ、民法實施以後ハ現ニ其建物カ借地上ニ存在シ且建物登

---

16)　第24回帝国議会塩入大輔外の請願　渡辺洋三・土地建物の法律制度（上）、東京大学出版会、1960年、70頁以下から引用した。
17)　渡辺洋三・土地建物の法律制度（上）171頁。
18)　官報号外（明治42年2月7日）衆議院議事速記録第6号72頁。
19)　明治42年2月7日、議事速記録第6号、72頁

記法ニ依リ其登記アル場合ト雖貸地人ノ連署ヲ経テ地上権又ハ賃借権ノ登記ヲ為スニ非サレハ則チ第三者ニ対抗スルノ権利ナキモノトナレリ、

　抑民法ニ依リ借地人カ其権利ヲ保全スル爲メニ貸地人ニ登記ヲ要請スルモノ往々之ナキニアラスト雖地上権設定登記ハ土地ノ売買価格ニ影響スル所アルヲ以テ多数ノ貸地人ハ容易ニ之ヲ甘諾セス

　曖昧ノ中ニ借地人ノ要請ヲ葬リ去ルヲ常トシ其已ムコトヲ得サルニ至ルヤ急ニ第三者ニ土地ヲ転売シテ之カ明渡ヲ請求シ爲メニ借地人ヲ窮地ニ陥ラシム現ニ各新聞ニ於テ一齊ニ地震売買ノ弊害ヲ痛撃スルニモ拘ハラス尚ホ東京地方裁判所ニ於ケル去明治三十九年ヨリ同四十一年ニ至ル三年間ノ地所明渡事件ハ實ニ通計三百九十二件ニ上リ其多クハ地震売買ノ悪果ナリトス而シテ同裁判所ハ借地人ヨリ東京市ノ慣例ニ基ツキ移転料請求ノ抗辨ヲ為スモ敢テ之ヲ顧ミス爲メニ祖先以來所有セシ土蔵家屋ヲ毀チ空シク無移転料ノ痛苦ヲ忍ヒテ退去スルモノ決シテ少シトセス（判例略）又大阪地方裁判所ニ於テハ借地期限内ニ貸地人カ故意ニ土地ヲ他ヘ転売シ爲メニ借地人ハ新地主ヨリ土地明渡ノ請求ヲ受ケタルヨリ其被リタル損害ニ付前地主ニ対シ賠償ノ請求ニ及フモ之ヲ棄却シタリキ（判例略）而シテ又借地人ノミニテ保全登記ヲ為サントスルニハ貸地人ヲ相手方トシテ不動産ノ存在スル管轄裁判所ニ申請シ判事ノ仮登記決定ヲ受ケ其決定書ヲ執達吏ニ依リ貸地人ニ送達スル等煩雑ナル手続ヲ履践セサルヲ得ス為ニ温良ナル借地人ハ之ヲ以テ地主ニ対シ無礼ノ嫌アリト思ヒ多クハ之ヲ遂行スルコト能ハス若シ強ヒテ之ヲ遂行センカ為メニ相互ノ情誼ヲ破壊シ衝突劇甚ナルヲ致スハ洵ニ明白ナル状態ナリトス然ルニ抵当権其他占有ノ事實ナキ不動産上ノ物権ハ之カ登記ヲ為ササルトキハ第三者ヲシテ不測ノ損害ヲ被ラシムルノ虞アルモ其借地関係ニシテ現實一定ノ土造、木造等ノ工作物存在スル場合ハ其権利取得者カ土地売買其他ノ契約ヲ為スニ際シ之カ現形ヲ了知セサルノ理ナキヲ以テ地上権者又ハ賃借権者ノ未登記権利ヲ対抗セシムルモ爲メニ不測ノ損害ヲ被ラシムルカ如キコト決シテ之アルコトナシ故ニ世ニ所謂地震売買ノ豫防策ハ経済上最モ緊急ノ要務タルコトヲ認メ茲ニ本案ヲ提出シテ工作物所有権ヲ保護セシメントスル所以也」[20]

20）山中静次・建物保護法釈義、巖松堂書店、明治44年、2頁

3　建物保護ニ関スル法律案

　衆議院では審議の末、以下のような法律案を議決し、貴族院に送付した[21]。

第一条　建物ノ所有ヲ目的トスル地上権又ハ土地ノ賃借権ニ因リ地上権者又ハ土地ノ賃借人カ其ノ土地ノ上ニ登記シタル建物ヲ有スルトキハ地上権又ハ土地ノ賃貸借ハ其ノ登記ナキモ之ヲ以テ第三者ニ対抗スルコトヲ得

　建物カ地上権又ハ土地ノ賃貸借ノ期間満了前ニ滅失又ハ朽廃シタルトキハ地上権者又ハ土地ノ賃借人ハ其ノ後ノ期間ヲ以テ第三者ニ対抗スルコトヲ得ス

第二条　　建物ノ所有ヲ目的トスル地上権ノ存続期間ハ二十年ヲ下ルコトヲ得ス若シ之ヨリ短キ期間ヲ定メタルトキハ其期間ハ之ヲ二十年ニ伸長ス

　建物ノ所有ヲ目的トスル土地ノ賃貸借カ其ノ期間ノ満了ニ因リ終了スル場合ニ於テハ賃借人ハ建物ノ存続スル場合ニ限リ其ノ期間ヲ更新スルコトヲ得

　更新シタル期間ノ満了ニ因リ賃貸借ノ終了スル場合亦同シ

　前項ノ期間ハ通シテ二十年ヲ超ユルコトヲ得ス

　若シ契約ノ当時定リタル建物ノ構造又ハ用法ニ因リ之ヨリ短キ期間ヲ相当トスル場合ハ其ノ期間ニ依ル

第三条　　当事者カ建物ノ所有ヲ目的トスル土地ノ賃貸借ノ期間ヲ定メサリシトキハ其ノ賃貸借ハ建物ノ朽廃スヘキトキニ終了ス但民法第六百四条ノ適用ヲ妨ケス

　前項ノ場合ニ於テ賃借人ハ民法第六百十七条第二項ノ規定ニ依リ解約ノ申入ヲ為スコトヲ得

第四条　　民法第五百六十六条第一項及第五百七十一条ノ規定ハ第一条第一項ノ場合ニ之ヲ準用ス

　買主カ契約ノ当時知ラサリシ地上権又ハ賃借権ノ存スル場合亦同シ

附則

　本法ハ本法施行前ノ設定行為又ハ契約ニ因ル地上権又ハ土地ノ賃貸借ニモ

---

21) 明治42年3月21日、議事速記録第223号、9頁

之ヲ適用ス

六　帝国議会貴族院での建物保護法案の審議

　前述のように、法案は、最初に衆議院において提案・審議がなされ（最初は工作物保護法案）、引き続き貴族院で審議された。

1　特別委員会の審議

　4ケ条からなる建物保護法案は、政府提案ではなかったが、先行審議した衆議院の法案に政府も賛成していたため、貴族院の審議は、政府提案に準じた取り扱いがなされ、政府委員（平沼騏一郎）が答弁に立った。特別委員会においては、民法起草者の一人として知られる富井政章の他、高木豊蔵、石渡敏一が小委員となって修正案を作成した[22]。

2　法案第1条の内容

　同条の内容は、建物保護という国民経済的観点からの、地震売買の防止ないし禁止を目的とするものであり、議論の中心は、民法の原則との関係で、「登記ナキモ、之ヲ以ッテ第三者ニ対抗スルコトヲ得」という規定よりも良い方法はないかという点をめぐる議論が中心であり、法案の趣旨自体に反対する意見はほとんど出なかった。しかし、富井は、この規定は民法および登記法の原則に対する「一大例外」であるからできれば避けたいと考えていた。そこで、代替案として、実体法としての民法に対する修正ではなく、手続法である登記法に対する例外を設けることを検討し、「賃借人一方ノ申請ニ因ッテ登記ヲ為スコトガ出来ル」という案等を検討した。しかし、当時、契約書は借地人の下にはなかった場合が多く、借地人が適当に作成した書面で登記を認めるのもよくないと考えた。

　また、建物の所有権の保存登記の申請がなされた場合には、登記官が職権で借地権の登記を行うという方法も検討したようであるが、敷地利用権に関

---

22) 第25回帝国議会貴族院建物保護ニ関スル法律案特別委員会議事速記録第1号5頁。

する書面との関係で断念した。

さらに、土地の第三取得者が明け渡しを求めてきた場合に、借地人に建物買取請求権を認める案や、相当の移転料請求権を認める案も検討された。しかし、これによって、表面上は民法上の原則を維持できるが、実体としては登記のない借地権を対抗されるのと大差はなく、直接か間接かの違いにすぎないと考えられて、結局、簡明な原案に賛成することとなった。

なお、第1条に対する消極論としては、地震売買を利用するような悪い地主ばかりではないから、大部分の善良な地主にとっては酷であるという地主擁護論が見られた程度であった[23]。

3　法案第2条・3条の内容

第2条では、地上権の最短期間を、永小作権に倣って20年とし、賃借権については、借主側から一方的に20年に達するまで延長することができるものとしていた。なぜならば、建物所有を目的とする賃借権の期間を、例えば5年にしておいて、満了のたびに地代値上げを要求し、応じなければ建物収去・土地明渡を求めることが可能であれば、地震売買に類似した状態が出現することになるからである。

さらに、短い期間を定めた場合のみならず、期間を定めない場合にも同様な事態が生じるので、第3条において同趣旨の規定が置かれた。しかし、第2条と3条については、大部分の地主・借地人間においては、今日なお「徳義の連鎖に依って円満なる関係」を保つことが可能であると考えられること、また、地価の低落をきたすかもしれないこと、相当な値上げを困難にするかもしれないこと、などが理由とされて、前述の富井を含む小委員は、当該2か条の削除を提案し、認められた。富井は、当事者間の「契約の自由」を尊重したいとの考えを強く有していた。その際、代替案として、土地の明け渡しを求められた借地人に一定の条件の下で建物買取請求権を認めるか、移転料の請求権を認めることも検討したが、権利行使の要件の設定が難しかったようであり、これも断念した。その結果、当該2か条の経過規定を定め

---

[23] 第25回帝国議会貴族院建物保護ニ関スル法律案特別委員会議事速記録第2号8頁。

ていた附則も削除され、法案の4カ条は2カ条（民法の準用規定は残った）となり、明治42年に「建物保護ニ関スル法律」として制定された（明治42年法律第40号）。

なお、「建物保護」という法律の名称との関連では、「立法の真意は建物所有者の権利を保護するにあり」と解されていた[24]。

まとめ

民法の施行に伴って、家族法の分野で様々な「軋轢」が生じたことは、既に知られているところであるが、財産法の分野では、後に展開する労働法の分野を除けば、集団的な反対運動にまで発展した「軋轢」の例は少ない。この点につき、戒能教授は、「斯る問題の発生すること自体が、継続的契約関係と一般交換型契約関係との顯著なる差異に基づくものであることを指摘するに止めておきたい」と述べておられる[25]。

1 民法施行法

民法制定者も、一定の「軋轢」は予想していた。即ち、民法施行の際、既に従前からの借地関係を調整する必要は、施行と同時に発生することを想定し、同施行法第44条において、次のように定めていた。すなわち「民法施行前ニ設定シタル地上権ニシテ存続期間ノ定ナキモノニ付キ当事者カ民法第二六八條第二項ノ請求ヲ爲シタルトキハ裁判所ハ設定ノ時ヨリ二十年以上民法施行ノ日ヨリ五十年以下ノ範囲内ニ於テ存続期間ヲ定ダム」（第一項）、「地上権者カ民法施行以前ヨリ有シタル建物又ハ竹木アルトキハ地上権ハ其建物ノ朽廃又ハ其竹木ノ伐採期ニ至ルマデ存続ス」（第二項）、「地上権者ガ前項ノ建物ニ修繕又ハ変更ヲ加ヘタルトキハ地上権ハ原建物ノ朽廃スベカリシ時ニ於テ消滅ス」（第三項）としていた。第一項は地上建物等が存在しない場合の地上権、第二項・第三項は地上建物等が存在する場合の規定である結果（但しこれら二項の適用は存続期間の定めなき地上権に限られたものと思われる）、

---

24) 西村勘之助・建物保護法、清水書店、明治42年、2頁。
25) 戒能　借地借家法14頁。

後者につき判例は、第二項に所謂「朽廃」とは建物の自然的朽廃を意味し、地上権者が改築のため故意に建物を取毀したり（大判明治37・3・18民録10輯284頁）、又は風水害・地震・火災等によって建物が滅失崩壊しても（大判明治35・11・24民録8輯150頁、大判明治37・2・15民録10輯147頁）、地上権は原建物の朽廃期まで存続する（もちろん反対の慣習ある場合にはこれによった、大判明治32・12・22民録5輯99頁参照）としていた。

さらに、第三項については、同項の適用があるのは改築又はこれと同視すべき大修繕に限られ、通常の修繕によって建物の生命が延長されても、建物の現実の朽廃前に地上権が消滅することはない（大判大正8・12・25民録25輯2385頁）と解釈されていた。

しかし、その後間もなく、地上権推定法（明治33年法第72号）と建物保護法（明治42年法第40号）が制定された。

2　借地問題から借家問題へ

このように市街地における借地問題の発生のルーツを、民法施行の当時、換言すれば日清・日露戦争の影響による市街地の膨張にまで遡って求めることができるにしても、借家問題の発生は、これよりも少し後になるのである。例えば、大正十年頃、即ち借地法・借家法施行の前後に、東京市社会局が家賃等について調査したところによれば、「時下何程物価が騰貴して居るからとて、あれでは余り暴利過ぎて居る」[26]とされていた。これによって推察すれば、東京市においてすら借家問題の展開は第一次世界大戦時代の所産であると考えられるからである。

この意味で、借家に関する事例が益々多きを加えたのは、大正7・8年以降の現象に属し、この頃から初めて借家権の対抗力が直接社会的問題として議論されるようになったこともきわめて当然なことであった。

3　建物保護法の不完全さと「借地法案」

高木益太郎は、明治43年に、地上権又は賃借権の最短期間を20年とする規

---

26) 大判大正10・3・20日、法律新聞1812号13頁。

定、建物所有を目的とする賃貸借には民法612条の適用を制限する規定、地代の増額請求の場合の「地料協定員会」制度の設置等を含む「借地ニ関スル法律案」を提案したが、葬り去られた。この内容が注目されるのは大正期に入ってから（第一次世界大戦後）である。結局、法律新聞の指摘している通り[27]、契約当事者の抽象的平等を前提とした民法規範が借地人を窮地に陥れ、その結果、社会党に代表される左翼勢力を増強することになりかねないことを、地主階級は恐れたのであろう。

渡辺教授も、この点につき、建物保護法は、成立した部分のみを取り出して評価することなく、審議の過程で削除された部分を含めて、全体的評価をすべきであるとし、「地主階級は、日本社会のブルジョア化の一般的流れの中で、建物保護法を成立せしめるという妥協のみちをとることによって、逆に明治民法の下での借地契約における半封建的構造を維持し、借地関係における日本型市民法への転化のみちを阻止することに成功した」と評している。[28]

しかし、当時の日本社会の中で、それなりに安定していた地主借地人関係を、近代民法の導入によって、混乱に陥れたという側面も否定できないであろう。法律新聞[29]が紹介している「第25回議会に於いて本案提出理由説明の一部」も「民法ノ実施前ニ於キマシテハ大審院ノ判例ニヨリテ地主カ変リマシテモ借地人ハ後ノ新地主ニ向ツテ借地権ト云フモノヲ対抗スルコトノ出来タト云フコトハ諸君モ御承知ノ通リデアリマス」と述べている通りである。

これは、契約的法意識が定着していない社会に、「近代的」民法規範が適用された結果生じた「軋轢」と言うべきであるが、もっと十分に既存の権利の保護に配慮した「経過規定」が必要とされたというべきであろう。

---

27) 法律新聞555号581頁。
28) 渡辺・前掲180頁以下。
29) 法律新聞前掲582頁。
（初出：日中民事法研究会（中国社会科学院）の星野英一先生追悼論集に寄稿したもの）

第2章　借地法成立後の借地権の展開

はじめに

　前章の叙述と内容的にはやや重複するが、借地権をめぐるその後の法制の展開について概観しておきたい。債権としての借地権、しかも宅地賃借権は、我が国に特有のものであり、現時における借地権の本質は、制度の沿革を抜きに理解すべきではないからである。

一　伝統的な不動産利用権と近代的私法

　民法の施行に伴って、家族法の分野で伝統的な社会（家族）との間で、様々な「軋轢」が生じたことは、既に知られているところである。前章の「まとめ」でも述べたように、財産法の分野では、後に展開する労働法の分野を除けば、借地法の分野のように集団的な反対運動にまで発展した「軋轢」の例は少ない。この点につき、戒能教授は、「斯る問題の発生すること自体が、継続的契約關係と一般交換型契約關係との顯著なる差異に基づくものであることを指摘するに止めておきたい」と述べていた（戒能　借地借家法14頁）。契約類型の観点から、既に借地契約の継続的契約性（売買のような交換型契約とは異なる）に着目していたのである。「継続」性が居住と結合している点が重要である。

1　民法施行法

　民法制定者も、前述のように土地利用関係について、一定の「軋轢」は予想していた。即ち、民法施行の際、既に従前からの借地関係を調整する必要は、施行と同時に発生することを想定し、同施行法第44条を用意していたのである。

しかし、以上のような民法上の「軋轢」に対する配慮にも関わらず、それでは不十分であり、その後間もなく、地上権推定法（明治33年法第72號）と建物保護法（明治42年法第40号）が制定されたのである。

2 借地問題から借家問題へ

このように市街地における借地問題の発生は、民法施行の当時、換言すれば日清・日露戦争の影響による市街地の膨張にまでそのルーツを求めることができるのであるが、借家問題の発生は、前述のように、これよりも少し後になるのである（後述三も参照）。

3 建物保護法の不完全さと「借地法案」

高木益太郎は、明治43年に、地上権又は賃借権の最短期間を20年とする規定、建物所有を目的とする賃貸借には民法612条の適用を制限する規定、地代の増額請求の場合の「地料協定員会」制度の設置等を含む「借地ニ関スル法律案」を提案したが、前述（第1章）のように、葬り去られた。

渡辺洋三教授も、この点につき、建物保護法は、成立した部分のみを取り出して評価することなく、議会に於いて削除された部分を含めて、全体的評価をすべきであるとし、「地主階級は、日本社会のブルジョア化の一般的流れの中で、建物保護法を成立せしめるという妥協のみちをとることによって、逆に明治民法の下での借地契約における半封建的構造を維持し、借地関係における日本型市民法への転化のみちを阻止することに成功した」と評している。（渡辺・前掲180頁以下）。

契約的法意識が定着していない社会に、「近代的」民法規範が適用された結果生じた「軋轢」と言うべきであるが、もっと十分に既存の権利の保護に配慮した民法施行のための「経過規定」が必要とされたという点ついては、前述した。

二　明治期の借地法案の不成立

この時期に提出された複数の借地法案の目的は、第1に短期の賃借権がも

たらす弊害を防止することであった。すなわち建物という財産を保護することであり、投下資本の回収であった。借地権自体よりも地上建物の保護が中心であった。第2に地代の紛争を予防することであり、第3には、地主の賃料等の債権のために先取特権を認めることであった。さらに建物買取請求権を認めるなど、様々な妥協もなされたが、借地法案は、結局、貴族院の賛成を得ることはできなかった。

三　大正期の借地法・借家法の成立

　第一次世界大戦後の経済発展と都市問題の発生を背景として、大正6年に至って第一次借地法案が出されたが、立法の趣旨が明確でなく、慣習と異なったところがある等の批判を浴びて、成立しなかった。大正10年に第二次借地法案が提出された。これは、存続期間、更新請求・建物買取請求（原案にはなかったが）、一時使用の特例、転貸・譲渡と建物買取請求権、地代増減請求権、先取特権、使用継続の場合の遅滞なき異議等の制度、が規定されており、これらの規定は旧借地法に引き継がれることになった。

　借地法の審議の過程で、借家法制定の必要性が説かれたが、政府は当初、それを否定していた。しかし、政府は一転して第一次借家法案を提出したが、賛同が得られず、大正10年に至って、第二次借家法案が出されたが、議論の内容は、不十分であった。というのは、借地法の場合には明治期以来の議論の蓄積があったが、借家についてはそれを欠いていたからである。その結果、その本質（貸・借間の利害対立の側面）は鮮明にならなかったが、資本に基礎を置く貸家人層の利益には配慮がなされたようである。これに対して、貧しい借家人層に対する配慮をした社会政策的立法としての性格は弱いものであった。ともあれ、対抗力、解約申入期間、造作買取請求権等の規定が借家法に置かれたのである。

四　戦時体制と地代家賃統制令

　これは、戦時体制下の物価統制の一環として、昭和14年に国家総動員法に

基づいて制定され、昭和21年に、統制額を超える地代・家賃を合意することおよびその授受を禁止した。戦時下における住宅問題の緩和が家主層の犠牲のもとに実施されたと評されている。昭和25年に改正され、昭和60年にその廃止法が制定・公布され、翌年12月末日をもって同法は失効した。

五　罹災都市借地借家臨時処理法

　この法律は、関東大震災を契機として制定された借地借家臨時処理法（大正13年）の趣旨を引き継ぎ、戦災地域内の借地借家関係の調整・整理を目的として昭和21年に制定され、翌年に適用範囲が拡大された。阪神淡路大震災後には同地域に適用されたが、東日本大震災の後には適用されず、平成25年に「大規模な災害の被災地における借地借家に関する特別措置法」の制定により廃止された。

六　昭和16年の法改正

　戦時体制に入った昭和16年には、戦時下における居住の安定を目的として、借地・借家法に「正当事由」制度が導入された。借地借家住まいをしていた出征兵士に対する配慮であったとも言われているが、戦時において借地借家問題が社会問題化しないようにするために、貸主層に「皺」寄せをしたという面の方が大きいであろう。第２次大戦直後における絶対的住宅難の下でも、同様の機能を果した。

七　昭和41年における借地借家法の改正

　戦災直後の絶対的住宅難に対処するために、罹災都市借地借家臨時処理法の適用と相まって、建物保護法、借地法、借家法の維持と活用が、必要とされた。しかし、復興が軌道に乗り、経済的にも安定してくると、次第に絶対的住宅難から相対的住宅難の時代に移行していった。そうした中で、借地非訟事件手続きの導入と地代増減請求権に関する改正を中心とする改正がなさ

れた。借家についても、家賃増減請求権に関する改正と相続人不存在の場合の借家権の帰属に関する改正等がなされた。

八　1991（平成3）年の法改正

　この年の改正によって、借地法と借家法が一本化された。内容的には、普通借地権の存続期間の変更、正当事由の明確化、定期借地権の創設、自己借地権の創設、期限付き借家権の創設等を含むものであった。この改正には3つの要因が重要な役割を果たした。第1は、従来からの借主の権利保護を中核とする流れである。第2は最近の地価、住宅事情、建築方法等の土地住宅の基礎的条件の変化に対応する流れである。第3は、大都市の中心部における狂乱的地価上昇等を背景とするもので、土地の高度利用を実現するための借地借家権の金銭化（居住権的要素の希薄化）であった。最後の点は、借地借家法発展の大きな流れとしてはやや異質なものを含んでいると言えよう。

　この改正によって、建物保護法、借地法、借家法が法律上一本化され、借地借家法となった。しかし、この法律の施行日より前に成立した借地契約・借家契約には、従来の法律が適用されることになっている（借地借家法の重層構造）。

　なお、同時に民事調停法が改正され、地代家賃の増減請求には、調停前置主義が採られることになった。

　借地法と借家法が一本化されたが、解釈に当たっては、両者の相違点には一定の配慮が必要である。賃借権の保護の趣旨についても、借地の保護は財産権としての保護に重点があると解してよいが、借家権については、居住権（生存権的要素）の保護が中心となると解すべきである。借地借家法という統一法になっても、このような趣旨が変わるものではないからである。

九　その後の改正

　1999年に、賃貸住宅供給促進特別措置法により、定期借家権が創設され、同時に建物賃貸借への民法604条の適用除外が定められた。2007年には、借

地借家法の改正により、「事業用定期借地件等」に関する制度が変更された。

2008年1月1日より、第168回国会に議員立法で成立した改正借地借家法が施行され、10年以上50年未満の期間で事業用借地権を設定することが可能になった。

また、非訟事件手続法及び家事事件手続法の施行に伴う関係法律の整備等に関する法律117条による改正（平23、法律第53号）がなされた。

(新基本法コンメンタール・概説Ⅰより、日本評論社、2015年)

第3章　借地をめぐる利用権の現代的展開

一　「不動産サブリース契約」の多様性と借地借家法32条の適用

1　課題の設定——「サブリース」概念と判例

　本稿執筆の直接の動機は、後述の「不動産変換ローン」のような内容の契約中の「賃貸借部分」をも「サブリース契約」として一括して考察してよいか、という点について根本的な疑問を持ったことにある。つまり、本章では、具体的に「不動産変換ローン」契約に組み込まれている「賃貸借的部分」について借地借家法32条を適用してよいのかという点を問題にしてみたいと思うのである。従来からの議論との関連でいえば、「サブリース契約」の多様性の問題であるが、不動産変換ローンは最も特殊性の強いものの一つであると思われるからである。

　サブリースに関する最近の最高裁判決[1]では、判示の前半において借地借家法32条の強行法規性を前提にして、サブリース契約の賃料特約条項により同条の適用を排除できないとしているが、後半では当事者の同契約締結時における予測なども考慮すべきであるとしている。そこには前半（強行規定違反を理由として特約の効力をそのままは認めない）と後半（「特約」を含む合意形成の前提条件を尊重している）との「ねじれ」があるとの指摘がある。[2]私は、

---

1) 最判平成15・10・21民集57・9・1213、最判平成15・10・21判時1844・50、最判平成15・10・23、判時1844・54、最判平成16・11・8判時1883・52など。
2) 後述最判福田意見の表現を借りれば、「多数意見が引用する最高裁平成15年10月21日第三小法廷判決は、一方においてサブリース契約においても借地借家法32条1項の適用は排除されないとしつつ、他方では賃料減額請求の当否及び相当賃料額の判断に当たっては、関係事情等を十分に考慮すべきであるとしているので、具体的な事案の解決にあっては妥当な結果が導かれるとの考えに立つもののようであるが、同項の強行法規性をよりところにするのであれば、後段は首尾一貫した論理展開とはいえない。それはそもそも強行法規と呼ぶには適さないものである。一方において強行法規といいながら、賃料自動増額特約の存在を含めた関係事情を十分

後述のように、この「ねじれ」現象は、関連法規範の相互関係についての一定の理解の下で、論理的には解消しうるものである考えているが、その理由は判例自身[3]に内包されていると思っている。このような問題意識のもとで冒頭の課題を検討してみたい。

に考慮するというのは、一般にはなかなか理解しにくい考えといわねばならない。」ということである。なお、瀬川信久「借地借家法32条は強行法規か？——サブリース最高裁判決について」金融商事判例1202・1も参照。

3) 前掲最判の趣旨は藤田判事の補足意見によってより明確になる点も少なくない。本章「二」に関連する部分を以下に引用しておく。「もっとも、否定説の背景には、サブリース契約に借地借家法32条を適用したのでは、当事者間に実質的公平を保つことができないとの危惧があることが見て取れる。しかし、(中略)法廷意見が、借地借家法32条1項による賃料減額請求の当否（同項所定の賃料増減額請求権行使の要件充足の有無）及び相当賃料額の判断に当たり賃料額決定の要素とされた事情等を十分考慮すべき旨を判示していることからも明らかなように、民法及び借地借家法によって形成されている賃貸借契約の法システムの中においても、しかるべき解決法を見いだすことが十分にできるのである。そして、さらに、事案によっては、借地借家法の枠外での民法の一般法理、すなわち、信義誠実の原則あるいは不法行為法等々の適用を、個別的に考えて行く可能性も残されている。」 これは当該最判自体が広義のサブリース契約に適用されるべき規範構造に未確定部分があることを自認しているとも受け取れる文章である。すなわち、「賃料額決定の要素とされた事情等を十分考慮する」ことを通して民法上の原則の適用の余地までも認めているからである。 さらに最高裁判決（平成16・11・8判時1883・52）の福田反対意見は以下のように述べている。①借地借家法32条1項は強行法規ではない（多数意見と異なる）。②サブリース契約は、バブル期よりもはるか前の昭和50年代末ころから賃貸ビル事業者によって推進された共同事業方式の一つである。③「我が国において長年にわたり発展してきた借地借家法は、社会的弱者たる借地人や借家人を保護することに沿革を持ち、ひいてはそれが強行法規性につながっていることは否定できない。他方、時代のニーズに応じて新しく現れたこの種の共同事業方式は、そのような保護を必要としない関係者の間で、関係者の利益追求の思惑が一致して出現したものである。(中略) もし、このような共同事業について、社会経済政策の立場などから、何らかの規制を行うことが必要というのであれば、それは本来立法府のみがよくなし得るところである。(中略) ④「そのような立法上の手当てもない中において、仮にこのような共同事業契約の内容が著しく現実の事情に合わなくなり、その是正が是非とも必要とされるような場合（例えば天災など）、援用し得る考え方として想定されるのは、例えば、すべての契約に内在する「事情変更の原則」であって、その結果、当事者間の利益配分条項の一部である賃料自動増額特約の有効性の見直しを求められる場合があり得よう。そのような場合には、見直しの対象は、賃料自動増額特約のみならず、当該共同事業に係る他の利益配分に関連する合意等にも及ぶものというべきである。例えば、賃貸ビルの建築資金に係る金融機関の融資条件がサブリース契約の内容と密接にリンクしている場合（賃貸ビル事業者から土地及び賃貸ビル所有者への賃料の支払が、金融機関の指定振込先に対して行われ、ここからの定期的な引落しにより融資金の分割返済が行われる場合など、融資契約が実質的にサブリース契約と不可分一体となっているような場合がこれに当たる。)には、当該融資契約も事情変更の原則により見直されることもあり得よう。「いずれの契約方式によっても、内在する実質問題は「事業関係者間の利益配分」という同一の問題なのである。」とする。

2 民法と借地借家法における賃料額決定の自由

　民法上は、賃貸借契約の締結に際して、契約当事者は、賃料額については自由に決定することができる。不動産賃貸借の領域においても、地代家賃統制令が施行されていた時代（1939–1986年）や、農地法に基づく統制小作料制度（1970年に廃止）が実施されていた時代は別である。現在では、前記の「統制令」自体が廃止されており、農地法においては統制小作料に代えて導入された標準地代制度も廃止されている。つまり、当事者が賃貸借契約の締結に際して賃料額を決定するときに従わなければならない強行法規は、一般条項（民法90条など）以外には、存在しないのである。借地借家法も決して賃料額を統制していないという点を確認し、これを出発点として、以下考察する。

3 借地契約の長期性と賃料額の変更

　しかし、契約期間が長期に及ぶ賃貸借契約については、いったん自由に決定された内容（賃料額）も契約締結に際して前提とされた事情が著しく変更すると、それに応じて変更されるのが妥当であるような場合も生じる。

　私法の基底的規範である民法においては、このような場合に対処するため、学説[4]・判例[5]により、事情変更の原則が、一般原則である信義誠実の原則を根拠として承認されている。

　特に、不動産賃貸借のような継続的契約関係の賃料額については、一定の期間の経過によりその決定に際して前提とされた事情の変更が生じうるので、不動産賃貸借契約の実態に則して、このルールを具体化しておく必要があった（旧借地法12条、旧借家法7条）。地価を含む物価の上昇を前提とすれば、このルールは貸主に有利に機能することの多い制度であるが、例外的であれ、実際に逆の経済現象も生じているから、制度としては、中立的なもの

---

[4] 勝本正晃・民法に於ける事情変更の原則、五十嵐清・契約と事情変更（有斐閣昭和44（1969）年）など。

[5] 大判昭17・2・27判決全集9・18・8、大判昭17・10・22新聞4808・7、最判昭19・12・6民集23・613など。

である。

4 サブリース契約の多様性と賃料の増減請求

　本章で問題する借地借家法32条（旧借家法7条）は、借家を前提としたものであるから、そこではほんらい通常の賃貸借における家賃を前提にして考慮すべき事情の変化を想定している。

　しかし、一般にサブリース契約と称されている契約については、そこに組み込まれている契約の要素が多様であり、そのひとつである賃貸借的要素の軽重も多様である。その結果、広義の同契約については、賃料額の増減請求に当たって同法32条の適用に適するものもあろうが、同条が予定していない重要な諸事情を考慮しなければならないようなものもある。この点については、すでに多くの論文において検討されている。[6]

　そこで、サブリース契約については、経営的要素の強いものとそうでないものといった基準による類型化、さらには、これに関する既存の判例や裁判例の範囲内での類型化も可能かもしれない。[7]しかし、それなりに類型化に成功したとしても、それによって論理必然的に32条の適用の可否が決まるとは思われない。特に、賃貸借的要素が他の大きな法律関係の一部に組み込まれたタイプについては、賃料の主要な決定要因が32条所定の事情に依拠していないタイプも存在するので、個別的に同条の適用の可否を決定する方が実態に即した判断になると思われる。その際に最も注目すべきは、「賃料」と称されている対価の主要な決定要因が32条の例示の範囲からはずれている類型である。[8]そのような場合には、適用ではなく、借地借家法の類推適用ないし修正適用も考えられなくはないが、むしろ一般法である民法に戻って、同法32条の思想上の根拠となっている事情変更の原則を適用すべきである。

---

[6] 松岡久和「建物サブリース契約と借地借家法32条の適用」法学論叢154巻4・5・6号（133頁以下には主要な文献が掲げられている）、近江幸治「サブリース契約の現状と問題点」早稲田法学76巻2巻12号、吉田克己「サブリース契約と借地借家法32条に基づく賃料減額請求」清水古希・市民法学の課題と展望、323頁、内田勝一「サブリース契約における賃料保証・賃料自動改定特約の効力」ジュリ1150・52、藤井俊二「地価の下落と賃貸借契約のスライド条項の法的拘束力」など。

[7] 澤野順彦「サブリース契約と賃料増減請求」NBL554・36

[8] 原田純孝「賃料自動改定特約の効力と経済事情の変動」判タ901・55

例えば、後述の不動産変換ローンに組み込まれた賃貸借的法律関係については同法32条ではなく、民法上の事情変更原則を適用すべきである。そこでは、同32条が予定している諸事情をはるかに超える様々な事情を、法律関係全体の前提事情として考慮しなければならないからである。このような観点に立って、両規範の相互関係を以下に整理しておこう。

5 賃料増減請求に関する法規範の相互関係

（イ）借地借家法上の賃料増減請求と民法上の事情変更の原則（信義誠実の原則）　借地借家法の賃料増減請求制度（同法11条、32条）は、事情変更原則の具体化である。さらに、この原則の民法上の根拠は信義誠実の原則（同法1条）である。つまり、事情変更原則は信義誠実の原則の具体化である。信義誠実の原則は第2次世界大戦後に明文化されたものであるが（1条2項）、その内容は、いわゆる一般条項に属する法原則であり、明文化の前から民法上の原則であったことに変わりはない[9]。

（ロ）32条と37条の関係　借地借家法における典型的強行規定は、いわゆる片面的強行規定である（37条等）。これに対して、賃料増減請求規定（32条）は37条には含まれておらず、判例により強行規定と解されてはいるが（根拠については後述）、37条の場合とは異なり、いわば「両面的」強行規定である。しかも実質的には貸主に有利に機能しうる規定であるから、借主保護を基調とする借地借家法の他の「片面的」強行規定とは基本的性質を異にする。

6 不動産サブリース契約の多様性と借地借家法32条の適用

不動産のサブリース契約[10]とは何かについて、学説・判例の理解が固まっ

---

[9] 我妻栄・民法総則33頁は、信義誠実の原則は私権の社会性を宣言したものと述べている。信義誠実の原則自体は、鳩山秀夫「債権法に於ける信義誠実の原則」（民法研究第3巻（大正15〔1926〕年）・1頁以下などで紹介されていた。

[10] マスターリース契約ともいうようであり、この場合には、この概念を前提とした転貸的部分をサブリース契約と呼ぶ。しかし、このようなサブリースを伴う不動産リースを「サブリース契約」と呼ぶことが一般化しているので、本稿では多数の用語法に従っておきたい。もっともリースは日本民法の賃貸借に類似するものであると解するのが一般的であるが、そもそもリースとはどのような意味において用いられているか、についても必ずしも明確ではない。（金融

ている訳ではないが、本稿では、通常の賃貸借関係を含むサブリース契約と理解される事例と、内容的に同契約に含めることに疑問がある事例とを含めて、判例の射程範囲との関連を意識しつつ、広義のサブリース契約への借地借家法適用の是非を、「32条強行規定論」を意識しつつ論じてみようと思う。その場合には、まず、借地借家法の基本的性格を、その沿革を含めて十分に認識しておくことが必要である。

二　借地借家法の構造と強行法規性

借地借家法37条の片面的強行法規性と同法32条の「強行法規性」を明確に区別するために、同法の沿革に遡って検討しておきたい。

1　借地借家法と地代家賃増減請求権の生成

借地借家法の片面的強行法規性（9条・37条、旧借地11条・旧借家6条）は、本来借主に対する貸主の社会的・経済的優位を立法によって修正することによってその契約内容の実質的平等を実現すべきとの法の要請に基づくものである。しかも、沿革的に見る限りは契約当事者の間には「売買当事者間におけるような立場の互換性」がないことを前提としたものであった。つまり、社会的・経済的弱者としての借主の地位を法律によって底上げすることによって契約当事者間の実質的平等を実現し、それを契約内容に反映させようとするものであった。しかし、同法37条の文言からも明らかなように、現行借地借家法は強行規定の適用を一定の範囲に限っている。例えば、32条は37条に含まれていない。そこで法32条の解釈に当たっては、その文言「契約条件にかかわらず」と「法の下の平等」理念の実質化、さらには契約自由の原則の実質的実現ということをも考慮しなければならない。[11]

現行借地借家法32条（借地については同法11条）の前身は、旧借家法7条

　法務事情1130号、特に、日本私法学会昭和61年度大会・民法部会資料として掲げられている緒論文および資料参照）。
11)　鳩山秀夫「借地権保護問題」法学協会雑誌27・4・59のように、立法当初から片面的保護に対しては批判的学説が存在した。

（借地法12条）である。同条の歴史的考察にあたっては、旧借家法7条ではなく、旧借地法12条が立法論議の前面に立っていたので、以下の叙述も主としてそれに関するものである。

（1） 地代（家賃）増減額請求権

　この制度は、すでに明治43年の借地法案（本書第1編参照）に見られ、その後の各借地法案でも何度か繰り返し登場した。[12] この規定（制度）は、地主側からの値上げ請求のみならず、借地人側からの値下げ請求をも認めるものである。しかし、地代や家賃が一般的に上昇する経済情勢のもとでは、地代家賃統制令（昭和14年制定）の施行期間（前述）を除いて、現実には主として増額のみが問題となった。ただし、判例において見る限りにおいても、昭和初期の不景気の時期には減額請求事件が何件か存在した[13]。

（2） 明治期の地代増減請求に関する判例と旧借地法12条の趣旨

　判例は、すでに借地法、借家法制定前に、明治30年代から、貸主側からの地代値上げを認めていた[14]。旧借地法12条と旧借家法7条は、この判例の趣旨の成文化であるとともに、借地法によって短かい借地期間の約定の禁止を地主層に受け入れさせるための政策上の妥協でもあった。すなわち、建物保護法の制定（明治42年、同法については、本編第1章参照）と借地法による短期の借地期間約定の禁止（原則20年以上）規定とにより、借地人が耐用年数の残っている建物の取壊しを余儀なくされるおそれはなくなり、すでに借地関係に入っている地主・借地人間に関するかぎり、社会経済的な力関係のアンバランスはほとんどなくなったと指摘されている[15]。継続的契約関係の下で地代や地価の一般的上昇を前提とすれば、地主に地代値上請求権を与えることによってはじめて、適正な地代が保障されうることとなったのである[16]。

---

12) 渡辺洋三・土地建物の法律制度（上）東京大学出版会、1960年、217頁以下。
13) 大判昭7・4・26裁判例（6）121、大判昭7・4・26裁判例（6）122、大判昭和7・5・28裁判例（6）166。星野・借地借家法234頁。
14) 関連の大審院判決としては、大判明31・5・26民録4・83に始まって、大判大9・3・15新聞1691・18まで、16件ある。
15) 鈴木禄弥「借地借家法」講座・日本近代法発達史11、55頁以下。
16) 渡辺洋三・土地建物の法律制度（上）304頁等。

とはいえ、何が「適正な地代額」であるかは、本質的には貸地の需給状況によって定まることであるから、旧借地法も、第二次世界大戦後の農地法による統制地代の場合とは異なり、これに干渉しようとはしなかった。つまり、あらたに借地関係に入ろうとするものは、自由な合意により、地代を定めることができたのである。このことは、少なくとも借地に関するかぎり、妥当であった。何故ならば、借地契約締結の場合には、当事者の間において、一般的に借家契約の場合ほど社会経済的な力関係のアンバランスがないし、また、旧借地法は借地人の財産（建物）の保護を直接の目的とするものであって、その生活保障を直接の目的とするものではなかったからである。この点は、借地の分野において、契約自由の原則が妥当するための社会経済的基礎であり、歴史的基礎でもある。

(3)　家賃増減請求権の趣旨

しかし、以上述べたことは、借家関係については、そのままは妥当しない。借家人の保護は財産権としての保護ではなく、主として社会政策的目的によって説明される必要があるからである。その保護（例えば、借家権の対効力に関する旧借家法1条と片面的強行規定に関する旧6条）には、借家人の投下資本の保護（財産権としての保護）という意味はほとんどなく、社会政策的配慮を背景とする居住上の利益の保護に尽きるものであった（これが完成するのは、昭和16年の正当事由制度の導入である）。しかし、これも、結局は、家主の犠牲（借地における地主に比べて大きくはなかったと評されているが）において実現されることになるから、家主に対する配慮として最小限度、家賃増額請求のシステム（旧借家法7条）が必要とされたのである。ただし、これを法的制度として立ち上げるためには、形の上では借地法に便乗しつつ（具体的事情は必ずしも明らかではない）、家賃増減請求権として規範化しなければならなかった。つまり、法的制度としては両当事者に利用可能なものである必要があったのである。しかも、その際に、一般法である民法の領域における事情変更の原則を、特別法によって借地借家の実態に合致するように具体化するという方法をとったのである。これが旧借家法7条である。

2 強行法の根拠規範（37条）と32条の強行法規性

（1）借地借家法32条の強行法規性

では、同条の強行法規性の根拠は何であろうか。通説は、一般論として、民法上の強行規定の根拠を91条に求めている。すなわち、当事者が任意の合意によって規律してよい事項については、民法典等の具体的規定に反することがあっても、当事者の合意が有効であるが、そうでない（公の秩序の規定に反する）場合には、当事者の合意は無効である。

判例が述べるように、サブリースの法律関係を律する際に、借地借家法32条が強行規定であるとしたときに、これをどのように理解したらよいであろうか。賃料自動増額条項（特約）によって同条の適用が排除されるように見える場合に問題が生ずる。つまり、そのような条項がある場合にも、借主からの家賃の減額請求が可能か、という形で問題が生じる。

まず、一般論として、「特約と一般条項の関係」として言えることは、特約によって民法上の一般条項の適用を排除することはできないという点である。例えば、当事者間において民法90条の不適用や権利濫用禁止条項（1条）の不適用を予め合意しても、それは無効である。つまり、そのような合意があっても、実際に各一般条項の要件を満たせば、「無効」や「権利行使の効果の不発生」等の法定効果は発生するのである。事情変更原則を含む信義誠実の原則についても、それが一般条項である以上、同様に解してよい。

したがって、同法32条を適用しないという合意をした場合には、一般条項的性格を有する規定の適用排除を目的とするものであるから、それは同条の趣旨に反する限りにおいて無効である。32条の「契約の条項にかかわらず」との文言はこのような趣旨に解すべきである。つまり、賃料自動増減額条項の効果については、このような観点からの検討が必要である。同条項の適用の前提事情次第で（例えば、一定の値上げを認めるのが相当な事情がある場合には）、特約の有効性を認めても、32条を適用する場合と変わらないことがあるからである。そのような場合には、当事者がそれに従って賃料を改定しても同条の趣旨に反していないし、むしろその方が、改定がスムーズに行くことも少なくないであろう。その意味では、同特約はそれ自体が無効というわ

けではなく、その具体的適用が32条との関係で認められない場合があるに過ぎないと解すべきである。例えば、賃料自動増額条項が、いかなる著しい事情の変化があろうとも、それがある以上、賃料の減額請求は認められないとする趣旨であるとすれば、同条項は、前述の文言にも反するので、その限りで無効であろう。つまり、そのような条項にもかかわらず、当事者は32条の要件を満たせば賃料減額請求は可能である。このように、当事者の合意の効力が及ばないことがあるという意味において32条は強行規定であるということができる。最高裁判例[17]も同様の趣旨において理解できる。

（2）同法32条で考慮される事情と事情変更原則で考慮される前提事情

問題の本質は、ある法律関係をサブリースと呼ぶか否かではなく、その一部である賃貸借的部分の対価の改定について32条を適用すべきか、それともそれを一部とする法律関係全体の諸事情を考慮する中で民法上の事情変更原則の適用を検討すべきかということである。当然のことながら、考慮すべき事情は、32条では「土地若しくは建物に対する租税その他の負担の増減により、土地若しくは建物の価格の上昇若しくは低下その他の経済事情の変動により、又は近傍同種の建物の借賃に比較して不相当となったとき」である。「その他の経済事情の変動」とは、家賃額決定と相関関係に立つ一切の経済事情の変動と解されている[18]。この部分は1991年の改正（翌年施行）で付加されたものであるが、それ以前から同様の趣旨に解釈されていた。従って、「賃料の不相当性との関連」[19]という射程範囲を有していると解すべきである。

これに対して、民法上の事情変更の場合には「事情」についてはそのような限定はない。むしろ契約締結の基礎となった事情の変更を前提としつつ、複数の契約を含む法律関係全体の改定の要否を検討すべきである。

適用すべき法規範が上記のようなものである以上、問題にされるべき法律関係にいずれの規範を適用すべきかという問題を、回避することはできないであろう。つまり、私法法規全体を見渡したうえで、各法規範の守備範囲を

17）最判平15・6・12民集57・6・595
18）広瀬武文・借地借家法（日本評論社、1950年）256頁
19）稲本・澤野編・コンメンタール借地借家法、221頁ほか。

考慮しつつ、個々の法律関係にとって、より妥当な結論を導きうる規範を適用すべきである。

（3）同法32条と同法の片面的強行法規との関連

借家関係の規定のうち31条、34条および35条の規定に反する特約で借主に不利なものは無効とされている（37条）。しかし、家賃増減請求権に関する32条は、前述のように同条から除外されている。判例は、現行の32条（旧借家7条）は強行規定であるから、通常の借家関係においては、特約で32条の適用を排除することはできないとしている。[20] しかし、当事者間の特約で同法32条の適用を排除することを認めないという結論は37条（またはその類推適用）から導かれるわけではない。37条は前述のように、片面的強行法規性に由来するものだからである。確かに、前述のように、民法上の一般原則である信義則、その具体化としての事情変更の原則等はいわば一般条項であるから、これを当事者間の特約によってあらかじめ適用しないこととすることはできないとの趣旨において強行法規と解すべきものである。[21]「契約の条件にかかわらず」との文言はそのような趣旨に理解すべきである。前述の賃料額設定の自由との関連で補足すれば、「借主」の経営事情（営業開始時の事情など）を考量して初年度賃料を低く設定し、徐々に引き上げるという方法は許されるべきである。その変更を主張するには、それを維持することを不当とするほどの事情の変更が必要である。その際に同法32条を根拠とする場合と民法上の事情変更原則による場合とがあると考えるべきである。

（4）同法32条ただし書の趣旨

しかし、32条は、そのただし書において、特に借家人の利益を考慮して、不増額請求の特約の効力を認めた。これは明らかに一般条項とは無関係であり、弱者に対して配慮した社会政策的な規定である。従って同条ただし書の適用に際しての37条の類推適用は、その趣旨に合致する範囲においてなされるべきである。

---

20) 最判昭31・5・15民集10・5・496（旧借家7条）、昭56・4・20民集35・3・656（旧借地法12条）

21) 広瀬前掲書（257頁）は、「契約の条件にかかわらず」を根拠として、公平の理念にもとるような特約はその効力を有しないとしている。

（5）同法32条が適用されない場合

　前述の判例の射程範囲を具体的に検討するに当たっては、家賃の増減額請求が主として独立した賃貸借関係において登場するときは、特別法である借地借家法32条が適用されるが、基本的意義を有する他の法律関係の一部として登場するにすぎないときは、民法上の原則の一つである「事情変更の原則」に従って全体としての法律関係の様々な事情（32条の例示する事情に限られない）を考慮して判断されるべきである。つまり、後者のような法律関係においても、「地代や家賃」と称されている給付が諸般の事情に照らして、特に契約締結の際に前提とされた事情の著しい変更の結果、その額が不相当となった場合には、変更を求めることができないわけではない。しかし、それは借地借家法ではなく、全体としての法律関係への民法上の事情変更原則の適用の問題として検討すべきである。

　こうして借地借家法32条1項の強行法規の意味を考察すると、後述の不動産変換ローンにおいてインカムゲインを得るための「賃料」増額の合意は、同法32条1項ではなく、民法上の事情変更原則を適用してその効力を判断すべきである。[22]

3　賃料に関する特約と民法90条

　賃料額の変更に関する特約の効力については、公序良俗との関係についても検討しておかなければならない。賃料改定条項の形をとった借主追い出し条項[23]等は当然に無効であろう。つまり、従来の公序良俗に関する学説にいう「正義の観念に反する場合」[24]に該当する賃料改定条項は無効である。しかし、判例において論じられている強行法規論は、90条違反による無効の場合ではないので、本稿では、90条の無効と強行法規違反（91条）による無効とを分けて論じている。

---

22) 最判平成14・3・28民集56・3・662は、事業用ビルの賃貸借契約が賃貸人の更新拒絶により終了しても、賃貸人は信義則上その終了を再転借人に対抗することができないと判示したが、信義則によるとはいえ、強行法規である借地借家法28条、34条による処理とは異なる処理をしている。

23) 瀬川前掲論文1頁。

24) 我妻栄・新訂民法総則、273頁

三 「サブリース契約」等の複合的契約類型の考え方

上記のような理論構成の妥当性を検証するために賃貸借に類似する法律関係を含む特殊な法律関係などに対して、特別法である借地借家法を適用することの是非について検討してみたい。

1 営業の賃貸借

日本民法においては、営業や権利は賃貸借の対象とはならないと解すべきであるが、賃貸借に類似する無名契約として、これに借地借家法（借地法・借家法）の類推適用を検討することができないわけではない。この点で戦前の判例であるが、借家法（旧7条）は、人の住居の安定を目的としたものであるから、投機的性質を有する商人の営業の賃貸借には適用されないとした、以下のような判例（大判昭11年5月12日、判決全集3・6・30——消極）が参考になる。

「借家法ノ目的ハ主トシテ人ノ住居ノ安定ヲ計ルニアリ商人ノ営業ノ賃貸借ノ如キハ之ト異リテ却テ投機的性質ヲ有スルモノニシテ経済界ノ変動ニヨル営業ノ盛衰ノ如キハ固ヨリ予期セサルヘカラサル処ニ属ス依テ所論ノ如キ法理アルモノト為スニ由ナク又所論ノ如キ顕著ナル慣習存スルコトナキヲ以テ論旨ハ理由ナシ」

なお、「所論ノ如キ法理」と「顕著ナル慣習存スル」については、上告理由[25]参照。

土地建物を含む営業体を一定の対価を支払って借りている場合には、周辺の地代・家賃が上昇しまたは下落しても、契約全体の前提事情からみれば一部の事情変更にすぎないから、直ちにその対価の増減請求の根拠とはならな

---

25) 本判示は次の上告理由に対する判断である。
　「賃貸借及雇傭等相当期間永続スヘキ双務契約ニアリテハ其支払フヘキ賃料給料等ハ之ニ対価タル物件其他ノ使用権及労務等ノ利益ヲ目的トスルモノナリ而シテ該対価カ社会経済上ノ変動ニヨリ著シク低落シタル場合ニハ其対価タル賃料給料等モ将来ニ向ツテ相当ニ減額請求ヲ為シ得ヘキモノナルコト社会通念上明ナリ是レ地代及家賃給料等ニ特ニ借地法及借家法等ノ施行セラルル以前ヨリ東京市内ニ於テ一般ニ認メラレ且裁判上認メラル所ナリ借地法及借家法等ノ明文ノ如キハ前記ノ社会通念及顕著ナル慣行ヲ法文上ニ明記シタルモノナリ本件工場経営中年々経済界不況ニシテ訴外日新工業ノ如キモ損失ニ損失ヲ重ネ上告人先代ハ之カ為メ数万円ノ損失

いであろう。その意味においてこの判決は参考になる。

しかし、本章の対象であるサブリース契約における借主は、複数の建物（区分所有を含む）を敷地と共に一括して借りるのであって、経営体を借り入れる訳ではないから、（経営体として借り入れる場合があることを否定するわけではない）前述の営業の賃貸借（または賃貸借類似の契約）とは異なる。

2 社宅の利用関係

重要な法律関係からその一部である賃貸借のみを取り出して借地借家法を適用することが不合理である例として社宅の利用関係をあげることができる。これは、契約締結の時点では借主が貸主たる会社の従業員であることが条件となっており、その会社を退職すると通常は社宅からも退去するよう要求される、などの点で特殊性を有している。賃料についても、ほとんど無料のものから世間相場よりも若干安いものまであり、一定していないと言われている。判例も社宅利用契約のこのような特殊性と多様性を考慮して、賃貸借であることを認めたもの（最判昭28・4・23民集7・4・408〔退職した従業員が他に妻子を居住させている住宅を有しながら、妻の母と姉を社宅に居住させていた事例〕、最判昭31・11・16民集10・11・1453〔世間並の家賃相当額を支払っていた事例〕）と、認めなかったもの（最判昭29・11・16民集8・11・2047〔賃料が使用の対価といえる程のものではなく、維持費の一部程度の場合〕、最判昭30・5・13民集9・6・711〔同左と類似の事例〕）とがある。

上記の判断にさいしては、賃料（対価）といえる程度の金額を支払っているか、など諸般の事情が考慮されているようである。しかし、通常は、社宅という形式での便益の供与も実質的には給料の一部となっていると考えるべきであるから、月々の家賃名義の金額がわずかであっても、直ちに無償に準じて考えることはできない。したがって、社宅の利用関係は原則として有償

ヲ蒙ムリ（中略）且一般ノ建物機械ノ賃料等低落シタルヲ以テ（昭和三、四年来経済界不況ニシテ一般ノ賃料給料カ低落シタルコトハ是亦顕著ナル事実ナリ）減額ヲ請求シタル次第ニシテ原審鑑定ノ結果ニヨルモ賃料ハ高キニ過クルモノナリ故ニ本件ハ原判決認定ノ如ク本件契約ヲ包含的ニ観察シテ之ヲ営業ノ賃貸借ナリト解スヘキモノトスルモ上告人先代ノ請求ヲ認容スヘキモノナルコトハ社会通念上且又東京市内ニ於ケル顕著ナル慣行ニ明ナリ」

の貸借関係であり、その意味では賃貸借に準じて考え、借地借家法の適用もあると考えるべきである。ただし、従業員の退職は会社側の解約申入れまたは更新拒絶のさいには、「正当事由」の重要な要素として考慮されると解すべきである。しかし、賃料の増減請求を、借地借家法32条によって認めることは困難であろう。雇用契約（基本たる法律関係）上の賃金との関連が決定的に重要だからである。

3 委任の例──民法651条の適用が制限される場合

　ある契約関係が単独で存在せず、他の契約関係に従たる位置づけをされていたり、またはその一部分をなしていたり、さらには大きな契約関係の目的達成のための一手段であるというような場合もある。このような関係を正しく理解するために、内容的には賃貸借に関係しない場合であるが、ある法律関係が他の基本的な法律関係と密接な関連を有している場合に、前者を単独で評価することができない例として、特殊な委任をめぐる法律関係を取り上げておこう。賃貸借または類似の法律関係が基本的な法律関係の一部を構成しているという事例との比較において、参考になるからである。もっともサブリースと呼ばれる法律関係の中にも委任的要素を含むものが存在するが、ここでは、もっぱら委任的要素が問題になる法律関係について検討する。

〔例1〕代理受領の事例

　債権者Ａの債務者Ｂが自己の第三者Ｃに対する債権の取立てをＡに委任する場合のように、委任契約の当事者Ａ・Ｂ間においてもともと弁済充当契約が存在しており、取立委任はむしろ後者（弁済充当契約）の目的達成のための手段となっているような場合がある。

　この場合には、Ａ・Ｂ間の委任は形式的には無償委任であるが、実質的には単なる無償委任ではなく、弁済充当契約と不可分に結合されており、むしろその結合された法律関係の一部を構成しているとも言える。これはＡ・Ｂ間の委任が実質的にみれば有償であるといえるかどうかという問題を超える要素を含んでいるとみるべきだろう（このような事例についてＡ・Ｂ・Ｃの法律関係をＡ・Ｂ、Ａ・Ｃに分解して考察すること自体に対しても批判がある）。このような場合には委任者Ｂからの解除（651条）は原則として許されないと

解すべきである（やむをえない事由があれば解除は可能）。つまり、基本である法律関係（弁済充当契約）との関連で、取立委任契約につき委任契約の法理の適用が制限されているのである。

〔例２〕社宅管理契約の例

　Ａが自己所有のアパート一棟をＢ会社の社宅としてＢに賃貸し、その管理を第三者Ｃに委託し、Ｂが差し入れた敷金800万円をＣが低利で営業資金として利用することが許されるという法律関係においては、Ａ・Ｃ間の（準）委任契約（管理）は実質的にみて有償であると考えてよい。Ａ・Ｃ間の消費貸借関係は受任者Ｃに特別な独自の利益を与えているとは考えられないから、〔例１〕とは異なり単純な有償委任と考えてよい（最判昭56・1・19民集35巻1号1頁は、類似の事案につき「受任者の利益のためにも委任がなされた場合」とするが、単なる有償委任における「対価」はこのような場合の「受任者の利益」と解すべきではないだろう）。すなわち、Ａ・Ｃ間の消費貸借は委任者Ａの対価支払方法を定めたものにすぎないと解すべきである。したがってこの場合には通常の有償委任であり、委任者からの解除は651条によって可能であると解すべきである（やむをえない事由を必要としない）。

　このように、大きな法律関係の一部を構成している法律関係については、それがどのような名称であるかに拘束されることなく、全体の中において有する意味を明らかにすることが必要である。その上で、それにふさわしい法規範を適用すべきである。

4　不動産変換ローン

　これは、不動産証券化商品の一つで、ローン契約と合わせて、一定期間経過後に不動産の共有持分権を取得できる変換権が融資者（投資家）に確保されたものである。この変換権を行使すると投資家は不動産の売買代金債務を負担するが、その債務とローンの借入債務とを相殺する結果、投資家は返済金の代わりに不動産の共有持分権を取得できる。投資家は変換権の行使により付加価値の増大した資産を将来取得できることから、事業主体（不動産所有者）は投資家から比較的低利ででも資金の調達が可能となり、また、変換権が行使されるまでの一定期間において不動産事業の継続が可能となる。こ

の変換権は事業主体（不動産所有者）と投資家の双方に付与されているため、一定期間が経過して変換権の行使が可能な時期が到来すると、当事者のいずれかから必ず変換権が行使されて、債権債務関係が清算され、共有持分権は投資家に移転することになる。以下のような例を挙げておこう。

(1) 具体的事例

甲は、丁会社が公社として公的資金により入手していた土地につき、丁公社分割の後に清算目的でその所有権を取得し、同地に商業ビルを建設し、これを一括して乙に賃貸し、乙はこれをみずからも使用し、一部を丙らに転貸している。甲乙間の「賃貸借」は甲にとっては土地の有効な処分が目的であるため10年間で終了し、甲または乙らによる変換権の行使を前提として、共有持分権を乙およびその他の投資家に移転するものとされている。

(2) 契約関係の分析

甲乙両社間の法律関係を契約書通り単純に建物賃貸借と認めることができるか否かが検討されなければならない。甲乙間の建物利用に関する契約書名が「建物賃貸借契約書」であり、乙が月々、甲に対して支払う金員も「賃料」とされていても、甲は丁公社の債務償還原資を捻出して国民の負担（丁が公社であるため）を軽減する目的から、できるだけその原資を確保するために「地価を顕在化させない処分方法」として不動産変換ローンを採用したと解することができる事例である。また、「建物賃貸借契約書」もこの不動産変換ローンを基礎として締結された複数の契約の中の一部に過ぎない。当該不動産変換ローンにおいては、多数の投資家が参加し、10年後には乙を含む投資家に土地建物の所有権が移転することが当初から予定されている。不動産変換ローンが売買に代わる処分方法として導入されたことからしても、一定期間経過後に投資家に土地建物の所有権が移転することはこの仕組みに当然に織り込まれている。甲が乙に物件を使用させるのは持分移転までの暫定的な期間であり、また、甲が乙から賃料の支払を受けるのは、その期間における仕組み維持のための原資と残余財産の確保のためであり、乙に物件を使用収益させることは独立した主たる目的とはなっていない。不動産変換ローンの目的と土地建物売買予約契約および金銭消費貸借契約等の仕組みが表示され、それを重要な由縁として甲と乙が当該ビルの利用関係を設定してお

り、不動産変換ローンの目的とその仕組みは当該利用契約の「法律行為の要素」を構成している。こういった四囲の事情を総合すると、契約書の文言のとおり、甲・乙間の当該物件の利用契約を、2当事者間の典型的な賃貸借と同じであると解釈するのは難しいのではないかと思われる。

しかも、乙も甲も、絶対的に（社会全体の中で）みても、相対的に（当事者間で）みても決して社会的・経済的弱者とはいえない。その意味において両者間の契約は本来契約自由の原則に任せてよい実体と基礎を有していたのである。

この賃貸借的部分は、これを不動産変換ローンという大きな契約的枠組みとの関連において検討すると、その本質が明らかになる。複数の巨大かつ強力な資本同士の合意によって形成された大きな法的枠組みの中に「賃貸借」の名称を用いた小さな契約関係が関係当事者の一部の間において締結されているに過ぎないのである。ある小さい法律関係がより大きな基本的法律関係の一部分を構成している場合には、小さな部分的法律関係の性質は大きな全体的な法律関係によって本質的に規定されるのを原則とするものと解すべきである。

したがって、この部分に対して用益権の保護と存続を主目的とした借地借家法の強行法規を適用することは、理論的ないし法構造的にみても無理があると思われるのである。また、その適用を認めることは、借地借家法の趣旨に合致しないばかりか、ローマ法以来の大原則である「契約的正義」に反することにもなるであろう。

四　おわりに――基礎事情の変化と賃料増額の合意

仮に、前述の不動産変換ローンにおける甲と乙との間の建物利用契約を一種の賃貸借契約とみるとしても、以下の点が検討されるべきである。

「サブリース契約」に関する最判平成15年6月12日民集57巻6号595頁は、賃料の自動増額特約を一概に無効とはせず、自動増額特約も賃料等改定をめぐる協議の煩わしさを避けて紛争の発生を未然に防止できることから、賃貸借の当事者は当該特約を締結できることを明らかにした。ただ、バブル経済

崩壊前に締結された地代自動増額改定特約は、バブルが崩壊し土地の価格の動向が下落に転じた後の時点では、地代改定基準を定めるに当たって基礎となっていた事情が失われることにより、当事者を拘束しないことを、この判決は判示した。これは、当事者間の賃料増額特約が昭和62年に締結された事案であるが、当時日本国内にはいわゆる地価に関する「右肩上がりの土地神話」に象徴される資産価値の根強い上昇期待があり、この事案の当事者も、地価は下落しないという認識を背景に賃料増額特約を締結したことが容易に推測されるところである。しかし、その後、公定歩合の引き上げ、不動産融資の総量規制などを契機に、資産デフレの深刻化と地価の著しい下落が生じた。[26]

このように契約の当事者双方が契約の共通の基礎とした前提が失われた場合には、動機の錯誤による法律行為の無効を問題にする以前に、法律行為の解釈（修正的解釈を含む。）の段階で処理しうる場合が少なくない。[27] 上記最判平成15年6月12日は、この法律行為の解釈の手法を採用して、有効であるはずの賃料増額特約の適用場面をバブル経済崩壊前に限定したといえる。

ただ、そうであるにしても、契約締結時の基礎事情がその後永久に不変であるということはあり得ず、むしろ契約締結時とそれ以降の事情に変化が生じるのは取引社会においては一般的であるから、契約の行為基礎に変化が生じるようなことがあれば、今後とも上記の法理の適用場面はありうる。他方において、多少の前提の変化があった場合のすべてに上記最判平成15年6月12日の論理が適用されうるものでもないと考えるべきである。したがって、最判平成15年6月12日の判示は、予測可能な賃料相場変動のリスクまで免れさせる判断をしたものではなく、バブル崩壊のように合意の当事者が予期しないような極端な情勢の変化が生じた場合にのみ準用されるべきものと考えられる。[28]

著しい経済事情の変更により、契約内容（「賃料」と称されている対価を含む）を改定しなければならないとしても、「賃料」との関連でそれを考慮すれば足りるのか、契約全体の前提とされた経済事情の変更を考慮すべきか、

---

26) 日本総合研究所「図解金融を読む事典」（東洋経済、1997）223頁。
27) 四宮和夫「民法総則第4版」（弘文堂）181頁。

という問題に帰着するのではないだろうか。「賃料」が大きな契約関係の構成要素にすぎないのであれば、契約全体の中に位置づけた判断がなされるべきである。

---

28) 事情変更の原則について判断を示した判例として、最判平成9年7月1日民集51巻6号2452頁がある。

第3編　土地の継続的利用権をめぐる現代的諸問題

　第1編における土地制度に関する歴史的考察と第2編の借地権に関する考察を前提として、本編では、土地利用の現代的問題について考察してみたい。

　第1章では、継続的な土地利用は、様々な過程を経て成立し得ることを前提として、その利用権の保護について論じている。「契約」の主体が双方とも私人である場合と、一方が公的ないし公共的事業主体である場合があり、適用される法律も異なってくる。

　第2章では、生産調整のもとにある農地利用をめぐる現代的問題を取り上げている。日本では、コメの減反政策を緩和する方向にあるが、何らかの生産調整が必要になる作物について、いかなる政策が可能かについて、農地政策として検討したものである。

　第2章のテーマの調査・研究は、2010年頃から、ドイツ・ゲッチンゲン大学の故ヴォルフガンク・ヴィンクラー博士と連邦食糧農林省のフリードリッヒ・クヴァドフリーク博士夫妻のご協力のもとで、大学の同僚であった楜沢能生教授と共に行っていたものであり、生産調整と法的システムの関係を内容とするものであった。まず、私たちがドイツに赴いて調査を行った。それについては、相当に詳しい未公表の報告書等が存在したが、公表の機会がないままであったところ、早稲田大学日米研究機構から「法的規制と規制対象の権利化」についての共同研究のお誘いを受けた。そこで、私は両国の実態の相違を前提とする方がよいと考えて、直接現地の担当者の話を聞く機会を提案し、連邦食料農林省のC. Busse 氏と M. Koehler 氏の講演が実現した。本稿は、このような研究成果の総括であるが、時間の関係もあり、論文ではなく、研究ノートの形をとっている。

第1章　継続的土地利用と黙示の契約
―― 契約に基づかない土地の継続的利用の意義

一　契約に基づかない土地の継続的利用をめぐる課題の設定と問題点の整理

1　はじめに――課題の設定

　他人の土地を利用したい場合には、その所有者との間で利用権を設定するのが通常である。しかし、現実には、何らかの事情により、土地利用契約が結ばれることなく、他人の土地を利用している事実が、後になって判明することがある。例えば、事業者YがXの土地上に送電線や地下埋蔵物のような公共的な工作物を設置して同土地を使用しているというような場合がある。Xにとっては、Yによる無権限の土地利用により、自己所有地の有効利用が損なわれて一定の損害を被っている場合が多いであろう（不法行為または不当利得）。XはさらにYに対して同土地を明け渡すように請求するかもしれない（物権的請求権の行使と権利濫用の可能性）。宇奈月温泉事件（大判昭10・10・5民集14・1965）などは、その例である。
　しかし、Yは同土地については黙示の使用貸借契約または地役権もしくは地上権設定契約が成立している、と主張するかもしれない。利用期間が極めて長期にわたっているような場合には、用益的権利の取得時効が成立することも考えられる。

2　私人間における基本的問題点

　「継続的土地利用と黙示の契約」という問題を、上記のような観点において検討すると、以下のような点が理論的に問題となる。
　①土地の長期にわたる事実上の利用が、黙示の契約関係を創設することが

あるのか。

②親族間などでなく、他人との間において黙示の土地の使用貸借契約等が成立しうるとすれば、その要件として考慮すべき客観的および主観的要素は何か。

③さらに、土地の利用目的との関連で、期限を半永久的なものとする使用貸借契約等は可能か。有償契約である賃貸借ですら20年の最長期の制限（民法604条）があるのに、無償契約である使用貸借において、（半）永久的使用権を認めてよいか、といった点が問題となる。

3　利用者が公共的事業主体である場合における問題点

公共的事業用地が必要とされる場合においても、類似の問題が発生することがある。①当事者間の話し合いが決裂し、または手続き上の過誤により必要な合意がなされず、かつ土地収用法の適用が可能である場合には、土地収用を避けるために黙示の使用貸借契約を認定する方向で考えることが可能か、②所有者の権利主張を権利濫用などによって抑え込む方向で考えることが許されるか、といった点が問題となりうる。しかし、このタイプにおける上述の選択肢の中では、継続的土地利用の事実から黙示の契約を認定すべきであるという主張や権利濫用理論の主張がまず検討されるのではなく、土地収用法に基づいた利用権設定手続き（強制利用権を含む）の検討が基本とされるべきである。

もちろん、土地収用が可能であるような場合においても、事業者は地権者との話し合いが可能であるならば、土地利用の安定やその公共的目的を考慮して、何らかの安定的な利用権設定契約を締結することが望ましい。強制使用を含む「収用」という方法は、法律に基づくものとはいえ、国家権力の直接的発動であるから、できる限り控えるべきだからである（後述「三」参照）。

二　私人間における土地利用の黙認

1　継続的土地利用の黙認

(1) 所有者の主観的事情

　事業会社などの私人が当該土地を一時的に占拠したというのではなく、すでに長期間にわたって利用しているという事実を前提としても、土地所有者が無権原を知っている場合と知らない場合とがありうる。前者の場合には、土地所有者の「我慢ないし忍耐」が前提となっている場合も少なくない。問題は、これを何らかの法的意味のある黙認があったと推測する根拠となしうるかという点である。それとも、これは、基本的に、隣近所の「よしみ」と解すべきであって、何らかの法的な関係を生み出すものではないと解すべきであろうか。

　これまでも、訴訟（裁判例）において黙示の契約の理論を媒介として一定の土地利用権の成立が主張されたことはある。例えば、長期間の土地利用を前提として地役権の成立が主張されたが認められず、使用貸借が認定された例がある（東京地裁昭和45・1・20判時597・104、東京地裁昭和61・7・29判タ658・120、内容については後述）。これらの場合に、賃貸借が認定されないのは、土地所有者が同意していないために、賃料の合意も、その請求も、従ってその支払いもなされていないからである。その結果、黙示の使用貸借の可否が検討されたものと思われる。

(2) 所有者が利用者の無権原であることを知らない場合

　この場合に、まず検討されるべきことは、長期間継続していることが多いと思われるので、地役権の時効取得であろう。この場合には、取得の要件として、「継続」と「表現」が要件となる（283条）。従って、給排水管の埋設のような場合は、微妙である。「継続」の要件は充足されるとしても、「表現」の要件を充足しない場合がありうるからである。また、この場合には、「黙認」すらない場合もあるであろう。

2 黙示的ないし推定的意思表示の認定とその前提

　意思表示は、明示的になされるのが原則である。では、「黙示の」意思表示とは、どのような意味に解すべきであろうか。

(1) 一般論

　柚木馨博士によれば、黙示の意思表示を認定するためには「明瞭な文字や言語による場合だけでなく、手まねその他の挙動のように、当該事情のもとにおいてこれにより一定の効果意思を推断するに足る表示価値を有するものであってもよい」[1]。つまり、これを認定するには、単なる黙認や忍耐ではなく、さらに積極的に当事者の推定的意思を認定しうる行為が必要である。しかし、そのためには、一定の前提的事情が必要であると思われる。

(2) 送電線施設用地のような永続的土地利用の場合

　上のような観点から、永続的土地利用権を検討してみると、黙示の貸借契約の成立には、当事者のそれに向けた推定的意思の客観的表明が必要である。この種の土地の利用者は、地上権であれ、地役権であれ、賃貸借であれ、使用貸借であれ、当該土地の利用目的という客観的事情から考えて、その期間を20年程度でよいとは考えていないであろう。つまり、当該土地利用者は目的土地について予定の使用収益を行なうとすれば相当に長期（すくなくとも20年を超える）となるものと考えていると思われる。

　他方、契約の締結に応じていない土地所有者としては、当該土地の将来の使用収益に支障が生じるので、そのような長期の利用契約の締結に躊躇を感じているものと推測される。

　このような当事者間においては、黙示的であれ、土地利用権の設定に関する主観的一致の可能性は見出し難いので、半永久的な利用を前提とする黙示の使用貸借契約等の成立に向けての、当事者の推定的意思を認定するためには、その前提ないし法的基礎が欠けていると思われるのである。

---

1) 民事法学辞典、29頁右側（1964）、有斐閣

3 推定的意思の認定の具体例

(1) 推定的意思を認定し易い事例

　当事者間に一定の前提的法律関係が存在している場合を、これに該当する事例としてあげることができよう。例えば、黙示の使用貸借を認定した、東京地裁昭和45・1・20（前掲）が参考になる。この事件においては、原告と被告との間に宅地の賃貸借契約が締結されており、その利用に関連して公道に通じるために被告・土地所有者の土地を無償で利用してきたという経緯があった。当該宅地の借主が同土地上に建てた家屋の構造についても、当該通路を前提として玄関等の設計がなされていた等の事情があったが、これは当事者のその当時における意思（土地使用貸借の黙認）を推定しうる状況的事実であるといえよう。

(2) 該当事例・その２

　東京地判昭61・7・29（前掲）も、推定的意思を認定しうる事実が存在する事例のように思える。当判決は、本件「土地について通行又は自動車の出入りのための期間の定めのない使用借権を設定したものと評価するのが相当である」としたうえで、本件土地所有者は「土地が不特定多数の者の通行の用に供されている非課税物件とされていることを知悉しているのであり、その土地の形状、周辺の土地との位置関係からみて、原告らの通行の用に供されていても、いわゆる敷地延長（路地状敷地）としての扱いが是認される以上、被告［所有者］に格別の不利益を与えるものとは考えられず、一方、その利用を阻止される原告らの不利益は極めて大きいことなどを勘案すると、被告の返還請求は、本件土地についての所有権の行使の濫用と評価することもできる。」とも述べている。権利濫用にまで言及している点が注目される。

(3) 黙示的契約による地役権の設定の例

　これについても、最近の裁判例を紹介しておこう。隣接する２筆の土地について、一方の土地の所有者である被告Ｙが両土地の境界付近部分に、コンクリートを敷設したり排水管等を設置している事例において、他方の土地を競売により取得した原告Ｘが当該物件の撤去等を求めたが、Ｙは、反訴において、両土地が被告および隣接地の元所有者に分譲された際、両名の間

で黙示の地役権設定契約が締結されたと主張した事例（東京地判平16年4月26日、一部認容・控訴（後控訴棄却・上告受理申立〔後上告不受理〕）判例タイムズ1186号134頁）がある。

裁判所は、以下のように判示して、Xの本訴請求を一部認容（本件扉の撤去請求のみ）し、Yの反訴請求を全部認容した。

（イ）昭和48年になされた甲・乙土地の売買の際、Yおよび当時の乙土地購入者を含む当該売買当事者間においては、当時の本件通路の利用状況、すなわち本件通路を近隣住民の通行および下水道の設置利用に供する状態を継続することが前提とされていたというべきであり、甲土地および乙土地を取得した者は、本件通路につき通行および下水道の設置利用をする地役権を取得する一方、自己の所有する土地につき同様の地役権の負担を受けるものとする旨の黙示の契約が締結されたとみるのが、当事者の合理的意思に沿うと言うべきである。よって、Yは甲土地を要役地とし、乙土地を承役地とする通行および下水道設備設置利用のための地役権を有する、と判示した。

（ロ）また、本件排水管、本件給湯管、及び本件排水枡も地表上にあって見える状態にあった以上、乙土地がYによって通行および下水道設備設置利用のために継続的に利用されていることが客観的に明らかであり、かつ、Xにおいてそのことを認識することが可能であったといえる。したがって、Xは本件地役権について登記の欠缺を主張するについて正当な利益を有する第三者に当たらないから、YはXに対し、本件地役権について登記なくして対抗することができると判示した（登記を要するかにつき、最判平成10・2・13民集52・1・65も参照）。

（4）黙示的地役権の設定ないし時効取得を認めた事例

（イ）以下のような裁判例（名古屋高判平17・5・30、判例タイムズ1232号264頁）もある。本件は、Xの自己所有地にYが何らの権限もなく上水道の排水管を埋設しているとして、不法行為に基づき、過去から将来にわたる賃料相当額の損害金および既発生の損害金に対する遅延損害金の支払を求めたものである。同判決によれば、A会社は、本件土地を、隣接する分譲地の宅地開発のため、道路として開設した上、同分譲地を各購入者に販売した。その際に、明示または黙示により分譲地のために本件土地を承役地とする地

役権を設定したというべきであり、本件土地は建築基準法上の道路として同法の拘束を受け、所有者において土地の利用ができない結果、同地役権は単に通行だけでなく、分譲地を宅地として利用するために必要なその他の設備を設置することを含むものであると判示し、さらに、Xは、道路である本件土地に配水管を設置することになることを念頭において本件土地を取得したものと推認できる、とも述べている。

(ロ) さらに、無償性については、本件排水管は多数の住民が給水を受けるのに使用するものであり、撤去することはできず、半永久的に使用されることは、Xも認識していたというべきであり、それが無償であるということをも、認識して当該土地を取得したものというべきであるとしている。

(ハ) 同判決は、念のためであろうか、Yは本件土地について、本件排水管の設置、利用を内容とする無償の地上権を時効取得したものと認められるとしている。これに加えて、Xは、排水管の存在を前提にして、同配水管から給水を受ける周辺住民に対して、給水装置設置工事承諾料名目で、金員を支払わせている事実を認定した上で、しかもこのような事情を生じてから40年近くにわたり使用料等の請求をしていないことなどを考慮すると、Xの損害賠償請求は権利の濫用として許されない、とも述べている。

(5) 公共的な継続的利用の場合

これに対して、「一1」で述べた送電線用地のような永続的利用の場合には、上述のような先行する法的・事実的関係はないので、当事者の土地利用は純粋に事実上のものと解するのが素直な解釈であると思われる。

4 使用貸借契約の性質と他人間における認定

使用貸借は、現在では、不動産についても適用可能とされているが、古くは動産に限定されていたとされている[2]ことからも理解できるように、本来、不動産利用には特殊な前提要件のもとで適用すべきものである。例えば、有償性を前提とする必要のない親族間における貸借関係等が典型である。そのような前提が存在しない場合、特に他人との関係においては、その

---

2) 梅謙次郎・民法要義・債権編 (1907)、609頁、有斐閣書房

認定は慎重でなければならない。つまり、他人間における当該土地の利用がなぜ無償であるのか、についての積極的理由が必要である。この点は、他の利用権が無償とされる場合についても妥当すると思われる。

5 土地利用権と所有権の長期的制限

(1) 所有権の弾力性

　永続的利用の当事者間において黙示の利用関係が成立しうるか否かについて検討する場合には、その存続期間との関係で、所有権の弾力性[3]が理論的前提となる。近代的土地所有権は他物権等の利用権によってその内容が制限されることがあっても、必ず再びもとの円満な所有権（満月のような欠けるところのない所有権ともいう）に復帰すべきものと解されているからである。このような所有権の性質との関連において考えるならば、少なくとも黙示的契約においては、「永久的」という契約期間は理論的に無理であるから、強制使用を含む収用決定等、通常の安定的利用権設定までの「暫定」（不確定期限）という趣旨に解することになろう。

(2) 使用貸借と期間制限

　仮に黙示の使用貸借であるとしても、賃貸借に関する民法604条との関係を考慮すべきなのではないだろうか。他の土地利用契約（物権である地上権等）においても永久という期間設定が問題とされている。ヨーロッパにおける地上権（ドイツのErbbaurechtなど）が、99年で設定されることが多いのも、100年は永久に近いというニュアンスがあるからであろう。民法編纂者の一人である梅謙次郎は、604条の趣旨につき、「一切ノ契約皆永久ニ之ヲ継続スルコトヲ許ササルハ文明國ノ法律ノ一般ニ認ル所ナリ」[4]と述べている。土地を所有者以外の者の利用に長期間委ねておくことは、土地の改良等が怠られがちになるからであるとされている。民法編纂過程においても具体的期間の制限については10年から30年の間で議論されたが、結局20年とされた経緯がある。山中説[5]は、604条を使用貸借にも類推適用すべきであると述べて

---

3) 我妻栄・新訂物権法、258頁（1983）、岩波書店
4) 梅・民法要義・前掲、635頁
5) 旧版注釈民法（15）〔山中康雄〕75頁、1966年、有斐閣

いる（ただし、同新版では、その部分は存在しない）。

(3) 民法604条の意義と適用の可否

(イ) 立法趣旨　なぜ有償契約である賃借権に存続期間を設ける必要があったのだろうか。前述の梅謙次郎は「賃貸借は自分で土地を有せざる者には必要なる行為なるも之を余り長くしては所有権の一部を剥がるると同じ結果になるを以て相当の制限を加へずばならずと思ふ其の制限は外に標準を定めることはムズカシイから先づ年数を以てするが各国普通の例なり」（原文の通り）[6]と述べている。

(ロ) 同条の適用範囲　しかし、立案者の予期に反して、現実には居住用の土地用益権としては、地上権ではなく、もっぱら賃借権が設定されるよう

---

6) 法典修正質疑要録・第三編第二章第七節賃貸借の項（259頁）参照。(イ) このような観点に立って、現行民法典の母体となった民法修正案においては、「我国ノ慣習ヲ採リ十年ヲ以テ永小作ト普通小作及ヒ其他ノ賃貸借トヲ分ツ境トナシタリ・・・一家屋ヲ建築スルノ目的ヲ以テ土地ヲ賃借スルトキハ十年ヲ越ユルモノアリト難モ此ノ如キモノニハ地上権ノ規定ヲ適用シテ可ナルヘキヲ以テ遂ニ本条ノ如ク賃貸借ノ期限ヲ十年トシタルナリ」（民法修正案理由書・第三編第二章第七節賃貸借4頁、ここでは607となっている）と説明されている。

(ロ) この原案に対しては、衆議院の第一読会において荒井啓五郎より「賃貸借の存続期間を十年と制限せしは甚だ短に失する如し是は二十年と修正したし」との反対論が述べられ、山田泰造はつぎのようにこれを支持した。「私は荒井君に賛成なり純粋の賃貸借に即ち吾々が地所を借りて居る二十箇年でも是は短いと云ふ位にて永久居る積なるは法律は之を仮想して十年とすれば継続することは出来べけれども十年と云ふ規約あれば其翌日より直に地代を増す左もなければ貸さぬと云ふ斯かる結果を生ずると云ふは所有者を保護する方より云へば成程穏当かも知れざれども又一方も保護せざるべからず普通の利益を得る方には非ずして矢張住ひ居るものは住ひ居る丈の権利ありて之に対しても保護を与えざるべからず故に私は三十箇年位にしたき考なれども三十箇年としては或は賛成者がないかもしれざるより已むを得ず二十箇年にして置かん」（前掲質疑要録260頁）と。

(ハ) こうした制定過程から考えて民法604条は、次のような基本的性格を有するものということができるだろう。

(a) 第1に、所有権が賃貸借契約によって長期間拘束されることによって「所有権の一部を剥がること」のないようにする趣旨を含んでいる。これは、一方では「所有権はいつかは絶対的な全面的支配に復帰し得ることを観念上必要とする」という法思想に依拠し、他方ではあまり長期になると当事者が賃貸物の改良を怠り一般経済上不利な結果を招来するおそれがあることが考慮されたことによるものということができるだろう。

(b) 第2に、居住用の借地などについては、地上権の設定が行なわれるであろうことが前提にされた規定であることである。これは民法605条において不動産賃借権について登記の可能性を認めていることとも関連するが、立案者が地上権（物権）と賃借権（債権）との間の社会経済的差異についてはほとんど考慮せず、存続期間について考慮していたにすぎないことを意味している。

になったため、民法604条は特別法によって適用を排除されざるをえないことになった。借地借家法などはこの点について明記してはいなかったが、建物所有を目的とする借地権を保護するという立法趣旨と最短期限の保障の規定の趣旨などから考えて、当然に604条の適用を排除することを前提としていると考えてよい。なお、借家については1999年に適用排除のための改正がなされた（借地借家法29条2項）。

（ハ）判例の態度　判例は、「建物の朽廃」までを存続期間とする場合のように20年を超えることが予想される不確定期限付の賃貸借契約については、その成立を認めることはできるが、存続期間は604条により20年に短縮される旨判示していた[7]。その後の借家に関する裁判例としては、「期限の定めなき借家関係においては、正当事由に基づく解約申入によっていつでも賃貸借関係を終了させうる権利が留保されているから、事実上20年を超えて存続することになっても604条の趣旨には反しない」としたものがあった（東地判昭36・7・8判時273・21）。

（ニ）米軍用地賃貸借契約への適用　この問題は、本来、次の「三」で述べるべきかも知れないが、604条との関連が強いので、ここで述べる。

（a）民法604条は、借地借家法などの特別法の領域の拡大によって、その適用範囲をせばめられているが、建物所有を目的としない軍事基地用地の賃貸借契約についてはどうであろうか。まず、軍事基地の賃貸借は、居住用の借地や借家などのように住生活における生存権の保障と直結するものではないから、その解釈にあたって、そうした特別法の立法趣旨を類推することは妥当ではない。

（b）さらに、米軍基地用地のなかには、ほとんど資金投下のなされていないものもあるが、飛行場などを建設するために多額の資金が投下されているものもある。この点を考慮すべきであるとも考えられるが、建物所有を目的とするという要件を満たす限り借地借家法の適用はありうるが、基地のよう

---

[7] 大判明45年3月1日民録18輯227頁、大判大9年9月10日民録26輯1247頁、大判大9年11月1！日民録697頁。これらの判例はいずれも旧借地法制定以前のものであるから、同法制定後は、借地法の適用される契約については妥当しない。しかし、20年を超えるような不確定期限付の賃貸借契約と民法604条との関係についての判例の見解を示したものとしては、十分参考に値するものである。

に半恒久的で大規模な施設をもたざるをえない場合には、ほんらい、法的安定性の点で優れている地上権（物権）や土地収用制度（強制使用を含む）によるべきであって、契約によって賃借権（債権）を取得するような方法は本来採られるべきではない。それにもかかわらず、あえて賃貸借契約という方法を選択した場合には、借地人や借家人のように経済的事情（貸手市場）などにより他の方法をとりえないというような事情もなしに、任意にこの方法を選択したのであるから、そのような基地用地の賃貸借契約について民法604条の適用を排除すべき理由はないといわざるをえない（同条の適用は、政府の正式見解でもある。[8] 昭和47年4月26日衆院法務委員会議録第19号2頁）。

このように、民法604条は、特別法の適用を受ける不動産賃借権との関係では、ほとんど現代的意義を失っている規定ではあるけれども、基地用地の賃貸借のような契約については、その立法趣旨ないし原則に戻って、適用されると解さざるをえない。その結果、1952（昭和27）年に日米安保条約の施行に伴って設定された米軍用地賃貸借契約は、1972（昭和47）年7月27日をもって法定の最長期間を満了して失効したのである。

(c) 特別法の適用のない場合には、賃貸借契約ですらそうなのであるから、いわんや使用貸借契約の存続期間は20年が限度なのではないか。それでは土地利用上困るというのであれば、少なくとも永続的利用を前提とする公共事業のような場合においては、地上権の設定または土地収用手続（強制使用）をとるべきである（後述三参照）。

三　私人と公共的事業主体との間における土地利用

1　問題の特殊性

このような事業による継続的利用の場合において、何らかの利用権の黙示の設定を検討するとしても、その際には、特に以下の点について配慮すべきである。①十分な協議をしたにもかかわらず土地所有者の同意が得られない

8）昭和47年4月26日衆院法務委員会議録第19号2頁。

場合には、土地の安定的利用のためにも土地収用（強制使用）の方法を検討すべきである。②土地の利用が事実上継続されている場合において、土地所有者が明け渡しを求めず「我慢と忍耐」をしているときには、代替地の提供や利用に対する補償を検討すべきである。訴訟になった場合においても、安易に黙示の契約理論を援用すべきではなく、さらに具体的な利益考量を行った上で具体的解決方法を検討すべきであると思われる（極端な場合には、当事者の一方または双方が土地利用（地地下埋設物の場合など）について気がついていない場合もある）。それをせず、安易に無償契約である使用貸借の認定をすることは、当事者間における、利用とその対価というバランスを失する結果となる恐れがある。この点では、特に、近代法においては有償契約が原則である点に配慮すべきである。

2　公的または公共的事業主体が用地を取得できない場合（明渡し請求）

（1）板付基地訴訟

　土地所有者の相手方が公的主体またはこれに準ずる事業主体であり、法律に基づいて土地の強制使用権を取得しうる立場にある場合には、直ちに権利濫用理論によって所有者の権利主張を封じたり、黙示の契約の理論を用いるべきではない。この問題を考える素材として適当と思われる板付基地訴訟最高裁判決（最判昭40・3・9民集19巻2号233頁）を紹介しておきたい。

　原告は、福岡県の板付基地内に私有地を有する地主であった。同土地は第二次大戦直後、米占領軍により空軍基地の一部として接収され、占領が終了した1952年以降は、多くの基地内民有地は、国との間の賃貸借契約によって国が使用権原を取得したうえで駐留軍に提供されたが、問題の土地は地主の契約拒絶により、国が適法な使用権原を取得しないままで米駐留軍に提供されてきた。国の駐留軍に対する基地提供義務は日米安全保障条約3条と同条約6条に基づく行政協定（現在の地位協定）を根拠とするのであるが（同条約と憲法との関係についてはここでは触れない）、本件のように、国が任意の契約（賃貸借）により使用権を取得できない場合には、同条約6条に基づく行政協定の実施に伴う土地等の使用等に関する特別措置法により、同土地の使用権を強制的に取得することが可能であった。しかし、国はその手続をとらず

に駐留軍への同土地の提供を継続してきたので、地主は、所有権に基づいて同土地の返還を求めて訴訟を提起したのである。これに対して、最高裁判所は、次のように判示した（最判昭40・3・9前掲）。

「本件において前記特別措置法に準拠して土地の使用または収用の手続をとらなかった点に被上告人国の落度のあることは明らかであるが、右の手続をとらなかったことによる本件土地所有権の侵害については、不法行為または不当利得に関する法規により救済を求める〔損害賠償等を請求する〕のであれば格別、原状回復を求める本訴のような請求〔土地の明渡請求〕は、私権の本質である社会性、公共性を無視し、過当な請求をなすものとして、認容しがたい。」（〔〕内は筆者注）。

このように述べて、原告の土地明渡請求を否定した。その理由として、権利の濫用という言葉は用いていないが、判示内容から考えても、訴訟における国の反論が権利濫用理論であったことから考えても、最高裁判所判決（前掲）の上記の論旨は権利濫用の法理を用いたものと考えてよい。しかし、このような事例において、権利濫用の法理を用いることは、以下に述べるように、疑問である。

（2）当該最高裁判決の評価

（イ）この判決は後に多くの学説によって批判された。すなわち、土地利用権を必要とする国側に他の方法（法律に基づく強制使用）が存在したにもかかわらず、国はこれを用いないでおいて、土地所有者の明渡し請求を単に権利の濫用であると主張したからである。同最高裁判決に関する加藤（一）評釈[9]も指摘しているように、権利濫用を例外的に認めるのであれば、「やはりどのような実質的利益衡量がなされたかを明確に示す必要があるはずである」[10]。そうでなければ、少なくとも事実審の段階において、当事者の攻撃・防御の目標が明確にならないからである。

さらに、同最高裁判決が、土地収用米軍特別措置法による収用との関係に

9）本件に関する評釈として、加藤一郎「板付飛行場事件」法学協会雑誌82・6（1966）85頁以下、なお、田中永司「所有権に基づく土地明渡し請求が権利の濫用であるとされた事例」（法曹時報17巻5号800頁、最高裁判例解説・民事篇［1966］24頁）は、本件における権利濫用理論の適用を妥当としている。

10）加藤・前掲論文812頁

ついて、「収用の手続をとらなかった点に被上告人国の落度のあることは明らかである」と述べている点も重要である。このような「怠慢」を権利濫用の主張によって上告人・地主に転嫁することになるからである。
(ロ) しかし、それでも、仮に、黙示の利用関係が成立するとすれば、話し合いが決着するまでの「暫時」という不確定期限付契約であろう。期限の定めのない契約であるとの解釈も論理的には可能であるが、法律に基づく強制使用の可能性を前提にして考察すると、それが可能となるまでという不確定期限付きの黙示的契約と解すべきである。しかし、それが当然に使用貸借となるという論理必然性はない。使用損害金の支払いを伴う賃貸借類似の関係となる場合もあろう。

つまり、公共的事業主体が永続的土地利用を必要とする場合においては、事業主体による「暫時」の事実上の土地利用期間内に、同事業主体が契約締結のためにどれだけ努力したか、または強制使用手続をとるためにどのような努力をしたか、が問題とされるべきである。

3 私的士地所有者が明渡し請求をしない場合（契約不締結）

電力会社のような公共的事業主体が上記のような努力をしなかった場合（三1）と、上記板付基地訴訟との共通点は、土地収用ができるのに長い間にわたってそれを怠って来たという点にある。長期間にわたって事業主体による土地の利用がなされている場合において、契約の黙示の成立や更新を認めてよいかは、一方当事者が収用（強制使用）の申立権限（資格）を有しているか否かでまったく法的基礎を異にするのである[11]。後者の方法を利用しないでおいて安易に黙示の契約の理論に依存することは妥当ではない。

仮に電力事業のような事業の公共性を承認して、収用決定までの間につき、土地の利用を認める方向で検討するとしても、対価の得られない使用貸借を黙示の契約によって長期にわたって認めるのは妥当ではなく、収用決定が得られるまでの事実上の利用を承認して（明渡し請求は認めない）その使用については不法行為または不当利得として使用損害金の支払いを認めるべ

---

11) 加藤・前掲論文810頁

きであろう[12]。

四　まとめ——類型的考察

1　開始された土地利用の黙示的合意の基礎が存在する場合

（1）土地利用者が黙示的に債権的権利を取得できる場合

　様々な事情の下で、初めから所有者が他人による土地利用を黙認していたような場合には、当事者の推定的意思を前提として、黙示的契約を認定しうる場合がある。そのような場合には、当事者間の黙示的意思をめぐる任意性が前提であり、意に反して黙認せざるを得なかった場合は、これに含まれない。後者の場合には、黙示的契約のための法的基礎を欠いているからである。また、任意性を認定できる場合でも、単なる黙示であれば、賃料の支払いはないであろうから、黙示的使用貸借となろう。

（2）土地利用者が黙示的に物権的利用権を取得できる場合

（イ）地役権　　地役権のような物権の黙示的成立を認めることは、当事者の推定的意思との関係において、通常は困難である。しかし、前述「二2（ニ）」で紹介した事例は、通路としての必要性のような客観的事情が当事者の推定的意思を導き出す要素となっており注目に値する事例である。この場合には、客観的な土地利用事実を所有者と利用者とが長期にわたって認識しており、推定的意思はその事実認識の総合的評価の結果であるということができる。

　もちろん、地役権の取得は、取得時効に必要な要件（163条）を充足する場合にも可能である。

（ロ）地上権　　この権利の取得時効の成立を認めることも、当事者間の客観的事情との関連において、通常は困難である。しかし、前述「二3（4）」で紹介した事例では、黙示的地役権の成立を認めうる事案であるが、念のため、40年近くの継続的利用を前提として、配水管の設置・利用を内容とする

---

[12] 末川博「所有権に基づく土地明渡し請求が権利の濫用であるとされた事例」民商法雑誌53・4（1966）、123頁以下。

無償の地上権の時効取得を認定している。

2 開始された土地利用が黙示的合意の基礎を欠く場合

(1) 収用の要件を満たす場合

　契約的合意の欠缺が判明したが、過去においても現在においても、契約的合意がないままに公共的事業のために私人の土地が継続的に使用されてきたような事例もある。このような場合には、当事者間における利害対立の結果、土地所有者と事業者との間の土地利用関係は、具体的な契約関係へと発展する可能性は低いと思われる。このような場合には、事実上の利用関係であるに過ぎないと解して、問題点の検討を行うべきであろう。

　また、事業者の土地利用が所有者の「我慢と忍耐」のもとで行なわれて来たような場合であって、黙示的契約関係すらない場合もある。そのような利用も必ずしも違法であるとはいえない場合もあると思われるが、他人の土地を利用しながら、その対価を支払っていないのであるから、少なくとも不当利得の成立は十分に考えられるので、使用損害金相当額の返還請求は可能である。結局、話し合いが成立しない場合には、公共的利用の場合には、最終的な法律関係は収用手続等によって明確にされるべきである。

(2) 収用の要件を満たさない場合

　時効取得の要件を満たす場合を別とすれば、所有者側からの明け渡し争訟となり、和解等も試みられるであろう。和解等が不調に終われば、判決とならざるをえない。明け渡しを認めない場合の判決の内容については、「三3」を参照。

3 類型的検討——推定的意思と客観的事実との関連

　前記「1」と「2」の場合については、相互の理論的区別が重要である。前者においては、当事者の推定的意思を論ずる基礎があるが、これに対して、後者の場合には、土地の継続的利用という客観的事実はあるが、そこから当事者の推定的意思を導きだすことは困難であるからである。したがって、当事者間で新たな話し合いの努力をするか、利用者が時効取得を主張するか、土地収用の方法を検討するか以外の方法はない。当事者間の話し合い

が可能なケースは別として、収用手続きの場合には、一方当事者の「手続き」利用の意思のみが存在し、時効取得の場合には、占有者の一方的「所有の意思」のみが存在するに過ぎない。つまり、契約成立に向かっての意思は存在しないのである。

　黙示的契約の成立を認定するに当たっては、このような利用関係の類型的相違につき十分に配慮すべきである。

　（本稿は、鑑定意見として執筆したものを『日本社会と法律学――歴史、現状、展望』（渡辺洋三先生追悼論集、日本評論社、2009年）に収録していただいたものである。）

第 2 章　農業生産調整枠とその権利化
――日本のコメの作付け規制のあり方に関する覚書

はじめに――ドイツにおける牛乳とワインの生産調整手法を参考にして

　2011年12月にドイツ食料農林・消費者保護省の C. ブッセ氏と M. ケーラー氏を日米研究機構（早稲田大学）が招待して、牛乳とワインの生産調整について講演をしていただく機会を持ち、その後、関連テーマについて論文を執筆していただいた。本稿の執筆に際して参考にさせていただいたブッセ氏の論文は、牛乳の生産調整を軸としたドイツ帝国成立以来の立法史を含む論文である。これは、牛乳の生産調整をめぐる諸問題を通じて、ドイツの現代農業史を概観することができる貴重な論文であるが、ここでは、生産調整枠の権利化をめぐる問題に限定して紹介する（同氏の論文は、日本農業法学会の「農業法研究」誌47号、に田山の翻訳により掲載されている）。
　M. ケーラー氏には、ワインの生産調整の歴史と手法について講演していただき、後に論文としてまとめていただいた（同氏の論文は、「比較法学」誌46巻 2 号（早稲田大学比較法研究所）に田山の翻訳により掲載されている）。
　両氏の講演においては、ドイツ連邦共和国の考えに基づいた生産調整に関する農業行政の経験について専門家としての意見を聞いた。その後、私は、日本が抱えているコメの生産調整の問題について、個人的に両氏に説明をした。これに対して、ブッセ氏とケーラー氏が論文の形でさらに補足的に回答してくれたものが、上記の論文である。ここでは、それらを参考にしつつ、私の見解を覚書の形で述べておきたい。

一 日本におけるコメの生産目標数量の配分

　牛乳の生産調整は、日本においても地域によっては事実上行われているようであるが、日本農業における生産調整の最大の課題は、コメの生産調整である。そこで、前掲のブッセ氏とケーラー氏の論文の意義を、コメの生産調整との関連において、はじめに簡潔に述べておきたい。

　日本の減反政策は、生産調整のために、転作面積を配分する方法から、個別農家が生産できる数量（生産目標数量）を配分する方法に、2004年から本格的に移行した。これを作付け権限とみてよいかどうかも問題であるが、それに近いものとみて、本稿では、欧州連合、特にドイツにおける生産調整の手法について検討した。具体的な考察対象としては、「調整枠の権利化」という観点から見ると究極にまで進んでしまった感のあるドイツの牛乳生産調整枠システムを選択し、それに関する講演をブッセ氏に依頼した。さらに生産調整と土地との関連（耕作）をも重視せざるを得ないという観点から、追加的にブドウの生産調整枠をもテーマとして選択した。このテーマの分析は、その専門家であるケーラー氏にお願いした。

　生産調整の分野については、農業経済学等の研究者の間では、かなり研究が進んでいるが、法律学の分野では残念ながら遅れている。法律学の分野に対して研究の進展が期待されるとすれば、それは、例えば調整システムの在り方に関する研究であろう。しかし、現時点では、さらにその前提として、食糧法や食料に関するさまざまな法律、旧食管法と新しい食糧法のようなものとの関連で、減反政策をどうとらえるのか、ということを考えてみなければならない。確かに、コメの生産調整ないし減反政策は、多くの方のご指摘のように、前記の諸法律との直接的関連を持たない制度として存在している。しかし、これを法的・制度的に検討する場合には、これらの法律との関連性も含めて総体的に検討せざるを得ないと思われる（ただし、本稿ではそこまでは立ち入らない）。

　日本のコメの生産調整枠の問題を、一種の権利（権利と言っていいかどうかも問題であるが）としてとらえる方向で検討する場合には、「調整枠」の法的な性格ないし内容が極めて不透明であるので、まず、それを具体的に明らか

にしなければならない。その場合に、ドイツの生産調整枠に関するシステムおよびそれが抱えている問題点が大いに参考になるのではないかと考えている。

二　生産調整枠システムの導入に際しての問題点

1　法律に基づいたシステムであるべき

　生産調整枠システムは、農業生産及び経営に対する一種の制約であるから、法律に基づいて行うべきである。これは、土地所有権を中核とする経営権に対する制約を意味しうるからである。しかし、このことは、必ずしも法律に基づいて具体的に法的制限システムとして構築することを意味するわけではない。

　現在の日本の「減反政策」は、具体的な法律上の根拠なしに、農協などの生産者団体に調整を任せる方法をとっていると思われるが、その手段自体の法律的根拠が必ずしも明確ではない。今後も、実際上同じような政策を継続するにしても、特に、調整枠等の権利化を問題にするのであれば、その調整方法の法律上の根拠を明確にすべきであろう。

　また、生産調整を法律に基づかないで、コメの作付者の完全に自由な合意に任せたのでは、調整枠の権限の譲渡などを認める場合にも、適切な行政的統制が困難になりかねない。

　もし、日本のコメの生産調整枠について、それ自体を取引可能な方向で考えるとすれば、ドイツの牛乳とワインの場合の取引価格や譲渡制度（その取引所を含む）、さらには土地との関連性（結合性）、等の問題とその対応手法が大いに参考になると思われる。これらは、欧州連合では、その指令や各構成国の法令に基づいて実施されている。

2　調整枠配分の対象経営の限定とその経営上の保護施策

　調整枠システムの導入に際しては、まず、いかなる範囲の人ないし経営に対して生産調整枠が配分されるべきかについて吟味されるべきである。通常

は、経営権保護の観点から、生産調整枠は、そのレジームの導入の時点において活発な経営に対して、生産状態との関係を配慮しつつ配分されるべきである。生産調整枠は、欧州連合でかつて生じたように、あまりに広範に配分されると、生産調整枠レジームが有する生産限定的効果が弱くなってしまう。それを修正するには、それに続いて、調整困難な生産調整枠の縮減が行われなければならない。これは、現実に欧州連合の生産調整枠規制において発生した問題である。

また、国内市場価格に対して、より有利な同一生産物の輸入に対する国内的保護策が十分でない場合には、生産調整枠の適用を受けた国内供給の減少は、何等本来の効果を持ちえないという点にも注意しなければならない。このような状況でなされる生産調整は、結局、外国生産物の輸入促進に奉仕するだけのことである。

3 最初の調整枠付与は無償で

一定の生産制限の下で、耕作者に、最初に作付け権限（枠）を付与する場合には、無償で行うべきである。後に、このシステムを廃止する場合にも、基本的には補償なしで行うべきだからである。

この点は、すでに減反政策が実施されている日本の現状では問題ないと思われるが、新たに、法律に基づいて行政的コントロールのもとでこの種のシステムを開始する場合にも、同様に考えるべきである。調整枠自体が、発生後に取引価格を生じさせることは、避けられないとしても（後述三2）、最初の枠配分は、無償で実施すべきである。

4 調整枠の付与は期間限定で

調整枠システムへの参加者の法的地位に権力が深入りすることを可能な限り回避するためにも、この調整枠システムは期限付きでのみ導入されるべきである。この点については、欧州連合の牛乳生産調整枠規制は、模範として役立つと考えられる。もちろん、あまりにも短い期間では、効果は期待できず、まったく意味がない。生産調整枠レジームの導入の費用が、実際上無駄なものになってしまうだけのことである。

逆に、生産調整枠の法的意義との関連では、その導入の期間が長期にわたることになると、土地所有権や経営権の保障に疑いを生じさせるような事態が発生しかねないので、これは避けるべきである。これは同時に、生産調整枠レジームの形成を困難にし、かつその終了をも困難なものにするであろう。その意味でも、欧州連合の牛乳生産調整枠規制においてもそうであったように、最初の配分は無償でかつ適切な期間限定でなされることが望ましい。

その際には、行政の介入のあり方についても、検討すべきである。農村コミュニテイーのよさを壊さないで実施するためには、ブッセ氏の論文の中にもあったように、調整枠の付与は農村空間の様々な要素に配慮しつつ、適切な期間限定でやるべきだと思われる。いずれは、このような規制は終了するということ、つまり、自由市場に戻せる状況になったら戻すという前提でやるべきだからである。ちなみに、欧州連合では、2015年に、1984年から行ってきた牛乳の生産調整枠規制は終了することになっている。

さらに、生産調整枠レジームの存続の必要性に関する問題についての定期的な立法府への報告義務が、補充的に法定されるべきだろう。それは、できれば公表され、議会の専門委員会においては、生産調整の存続の是非という観点からなされる議論の基礎にされるべきであろう。

5 配分枠決定の基準時

配分量の算定のための基礎とされるべき時期は、可能な限りその実施時に近いことが望ましい。さもなければ、前記「2」の然るべき時期と実際の「枠」配分時との間において、該当経営において多くの経営上の変更が生じ、これらの経営について広範な追加的規制（配慮）が必要になるという事態が生じうるからである。実施時に近い時期を基準とした「枠」配分がなされた場合においても、もちろん、完全には「過酷事例」を避けることはできない。たとえば、配分の基準となる望ましい時期においても、都市計画や農村計画等に伴う高権的理由により、または特別な事情もしくは国家的なプログラム等を理由として、通常よりも少なくまたは多く生産活動を行ってきた経営においては、問題が生じうる。欧州連合は、その点で、比較的規模の大き

い経営に対して十分な配慮をしてこなかったようである。そのことにより、長年にわたり多くの関連訴訟が提起され、国からの高額の賠償金の支払いをもたらしたのである。

　最初の個々の配分の査定の基礎としては、通常は、望ましい時点または望ましい期間における生産が選択される。この時点ないし期間を時間的に前倒しするならば（長期間経過後に実施）、その間、生産調整枠規制の導入までに、前述のように、多くの経営上の変更が発生しうることになる。このような変更には生産調整枠規制の修正で対応せざるをえない。例えば、基準時後に生産手段に多くの投資をしたが、生産調整枠の過少配分のために、これを十分に利用することが出来ないような経営は、そのわかりやすい実例である。この種の事例のように、枠の配分に当たって投資に対する配慮がなされていない場合には、しばしば適切な調整枠の配分に関する争訟が発生し、前述のように、場合によっては、国家による賠償の支払いという結果になる。

6　「地域備蓄」システムの設置

　欧州連合およびドイツのワイン生産の場合のように、州や地域が作付け権限ないし生産調整枠を留保しておくことができるか、についても検討しておくべきである。各地域単位に与えられた調整枠のすべてを生産者や経営に配分してしまわないで、公的又は公共的団体が、当該権限（枠）の一定量を初めから留保しておく方法（欧州連合の場合）や、民間で行われる個々の調整枠の譲渡に際して、法定先買権等により「備蓄」目的で介入する権利を、公共的団体（日本では、農地保有合理化法人など）等に認めておく方法も検討に値する。

三　生産調整枠の実施過程で生じる問題点

1　権限行使の法定期間

　ケーラー氏の論文によれば、ワインの新規植栽権の場合は、この権限行使の期間は2年間である。コメの場合には、この点は稲作に対する新規参入者

についてのみ考慮すればよいであろうか。一般的には、生産調整枠の新規取得以外の場合にも、その権限取得後の法定行使期間は問題になりうる。一定の不行使期間の経過後には、その権限自体が消滅することを法定するか、無償で前記の「地域備蓄」に移行するようなシステムも考えられる。

2 生産調整枠の譲渡等による価格の発生

　前述のように、生産調整枠を最初に配分するときは、耕作者による買取りではなく、無償取得とするとしても、それを当該受領者が、諸般の事情により他の者に譲渡する事態は生じうる。既に当該作物の作付けないし生産が法律等によって制限されていることが前提であるから、そこでは当該生産枠につき有償で取引がなされるということが十分に考えられる。つまり、取引価格を持った生産調整枠的権利が発生しうる。そこで、これをどう評価するか、特にどう法的に評価するかということを考えなければならない。

　生産枠所持者は、施策の実施時点では、それを無償で取得できるとしても、後に、それを有しない他の生産者が当該作物を生産して収益を上げようとすれば、生産枠が必要となるのである。申請さえすれば行政サイドから常に「枠」を入手できるのであれば、「枠」が有償で取引されることはない。つまり、新規の枠が無償で、申請に応じて無制限に付与されるのであれば、有償での入手の必要はないからである。したがって、当該作物の生産調整（制限）を前提として、かつその生産が収益性の点でも魅力があることが前提となる。この場合の生産者にとっては、「枠」は明らかに利益なのである。しかも、この利益は○○権とまではいえなくとも、法的保護に値するものである。つまり、生産枠を有する当該生産者の地位は、生産プロセスの中に不可欠な要素として組み込まれており、このような状況の下においては、すでに法的保護に値するものとなっていると考えてよい。

　また、権利侵害の問題も発生しうる。一定の地区内において、Aの有する「枠」を、Bが無断で利用して生産を行ったとすれば、BはAの「利益」を侵害したことになる。そのためにAが生産できなかったとすれば、Aのもとで損害が発生し、AはBに対してその賠償を請求することができる。

　また、「枠」の所持者がそれを取得するために対価を払っている場合には、

その処分は投下資本の回収の問題であるが、価格が問題になるという点では同じである。

これを前提として、譲渡（売買）、相続、賃貸、担保との関連も問題となる（後述四参照）。

3 生産調整枠（作付け権限）と土地や経営との結合の是非

作付権限（枠）は、圃場又は筆ごとに付与されるべきか、についても検討されるべきである。具体的な土地との強い結合を前提とすると、権限の耕作適地への移動による構造改善的効果は望めない。また、できるだけ土地所有権との具体的関連を持たせないためにも、このような方法（土地と強く結合させる方法）はとるべきではない。

調整枠に関する権限は、土地との関連ではなく、経営に対して付与されるべきか、という観点からの検討もなされるべきである。しかし、このような方法を無制約的に採用すると、条件有利地域においてニーズは高まり、中山間地の棚田のような条件不利地域でのコメの作付けは減少するであろう。それが棚田からの生産活動の撤退を意味するのであれば、棚田の崩壊につながることにもなりかねない。したがって、生産性の観点のみではなく、農村景観の維持発展や洪水の防止対策等の観点からも諸事情を考慮すべきである。すなわち、それぞれの地域性を考慮して、このような観点からの作付け権限の譲渡に関するルールないし制約を設けることも検討すべきである。

このように、調整枠（作付権限）の移転は、当該農地又は経営と共にのみなされるものとすべきか、又は権限を土地や経営から切り離して、単独で譲渡しうるものとすべきか（四5（2）も参照）、も問題になりうるが、後者を自由に認めてしまうと、地域的統制は困難になり、それは、同時に行政による政策的コントロールも難しくなることを意味する。国家や地方自治体が「枠」譲渡レジームに関するコントロール権限を有するのでなければ、譲渡規制は国家にとって支配可能なものではなく、とりわけ農地取引をめぐる投機的価格の発生のように、望まれない効果を導きだすことにもなりかねないのである。

4 調整枠は人または個別経営と結合されるべきか

では、調整枠は人に関連して配分されるべきか、それとも個別経営に関連して配分されるべきなのであろうか。経営との結合性が選ばれると、経営をめぐる変更があった場合、とりわけ経営の解体の場合には、その経営の調整枠をどう処理するかを決定しなければならないことになる。つまり、事情に応じて、調整枠の量を調整し、または「地域備蓄」への徴収等がなされなければならないからである。

これに対して、人との結合性を重視する場合には、調整枠の運命をフレキシブルにするというメリットが生じる。人との結合性の場合には、生産調整枠は、原則として特定の経営の運命によって影響を受けることはない。しかしながら、人との結合の場合のデメリットとしては、調整枠の誤った配分の危険が高まるということを指摘せざるを得ない。というのは、このような前提の下で、調整枠が譲渡されると、当該譲渡者はもはや当該生産領域では活動しなくなるので、生産調整枠はその者によっては利用されないか、または投機的目的で利用されるからである。したがって、調整枠は活発な生産者または経営に配分されるべきかという基本的な問題が生じうる。

この観点は、欧州連合の牛乳生産調整枠の規制において、長年の論争の後、しだいに明らかにされてきた。最終的には、欧州連合は、もはや牛乳の生産者でないまたは近い将来そのようになる生産調整枠の所持者は、牛乳生産調整枠を遅滞なく牛乳生産者に譲渡しなければならないという解決策に到達した。このような譲渡がなされない場合には、牛乳生産調整枠は無償で国家により徴収される。

四　権利化した調整枠と権利移転の方法

1 「枠」移転状況の把握

「枠」の取引を適正に行うためには、行政による適正なコントロールが不可欠であるから、その前提として、正確な取引状況の把握がなされるべきで

ある。

　コンピューターの時代においては、それを利用して、各生産調整枠に個別標識を与えることは容易である。その活用によって、行政は、その譲渡の過程を追跡しうる。総じて、生産調整枠レジームは、その厳格なルール順守のもとでコントロールされるべきである。さもなければ、調整枠につき著しい競争による混乱や生産者の間における不平等な取扱いが生じうるからである。

　なお、枠（権限）の譲渡については、農業会議所のような公共的機関により、そのデータが蓄積されるべきであろう。これによって、地域的な配分コントロールと価格行政的コントロールとが可能となる（「4」も参照）。

2　「枠」ないし権限の取引範囲の規制

　日本でのコメの作付権限の取引を前提にして考えた場合でも、取引の可能な範囲は、県単位とすべきかというような論点が出てくる。県単位か市町村単位か、それとも農協の管轄範囲を含めて、もう少し狭い集落等の範囲とすべきなのか、等が問題になりうるのである。要するに、このような譲渡圏の問題も、法的な規制としては明確になっていないので、結局、日本の場合には、そこで本当に熱心な人たちが生産調整を行う場合に、どのような範囲の設定が現実的なのかということが問題になる。

　実際には、生産者グループないし個別農協の範囲でということになっていて、それで一定の成果がすでに出ているということであろうと思う。それが最も現実的な方策であるのであれば、他の問題との関連も含めて総合的に検討して、そのやり方に法的基礎を付与すべきであろう。

　日本における調整枠の譲渡の範囲は、これを認めるとした場合に、集落単位でのみ認めるか、市町村もしくは県単位で認めるか、それとも日本全国制限なしに認めるべきであろうか。特に前述のような権限移転の自由を前提とすると、コメの作付けの全国的な偏差が生じうる。それは、前述のように、ある意味での構造改善的効果が期待できると同時に、場合によっては地域農業の崩壊（コメの生産地域の偏差など）の危機をも意味しうるから注意しなければならない。

ちなみに、ドイツでは、牛乳生産調整枠の適地（主として北ドイツの牧草地域）への移動を可能にするため、そしてそれによって、牛乳生産領域におけるドイツの競争能力を強化するために、しかも、農業構造の変化をさらに単純化することを目的として、2007年には、細かい地域化をやめて、西ドイツと東ドイツという単に2つの地域区分制が採られた。この2区分化は今日まで続いている。これはドイツの農業構造上のドイツ的区分によって条件づけられたものである（旧東西ドイツの従来通りの著しい相違に基づいている）。

3　権限移転の方法

作付権限の処分のあり方については、売買、賃貸等、さらに相続をも認めるべきであろうか。

相続の場合には、通常は経営との結合関連も維持されると思われるので、経営の安定という観点からも、当該政策（生産調整）が維持される以上、生産しうる生産者の地位の相続を認めるべきであると思われる。

さらに、権限自体が取引価格を有するようになると、売買（前述「1」参照）や賃貸（後述5参照）も認めざるをえない。農業金融との関連では、これを担保として（譲渡担保）融資を受ける可能性も考えられなくはない。

なお、日本では、このような売買と賃貸借についても、農地法的規制（権利の取得資格）が維持されるべきであろうか。

4　調整枠の取引所制度

枠の譲渡は公示（登録等）を伴って実施されるべきか、という点も譲渡システム形成上の重要な観点である。調整枠の譲渡と公示は、調整枠の取引価格の高低に対処する手段としても利用されうるものであるからである。欧州連合の牛乳調整枠規制自体は、この問題を対象としておらず、その限りでこれを各構成国の規制に任せている。

ドイツは、常に高騰する調整枠価格と戦うために、そして全体として不透明な取引価格に対応するために、この間に、生産調整枠の取引所制度を導入し、その実施に際しては、農業会議所を活用した。これは、正確な情報に基づいて重要な牛乳生産調整枠価格を媒介し、公表し、場合によっては譲渡ま

でも行う。これによって、国家が調整枠の譲渡の範囲に関する正確な認識と取引枠の価格情報を入手しうる。このような認識と情報は、単に牛乳生産調整枠の国家的レジームに限定されるものではなく、政策の方向付けにとっても有益なものである。

なお、その他の点では、譲渡の量と価格に関する国家的な届出システムの設置も望まれる。

結局、ドイツの牛乳生産調整枠取引所は、2、3の特別な譲渡要件の追加等によって補完され、調整枠譲渡規制が状況に合致したものであることが証明されることによって、肯定的評価がなされ、ここ11年間存続しているのである。

5 用益賃貸借の場合

(1) ブドウ畑の賃貸借の場合

ドイツでは、賃貸されているブドウ畑の場合には、賃借人は、予め賃貸人の同意を得ている場合にのみ、抜根による再植栽権を申請することができる。

以前に植栽されかつ賃貸借期間中に抜根された農地が賃貸人に再栽植権付で返還される場合には、当該譲渡は、枠の移転につき管轄官庁に申請がなされなければならないとされている。

賃借人が、購入した再植栽権を未植栽地に対して用いた場合には、彼は、植栽された状態にある畑の返還に際して、その補償請求権を有する。この点については、まだ、裁判になった例はないが、畑の用益賃貸借契約書において予め確認されるべきであるとされている。

生産調整枠システムの導入の時点で賃貸されていた生産単位または農業用地が如何に処理されるかということも、古典的な問題である。賃借人に配分された生産調整枠は、用益賃貸借の終了の際に、自動的に用益賃貸人に移転するかどうかも、議論されるべき問題点である。

賃借人が作付け権を有している場合において、借地契約が解消されたときは、貸主との間で、一定の調整（補償）が行われるべきかも問題である。その作付け権限の入手の際に賃借人が対価を支払っていたか否かも補償に関連

して問題となりうる。

（2）権限のみの賃貸の場合

　農地自体の賃貸借ではなく、作付権限のみの賃貸を認める場合もある（ドイツではこれも賃貸借である）。しかし、日本のコメの生産においては、水田の利用はなくなるから、「不在地主」的存在を認めることになる。土地所有者は、コメの生産現場には不在であり、「枠」を前提とした生産には関与せず、作付権限の賃料のみを取得することになるからである。

　なお、この場合には、賃貸人の下で、適切な転作がなされる場合にはよいが、そうでないときは、耕作放棄が行われる恐れも生じる。

（3）離農者が生じる場合

　調整枠の売買又は賃貸借の場合において、それによって譲渡人の離農が生じるときは、農業領域の資金が非農業分野へ流出することを意味するから問題である。同時に、その譲渡の対価を相対で自由に設定することを認めるか否かも、1つの問題である。

　なお、作付権限のみの売買においても、生産調整を前提にすれば、離農促進的効果をも持つことになる。

6　作付け権限の流動化と関連諸要素への配慮

　日本でも、民間の集落レベルの団体や農協等の力で、ある程度、生産調整の目標が達成されているが、それをどう評価するのか、も問題である。そこに無理に法的な要素を入れ込むことによって、農村コミュニティーのよさを壊してしまうのはかえってよくないと思われるからである。その点をも配慮しながら、今後は、調整「枠」システムについて法的な分野からの検討を行うべきであろう。

　当該権限の権利性を承認する方向で考えるならば、規制の仕方如何によっては、構造改善的効果を期待することができる。すなわち、条件有利地域への作付け権限の譲渡（移転）が多く行われれば、経営規模の拡大等にもつながるからである。他方において、条件不利地域におけるコメの作付けが減少してしまうと、棚田等の景観を如何にして維持するかという課題も生じうる。この点は、ドイツにおけるワイン生産の場合とは根本的に事情が異な

る。したがって、国土空間のあり方を含めて、一定の範囲内で農業行政の関与を認めるべきである。

7　調整枠の譲渡可能性と新規参入者

　調整枠の譲渡可能性を認めれば、当該枠レジームの開始時後において生産を開始したいと思う者（新規参入者等）が如何に扱われるかという問題は、基本的に解決される。新規参入者は、譲渡（市場）を通じて生産調整枠を獲得できるからである。したがって、この政策の導入に当たっては、最小限度の範囲において、新規参入者に対する生産調整枠の配分が、取引所等の活用により、可能とされるべきである。さもなければ、職業選択の自由に対する重大な侵害が発生することになるからである。

　ドイツでは、牛乳生産調整枠の「地域備蓄」を形成する問題は、上記の問題と結びついていた。この「地域備蓄」制度の助けを借りて、国家は、未配分のまたは不使用などの理由で徴収された生産調整枠を管理し、新規参入者にも配分することができたからである。欧州連合の牛乳生産調整枠規制においては、このようにして、国家によりコントロールされた譲渡制度が肯定的な位置付を獲得してきたのである。

8　調整枠システムの終了

（1）スイスの例と欧州連合の例

　スイスは、牛乳生産調整枠規制の終了に際して、国家的システムを、複雑な経過規定の助けを借りて、任意の私的な量規制システムへと誘導した。しかし、このモデルは、ここ数年において、期待された効果を必ずしも達成していない。確かに、私的な牛乳生産者結合体と牛乳部門連合体が新たに設立されて、しかも、これらの組織は、建前上は国家の授権によって保護されて、牛乳生産に関して、私的な量的方向付けシステムを一定の限界内において確立することはできた。しかしながら、牛乳部門連合体の内部においては、これまで牛乳の希望量とその生牛乳価格についての合意は、未だに達成されていないのである。

　これに対して、欧州連合は、これとは部分的に異なった道を進んだ。一方

では、2006年に、欧州連合の牛乳生産調整枠が段階的に引き上げられた（自由化へ向けての規制緩和）。2013／14年には、引き上げは全体として10．5％だけ達成された。この方法で、牛乳生産調整枠システムの緩和は、次第に効果を上げた。課徴金の額も補充的に引き下げられてもよかったが、それは、これまでは行われていない。

(2) 欧州連合の場合

他方では、欧州連合は、スイスと同様に、生産者統合体と部門連合体の創設という手段を採用した。2009／10年には、2008／09年の牛乳価格危機を契機として、欧州委員会によって召集された牛乳の高度専門委員会が開かれ、欧州連合の牛乳市場の構造改善のための幾つかの提言が出された。そこでの重要な点は、牛乳分野における生産者組織と部門連合体の形成による牛乳生産の連鎖の強化であった。さらに、欧州委員会は、2010年の終わりに、このような生産者組織と部門連合体の欧州連合の範囲内での導入を定めた立法提案を行った。おそらく、2012年には、欧州連合の農業評議会は、このような「規制」を議決するだろうといわれていた。スイスとは違って、部門連合体には、国家的な一般的拘束力の助けを借りて強制的に量と価格を規制しうるような授権はなされないだろう。このような組織の導入によって、従来の生産調整レジームを終了させようとしているのである。

まとめ・その1

(1) 日本農業の現状との関連

生産調整の理念的な目標は明確であるが、日本の場合を考えると、農業生産物については、特に TPP 参加との関係で、その関税等による保護ということが難しくなっていく可能性がある。そういう状況の中で、生産調整の問題をいかに考えるべきかは、これからの日本農業にとっての新しい課題でもある（二2も参照）。農産物についても関税が完全に撤廃されるのであれば、生産調整の必要性は国際的観点から考えなければならなくなる。

それとの関連で、国際的競争力を強化するという目的を持った農業構造の改善効果をも考慮すると、生産調整枠という手段によって、民間の活力を利

用した構造改善の実現に期待がもてるか、という課題も生じてくる。

　これらの課題については、前述の両氏の論文の内容にも関連するが、いわゆる食糧安保（これは自給率の問題でもあるが）という観点も含めて検討することが必要であろうと思われる。

　また、作付けが厳しく規制される場合には、農地所有権に対する補償が問題になりうるが、社会の一般的福祉（公共の福祉）との関連で議論されなければならない問題である。

（2）過剰生産と行政コスト

　欧州連合およびドイツにおける牛乳生産調整枠規制についての経験とその実施から見る限り、そこでは過剰生産状態を解消するための生産調整枠レジームが実施されてきたと考えてよい。

　生産調整枠レジームは、通常は、著しい行政コストを使って自由市場に介入する。その限りで、それは一般的には回避されるべきである。そもそも、統制不可能な形の生産過剰状態をもたらすような、農産物市場規制がなされることのないように、注意しなければならない。したがって、その時々の市場法令に基づくシステムは、望まれない生産過剰を生じさせないように構成されるべきである。その限りで、欧州連合の農業市場令は、初めから、経済的には欠陥を含んで構成されていたとも言われている。

（3）農村における就業問題等との関連

　耕作の禁止や制限がなくなると、必ず生産が活発化するというわけではなく、生産部門における就業の崩壊が加速する事態も生じうる。競争の激化等による従来の生産者の生産からの撤退によって生じる就業喪失は、枠取得を前提とする生産の拡大（通常は整備された圃場、完全機械化等を伴う）による就業増よりも高くなる可能性があるからである。

　また、単純に自由化すれば、販売の増加（特に、ディスカウント領域）とマージンの低下により、低価格の農産物の占める割合が増大するだろう。これは、生産者側での価格競争を激化させるだけでなく、調和のとれた、責任感のある農産物供給と消費という健康政策上の目標とも対立することになりかねないから、注意しなければならないであろう。

（以上、堀口健治編著・再生可能資源と役立つ市場取引（2014年、お茶の水書房）

所収、）

まとめ・その2

　このテーマは、日本の農業事情との関連で常に再検討を必要としている。本稿を執筆した当時においては、「TPP」は重要問題ではあったが、喫緊の課題というわけではなかった。然し、今や今年中に、この問題について「日米間の合意」が成立しようとしている。アメリカから安価なコメが輸入された場合に、飯米用のコメは別として、米作農家は相当に厳しい状況に追い込まれる。日本人の味覚に合ったブランド米を生産できる条件下にある農家は別として、一般的に農家におけるコメ作は駆逐される恐れがある。これを自然淘汰に任せてしまってよいとは決して思われない。主穀物の自給は、食糧安保の観点からも一定程度確保しなければならない。比較的簡単に水田に復元できるような「水田における転作」が何らかの行政的配慮もなしに可能であればよいが、そうでない限り、一定の生産量の範囲内での行政的配慮が必要になるのではないだろうか。

　その際に、本稿で論じたような「生産枠」の利用が有効であるかもしれない。これを喫緊の研究課題として本稿を閉じておきたい。

　なお、本稿の「四8」で述べた牛乳生産者の部門連合体（スイスのような）においては、ドイツにおいては、2015年8月の時点では創設されていない。スイスにおいても、必ずしもうまく機能しているとは言えないようである。なお、最近の状況については、C.Busse, Das Auslaufen der EU-Milchquotenregelung zum Milchquotenjahr 2014/15, AGRAR-und UMWELTRECHT, 2015 Nr. 1, S. 10ff. を参照。

第4編　不動産に関する判例評釈

　第4編では、判例評釈をまとめて収録した。私は、民法研究者としてほかにも判例評釈を執筆しているが、そのうちで、本書には、土地に関するもののみを収録した。
　第1章は、宅地・通路に関する判例評釈であり、法領域としては民法物権編（相隣関係）と不動産登記法（不動産登記請求権）に関連するものである。前者の領域においては、社会の発展に伴って、民法の古典的な相隣関係規定をめぐる問題が生じてきている。通路を利用するのは人とせいぜい馬車であった時代に制定された民法の規定を、自動車交通が不可欠となった現代社会に「適用」することがどこまで可能であり、妥当であるか、という問題でもある。後者については、手続法としての登記法と実態法としての民法上の権利との関係を扱っている。
　なお、宅地や通路の利用ついては、相隣関係と密接な関連を有する建築基準法や道路関連法のような行政法規の適用があるので、その適用に対する配慮が不可欠である。
　第2章は、農地に関する判例評釈である。つまり、農地法等に関する判例の評釈であるが、純粋に農地関連法のみに絡むものではなく、内容的に民法（例えば、時効）に絡む判例である。とはいえ、農地法を中心として、農地関連特別法が適用されるので、民法物権編の知識だけでは問題点を理解できない。しかも、農地法は頻繁に改正されるので、判例評釈を、現時点で再度公表するには、最小限度、法律改正をフォローしておかなければならない。
　「土地法」という場合には、田中二郎先生の「土地法」（有斐閣）の冒頭の「総説」を援用するまでもなく、民法と行政法の接点領域であり、土地所有の在り方とその行政的規制の問題なのである。
　なお、本編の評釈の論述形式については、初出の形式がそれぞれ異なっているが、採録に際しては、あえて統一をしなかった。

第1章　宅地・通路に関する判例評釈

一　共有不動産の不実登記の是正方法

（最三判平22・4・20、判時2078号22頁、判タ1323号98頁）
[判決のポイント]
一　XAの共有に属する不動産につきXAYを共有者とする所有権保存登記がなされている場合における、同登記のうちYの持分に関する部分のXのYに対する抹消登記手続請求は、更正登記手続を求める趣旨を含む。
二　この場合に、XはYに対して、自己の持分についての更正登記手続を求めることができるにとどまり、他の共有者・訴外Aの持分についての更正登記までを求めることはできない。

[事実]
　当該建物は、亡Cの遺産であり、BおよびY（上告人）は、Cの子で、その相続人であった。Cは平成3年に死亡し、認定事実によれば、遺産分割協議により、Bが当該建物を取得した。したがって、Yは当該建物について何等の持分を有していない。Bは平成9年に死亡し、当該建物は、Bの妻X1（被上告人）が持分2分の1を、Bの子であるX2（被上告人）および訴外Aが持分4分の1をそれぞれ相続した。ところが、当該建物については、Yの持分を2分の1、X1の持分を4分の1、X2およびAの各持分をそれぞれ8分の1とする所有権保存登記がなされている。そこで、X1とX2（以下、Xら、という）は、Yに対し、共有持分権に基づき、当該建物の保存登記のうちYの持分に関する部分の抹消登記手続きを求めた。
　一審は、Yに対し、本件保存登記全部の抹消登記手続を命じ、原審もこれを是認したので、Yが上告した。

[判旨]　破棄自判。
　Xらの請求の意図するところは、Yが持分を有するものとして権利関係

が表示されている本件保存登記を、Yが持分を有しないものに是正することを求めるものにほかならず、Xらの請求は、本件登記部分を実体的権利に合致させるための更正登記手続を求める趣旨を含むものと解することができる。

この場合に、共有者Xらは、その持分に対する妨害排除として、登記を実体的権利に合致させるため、持分を有しない登記名義人Yに対し、自己の持分についての更正登記手続を求めることができるにとどまり、他の共有者Aの持分についての更正登記手続までを求めることはできない。

[先例・学説]

(一) 不動産の共有者の一人から、当該共有不動産について実体と異なる登記を有している者に対して、その抹消手続きを請求できるかについては、①相手方が登記名義を有する無権利の第三者である場合（甲類型）と、②相手方が当該不動産の共有者である場合（乙類型）、とに分けて議論されてきた（山田誠一「共有不動産の登記に関する共有者間の法律関係」不動産法の課題と展望、147頁以下、尾島明・最判解民平成15年383頁以下参照）。これは、観点こそ異なるが、共有の外部関係と内部関係に対応する。

これを判例においてみると、甲類型において、共有者の一部の者が自己の共有持分を超えて、第三者に対して実体に合致しない登記の抹消を請求することを認めるもの（最判昭和31・5・10民集10・5・487ほか）と、乙類型において、実態に合致しない部分があっても自己の共有持分の範囲においてのみ一部抹消（更正）を請求できるにすぎないとするもの（最判昭和38・2・22民集・1235ほか）とがあった。すなわち、甲類型においては、抹消登記が認められ、乙類型においては抹消は認められない傾向が見られた。

しかし、甲類型の訴訟の実体に踏み込んで検討してみると、甲類型に属する大審院の3つ判例の第一（大判大8・4・2民録25・613）は、共有者の一人から偽造書類により取得した単独名義の登記を前提にして地上権設定登記を受けた無権利者Y（持分上の地上権の設定は無効）に対して、同地の共有者の一人Xが単独で不法登記の抹消を求めたものである。判例は偽造書類による虚偽登記の抹消登記を認めた。第二（大判大12・4・16民集2・243）は、YはXとAの共同鉱業権につき移転登録を受けたが、その譲渡が無効（X

の持分移転は偽造書類により、Aの持分移転についてはXの同意がないため無効）であった事例において、Xが無権利者Yに対して登録の抹消を請求し、認められた事例である。第三（大判昭和15・5・14民集19・840）は、被担保債権の消滅により消滅した第一抵当権者Yの登記の抹消を、第二抵当権の共有者の一人Xが求めたものである。Xは登記簿上も一番抵当権（担保の評価が異なる）の共有者になる必要があった。

　最高裁判決においても、最判昭和31年前掲は、仮装登記によって移転登記を経由していた無権利者Yに対して、共有者の一人が同移転登記の全部抹消を請求し、認められた事例である。最判昭和33・7・22（民集12・12・1805）は、組合からの脱退により建物の非所有者になったYに対して、組合員の一人Xが当該建物の保存登記の抹消を求めた事例である。不実登記により、組合財産としての評価が低下し、組合の業務執行に影響を与える可能性が考えられる事例である。最判昭和35・12・9（裁判集民事47・251）は、不動産の買受人Yに対して、仮登記の順位保全的効力によりYに対抗できる共有者（共同相続人）の一人XがYの移転登記の抹消を請求し、認められた事例である。最判平成15・7・11（民集57・7・787）は、共同相続人の一人Xから無効な契約によって持分登記を譲り受けた第三者Yに対して、他の共同相続人である共有者の一人XがYに対して持分移転登記の抹消手続きを請求し、認められた事例である。

　以上、いずれの事案においても、当該目的物について生じている「妨害」登記（登録）の除去を認める必要がある場合である。甲類型では、Yの登記等を抹消したときに、抹消の効果として、以前の登記等の状態に戻るが、そのことによって権利を侵害される者はおらず、妨害登記の除去によって、むしろ共有者の権利は「保存」される。このような登記等は共有者にとって妨害であるから、真の共有者から持分に基づいて「登記等」の抹消を請求することができるのである。しかし、Xが他の共有者と共同せず、単独で妨害登記の抹消を請求できるのは、他の共有者との関係において「保存行為」だからであろうか。この点は後述する。

　乙類型でも、Yの持分を超えた部分については、Xにとって「妨害」であるが、XがYにその妨害登記全体の抹消を請求することにより、Yの登

記の実体に合致した部分についてまでも抹消を求めることはできない。その限度で有効な登記だからである。

　大判大正10・10・27（民録27・2040）、最判昭和37・5・24（裁判集民事60・767）、最判昭和38・2・22（民集17・1・235）、最判昭和39・1・30（裁判集民事71・499）、最判昭和44・5・29（裁判集民事95・421）、最判昭和59・4・24（裁判集民事141・603）は、いずれも共有不動産につき共有者の一人Yが、単独所有名義の登記を有する事例である。最判59年判決では、XYほか3名が各5分の1の持分を有していた不動産につき、共有者の一人Yが、単独所有名義の登記を有する事例である。このような事例では、Yの登記を単純に抹消したのでは、Yの権利の実体に符合した登記の部分まで抹消してしまうことになるから登記手続き上許されない。しかも、原告が共有者の一部である場合には民訴246条（判決事項）の関係からも許されない。同判決では、単独で所有権移転登記を経由していたYに対して、XがYの登記の全部抹消を請求したのに対して、Xの持分を5分の1、Yの持分を5分の4とする更正登記手続を命ずる限度で許容した。つまり、既存登記の同一性の枠内で、かつYの権利（持分）を害しない範囲で、更正登記をすることができる、とした。ただし、共有関係の実体に合うように全体として更正登記を請求できるか否かは、別問題である。原告の持分を超える部分のみの一部抹消を認め、訴外人の登記まで更正することはできないと解すべきだからである。

（二）　上記の甲乙類型の分類からすれば、本件事案では、Yは無権利者であるから、甲類型に属する事案である。Yは、本来Xらとともに共同相続人であったが、遺産分割協議により、本件不動産についても無権利者となったのであり、共有者Xらから無権利者Yに対する登記請求の事例になるからである。

　しかし、本件判決は、最判昭和38・2・22前掲（乙類型）を引用して、原告の本件登記部分の抹消登記手続の請求は、本件登記部分を実体的権利に合致させるための更正登記手続を求める趣旨を含むものと解することができるとした。では、本件が甲類型のように見えるにもかかわらず、抹消登記請求を認めないのは、なぜであろうか。

本件判決が引用する最判昭和38年2月22日前掲は、XがYに対して請求できるのは、Xの持分についての一部抹消（更正）登記手続であるとした。そのうえで、移転登記全部の抹消登記手続き請求に対して、裁判所がYに対して右一部抹消（更正）登記手続きを命ずる判決をしても、この場合には、更正登記は実質において一部抹消登記であり（藤井後掲論文は、一部移転登記でもあるとする）、Xの申し立ての範囲内でその分量的な一部を認容したものに他ならないから、民訴246条に違反しない、とした。本件判決もこの趣旨に従ったものといえよう。つまり、Xの請求の趣旨は、Yの持分をゼロにすることに限定されるのではなく、Xら原告の持分の更正登記請求を含むと解したうえで、請求の一部を認容した。

本判決は、この点につき、最判昭和59年4月24日（裁判集民事141号603頁）を引用しつつ、以下のように述べた。「共有不動産につき、持分を有しない者がこれを有するものとして共有名義の所有権保存登記がされている場合、共有者の一人は、その持分に対する妨害排除として、登記を実体的権利に合致させるため、持分を有しない登記名義人に対し自己の持分についての更正登記手続を求めることができるにとどまり、他の共有者の持分についての更正登記手続まで求めることはできない。」当該引用判決も、前述の乙類型に属するものであるが、自己の持分の限度で更正手続きを求めることができるか否かについては、実際には両類型にまたがる問題であるため、本件にとって先例となりえたのであろう。

このようにみてくると、抹消登記手続きによるか、更正登記手続きによるかは、その相手方が無権利者であるか、共有者の一人であるかの区別（登記義務者側の問題）によるのではなく、登記としての法的同一性（登記権利者側の問題）を前提とする手続き（更正手続き）が必要であるか、抹消して法的同一性を切断してしまってもよいか、という実体法上及び手続法上の区別によるのではないだろうか。

[評論]
(一) 本件の原審が認めたXのために「本件保存登記全部の抹消手続を命ずる」ことは、「一個の登記の一部のみの抹消登記手続」（Xらとの関係における相対的抹消）を命ずるものであって、これは不動産登記法上認めること

はできないこと（第一点）、当事者が申し立てていない事項（Ａとの関係）についてまで判決したことになること（第二点）、の二点により、破棄されるべきものとされた。

第一点については、本判決は、原告Ｘが他の共有者Ａと共同せずに、登記の全部抹消手続きを求めたため、その請求を「本件登記部分を実体的権利に合致させるための更正手続を求める趣旨」を含むものと解釈した。さもなければ、Ｘの請求を認容するためには一個の登記の一部のみの抹消登記手続きを命ずることになり（Ｙの登記のＸらのための抹消）、これは不動産登記法上許容されないからである。

第二点については、もしＹの登記の全部抹消を認めると、第一点で生じる一個の登記の一部のみの抹消という問題点を回避するために、訴外Ａの登記をも変更することにならざるを得ない。その場合には、Ａの登記については、持分の変更になるから（8分の1から4分の1への変更）、更正登記を命ずることになる。これは、Ｘが訴外Ａの更正登記手続きを求めることを意味することになってしまうから、認めることはできない。前記乙類型の事案では、常にこの種の問題点を伴っていたのである（この点については、尾島前掲論文395頁、鎌田薫私法リマークス29・16頁も参照）。

（二）　ここで更正登記について、若干の確認をしておきたい。更正登記とは、登記事項に錯誤又は遺漏があった場合に当該登記事項を訂正する登記のことである（不登法2条16号、67条参照）。これが認められるためには、更正の前後を通じて登記に同一性が認められることが必要であり、登記の同一性は権利の同一性によって判断される（藤井331頁）。また、更正登記を命ずる判決主文においては、更正後の登記事項を明確に記載しなければならない（最判昭和56年9月29日裁判集民事133号497頁、判時1023号51頁）。

本判決との関連でいうと、訴外Ａの権利に影響を与えることなく、Ｙの登記の全部抹消（Ｙの持分をゼロにすること）を認めることは、まさに一個の登記の、一部の者との関連における抹消を認めざるを得ないから不可能である。そこで、抹消ではなく、更正登記手続きになるが、その場合でも、ＸがＡのためにも自己の持分に基づいてＡの更正登記を求めることができるか、が問題として残る。

（三）　この点については、前述の甲類型については、Xが当該権利の保存行為として共有物について妨害排除請求ができるとの見解があった。

　共有者による保存行為とは、単に共有物の現状を維持する行為である。立法者の一人である梅謙二郎は、各共有者が「専断ニテ之ヲ為スコトヲ得ルモノトセサレハ往往ニシテ物ノ毀滅、耗盡ヲ来スノ虞アリ」としたうえで、「例ヘハ家屋ノ小修繕、損敗シ易キ物ノ売却等」を挙げている（梅・要義・物権173頁）。条文上の保存行為を拾ってみると、民法が定めている保存行為のなかで、賃貸人による保存行為（606条、607条）と相続未確定中の相続人による保存行為（921条1号）は、まさに目的物の現状維持の場合である。さらに、権限の定めのない代理人による保存行為（103条）、占有者による保存行為（196条）、先取特権による保護を受ける保存行為（337条）、債権者代位権の行使対象としての保存行為（423条）、遺言執行者による保存行為（1017条）の場合は、無権利者または権利内容が明確でない者による保存行為である。保存行為をこのように解すると、一人の共有者による共有物に関する不法登記の排除が保存行為に該当するか否かは必ずしも明確ではない。

　そこで、もう一人の立法者である富井政章の説明を見ると、保存行為は、「物マタハ権利ヲ保存スルニ缺クヘカラサルモノニシテ他ノ共有者ノ為メニモ利益ト為ルヘク且迅速ヲ要スルコト多キカ故ニ他ノ共有者ノ同意ヲ求ムヘキモノトスルハ甚其當ヲ得サレハナリ故ニ第三者ニ對スル所有権上ノ訴及ヒ占有訴権ノ如キモ各共有者單独ニ之ヲ実行スルコトヲ得ヘキハ勿論トス」と述べている（民法原論第2巻168頁）。この記述を見る限りは、共有権（本質的には縮小された所有権の実質を有する）に基づく物権的請求権の行使を立法者が予想していなかったとは言えないように思われる。

　なお、判例の保存行為論につき、民法252条ただし書きの延長線上に位置づけて保存行為を理解しようとする考えもある（保存行為論）。（新田敏「共有の対外的主張としての登記請求」不動産登記をめぐる今日的課題191頁ほか）。

（四）　しかし、最近では、実体に合致しない違法な登記を「妨害」と解することができれば、その様な登記を有する第三者に対しては、共有持分に基づいて、妨害登記の除去を請求することができると解されている。共有持分は縮小された所有権である以上当然の効果である（「持分効果論」ともいわれる、

我妻・新訂物権法327頁）が有力になりつつある。判例においても、妨害排除に関しては、保存行為論に代わって、持分効果論が有力になりつつあるといえよう（最判平成15・7・11前掲参照）。

（五） 本判決の場合は、上記の類型から言えば、甲類型でありながら、乙類型の判例において用いられた理論が展開されている。

　本件において、Ｙの無効登記を抹消すると、論理的なプロセスとしては、Ｂの持分登記は２分の２（単独所有登記）となる。その結果、当該不動産の実体的権利関係は、Ｂの死後、Ｂの権利をその妻Ｘ１、子Ｘ２及びＡがそれぞれ２分の１、４分の１、４分の１の割合で相続することになる。これを登記に反映しなければならないが、本件では、原告がＸ１とＸ２のみであるから、Ｙの登記も原告らの権利との関連で抹消することになり、（相対的）一部抹消ということになる。つまり登記としての同一性の枠内で、Ｘらのために更正登記を行うことになる。本件を請求棄却としないためには、Ｘらの主張をこのように理解する必要がある。また、更正登記は、更正の結果を明示しなければならないから、登記簿上の各自の持分は全体として２分の２にならなければならない。その結果、Ｘ１は２分の１、Ｘ２は４分の１、訴外Ａは従来通り８分の１、Ｙが８分の１ということになる。ＡとＹの持分については、実体に符合しないことになるが、やむを得ない。

　Ｘらは自己の持分については、妨害登記の排除が実現されているのであるから、それ以上にＡの持分についてまで、Ｘの保存行為として妨害登記を排除するのは無理であろう（Ｘ敗訴の場合も考えなくてはならない）。Ａは自ら訴えを提起すればよいのであり、この種の訴訟は常に必要的共同訴訟であるわけではない（固有必要的共同訴訟になる場合については、藤井正雄「登記請求権」民法と登記（中）332頁以下参照）。

　仮に、Ｂの生存中にＹに対して登記抹消請求をしていれば、単独所有者Ｂから、不実の共有登記名義の抹消を請求する事件であったはずである。Ｂが死亡して共同相続が発生したため、いわゆる共有物に関する甲類型となった。しかし、Ｘ１とＸ２にとっては、その持分についての「妨害」は更正登記によって除去できるので、Ｙの共有登記の完全な抹消の必要はないと解すべき事例であると考えることができる。

(六) しかし、共有物についての妨害登記については、全共有者のためにそれを除去しないと、実質的には妨害の排除にならない場合もあるのではないだろうか。例えば、組合共有の場合や遺産共有等の場合に、その種の妨害排除の必要性が生じうるように思われる。共有者間の人的関係の重要性が特に考慮されるべきだからである。

本判例の事案は当該訴訟の時点でも、遺産共有の場合なのであろうか。そうであれば、Yの持分登記は実際上（Xの協力が得られない場合など）、X1、X2にとっても分割協議の「妨害」にならないであろうか。若干の疑問は残る。

また、本判例の射程範囲は、不動産または不動産利用権の共有の事例と解すべきである。例えば、知的財産権の共有者の対外的主張の場合にはおそらく別個の配慮が必要となろう。

（初出：私法リマークス（43）2011（下）平成22年度判例評論所収、14～17頁）

二　給排水施設使用許諾請求事件

（最判平成14・10・15民集56・8・1791）

[判決のポイント] 宅地の所有者が他人の設置した給排水設備を当該宅地の給排水のために使用することを認めた。

[事案]

被上告人Xら（一審原告）は、本件造成住宅地（甲地）内の宅地である本件各土地（乙地）を所有している。Xらは訴外A会社との間で宅地造成工事を発注し、造成地の引渡をうけたが、給排水工事は見せかけだけで給排水管は設置されていなかった。その後、Xらの所有地として残った土地（乙地）の造成と給排水管設置工事を目的とする請負契約がX・Y間において締結された。しかし、当該請負契約代金の支払いを巡ってX・Y間にトラブルが発生し、YはXらの「給排水施設」の使用を拒否した。本件造成住宅地（甲地）に接する県道には、水道事業者である小野市が水を供給するため管理する配水管と本件造成住宅地内の下水を土地改良区が管理する水路まで排出するための排水管とが敷設されている。本件造成住宅地内の通路である

本件道路（丙地）は小野市の所有である。本件各土地（乙地）から県道までは、相当な距離があり、両者は本件道路（丙地）及び他人所有の造成区画により隔てられている。上告人Ｙは、本件道路（丙地）の下に、県道下にある上記配水管及び排水管と本件造成住宅地内にある各造成区画の給排水設備とを接続するための本件給排水管施設を設置した。本件給排水管施設は、現在上告人Ｙが所有管理し、他の造成区画の給排水のため現に使用されている。本件は、被上告人Ｘらが、上告人Ｙに対し、本件各土地の給排水のために、本件給排水管施設の使用の承諾を求めた事案である。

［判旨］

「宅地の所有者は、他の土地を経由しなければ、水道事業者の敷設した配水管から当該宅地に給水を受け、その下水を公流、下水道等まで排出することができない場合において、他人の設置した給排水設備を当該宅地の給排水のため使用することが他の方法に比べて合理的であるときは、その使用により当該給排水設備に予定される効用を著しく害するなどの特段の事情のない限り、当該給排水設備を使用することができる。」

その理由は、次のとおりである。

「民法220条は、土地の所有者が、浸水地を乾かし、又は余水を排出することは、当該土地を利用する上で基本的な利益に属することから、高地の所有者にこのような目的による低地での通水を認めたものである。同法221条は、高地又は低地の所有者が通水設備を設置した場合に、土地の所有者に当該設備を使用する権利を認めた。その趣旨とするところは、土地の所有者が既存の通水設備を使用することができるのであれば、新たに設備を設けるための無益な費用の支出を避けることができるし、その使用を認めたとしても設備を設置した者には特に不利益がないということにあるものと解される。ところで、現代の社会生活において、いわゆるライフラインである水道により給水を受けることは、衛生的で快適な居住環境を確保する上で不可欠な利益に属するものであり、また、下水の適切な排出が求められる現代社会においては、適切な排水設備がある場合には、相隣関係にある土地の高低差あるいは排水設備の所有者が相隣地の所有者であるか否かにかかわらず、これを使用することが合理的である。したがって、宅地の所有者が、他の土地を経由し

なければ、水道事業者の敷設した配水管から当該宅地に給水を受け、その下水を公流又は下水道等まで排出することができない場合において、他人の設置した給排水設備をその給排水のため使用することが他の方法に比べて合理的であるときは、宅地所有者に当該給排水設備の使用を認めるのが相当であり、二重の費用の支出を避けることができ有益である。そして、その使用により当該給排水設備に予定される効用を著しく害するなどの特段の事情のない限り、当該給排水設備の所有者には特に不利益がないし宅地の所有者に対し別途設備の設置及び保存の費用の分担を求めることができる（民法221条2項）とすれば、当該給排水設備の所有者にも便宜であるといえる。

　これを本件について見ると、本件各土地と県道との位置関係、本件給排水管施設が設置された経緯、その現況等前記の事実関係の下においては、被上告人らは、他の土地を経由しなければ、本件各土地に前記配水管から給水を受け、本件各土地の下水を前記水路まで排出することができないのであり、その給排水のためには本件給排水管施設を使用することが最も合理的であるというべきである。そして、本件において、被上告人らが本件給排水管施設を使用することにより現にされている給排水に支障を生ずるとは認められず、他に本件給排水管施設に予定された効用を著しく害するような事情をうかがうこともできない。そうすると、上告人は、被上告人らによる本件給排水管施設の使用を受忍すべきである。

　以上と同旨の見解に基づき、上告人が被上告人らに対して本件給排水管施設の使用を承諾すべき旨を命じた原審の判断は、本件給排水管施設の使用を受忍すべき義務があることを確認する趣旨のものとして、正当として是認することができる。」

［先例・学説］
(一) 判例・裁判例
　他の土地を経由しなければ、自己の土地に下水道等を引くことができない土地（導管袋地）が実際には存在する。これを囲繞地通行権の類推により、導管袋地のための隣地利用権と呼んでいる。これに関する規定は、相隣関係に関する民法220条、221条と下水道法11条などである（下水道法11条は、公共下水道の供用が開始された場合について隣地使用に関する特則を定めたものであ

る）。これらの規定に関連する戦後の判例・裁判例を挙げれば、以下の通りである。
①名古屋地判昭48・12・20判時750-74、②東京地判昭49・8・20判時750-69、③神戸簡判昭50・9・25判時809-83、④横浜地判昭53・5・11判時924-89、⑤神戸地判昭56・1・27（③の別訴）、⑥大阪高判昭56・7・22判時1024-65、⑦東京地判昭57・4・28判時1057-77、⑧大阪地判昭60・4・22判タ560-169、⑨大阪地判昭60・11・11判タ605-60、⑩大分地判昭61・1・20判時1218-123、⑪東京地判昭61・8・27判時1223-68、⑫東京地判平3・1・29判時1400-33、⑬福岡高判平3・1・30判時1399-57、⑭東京地判平4・4・28判時1455-101、⑮仙台地判平5・5・25判時1497-108、⑯名古屋地岡崎支部判平8・1・25判タ939-160、⑰東京地判平8・9・25判タ920-197、⑱東京地判平9・7・10判タ966-223⑲大阪高判平成10・6・30判例タ999-255。これらの裁判例に、本件の一審（神戸地判平11・9・14民集56・8・1799）と原審（大阪高判平13・8・30民集56・8・1817）の判決を加えることができる。なお、最高裁判例として、⑳最判平5・9・24民集47・7・5035がある。これらの多数が述べるところによれば、導管袋地の所有者は、上下水道の本管との接続のために隣接地に上下水管を設置する権利があると解されている。これらの裁判例の分析は既に、甲斐評釈（後述二）、原田評釈（後述（二））において基本的にはなされているので、両文献が時期的に分析の対象とすることができなかったものについて以下で概観しておく。
⑨大阪地判昭60・11・11（前掲）は、汲み取り式のトイレを水洗便所に改造する場合に隣地に排水設備設置工事を行うことの承諾を求めることができ、隣地所有者はそれを受忍する義務があるとした。⑩大分地判昭61・1・20（前掲）は、他に方法があるとして隣地の利用を否定した例である。⑪東京地判昭61・8・27（前掲）は、隣地を経由する下水道管などの排水施設が私道に存在する事案について、同排水施設を利用しなければ下水を公共下水道に流入させることが困難な場合であり、原告の主張するような既存の排水施設の改良が被告土地に存在する排水施設にとっても最も損害の少ない箇所および方法であることが明らかである場合において、工事の承諾と工事に対する妨害の排除を認めた。⑫東京地判平3・1・29（前掲）は、袋地（建築基

準法上の接道義務を満たしていない)の所有者からの囲繞地通行権と下水の排水設置工事の受忍請求を認めた。⑬福岡高判平3・1・30(前掲)は、違法建物の建築者が私道部分に下水管の敷設工事の承諾および工事への妨害禁止を求めたのに対して、民法209条、211条、220条、下水道法11条の趣旨に照らして認容した。⑭東京地判平4・4・28(前掲)(前掲)は、囲繞地通行権の類推により、ガス、上下水道、電気および電話の配線が許されるべきであり、これによる囲繞地に対する制限は土地所有権に対する制限にあたるといえるが、財産権を保障した憲法29条に違反するものではないとした。なお、この場合の配管・配線の場所は、場所および方法として不適当である等特段の事情がない限り、囲繞地通行権を有する部分がこれに該当するとした。⑮仙台地判平5・5・25(前掲)は、低地所有者が低地内に設置した排水施設の設置保存費用につき、高地所有者との分担割合を基本的に排水量を基準として決定すべきであるとし、これが不明であるときは両土地の流域面積または面積、その他排水量を推計させる諸事情に基づいて決定するのが相当であるとした。⑯名古屋地岡崎支部判平8・1・25(前掲)は、通行権の確認と給水装置新設工事施工(水道法15条1項)などを求めた事件であり、工事施工拒否の「正当な理由」はないとして、囲繞地通行権が認められる場所に給水装置の敷設を認めた。⑰東京地判平8・9・25(前掲)は、水道管とガス管とを区別し、水道管については下水道法11条を類推適用できるが、都市ガスの管については下水道法および民法210条を類推適用することはできないと判示したうえで、敷設された当時に隣地利用者の承諾を得ていたこと等を考慮して、裁判所が示した工事方法および費用負担をする限り、隣地所有者としての信義則から撤去請求はできないとした。⑱東京地判平9・7・10(前掲)は、土地賃貸人は賃借人に対して下水道管の敷設につき承諾義務を負うとして、その具体的な承諾内容を示した。⑲大阪高判平10・6・30(前掲)は、民法の相隣関係の諸規定の精神、下水道法11条、電気事業法18条1項、ガス事業法16条1項、水道法15条1項、電気通信事業法7条、34条等の関連法規を総合的に考慮すれば、囲繞地通行権を有する袋地所有者は、他人の土地を経由しなければ、上下水道、ガス、電気、電話の配管・配線を引き込むことができないときは、他人の土地のうち最も損害の少ない場所をこれ

らの引き込みに必要な限度で使用することができ、他方、その土地の所有者に償金を支払う義務があるとした。

　なお、前掲最判平成5年は、建物の汚水を公共下水道に流入させるために隣接地に下水道管を敷設する必要がある場合に、袋地の所有者が隣接地での下水道の敷設工事の承諾等を求めた事案において、次のような肯定的な判断をした。「原審の確定した前記の事実関係の下においては、本件建物の汚水を公共下水道に流入させるには、下水管を本件通路部分を経て本件私道にまで敷設し、そこに埋設されている下水道管に接続するのが最も損害の少ない方法であるとみられるので、被上告人が上告人の所有する本件通路部分に下水管を設置する必要があることは否めない」。本判決は具体的には、建物が違法建築であり除却命令の対象であることなどを考慮して、袋地の所有者からの承諾請求は権利の濫用であるとして排斥したが、一般論としては、下水排泄のための隣地利用権を肯定したものと評価されている。

　厳密に本件の先例として参考になる判例および裁判例を明確にするには、本件は下水道管の設置のために隣地の利用を求めている事例ではなく、既に存在している給排水施設の利用を求めている点に注目しなければならない。この意味において最も新しい裁判例は、⑱東京地判平9・7・10（前掲）である。同判決は、「下水道法11条の規定及び民法220条、221条等相隣関係の規定の趣旨に基づき、隣地使用者に対し、その土地又は排水設備の使用を求めうるものであるが、その場合において、通水しうべき土地又は排水設備が所有者を異にして複数考え得るときは、それぞれに通水したとして通常生ずべき損害を比較し、そのうち土地又は排水設備にとって最も損害の少ない場所又は箇所及び方法を選択しなければならない‥右損害の大小の判断は、工事を行うべき区間の状況と費用の多寡、当該隣人に与えるべき損害の内容と程度、周辺土地の利用状況や従前の通水経緯等を総合考慮して合理的に決すべきものといわなければならない。」と肯定的見解を述べつつ、くみ取り式便所を水洗式便所に切り替えるに当たり、隣人の設置した既存排水管の利用承認を求めた請求を棄却した。棄却の理由では、被告の排水管が被告の建物の下を通っていること（修繕工事の場合の困難性も考慮）や迂回路になるとはいえ、原告にとって他の方法が可能であること等が考慮された。

(二) 学説

　学説では、我妻栄＝有泉亨・民法総則・物権法（法律学体系コンメンタール編1950年、349頁）が、ガス管・水道管・電線の引き込みの事例につき民法220条の類推適用を主張しているのが最初とされている。その後、篠塚昭次・不動産法の常識上（63頁）は、相隣関係法を現代に生かす方法として、民法210条以下および220条以下の規定を類推適用して、「袋地の所有者または利用者は、法定通行権の対象となっているその通行地の地下（または空中）か、あるいは、それぞれの設置物の性質と便宜および周囲の土地へのめいわくを総合的に考えて、通行地以外の土地の地下（または空中）に、法定設置権があたえられる」と主張した。

　この主張は、その後多くの学説の支持をえた。年代順にあげると、遠藤浩＝松本治雄・隣り近所とつきあう法（122-3頁）、沢井裕「私道の通行について」（書斎の窓224号36頁）、鈴木禄彌＝篠塚昭次編・不動産法52-3頁（澤井裕執筆）、沢井裕・隣地通行権裁判例の研究（第二版）169-70頁、奥田昌道ら編・民法学2・253-4頁（河野弘矩執筆）、石神兼文「東京地判昭49・8・20判批」判例評論193号135頁以下、沢井裕・隣地通行権（前掲116頁以下）、安藤一郎・私道の法律問題246頁以下、沢井＝出水＝東畠・道路・隣地通行の法律紛争11-2頁、158頁以下、藤原弘道「⑪判例批評」判タ677・34、吉田克己「⑬判例批評」判例評論399、加登屋健治「⑮判例批評」判タ臨増882・44、小賀野昌一「⑮判例批評」、⑳の最高裁判決については、宮崎淳・創価法学27・1、五十嵐清・私法リマークス10・6、山野目章夫・判タ878・39、滝沢孝臣ジュリ1057・83、同・法曹時報48・2・371、田中康博・京都学園法学2・88、道垣内弘人・法協112・2・278、斎木敏文・判タ臨増882・20などがある。

　これらの学説によって主張されているところを要約すれば、次の通りである。
①導管袋地利用者は、囲繞地に「法定導管路」というべきものをもっており、ここに導管を設置するには当該土地所有者の同意（意思表示）を必要としない。
②法定導管路は、袋地の場合の法定通路と同様に、導管を設置するために必

要で、囲繞地のために損害が最も少ない位置において認められる（民法211条参照）。
③法定通路の上下は、原則として上の要件を満たすと考えられるので、法定通路は法定導管路であると推定される。しかし、通行と導管とでは判断要素の内容が異なるから、両者は必ずしも常に一致するとは限らない（甲斐道太郎「袋地所有者に、同土地内への電気、電話を導入する引込線架設のため他人の土地上空を利用する権利を、相隣関係の諸規定等の類推適用により認めた事例」判例時報1058-188、原田純孝「『袋地』所有者の導管設置権と相隣関係規定の類推適用」判タ598-87などによる）。

[評論]
(一) 立法者の見解
　まず、梅謙次郎の「民法要義II」によって立法者の見解を確認しておこう。民法220条について、梅は次のように述べている。
「第二百十四條ノ規定ニ依レハ高地ノ所有者ハ其土地ノ水ヲ自然ニ低地ニ流下セシムルコトヲ得ルト雖モ人工ニ由リテ故ラニ之ヲ流下セシムルコトヲ得ス然リト雖モ高地カ元來湿地ニシテ之ヲ乾カス爲メニハ相當ノ工事ヲ施シ以テ其水ヲ低地ニ流下セシムルニ非サレハ高地ハ經濟上及ヒ衛生上甚タ不利益ナル狀況ニ在ルコトアリ又厨房用、沐浴用等ノ汚水若クハ農工業ノ爲メニ使用シタル水（田水ノ外水車其他水力ヲ用フル機械等ニ付テ云フ）ハ之ヲ低地ニ流下セシムルコトヲ得サレハ殆ト生活ヲ爲シ若ク小農工業ヲ營ムコトヲ得サルヘシ此等ノ場合ニ於テハ原則トシテハ公路、公流（公流ハ多クハ公路ナリト雖モ舟揖ノ通セサルモノハ敢テ公路ト云ヒ難シ故ニ別ニ分流ト云フナリ）又ハ下水道等ニ其水ヲ流下セシムヘキモノトスルト雖モ若シ直チニ之ニ流下セシムルコト能ハサル場合ニ於テハ他人ニ屬スル低地ヲ通過セシムルコトヲ得ルモノトセリ但低地ノ爲メニ損害最モ少キ場所及ヒ方法ヲ選フヘキコトハ恰モ第二百十一條ノ場合ニ於クルカ如シ例ヘハ家屋ノ床下、庭園ノ中央等ハカメテ之ヲ避ケ田畑其他モ住宅ヲ離レタル場所ニシテ且邸宅ノ裝飾ヲ害セサル場所ヲ選フコトヲ要スルモノトス」このような考え方のルーツはボアソナードにある（藤原前掲判批35）。
　さらに221条について、隣地に排水等のために工作物を設けた場合に、そ

の隣地の所有者もそれを利用することができ、その場合には設置及び保存の費用を負担することを説いた後に、次のように述べている。

「高地ノ所有者ハ亦低地ノ所有者カ已ニ設ケタル工作物ヲ使用シテ更ニ同一ノ工作物ヲ設クルノ労ヲ省クコトヲ得ヘシ是レ右ニ論シタルト同一ノ理由ニ因リ低地ノ所有者ノ為メニモ却テ之ヲ便トスルコト多カルヘク又少クトモ低地ノ所有者ノ為メニ不利益ナルコトハ決シテ之アラサルヘシ故ニ右ノ規定ヲ低地ノ所有者カ設ケタル工作物ニモ適用スヘキモノトセリ」

上に引用した民法典の条文はかならずしも現代の土地利用を前提とした内容表現にはなっていないが、立法者・梅の理解は、現在われわれが抱えている問題を相当程度見通していたのであり、前述の学説・判例の動向はこれと基本的に合致するものである。

(二) 本判例の評価

1 導管袋地所有者の隣地利用権の根拠

前述の裁判例においては、隣地利用権の法的根拠として、民法209条、210条を挙げ、同時に、下水道法11条を挙げる場合が多いが、本判例では、220条と221条を挙げ、さらに下水道法11条を挙げていない点が特徴である。下水道法を類推適用していないのは、本件では既存の施設の利用が求められているのに対して、同規定は公共下水道の供用が開始される場合の規定だからであると思われる。民法上の根拠規定については、前掲⑱東京地判平9・7・10と同様である。

2 施設利用権のための要件

①請求者が宅地所有者であることが前提されている。従って、本判決の射程範囲は農地所有者の場合には及ばない。この場合には、通常は当該地域農業を前提として他の解決方法(農業水利に関する慣行など)がありうると思われる。また、抜本的な解決は土地改良事業や「ほ場整備事業」などに依存することになろう。
②他の土地を経由しなければ水道事業者が敷設した給水管から当該宅地に給

水を受け、その下水を公流、下水道等にまで排出することができない場合であること、すなわち、導管袋地の状態であることが必要である。この要件は袋地の判断と同様に、社会通念に従って判断されるべきである。これは次の③の要件と密接・不可分である。

③他人が設置した現存の給排水設備を当該宅地所有者の給排水のために使用することが他の方法に比べて最も合理的であることが必要である。

④さらに、当該使用により当該給排水設備に予定される効用を著しく害するなど特段の事情が存在しないことが、受忍義務の発生要件である。本件では、特段の事情は認定されていないが、裁判例⑱のように、既存の排水管が床下を通っているため追加利用すると排水などの通管能力を超える恐れがあり、その際の修理などが極めて困難であることが予想される場合などにおいては、特段の事情が存在することになろう。

⑤土地または既存の施設の利用者の所有する建物が違法建築であっても、生活上必要な導管利用権を有するであろうか。本件ではこの点は問題となっていないが、違法建築物の所有者である導管袋地の所有者からの隣地の利用請求につき、裁判例では権利濫用には当たらないとした事例⑯と権利濫用にあたるとした事例（最判平成5年9月24日前掲）とがある。違法建築といってもその程度はさまざまであるから（⑫と⑬は建築基準法上の接道義務違反）、利用請求権者の有する建物について建築基準法などに違反する点があるというだけでは、土地または既存の給排水施設の利用を拒否することはできないと解すべきでああある。ただし、最判平成5年前掲の判例のように、当該建物の違法の程度が著しく、除却命令の対象となっているような場合にそれを前提とした利用請求は、権利の濫用になると解すべきであろう。このような場合には利用請求権はないとの構成も考えられるが、導管袋地自体からそのような請求権が発生するのであるから、隣地利用権はあるが、その行使の態様において濫用にあたると解すべきである。道垣内前掲判批（287頁）は、このような傾向を「最高裁判所が袋地所有者の下水道管敷設権の土地利用状況に対する依存性を明らかにした」ものと捉えている。なお、この問題については前掲最高判例およびその評釈（⑳）を参照。

3 施設利用権者の義務

施設の設置者は、当該施設の利用者に対して、その者が利益を受ける割合に応じて設置保存の費用の分担を求めることができる（221条の類推適用）。この点に関する恐らく唯一の裁判例である前掲⑮によれば（加登屋前掲判批参照）、低地の所有者が設置した排水設備を使用する高地の所有者は、その利益を受ける割合に応じてその設置保存費用を分担しなければならないが、その分担の割合は、基本的には、両土地の排水量を基準とすべきであり、これが不明な場合には、両土地の流域面積又は面積、その他排水量を推計させる諸事情に基づいて決定するのが相当である、としている。

本件判決は、この点について具体的に踏み込んでいないが、学説（前掲吉田判批166頁、五十嵐前掲判批9頁など）の動向と上記裁判例の趣旨に添ったものであり、妥当であると考える。

4 施設利用の法的関係の性質

本件原審判決は、当該給排水施設の使用を承諾すべき旨を命じたが、本判決では、被告に承諾義務があるわけではないとの前提に立っている。隣地利用の請求者としても、施設所有者の意思表示を必要としているわけではなく、紛争を避けるために施設の使用が適法であることの確認を求めているに過ぎない。その意味では、判決においては施設所有者の（受忍）義務を確認する趣旨に解すべきことになる（滝沢前掲法曹時報631頁（注11））。利用を認容すべき義務が確認されれば、隣地所有者は通常はそのための工事を認容するであろうが、もし平穏に工事が実施できない状態であれば、利用請求権者としては妨害排除を求めなければならないであろう。しかし、隣地所有者が土地または既存施設の利用を単に拒否しただけで、利用権の確認に加えて妨害排除までもとめることができるかについては疑問がないわけではない。利用請求権者としては、認容義務の確認の訴えが認められた後は、具体的な妨害行為に対して、その禁止の仮処分等で対応することになろう。

（初出：私法リマークス（28）2004（上）平成15年度判例評論22～25頁）

三　自動車のための袋地通行権

（最判平成18・3・16民集60・3・735）

[判決のポイント]　Xらが所有している本件一団の土地（袋地）から自動車により本件市道に到達するためにY所有の本件隣接土地に対する袋地通行権が認められるか。

　自動車による通行を前提とする民法210条1項所定の通行権の成否およびその具体的内容を判断するために考慮すべき事情は何か。

[事案]

　上告人（控訴人、原告）らの各土地は、約1万5200㎡に及ぶ一団の土地であり、現在上告人らが所有している。本件一団の土地の東には小室4号（本件事業により設置された公共施設）が、西には二重川の堤防が、南には第三者の所有地である船橋市小室町983番1の土地等を隔てて国道464号線が、北には上告人（宗教法人大林寺）所有の957番3の土地等に接する形で、市道926号線が、それぞれ存在する（具体的な位置関係については、判例集の図参照）。

　本件一団の土地は、昭和46年頃までは農地として利用されており、その東側に位置するいわゆる赤道（旧土地台帳付属地図において赤線で表示された里道）が本件一団の土地から現在の小室ニュータウン方面へ出入りする通路として利用されていた。本件赤道は、本件事業の施行者である被上告人が、昭和52年2月23日、本件赤道を含む公共施設の管理者の同意を得た結果、被上告人の所有となり、新たな公共施設である小室4号緑地の一部となった。被上告人は、その後、おおむね本件赤道の跡に沿って、小室4号緑地のほぼ中心部分に、自動車の通行が可能な幅員約4mの道路（以下「本道路」という）を整備した。本件一団の土地は、昭和48年ころから昭和50年ころまでの間、本件事業に係る小室ニュータウンの造成工事の際の残土処理場として利用され、昭和53年ころから昭和63年ころまでの間、千葉県船橋市に対し、野球のグラウンドとして賃貸された。本件赤道及び本件道路は、上記の各期間、残土を運搬するダンプカーや野球のグラウンドへ出入りするための自動車の通路として利用されていた。

　千葉県八千代市所在の妙光寺は、本件一団の土地において、野球のグラウ

ンドとしての使用が終了した後、墓地の建設を計画したが、住職が死亡したことなどから、その計画は実現しなかった。上告人大林寺は、妙光寺の後を引き継ぎ、本件一団の土地において墓地の建設をするため、第1審判決の別紙所有地目録（前記訂正後のもの）記載のとおり本件一団の土地のうちかなりの部分を占める土地の所有権を取得した。上告人大林寺は、平成11年3月3日、千葉県知事に対し、「墓地、埋葬に関する法律」に基づき墓地等の経営の許可申請をし、同年10月ころから墓地の造成に取り掛かった。

千葉県知事は、平成13年4月4日、上記許可申請について不許可処分をした。しかし、千葉地方裁判所は、平成15年11月21日、上記不許可処分を取り消す旨の判決を言い渡し、同判決はそのころ確定した。千葉県知事は、平成16年12月3日付けで上記許可申請につき許可処分をした。

なお、上告人大林寺を除く上告人らは、その所有地を墓参者のための駐車場、観光果樹園及びバーベキュー場として活用する計画を有している。

被上告人は、平成11年7月5日、建設大臣に対し、小室4号緑地内の緑地に区分されていた本件道路を歩行者専用道路に変更する旨の施行計画の変更の届出をした。また、被上告人は、平成12年1月ころ、本件道路につき自動車の通行を禁止し、同年5月ころ、本件道路の東側入口に、平成14年6月ころ、本件道路の西側入り口にそれぞれポールを立て、本件道路を自動車通行ができないようにした。本件事業の施工者である被上告人は、小室4号緑地内に散策のための小道を設け、市民が自由に利用することができる憩いの場として提供するとともに、本件道路を小室4号緑地の維持管理用道路及び歩行者専用道路としている。

上告人大林寺は、平成13年ころ、市道7926号線に通ずる道路を設置する目的で、957番3の土地を買い受けた。本件一団の土地は、上告人大林寺が現在本件一団の土地の中で所有する955番12、同番18及び957番3の各土地に設置した通路により北側の市道7926号線に通じているが、上記通路が直角に左折する状態となっており、狭いところで幅員が約2.2mしかないため、軽自動車であっても切り返しをしなければ出入りをすることができない状況にある。

現在の957番3の土地は、元957番の土地の一部であったところ、昭和47年

3月16日、元957番の土地が957番1ないし4の各土地に分割された（以下「本件分割」という）ために生じたものである。957番3の土地は市道7926号線に9m以上接しており、同番2の土地も同市道に約9.41m接している。957番2の土地は、本件分割後、東京電力株式会社に対し、鉄塔敷地として売却された。なお、957番1及び同番4の各土地も上記市道に接しているが、これらの土地は、上告人らが所有する本件一団の土地には含まれていない。

第1審判決別紙物件目録記載2の土地（以下「本件土地」という）は、957番3、955番12及び同番18の各土地並びに市道7926号線に接しており、被上告人が管理している。本件土地は、小室4号緑地の北西端に位置する約20㎡の土地である。

このような状況の下で、上告人らが、被上告人に対し、①民法210条1項に基づく公道に至るための他の土地の通行権（以下「210条通行権」という）又は通行の自由権に基づき、上告人らが本件道路を自動車で通行することの妨害禁止及び本件道路上の各ポールの撤去を求め、②上告人らが本件土地について自動車による通行を前提とする210条通行権を有することの確認を求めた事案である。

［第1審と原審］

第1審は、Xらの請求を棄却し、原審も以下のように述べて、請求を棄却した。「957番3の土地は、もと957番の1筆の土地であったところ、昭和47年3月16日、957番1ないし4の土地に分割されたもので、もと957番の土地、すなわち、現957番1ないし4の土地全体は、公道に十分に接し…、かつ、幅員も十分にあるところ…、957番2の土地が鉄塔敷として売却されたため、957番3の土地のみでは、自動車による通行が困難になったことが認められる」とした上で、「一筆の土地が公道に十分に接し、かつ、公道に至る幅員も十分にあったところ、数筆の土地に分筆されて所有者が異なることとなったため、分筆後の1筆の土地のみでは、自動車による通行が困難になった場合、分筆に係る他の筆の所有者に対し、囲繞地通行権を主張することがあるとしても、分筆に関係のない他の筆の所有者に対して囲繞地通行権を主張することはできない。Xらは、もと957番の土地から分筆された957番2の土地などについて囲繞地通行権を主張するものではなく、もともと別筆

であり、かつ、所有者も異なる本件土地（947番及び948番2の核土地の一部）について囲繞地通行権を主張するものであり、失当と言うほかない」と判示した。そこで、Xらは上告した。

[判旨]

自動車の通行を前提とする民法210条1項所定の通行権の成否およびその具体的内容は、公道に至るため他の土地について自動車による通行を認める必要性、周辺の土地の状況、上記通行権が認められることにより他の土地の所有者が被る不利益等の諸事情を総合考慮して判断すべきである。

[学説・判例]

(イ) 車両の通行

民法の制定当時には、一般社会には自動車は存在しなかったのであるから、民法は、その通行を予想していなかったと思われるが、210条の前身である旧民法（218条）では、「車両」を想定していた（後述）。その後の社会の発展に伴って、同条に基づいて、袋地通行権として自動車通行権が認められるか、が問題となる。本件判例はこの点に関するものである。

原審は、957番の枝番が付された土地相互の関係として、213条が適用されうるべき事案として、210条の適用を否定している。確かに、原告は、公道への進行方向に向かって右側（外側）に自動車通行権を求めているため（当該囲み地が分割と関係がないため）、213条の適用の余地はない結果となっている。しかし、自動車の通行が困難である理由は、当該通路が進行方向に向かって直角に左折していて、その部分が狭隘であるためであるから、自動車通行権は進行方向右側に求めなくても、左側に求めることも可能であった。

これを前提とすれば、旧957番の土地の分割に際して、左側に位置する土地（枝番2）に対して、213条に基づいて自動車通行権を主張することが可能であったというのである。

もっとも、この点については、1審判決に添付されている地図を見ると、滝沢評釈[1]において指摘されているように、通路の左折の角に、955番2とい

---

1) 滝沢孝臣「自動車による通行を前提とする民法210条1項所定の通行権の成否およびその具体的内容を判断するために考慮すべき事項」金融・商事判例 No.1250（2006年10月1日）号2頁も参照。

う土地が存在しているので、213条の適用によって問題を解決するとしても、旧957番の土地の分割のみならず、旧955番地の土地の分割（これも昭和47年8月であるが、別個であり、約5ヶ月後）との関係も検討する必要がありそうである。仮に、955番の土地の分割を問題にするとしても、地形から見る限り、それだけでは、973番3の土地の角にポールを立てられれば、自動車の通行には支障が生ずるのではないかと思われる。控訴審判決において、「控訴人らは、もと957番の土地から分筆された957番2の土地などについて囲繞地通行権を主張するのではなく、」と述べているので、「など」の中に955番の土地が含まれていると解せないこともない。その場合には、数カ月を隔てておこなわれた2つの分筆が問題にされることになる。

しかし、本事案は、後に述べるように、213条の適用事案か否かがそもそも問題である。これに応えるためには、両条文の沿革と趣旨について検討してみなくてはならない。

(ロ) 210条と213条の趣旨および沿革

210条は、直接的には、旧民法財産編218条（後述）を承継したものであるが、ローマ法に存在していた袋地通行権とは関係がないもののようである（原田・史的素描105）。むしろ、ゲルマン法もしくは日本の固有法に由来するものとされている。旧民法218条以下は、次のような内容であった。

「218条　或ル土地カ他ノ土地ニ囲繞セラレテ袋地ト為リ公路ニ通スル能ハサルトキハ、囲繞地ハ公路ニ至ル通路ヲ其ノ袋路ニ供スルコトヲ要ス　但下ニ記載シタル如ク二様ノ償金ヲ払ハシムルコトヲ得（後段は準袋路の規定）

219条　袋路ノ利用又ハ其住居人の需要ノ為メ定期又ハ不断ニ車両ヲ用ユルコトヲ要スルトキハ通路ノ幅ハ其用ニ相応スルコトヲ要ス

通行ノ必要又ハ其方法及ヒ条件ニ付キ当事者ノ議協ハサルトキハ裁判所ハ成ル可ク袋路の需要及ビ通行ノ便利ト承役地ノ損害トヲ斟酌スルコトヲ要ス」

袋地通行権の成立のためには、当該土地が絶対的な袋地であることを要件とするか、それとも、多少の通路は存在するが、当該土地の合理的利用にとっては不十分であるという場合も袋地と解してよいかについては、「主義」ないし考え方の対立がある。日本の民法の規定が、ローマ法にルーツを持た

ないにしても、フランス民法やドイツ民法の規定の影響下に成立したものであることは立証を要しないことであるから、以下のような独・仏民法の規定から考えても、相対主義の下で理解するのが正しいと思われる。すなわち、ドイツ民法は、「ある土地につき、通常の利用に必要な公路への通路が欠けている場合には、その所有者はその隣人に対して、その欠陥が治癒されるまで、必要な通路の開設を受け入れるように、要求することができる。」と定めている（同917条）。[2] フランス民法は、「公路に通じる通路がなく、又は既存の通路がその土地の農業もしくは工業の開発にとって不十分なとき」と規定している（同682条）。

日本民法の規定も、内容的には、梅も述べている通り、各国（ドイツ・フランス等と思われる）に共通した規定である。その趣旨は、これを認めないことは「経済上最も嘆すへき所なり」という点にあった（梅・物権編99）。

日本民法は、法文上は、確かに歩行者の通行が可能であれば、袋地ではないと読めなくはない。しかし、前身である旧民法の規定が「車両の通行」を想定していた点や、後述のように、相隣関係を相隣する土地の利用を規制したものと理解する限り、袋地か否かは相対的に理解すべきである。判例も、

---

2) 土地の通常の利用が保障されるといえるためには、乗用車を乗り入れて、そこに駐車できることが必要か、ということは、長い間、学説および判例において争われてきた。連邦通常裁判所は、住宅地に関するこの争いに、次のような方法で、判断を下した。すなわち、住宅地に乗用車を駐車することおよびそのために必要な進入は、乗用車の意義の観点から見れば、市民の一般的生活水準に属する富 Gut として、通常の土地利用とみなされうる、という方法で。しかしながら、その土地に必要な通路が欠けているか否かという、袋地通行権の承認にとって重要な意味を有する問題については判断しなかった。袋地通行権の必要性についての問題については、連邦通常裁判所は、くりかえされた判例により、厳しい基準を適用している。すなわち、とにかく大都市では、住宅地は乗用車によってはアクセスできないから、同裁判所は、乗用車の進入可能性は、土地を住宅地として通常に利用しうるために、一般的に必要であるとの見解を否定している。都心部であるか、郊外であるかによる違いを設けていない。これに対して、地境に近いところに、隣地のガレージ進入路が存在する場合には、進入を認めることは、相隣の両土地にとって通常の利用にふさわしい。ここでは、とにかく袋地通行権が肯定される。既存の基準によったのでは、乗用車利用のための一般的袋地通行権は存在しない場合には、それでも、特別な事情がある場合には（商品や暖房油の供給、家屋の修繕の場合の工事用車両の進入）、住宅地を今日の基準に従って必要とされる経済的・社会的インフラストラクチャーにアクセスさせるために、袋地通行権が生じる。Münchner Kommentar zum BGB, 4. Aufl. Bd.6., Verlag C.H.Beck München 2004, S.74S.742 ff.

田地につき、その利用方法を考慮して肥料その他収穫物の運搬に支障があれば袋地であると解している（大判大 3・8・10新聞967・31）。また、石材を産出する山林であるときは、産出物の運搬がはなはだしく困難であれば、袋地と解すべきであるとしている（大判昭13・6・7民集17・1331）。また、袋路の所有権を取得した者は、所有権取得登記を経由していなくても、囲繞地の所有者ないし利用権者に対して囲繞地通行権を主張することができる（最判昭47・4・14民集26・3・483）としている判例も、所有権の問題ではなからこそ、対抗要件を問題にしていないと解することもできる。

なお、森林法には、木材などの搬出のために必要な場合には、都道府県知事の認可を得て、他人の土地を利用することを認めている規定がある（同法50条以下）。

さらに、最近では、根拠条文は別として、袋地通行権として自動車通行権を認めうるかについては、多くの下級審裁判例が出ている（滝沢・前掲評釈5頁参照）。

このような立法および判例・学説の流れから考えるならば、210条以下の規定は、土地利用権相互の調整のために土地所有権を制限するものとして、すなわち相隣関係の枠組みにおいて定められたものである、と解すべきである。

213条については、梅は、以下のように述べている。210条の通行権は必要やむを得ざる場合に与えられるものであるから、「土地の所有者の行為に因り其の土地が袋地と為りたるときは為めに囲繞地に対して通行を求むることを得へからざるは固より理の当然なり…」とした上で、共有地の分割を例としてあげて「この場合に於いては仮令多少の迂回を為さざることを得さるにもせよ必ず分割したる他の部分を通行して公路に通すべきものとす」と述べていた。利用上の支障は、土地の分割または譲渡の際に当然に予期すべきことだからである。

同じく、結果として袋地になるとしても、所有者の行為が媒介となる場合は、通行権の設定を配慮するにしても、その理由はまったく異なることになる。従って、現に袋地であっても、その原因を明らかにすることは、極めて重要な点である。

(ハ) 210条と213条の規範関係

210条から212条までの規定は、いわゆる袋地から公道に至るために他人の土地を通行する権利についての一般規定である。213条は、「分割によって公道に通じない土地が生じた」場合の通行権についての特別規定である。したがって、213条の要件を満たしていれば、同条を優先的に適用すべきである。

本件の原審では、957番の土地の分割がなされた点に着目し、957番の3の土地と957番の2の土地との間で213条の適用の可能性を指摘し、210条の適用を排斥している。すなわち、被上告人の土地は本件土地の分筆に関係がないので、210条を適用することはできないと解している。

しかし、当該土地が過去に分割したことがあるときは、210条の適用の前に、常に、213条の要件を検討しなければならないのだろうか。これは、213条の「ときは」の解釈にもかかる問題でもある。まず、分割の時点（本件では昭和47年3月）における土地の状況を前提にして、当該土地が袋地であるか否かを判定すべきであった。特に、袋地のために単に歩行者通行権のみならず、自動車通行権をも認めることがありうることを前提とする場合には、この観点は不可欠である。213条の射程範囲は、時間的に、この範囲に限られるべきである。同条につき、このような限定を設けないと、以下のような問題が生ずる。

(ニ) 後発的必要性と213条の適用

歩行者通行権が213条に基づいて袋路地通行権として認められた土地について、後に自動車通行権が必要になった場合には、同条は、この時点で再び適用されるのだろうか。これを肯定するとすれば、このような関係はいつまで継続するのだろうか。土地の利用状況は刻々と変化するものであるから、そのような不安定要素を土地の負担として付着させるべきではない。いったん分割された土地の譲受人が購入当時の状況（例えば、袋地のための歩行者通行権のみ）を前提として取引をした場合を想定してみれば、取引の安全を害することは明らかである。数十年後であっても、袋地の自動車通行権が213条に基づいて主張されうることになるからである。

いったん歩行者通行権の負担が認められた土地（囲繞地）について、その後の譲受人がこれを引き継ぐ場合とは（最判平成2・11・20民集44・8・

1037)、事情がまったく異なるのである。

　上記の問題は極めて難問であり、むしろ、上のような場合には、原則に戻って、210条の適用の可否を検討すべきである。すなわち、分割に伴う213条の通行権の問題ではないが、当該袋地にとって、周囲の利用状況などの変化によって自動車通行権が認められるべきか否かが検討されるべきである。

[論評]

　本事案において、「本件一団の土地」は上記のいかなる意味において袋地であるのかが明らかにされなければならない。そのような観点から、以下の点について検討してみたい。

(イ)　本件においては、一団の土地の通行権が問題にされているが、それはなぜであろうか。

　それは、それらの一団の土地が赤道（里道）を通路としていたという共通項があるためではなかろうか。旧赤道は公法上の処置によって現在では歩行者専用道路になっているようであるが、実際上は、歩行のみならず、自動車通行も認められていたようである。現に957番3の土地を利用して公路に出る場合に、一団の土地からそこへの通路が狭く左折しているため自動車は切り返しをしなければならないというのであるから、上告人等の土地は、現在でも、当該通路によって結合された一団の土地であるということができるのであろう。通常は、一筆の土地が袋地になり、その土地の通行権が問題になるが、本件の場合には、通路を媒介とすることによって一団の土地の通行権、特に自動車通行権が問題にされているのである。この点は、次の問題とも関連している。

(ロ)　相隣関係は筆対筆の関係において成立するのか。利用地対利用地で成立するのか。

　この問題は、通常、相隣関係の主体は誰か、という形で問題にされてきた（例えば、我妻・物権法283頁）。相隣関係に関する209条以下の規定が所有権に関するものであることはその位置などから考えても異論のないところである。しかし、この関係は地上権に準用されている（267条）。ということは、これらの規定は相隣する土地等の利用に基づくものであって、所有に基づくものではない。学説においても、民法に規定はないが、同じ趣旨において、

永小作権や土地賃借権についても必要な範囲において準用すべきであるとしている（我妻・物権法283頁ほか）。

なお、農地の賃借人に213条を準用した判例がある（最判昭和36・3・24民集15・3・542）。

(ハ) 土地相互の利用の調整が相隣関係の目的であるならば、当該土地が登記簿上どのように区分されているかが重要なのではなく、どのように利用されているかが重要であると考えるべきである。当該2つの筆地の利用につき調整が問題になる場合が多いと思われるが、本件の事案のような場合は、筆ごとに分解することなく、一団の土地の利用につき調整がなされるべきであろう。

(ニ) 957番3の土地は、袋地のための通路としての位置付けであろうか、それとも一団の土地の一部であろうか。957番3の土地は、1審の別紙所有地目録にも記載されており、上告人大林寺の所有であるが、この土地自体は公道に接している。従って、法律上の1筆の土地としての当該土地は、袋地ではなく、従って、いかなる袋路通行権も問題にならない。また、本件一団の土地も957番3の土地を公道への通路として利用できることにより、歩行者通行の次元では袋地通行権は問題にならない。しかし、自動車通行権を袋地通行権として承認しうるという前提に立つと、通路としての機能をはたしている同地のみでは狭隘に過ぎるため自動車通行権が問題となりうる。

ここで、本件一団の土地について何故、自動車通行権の問題が生じたか、について考察する必要がある。平成12年5月頃に本件道路の東側入口部分にポールを設置し、西側入り口部分にフェンス（平成14年にフェンスをポールに変えた）を設置した。その結果、上告人らにとって自動車による通行が困難になった。

本件一団の土地の利用状況については、旧957番および旧955番の土地が分筆された昭和47年頃から、農地としてではなく、小室ニュータウンの造成工事の残土処理場として利用されており、その利用が終了した後には、船橋市に野球場グランドとして賃貸されていたというのであり、本件道路の一部となった赤道は、その間、残土運搬のダンプカーや野球場利用者の自動車の通路として利用されていた。

（ホ）以上のような事実関係を前提にすると、上記の旧957番と旧955番の分筆がなされた昭和47年頃には、すでに一団の土地にとって、自動車による出入りは必要なことであったということができる。ただし、ポールやフェンスによる通行障害がなかったため、自動車通行権が顕在化しなかったに過ぎないと考えられなくはない。

しかし、分筆から30年も経過してから、分筆による袋地であることを前提として、自動車通行権を主張することは、213条が想定していることとは思われない。「分割によって」生じた土地利用上の問題は、その後の30年の経過によって、新たな土地利用秩序を形成していると考えるべきである。その上で、土地利用、特に袋地の土地利用上の変化や囲繞地の所有者の権利行使（権利主張）上の変化などにより、自動車通行権の必要性が顕在化することもありうる。そのような場合には、もはや213条の枠組みではなく、210条の通行権の問題として検討すべきであろう。

（ヘ）この点で、前述の滝沢評釈は、囲繞地通行権の成否の段階的判断を提唱されている（同評釈6頁）。例えば、囲繞地通行権がいったん歩行者通行権として認められたが、その後の状況の変化によって、自動車通行権も認められるのか、という問題である。しかし、自動車通行権の可否を検討することはよいとしても、このような問題を213条（無償の通行権）の枠内に閉じ込めて処理することは妥当とは思われない。具体的には、以下のように考えるべきではないだろうか。

210条に基づく自動車通行権を認めることができるか否かを判断する際に、まったく無縁の土地と、かつて同一の筆であった土地のいずれかが、他の土地の自動車通行権を負担すべき場合において、両土地とも同じような状況にあるときは、当該土地の沿革も、判断の1要素として考量されるに過ぎないと解すべきではないだろうか。

（初出：私法リマークス（35）2007年（下）平成18年度判例評論14〜17頁）

四　民法213条の囲繞地通行権の対象地の特定承継と当該通行権の帰趨

(最判平成2年11月20日判決　民集44巻8号1037頁)

1　本判決の意義・概要・判旨等

(1)　本判決の意義と問題点

　本件は、XがYらに対して本件通路部分を含む丁地の通行権確認・通行妨害禁止を求める事件とYらが丁地とその隣接地の明け渡しを求める事件からなるが、争点は、土地の一部譲渡の場合に、公道に接しない土地を取得した当事者は、後に残余地に特定承継が生じたことを根拠にして第三者所有の囲繞地に210条の通行権を取得できるか、という点にあった。本判決は213条の通行権の存続を肯定し、210条の通行権を否定した。

(2)　事件の概要

　原審の適法に確定した事実関係によれば、(イ) Tは昭和35年9月、訴外K名義で所有していた旧地番の土地を合筆して一筆の土地とした上、これを1510番2の土地(甲地)と同番五の土地(乙地)とに分筆し、同月29日、甲地を上告人Xに売り渡し、その旨の所有権移転登記を経由した。(ロ) Tは、昭和36年4月17日、乙地を訴外Mに売り渡し、その旨の所有権移転登記を経由した。(ハ) 上告人X所有の甲地は袋地であるが、それは、前記のとおりのTによる旧地番の土地の合筆、分筆後の譲渡によって生じたものである。Xは、甲地を取得してから約6年後、同地に建物を建築することにしたが、隣接地所有者であるYらから後記図面の(判例集参照)斜線部分の土地に有刺鉄線を張りめぐらされ、同土地の通行を妨害された。同土地が本件通路部分であるが、Yらの先代とTとの間には、かつて本件通路部分を含む丙地及びこれに隣接する丁地(その所有者はY)の賃貸借契約が締結され、Tは、その賃借に係る本件通路部分を甲地から公路に至る通路として利用していたところ、前記賃貸借の解除を理由として、Yらから丙地とその隣接地の明け渡しを訴求され、既にTの敗訴判決が確定しているという関係にある。そこで、Xは、第三者異議の訴え(本件訴訟の一つ)を提起

して、同確定判決に基づくYらの強制執行の排除を求めるとともに、丙地につき、Xの通行使用許可・占有妨害禁止等の仮処分決定を受け、本件通路部分に舗装工事を行い、甲地に居宅を完成させている（具体的な位置関係については、本稿末尾の掲載の『記念論集』173頁の図面参照）。

(3) 判旨

上の事実関係のもとにおいて、(イ) 上告人Xは、本件土地を買い受けた時点で、いまだTの所有であった乙地について213条の囲繞地通行権を取得した、(ロ) 袋地のための囲繞地通行権を受忍すべき義務は、いわば残余地自体の属性ともいうべきもので、その譲渡によって譲受人にそのまま承継され、袋地所有者は、残余地以外の囲繞地に対して民法210条1項の規定による囲繞地通行権を主張することができない、(ハ) 上告人Xは、Mが乙地を買い受けた後においても、同土地を通行する権利を有し、上告人X所有地を囲繞する被上告人Yらの所有する本件通路部分について囲繞地通行権を行使することができない、とした原審の判断は、正当として是認することができ、原判決に所論の違法はない（本判決には、少数意見が付されているが、後述する）。

2 関連判例等

(1) 最高裁判決

直接の先例となるような判例はないが、土地所有者が土地全部を同時に分譲した場合に袋地が生じたときは、元の土地の残余地にのみ通路を認めるべきである旨の判決が出ている（最裁昭37・10・30民集16・10・2182）。すなわち、213条2項「の趣旨に徴し、袋地の取得者は、右分筆前一筆であった残余の土地についてのみ囲繞地通行権を有するに過ぎないと解すべきであるとした原審の判断は首肯できる」としている。同判決は、これ以上の説明をしていないが、その原審判決は「民法がかかる規定を設けた所以は通例分割譲渡の場合における当事者の意思に合致するからであるのみならず、従来何等の負担を負うていなかった他の比隣地が偶々かかる分割譲渡によって自己の土地を通行せられる不利益を忍ばなければならなくなるものとするのは著しく条理に反するからに外ならない」としたうえで、このような理論は同時分

譲の場合にも適用しうるとしていた。最高裁は少なくともこのような理由を積極的には否定していないし、変更・追加もしていない。

(2) 下級審裁判例

(イ) 適用肯定説　東京高判昭和37・1・30下民集13・1・104、東京高判昭和41・10・14判時468号47頁、東京高判昭和59・4・24判タ531号158頁ほか八件の裁判例（澤井・隣地通行権101以下[1]参照）がある。

(ロ) 適用否定説（東京高判昭56・8・27判時1028号62頁、松山地判昭58・4・27判時1088号124頁などの他にも3件の裁判例（前掲・澤井・隣地通行権99以下参照）がある。

(ハ) 折衷説も少なくなく、このなかには、通行権の存在を知っておれば承継するとするもの（名古屋地判昭47・8・17判時692号73頁）、通行権を主張しなかった場合は承継されないとするもの（東京高判昭50・2・27判時779号63頁）、通路が開設されているならば承継されるとするもの（東京地判昭56・8・27判時1024号78頁）などがある（なお、前掲・澤井・隣地通行権107以下も参照）。

3　学説

(1) 213条の基本的理解

　本条の趣旨は、共有物の分割又は土地の一部譲渡がなされたために袋地が発生しても他の（第三者の）土地の通行を求めることはできないとすることにあった（梅・要義・物権[2]、富井・物権[3]）。また、被通行地の所有者は土地の分割に際してそのような事情を承知しているのであるから、通行につき償金を請求することができないとされたものである（梅・前掲105頁、富井・前掲105頁以下）。

(2) 袋地または囲繞地の譲渡と通行権の存続

　213条によって通行権が生じた後に袋地または囲繞地につき特定承継が生じた場合に、通行権は土地の譲渡後も存続するのかが問題となる。この点に

---

1) 澤井裕・隣地通行権（叢書民法総合判例研究10巻、一粒社、1978年、97頁以下）。
2) 梅謙次郎・民法要義・物権篇、1898年、104頁
3) 富井政章・民法原論・物権［復刻］、1923年、1985年、105頁

関する学説をみると、立法関与者はこの問題に言及していないが、次のとおりの見解がある。
(イ) 承継否定説
　土地の譲渡がなされた場合には、民法213条の囲繞地通行権（無償）は消滅して、210条の囲繞地通行権（有償）が発生するとする見解で、その理由として、例えば、「本項（注-民法213条1項）ハ直接ノ分割者間ニノミ適用アリテ分割ニヨリ生シタル袋地ノ特定承継人ニ適用ナシ、其事情ヲ知リテ袋地ヲ取得シタル者ト雖モ亦同シ、之レ本条ノ文意上明ナリトス」（中島玉吉・民法釈義[4]）と述べている。さらに、「本条は直接の分割者の間または譲渡の当事者の間に於いてのみ適用があるにすぎない。袋地をさらに取得した特定承継人には本条の適用がなく、第二一〇条の適用を受けることとなる。而も其事情を知って袋地を取得した特定承継人について亦同様である。」（石田［文］物権法[5]）。戦後では、石田喜久夫「袋地通行権」（民事法学事典、1960年、1716頁、野村・注民[6]）も同旨を述べている。
(ロ) 承継肯定説
　囲繞地の譲渡があっても、民法213条の囲繞地通行権は消滅せず、210条の囲繞地通行権は発生しないとする見解も早くから主張されていた。例えば、「当事者間にのみ適用のある規定なることが文理上明らかだとの見解（中島氏同上三三一頁）は首肯し難い。実際上の結果に於ても必ずしも適当でない。第213条は任意に袋地を生ぜしめた場合に関する規定ではあるが、そのことよりして直ちに、任意に袋地を生ぜしめた人にのみ適用されるとの結論は生じない。寧ろ任意に袋地としたその土地に関する規定と解すべきである」（山下「物権法論上巻」[7]）と説いていた。
(3) 広中・澤井論争
　この論争の発端は、最判昭和37・10・30（民集16巻10号2182頁）の評釈を巡る、廣中教授の論評に始まる。実質的には、広中教授は、同評釈におい

---

4) 中島玉吉・民法釈義・物権篇上、1914年、331頁
5) 石田文次郎・物権法、1932年、411頁
6) 民事法学事典（有斐閣、1960年）1716頁、野村好弘・注釈民法（7）有斐閣、1968年、245頁
7) 山下博章・物権法論上巻、1928年、468頁

て、承継肯定説をとった東京高裁判決（昭和37・1・30前掲）に論及し、譲渡後にも無償性を維持することは近代法のあり方に反すると批判したが（判評56号判時328号117頁〔1963年〕[8]）、これに対して、澤井教授は結論の具体的妥当性を考慮して213条適用説をとり右高裁判決の結論を支持した（民商〔1963年〕[9]）。

澤井論文に対しては、廣中教授から反論があり（幾代・鈴木・廣中・民法の基礎知識Ｉ86頁[10]、同旨、野村・注釈民法（7）前掲245頁）、澤井教授もさらにこれに答えた（澤井、関大論集〔1964〕[11]。なお、阿部正三・昭和37年度最判解民事編[12]も参照）。以下、内容的に検討しよう。

(イ) 広中説

まず、同教授は「分割または一部譲渡の当事者であったという意味における人的関係の存在するところに無償の利用関係が導入されることは、必ずしも不当でない。しかし、そのような特別の社会関係に立たない者に対して無償の利用関係の承認を強要することは、近代的な社会関係の通常のありかた（有償性の原則）に反する不当な規制である」とし、次いで、「あらゆる土地につき一般的に妥当する法規定（民210条-212条）によって生ぜしめられるのでない上記のような特殊の（無償の利用関係の受忍という）負担（213条）が、過去の偶然の事情の立証されるかぎり永久に、ある土地についてまわるというのは、正当かどうか」との問題意識のもとで、「もちろんそれは、近代的な土地所有権のありかたとして承認されえない。要するに、一部譲渡ののち譲受人側なり譲渡人側なりに特定承継が生じた場合には、もはや213条を適用すべきでないのである。」と説く（前掲・判評56号17頁）。このように、承継人との間で、213条は適用されないとされた。

---

[8] 広中俊雄・判評56号（『民法論集』所収、1971年、302頁以下）
[9] 「一筆の土地全部を同時に分筆譲渡した場合に生ずる袋地と民法213条2項の適用」民商49巻1号123頁（1963年）。
[10] 幾代・鈴木・広中・民法の基礎知識Ｉ「一部譲渡によって袋地ができたのちに残余地なり袋地なりが譲渡されると相隣関係に変化が生ずるか」（有斐閣、1964年）
[11] 澤井裕「民法二一三条の無償通行権と特定承継――広中教授の批判に答えて」関大論集14巻2号229頁［1964年］
[12] 阿部正三・昭和37年度最判解民事編、392頁、法曹会［1963］

広中教授は、後に、さらに、①213条による通行権が以前から行使されていたときは、被通行地は211条1項の適用として当然にひきつづき通行権の負担を受けると解すべきであり、②袋地の所有者が213条の適用のない他の囲繞地を地役権その他の特別の権原に基づいて通行していたときは、その袋地のための相隣関係上の通行権を負担すべき囲繞地につき判断を求められた裁判所は、211条1項による被通行地を定めるに際し、従前の通行の実情のほか、その袋地が分割または一部譲渡によって生じたものであることを斟酌すべきである、とされる。さらに、袋地のための通行権は、上記①の場合にも213条の適用を伴うべきものになるが、(イ) 被通行地について特定承継がなく袋地について特定承継があったにとどまるときは、同条にいう「通行地ノ損害」がないとの擬制は継続する。したがって被通行地の所有者は償金請求権を取得しないと解すべきであるとし、(ロ) 被通行地について特定承継があったときも、償金請求権のないことを織り込んでそれだけ売買代金が低く決定された等「通行地ノ損害」を否定すべき特段の事情のあるかぎり、被通行地の特定承継人は償金請求権を有しないといわなければならないとしている[13]。なお、野村・前掲注民（7）245頁、安藤一郎・NBL[14]も同旨である。

(ロ) 沢井説

　民法213条の基本的趣旨は、分割または分譲のように土地所有者の任意行為によって袋地を生じた場合は、その土地の内部で利益を調整すべきであり、累を他の囲繞地に及ぼすべきではないという点にあることはいうまでもない。これは政策的にもきわめて妥当である。民法213条は他の相隣法と同様、土地利用の調整を目的とするものであって、人的なものではなく、土地そのものに関する法律関係であり、特定承継人にも適用されると説いている（民商法49巻1号123頁）。なお、千種論文[15]、阿部正三、前掲最判解説（民）392頁、柚木・高木・補訂・判例物権法総論[16]等も同旨である。

---

13) 広中俊雄・物権法［第二版］、青林書院、1982年、383頁
14) 安藤一郎「民法二一三条にもとづく囲繞地通行権と特定承継」NBL467号14頁以下、1991年
15) 千種秀夫「借地が袋地の場合と隣地使用の法律関係」（不動産体系3 借地・借家、138頁）
16) 柚木・高木・判例物権法総論［補訂版］、1972年、485頁。

しかし、このような無償通行権を、分割・一部譲渡の当事者以外の者に対抗するには、通路開設という公示を必要とする旨（この点が澤井説の特徴といえる）を説くが、これは、以下のような類型的検討に基づくものである（澤井・前掲叢書民法総合判例研究97頁以下）。

(a) 被通行地の所有者が、分割・一部譲渡による袋地形成の当事者のままで、袋地所有者が交替した場合には、被通行地所有者の利益状態に変動を加える必要はないから、通路の有無を問わず無償通行権は承継されるといってよい。

(b) これに対して、被通行地が譲渡された場合に、この譲受人を保護するか、従来無償通行権を享受してきた袋地所有者の利益を守るかの衡量は難しいところであるが、判断枠を明確にし、かつ通行権が相隣関係に位置づけられている物権法的構成になじむ考え方をとるべきであるとする。つまり、譲受人サイドの主観的事情に依存するのではなく、無償通行権には、一般的袋地通行権と違って何らかの公示を要求することによって判断すべきであるとする。この場合の通路の公示として最も適切なものは「開設」と「通行」の事実である。

(c) 袋地所有者が囲繞地所有者に無償通行権を対抗しえない場合には、通行権は民210条、211条の一般原則によることになる。その結果として、単に無償のものが有償に転化するだけではなく、場合によっては、当該元同一人に帰属していた土地以外のところに通路を主張することを許す結果になることもありうる。

(4) 折衷説

以上の論争を踏まえつつ、以下のような説が主張されているが、結局は、広中・澤井論争以降の見解は、両説を含めて多かれ少なかれ折衷的な見解であるといえる（滝沢・最判解説[17]も参照）。

(イ) 玉田説

問題は、民法213条の囲繞地通行権の無償性にある。通行権の無償性が妥当するのは、あくまでも、分割・譲渡による袋地形成に関与した当事者（分

---

[17] 滝沢孝臣・最高裁判所判例解説・法曹時報、44巻2号、501頁以下、1992年

割・譲渡の直接の当事者）相互間にかぎられ、この者からさらに袋地または通行地を譲り受けた者（特定承継人）との間においては、もはや、妥当しない、とする。というのは、分割・譲渡の直接の当事者は、分割・譲渡の際に、袋地のためには通行権が必要であり、かつ、被通行地に「損害」が生ずることを予知していたのであるから、その者との間で、通行権が無償であることは、かならずしも、不当とはいえないわけで、この意味で、有償の原則に対する例外を認めるべき特別事情があるといってよいが、袋地の発生になんら関与しなかった特定承継人との間においては、通行権の無償性を是認すべき特別事情があるとはいえないからである、とする。民法第213条第1項（したがって、また第2項）が特定承継人にも適用があるかどうかという問題の結論は、同項の前段と後段とでは、おのずから異なり、前段（通行権に関する規定）は、その性質上、当然、特定承継人にも適用されるが、後段（無償性に関する規定）は、前述の理由により、特定承継人には適用されず、囲繞地通行権の一般原則規定である有償性の規定（212条）が適用される、ということになる。つまり、分割・譲渡の直接の当事者間における無償通行権が、特定承継人との間においては、有償通行権にかわるだけで、通行権（ないし通行認容義務）そのものは、分割・譲渡の直接の当事者から、特定承継人に引き継がれる、ということになる。（玉田・明治大学法制研究所紀要[18]）。

(ロ) 鈴木（禄）説

承継肯定説・承継否定説の主張はそれぞれもっともな点と難点とを有しているとした上で、特定承継が通行関係当事者のいずれの側に生じたかによって、分けて論ずべきであるとして、次のように説いている。

(a) 袋地所有権につき特定承継が生じた場合には、譲受人が償金なしの通行権を承継することが妥当であり（民法213条の通行権を債権的なものと考えれば、袋地所有者側の変更の場合には、少なくとも債権譲渡の対抗要件が具備されれば、袋地所有者は囲繞地所有者に対し通行権を主張し得る、という）、それによって譲受人が不測の不利益を受けることがないのはもちろん、囲繞地所有者も不利益を受けることはない。

---

18) 玉田弘毅「一筆の土地全部の同時分譲譲渡と民法二一三条第二項適用の有無」明治大学法制研究所紀要8号147頁、1964年

(b) 囲繞地所有権につき特定承継が生じた場合には、譲受人がその土地上に通行受忍義務の負担の存することを知りえない状況であることが少なくない点を考慮すると、通行受忍義務は彼に承継されないと解することが妥当であり、これによって償金なしの通行権を失う袋地所有者の不利益も、囲繞地所有者から金銭的補償がえられるような法的構成を案出しうるならば（囲繞地譲渡人の囲繞地譲渡は、袋地所有者に対する関係では契約違反であり、後者は前者に対する損害賠償請求権を与えられることにより、償金なしの囲繞地通行権の喪失の不利益を補填されることになる、という）、耐えがたい結果とはいえないであろうと主張する（鈴木[19]）。

(ハ) 東説

民法213条の適用の限界を画するのは、行為者（分割、譲渡の当事者のほか、特定承継人を含む）がその行為に際し袋地の発生又は存在という事実を予期し得たという可能性であるとして、「特定承継の場合に、民法213条を類惟適用することを肯定するが、前に分割、一部譲渡があったこと（民法213条の通行権の発生要件事実）をその特定承継人が予期しえた、という要件を加えるべきものと考える。」と説く（東孝行[20]）。

(ニ) 篠塚説

一般的な予知ないし予期は困難であるから、問題の解決は、具体的なケースごとに利益衡量で決めるしかないとして、具体的事案に応じた解決をはかるべきであるとする（篠塚[21]）。

（1）囲繞地の売買の場合においてその価格が負担分程度の割引を受けている場合（甲斐道太郎・法セ412号114頁も同旨）、（2）譲渡等によって囲繞地にほとんど損害がない場合にも無償の法定通行権を主張できる。（3）通行予定地で善意無過失の譲受人により宅地造成等が行われ、通行が困難になるのに、袋地所有者が異議を申し立てなかった場合には無償通行権は消滅する。（4）上記（3）の場合に好意通行権が存在していた場合には、それが

---

19) 鈴木禄弥・判例評論227号、26頁、1970年
20) 東孝行「民法二一三条と袋地・囲繞地の特定承継」司研創立二〇周年記念論文集1巻87頁、1967年
21) 篠塚昭次・判例評論132号28頁、1970年

法定通行権に上昇することもある。

4 本件最高裁判所判決の評価

　澤井教授は、本判決を従来の学説・裁判例上の論点との関連で分析している[22]。以下では、基本的にこの分類に従って評価をしておきたい。
（1）「単純な」適用肯定説の採用
　判決の多数意見は、適用肯定説のなかでも213条の単純適用説をとったが、その具体的内容は、上記の学説との関連で言えば、以下の通りである。
（イ） 本判決は、譲渡対象が袋地か囲繞地かの区別をしていない。それを前提とする前述の鈴木説を採用しなかった。
（ロ）特定承継人の予期　本件判決は、213条を適用するに当たって前述（4）［1］の玉田説のいう「予知」または（4）［3］の東説のいう特定承継人の予期という要件を追加しなかった。
（ハ）通路・通行権の公示　本件事案では213条の通行権を前提とする通路は存在しなかったため、本件判決は澤井説等のいう「公示」の問題に触れていない。
（ニ） 本判決は結局、213条適用説の立場を明らかにしたが、それ以上の点は同項一項後段の適用の有無を含めて必ずしも明らかではない。。
（2）「単純」適用説をとる根拠——物権的構成
　本判決の多数意見は、従来から適用肯定説が主張してきたことであるが、通行権の性格論（物権的負担）と不測の損失の回避を挙げている。すなわち、「民法二〇九条以下の相隣関係に関する規定は、土地の利用の調整を目的とするものであって、対人的な関係を定めたものではなく、同法213条の規定する囲繞地通行権も、袋地に付着した物権的権利で、残余地自体に課せられた物権的負担と解すべきものであるからである。残余地の所有者がこれを第三者に譲渡することによって囲繞地通行権が消滅すると解するのは、袋地所有者が自己の関知しない偶然の事情によってその法的保護を奪われるという不合理な結果をもたらし、他方、残余地以外の囲繞地を通行しうるものと解

---

22) 澤井裕・重要判例解説・平成2年度、65頁以下

するのは、その所有者に不測の不利益が及ぶことになって、妥当でない」としている。

（3）本判決と無償性

前述のように、民法213条には①累を他に及ぼすべきではないということと、②通行権の無償性の二つの趣旨が含まれている。学説は、無償性を中心にして分類すれば以下のようになる。（イ）無償性は近代的利用権の有償性に反するという視点を不適用説の基礎におきつつ、被通行地の選定にあたって従前の経過（元一筆、地価の高低）を考慮して衡平を図る見解（廣中・前掲判評56号17頁、同『物権法』383頁、1982年[23]）、（ロ）民法213条につき、累を及ぼさない点は承継されるが、無償性は承継されないという見解もあり（玉田前掲「判例研究」明治大学法制研究所紀要8号159頁〔1964〕）、（ハ）累を及ぼさない点は袋地・囲繞地のいずれの譲渡の場合も承継されるが、無償性は袋地の承継人にのみ承継されるとする見解[24]がある。

本判決の射程は、澤井説も指摘しているように、微妙である。上記の判決理由中、保護しようとする袋地所有者の利益としては、①通行自体と②無償性の両者を想定することが可能である。まず、残余地以外の隣接地所有者について考えられる「不測の不利益」は民法210条の「有償」通行権の受忍であって、無償の通行権を押し付けられる「不利益」ではない。また、本件事案は、①点の通行自体のみが争点であり、②点の償金は争点ではないが、民法213条の通行権につき、判決は①②を区別することなく論じている。その結果、素直に読めば、償金請求訴訟が提起されるとしても同じ結論になるであろうとの推察は可能である。しかし、後述のように無償性の永続には問題があることと、本件事案との対応関係を重視するならば、最高裁が無償性についても承継説をとったと断定することはできないとの見解も有力である（安藤一郎前掲注14）は、判決は無償性について判断を留保しているとする。なお、同氏は、民法213条の硬直性と無償性の不当さから不適用説をとり判決

---

23) 他に、森本翅充「宅地の売買と通行権」小川・長野編『現代民事裁判の課題①〔不動産取引〕』381頁、1989年・新日本法規）も同旨。

24) 関東十県夏期研修会報告・道路をめぐる法律問題、118頁（古宮明筆）〔1982年・千葉弁護士会〕、遠藤浩・小川英明編・建築・請負（注解不動産法二巻）787頁（長谷川貞之執筆）1989・青林書院〕

に反対している)。

5 問題の捉え方

(1) 単純適用説の難点
　上記のような単純適用説の難点は、園部逸夫裁判官の反対意見が指摘しているとおりである。すなわち、①同条が民法210条1項（有償通行権）の例外的な規定であること、②囲繞地通行権は土地の物理的な属性のほか、対人的な要素をも考慮して定められていること、③分割・一部譲渡により袋地を生じたが、袋地所有者が残余地所有者に通行権を主張しないまま推移したような場合に、その後、残余地を取得した第三者が、当然に通行受忍義務を負うということは不合理であること、④適用説は、不適用説によると承継という偶然の事情によって袋地所有者や第三者たる囲繞地所有者が不測の不利益を受けることになると批判するが、袋地所有者のために必要にしてかつ囲繞地のために損害が最も少ないところとしては、残余地を選ぶべきであるから、このような批判は当たらないこと、をあげている。

(2) 被通行地の負担の調整
　いずれにせよ、上のような「調整」を必要とする場合があることは、いずれの説も認めるところである。何を原則とし、なにを例外とするかの問題がある。袋地または囲繞地の承継は、当事者以外の者にとっては「偶然の事象」であることは否定できないのであるから、これによって影響を受けないということを原則とすべきだという要請と、特殊な事情に基いて成立した無償の通行権の関係はその特殊事情の存続に関係なく半永久的に継続すべきではないという要請とが対立している。後者は単に近代社会の有償性の原則との関連でのみ問題となるわけではない。特定承継が繰り返されて、袋地化の沿革がわからなくなってしまったか（澤井教授らは通行権に関する公示が必要と考えているが）、残余地が格別に非難もされない状況下で建造物により通路の確保が困難になったが（篠塚説の (3) のような場合）、残余地以外の囲繞地においては通行権の確保が容易である場合もありうる。このような場合には、事情変更の原則により（法的構成としては、相隣的信義則ないし権利濫用のいずれであってもよい）、残余地の通行を拒否できるという見解もある（澤

井・重判平成2年67頁)。無償性の不合理さは、単に近代法の建前に反するということのほかに、具体的にも「無償性は、通路の固定資産税等[25]を負担し続ける囲繞地の特定承継人には耐え難いことである」(森本・前掲381頁、安藤・前掲論文21頁等)ことは確かである。しかし、被通行地の所有者が変わらなくても、長期の負担は酷な結果をもたらし得る。

通行権の法的性格は、地役権であり、所有者は通行の受忍以外の義務を負わず、通行を阻害しない限度で利用できる建前である(この点は一般に地役権と賃借権の相違として説かれている)。このような建前が、無償通行権を生んだのではないかと思われるが、通路敷地所有者に残された利用利益は現実には「無」に等しく、逆に地価・人件費の高騰に伴い、固定資産税・管理費等、敷地所有者の負担は増加する一方である。分割・譲渡の時点で、これを織り込むことは実質的には難しいと言わざるをえない。このことは無償性の不合理は根本的な問題であり、承継という偶然の契機のみを利用して是正することは困難である。事情変更の原則を弾力的に適用し、無償性の権利を失効させて有償に転化させるべきであろうとの見解も有力である(澤井・前掲重判平成2年21頁)。

6 私見

広中説は特殊な事情のもとで無償の利用関係が例外的に発生しても、それは当事者の交代などにより、原則的形態である有償関係に転換するとしているが、理論構成としては、有償性の原則を徹底させても無償が妥当しうるような特殊の事情のもとでは、無償利用権が発生するが、それは潜在的有償利用権として理解すべきではないだろうか。このような理解によれば、213条は、潜在的有償利用権を無償利用権として規定したものであると解すべきことになる。その理由は、当事者間では無償で処理しうるという特殊事情によるものであるから、当事者が交代した場合には、その異なった事情ごとに以下のような類型化が必要であろう。

---

25) なお、地方税法348条2項5号は、敷地が私人の所有に属する道路で「公共の用に供する道路」は固定資産税を、そして同702条の2第2項で都市計画税を課税しないこととしている(澤井・重要判例・67頁)。

（1）包括的承継の場合　　双方とも相続により承継される場合には、通常は事情変更はないと評価しうるので、特に人格承継説を前提にすれば、有償性は顕在化しない。

（2）袋地のみの特定承継の場合　　通常は事情変更があると解せられるから、(a) 原則として有償性が顕在化する。(b) 無償利用権を前提とした譲渡は当事者間においては有効であるが囲繞地所有者から事情変更を理由として無償性の消滅請求を認めるべきである。利用者が交代すれば、利用方法にも変化が生じるから、それらの事情（利用期間の経過も含めて）を総合して、事情変更の有無が判断されるべきである。

（3）囲繞地のみの特定承継の場合　　(a) 原則として有償性が顕在化する。(b) 通行権の負担を前提（特約）として安価で売却したときは、譲受人が特約上地役権負担を承継することは当然であるが、無償性に関する事情変更はないので、通行権者に対しても有償化を主張することができないと解すべきである。

　以上（1）ないし（3）のすべての場合に関して、通行権の物権的性格を前提として20年以上を経過した場合には、事情変更原則の一適用として（長期間の経過自体を一種の事情変更と解する）無償性消滅請求権を認めるべきである。その際に、地代額については212条ただし書の類推適用を認めるべきである。

　以上のような解釈によって、213条に関する以下の3つの基本的要請に応ずることができると考えるのである。すなわち、

（1）通行権有償の原則が近代法の原則に適合的である。

（2）213条は、他に累を及ぼさないとの原則に立っている。

（3）213条は、（1）を前提として、分割の当事者間の特別事情を考慮して、有償的物的負担を抑制している規定として理解する。

【判例評釈】
　本文注で引用していない評釈として、岡本詔治・月刊法学教室129号90頁1991年、岡本詔治・私法判例リマークス（4）〈1992（上）〔平成三年度判例評論〕〉（法律時報別冊）15頁1992年、深谷格・名古屋大学法政論集138号481頁1991年、

大島俊之・法律時報64巻10号88頁1992年、滝澤孝臣・ジュリスト993号191頁1992年、本田純一・法学セミナー36巻5号120頁1991年、齊木敏文・平成三年度主要民事判例解説（判例タイムズ臨時増刊790）26頁1992年。

【参考文献】
本文注で引用しなかった参考文献として、中島玉吉「袋地所有者の通行権に就いて」（民法論文集所収、458頁、1916年、江淵武彦・西南学院大学法学論集16巻・4号67頁、長谷川貞之「建築・請負」注解不動産法2巻787頁、澤井裕・東畠敏明・宮崎裕二・道路・通路の裁判例［1989・有斐閣］、東孝行・相隣法の諸問題、信山社、1997年。
（初出：『現代判例民法学の理論と展望――森泉先生古稀祝賀論集』172～188頁）

第2章　農地に関する判例評釈

一　消滅時効の起算点——農地売買における許可申請協力請求権

最判昭和55年2月29日第二小法廷判決、(昭和54年(オ)第528号：所有権確認等請求事件)(民集34巻2号197頁、判時958号58頁、判タ409号69頁)

[事実]

X(原告・被控訴人・上告人)は、昭和35年3月、当時訴外Aの所有であった本件農地をY(被告・控訴人・被上告人)から買い受け(他人の農地の売買)、代金の一部を即日支払い、残部については、所有権移転登記手続完了と引換えに支払う旨を約定した。同36年3月に、A・Y間で、本件農地を含む農地の売買がなされ、同年7月28日、農地法3条による知事の許可を得た。Aは、Yに対し買取り価額の増額を求めて交渉中であったところ死亡したので、YはAの相続人に対して、昭和43年5月、所有権移転登記手続を求めて訴訟を提起し、昭和50年3月に調停が成立して、同年4月、Yへの移転登記がなされた。

そこで、XはYに対し、農地法3条所定の許可申請手続および上記許可を要件とする所有権移転登記手続を求めるとともに、前記昭和35年に本件農地を売り渡したことの確認を求めて本訴を提起した(昭和51年)。

原審(名古屋高判昭和54・1・30民集34巻2号213頁参照)は、許可申請協力請求権は、売買契約に基づく債権的権利であるから、X・Y間の売買契約成立の日から10年の経過により時効によって消滅したとして、Xを敗訴させた。

上告理由は、①許可申請協力請求権が債権的権利として10年の消滅時効にかかるとしても、本件売買が他人物売買であることから、その起算日は、Aの相続人との調停成立の日である昭和50年3月6日である。

②許可申請協力請求権は、許可があった場合に取得しうべき物権的権利としての登記請求権に随伴する権利として、時効にかからない。

③そうでないとしても、民法167条2項により時効期間は20年と解すべきである、の3点であった。

［争点］

農地法3条による農地所有権移転許可の申請協力請求権は、167条1項の債権に該当するというのが、従来の判例の理解であったが、他人物売買の場合に消滅時効の起算点をどのように解したらよいかが問題となる。

［判旨］　上告棄却。

「農地の買主が売主に対して有する知事に対する農地所有権移転許可申請協力請求権（以下、単に許可申請協力請求権という。）は、民法167条1項所定の債権にあたり、右許可申請協力請求権は、その権利を行使することができる時から10年の経過により時効によって消滅するものであることは、当裁判所の判例とするところ（最高裁昭和49年（オ）第1164号同50年4月11日第二小法廷判決・民集29巻4号417頁）、他人の農地の売買の場合における買主の売主に対する右許可申請協力請求権の消滅時効は、売主が他人から当該農地の所有権を取得した時から進行するものと、解するのが相当である。けだし、農地の売買に基づく農地法3条所定の知事に対する許可申請は、売主が農地の所有者であることを前提として売主と買主の連名ですべきものとされているから（農地法施行規則4条2項――ママ）、売主が他人から当該農地の所有権を取得しないかぎり、売主は右許可申請手続をとることができず、買主の有する右許可申請協力請求権は、売主が知事の許可を得て他人から当該農地の所有権を取得した時に始めてこれを行使することができるものとなるからである。」（すなわち、本判決は、Y・A間における売買について知事の許可があった、昭和36年7月28日を時効の起算点とした。）　これを本件についてみるに、（中略）上告人の被上告人に対する右許可申請協力請求権は、被上告人が右Aから右農地の所有権を取得した昭和36年7月28日より10年の経過によって時効により消滅したものといわなければならない。

［解説］

1 許可申請協力請求権の法的性質

本件判決の争点は、許可申請協力請求権が消滅時効にかかるか、その起算点は何時か、という点にあるけれども、当該請求権は、売買契約から生じる複数の債権的請求権の一つであるに過ぎない。XY間の売買契約との関係において考える場合には、さらに基本的な意義を有する債権が発生している点に注目すべきである。そこで、以下では、まず農地売買の法律的特徴を確認した上で、売買契約から生じる債権について考察する。

(1) 土地売買契約に基づく買主の権利

通常の土地売買においては、契約の対象が特定物であるから、判例・通説の見解に従えば、原則として、契約成立時にその所有権は買主に移転する。しかし、農地の売買の場合には、農地法による許可がない限り、所有権移転の効果は生じない（3条4項）。[1] 当該許可は、当該売買契約の関係においては、一種の法定停止条件と解することができる。

(イ) 農地法の基本的性格

第二次大戦後の農地改革の成果の維持等が農地法の基本的任務であるが、同法3条との関連では、農地が、改革の趣旨に反して、再び旧地主に戻ってしまうことのないようにすること等である。許可前の農地売買契約の効力（買主の法的地位）も、そのような観点から検討する必要がある。[2]

(ロ) 同法3条4項の効力要件の趣旨

当該売買契約は、停止条件付とはいえ、許可があるまでは売買契約が全く効力を生じないとまで解する必要はない。所有権移転の効果を停止しておけば、売買契約の債権的効力を認めても、農地法の趣旨との関連においても、全く支障はないからである。

---

1) 農地法上の許可を必要とする場合は、農地を農地として売買する場合（3条）、農地を非農地に転用する場合（4条）、農地を転用目的で売買する場合（5条）があるが、本件は、3条の場合である。
2) 農地改革との関連については、我妻栄／加藤一郎・農地法の解説（日本評論社、1947）、農地法については、和田正明・農地法詳解（学陽書房、1987）、手続きについては、二瓶五郎・農地売買・転用の法律（学陽書房、1987）参照。

（2）許可前の買主の地位

本件では、考察の対象となりうる農地の売買契約が2回（A-Y、Y-X）行われているので、先におこなわれた訴外Aと被告Yとの間の契約から検討し、両契約に共通する問題点については、検討の重複を避けた。

まず、AY間において契約は有効に成立していても、農地法に基づく許可がなければ、所有権はYに移転し得ないから、買主YはAに対して許可申請に協力するように求めることができる。Yは許可前には非所有者であるから、当該許可申請協力請求権の法的根拠は、AY間の売買契約であると解すべきである。すなわち、買主のみならず、契約当事者が相互に許可申請への協力を相手方に求めることができるが、その権利は、債権的請求権である。なお、農地法施行規則2条2項は、許可申請につき共同申請を定めており、通常、これが共同申請の法的根拠とされるが、本質的には、共同申請は、上記のような契約上の義務と解すべきである。

（3）買主の取得予定の所有権に注目する見解

上記の点については、Yは、所有者でなくても法定条件を満たせば所有者になりうる地位を有しているから、条件付移転登記請求権を有しており、それに付随する許可協力請求権をも有している、との見解が論理的には成り立ちうる。この場合の登記請求権を所有権に基づく物権的請求権であると解すると、所有権が時効消滅しない以上、この登記請求権も条件付権利ではあるが、時効消滅せず、したがって、それに付随する許可申請協力請求権も時効消滅しない、との見解も論理的には可能であろう。[3] しかし、法定停止条件によってYは所有者ではないのであるから（3条4項）、Yの法的地位を、時効との関連に限定するにせよ、所有者と同様に解するのは無理であろう。そこで、一種の物権的取得権として所有権以外の物権に類似する権利と解す

---

3) 許可申請協力請求権を「登記請求権の側からみれば常にこれに随伴する権利とみるべきであり、時効による消滅あるいは中断についても登記請求権と共に消滅あるいは中断等の効果を受けるべきであると考えられる。しかして本件登記請求権の根拠は右許可があった場合取得し得べき本件各土地の所有権に基づく物権的請求権であると考えるのが相当である。したがって右請求権には消滅時効の規定の適用はなく」と述べている（東京高判昭和47・7・31時679・18）。本件も、将来の給付の訴えとして、移転登記手続請求の訴えが併合提起されうる事案であったことを付記しておく。

る立場が現れた。この見解によれば、許可申請協力請求権は時効消滅するが、その期間は10年ではなく、20年であることになる（167条2項、[4]）。すなわち、許可申請協力請求権の法的性質をこのように解するならば、「請求権」とはいっても、物権に由来する権利であるから、消滅時効は、制限物権に準じて、20年と解するのである。しかし、買主の権利は、単に確実に物権を取得し得る権利であるわけではなく、当該権利移転につき許可前（その可否は未定）である以上、売買契約の債権的効力として考察すべきであろう。許可を所有権移転の効力要件としている農地法の趣旨にも合致するからである。[5]この見解は、移転登記請求権も物権的取得権に基づくと解していると思われるので、AY間の契約関係を飛び越えて、物権関係として捉えている点で体系上の問題も残る。契約関係においては、基本的には、契約に基づく債権関係を優先して考察すべきだからである。

2 農地売買の法構造――農地法と民法の交錯

上記のような許可申請協力義務をめぐる問題を契約上の問題として考察するには、いったん民法上の売買契約関係として、XY間の関係を検討してみる必要がある。

（1）不動産の売買

売買契約の効力（555条）を不動産の売主の義務と責任の観点から検討しておこう。

（イ）売主の財産権移転義務　売主は、買主に対して、当該財産権の所有権、占有、登記を移転することによって、対抗力を含めて完全な財産権を取得させる義務を負っている。中でも、登記の移転義務が実際上重要である。不動産取引における登記は、その二重譲渡を回避するためには決定的に重要だからである。農地所有権の移転登記をおこなうには、農地法上の許可が必要であるから、売主は当然にその実現に協力する義務がある。

4）宮崎俊行「他人の農地売買と許可申請協力請求権の消滅時効」民商法雑誌83-2-147（1980年11月）。

5）一般論としては、物権的取得権という考え方は可能であるが（我妻栄・新訂物権法、岩波書店、35頁以下）、農地法の趣旨は許可を条件とすることによって、買主の地位を債権的なものにしていると解すべきである（田尾最判解説（民）昭和50年度145頁）。

(ロ) 買主の地位　買主が売主に許可申請等に協力を求めることができる関係は、上記のように契約に基づく債権法上の関係として理解すべきであるから、売買契約が有効に成立している以上、買主は、所有権（他人物売買でなければ、通常は問題にならない）、登記および占有の移転を求めることができる。買主は、所有権を取得しうる対価として代金支払い義務を負担しており、通常は、所有権、占有および登記の移転と代金支払い義務とは同時履行の関係に立っているが、買主は自己の上記のような権利を行使することは常に可能である。なぜならば、この場合には、訴訟になっても、引き換え給付判決がなされるから、両当事者とも、常に権利行使は可能だからである。本件ではXY間の代金は一部支払い済であり、残代金は登記と同時履行の関係であった。

（2）他人物売買と権利行使の可能な時期

　XYの売買は、他人物売買であるから、それとの関連で生じる問題点について述べておく。

(イ) 他人物売買の有効性と売主の義務と担保責任　売主Yは、買主Xに対して、本件では、他人の物の売買についての担保責任を負っている（560条以下）。したがって、Yは、契約上の債務とともに、担保責任としても、Aから権利を取得して買主Xに移転すべき義務がある。

(a) 売買契約の目的物は、通常、売主に帰属しており、少なくとも売主がその処分権限を有している。しかし、本件XY間の契約のように第三者Aの所有物を契約の目的とすることも可能である。YがAと交渉し、目的物の所有権を取得して履行期までにXに給付すればよいわけである。なお、判例（最判昭25・10・26民集4・10・497）も、他人の物の売買においては、目的物の所有者が契約成立当時からその物を他に譲渡する意思がなく、そのため売主がこれを買主に給付することができないような場合であっても、売買契約は有効に成立する、と解している。したがって、本件において、Aの相続人とYとの間で、代金増額をめぐってトラブルがあっても、それがXY間の契約の効力に影響することはない。

(b) 売主Yの契約上の義務の内容は、目的物の所有者Aから所有権を取得してXに移転することであり、それに必要な行為を行わなければならない

（560条）。買主 X は、これに対応する権利（所有権取得請求権）を有している。本件では、買主 X の当該権利の時効消滅こそが問題とされるべきである。

(ロ) 権利行使の可能な時期　買主の有する許可申請協力請求権（または所有権取得請求権）を債権的権利として理解すると、売主 Y に所有権が帰属しているか否かに関係なく、売買契約が有効である以上、常に X の権利行使は可能であると解してよいようにも思われる。しかし、他人物売買のような場合に、そのような抽象的可能性でよいかは問題である。本件では、これが消滅時効の起算点との関連で問題となっている。

本件において、Y と Y からの買主 X との間の契約は、契約当初から他人物売買であった。厳密にいうと、AY 間の売買につき、許可があった時点で、AY 間の権利移転のための法律上の支障はなくなったと考えることが出来るから、相続人との間のトラブルの内容をどう考えるかという点が所有権移転との関連で問題となりうる。AY 間の契約が有効に成立し、許可がある以上、上記の代金増額をめぐるトラブルは、AY 間の所有権移転のための事実上の支障であって、法律上の障害ではないと解すべきであろうが、X の権利行使の現実的可能性との関連で問題となる。この点で、宮崎論文[6]と高木論文[7]の指摘は重要である。このような場合には、X の Y に対する許可申請協力請求権は、いつから行使可能な状態（166条2項）になるのであろうか（3（2）参照）。

3　他人物売買を前提とした場合の消滅時効の起算点

(1) 許可申請協力請求権の消滅時効の起算点

許可申請協力請求権を物権または物権的取得権であるとする立場（前述）をとらない場合には、債権としての消滅時効の起算点として、次の4つの見解がみられる。[8]

---

6) 宮崎前掲評釈330頁以下。
7) 高木多喜男・判例タイムズ439号78頁。
8) 宮崎前掲、平井一雄・ジュリスト743号68頁1981年6月、生野孝司・法学協会雑誌105巻2号110頁—119頁1988年2月、塩崎勤・法曹時報34巻9号216頁—227頁1982年9月、平井一雄・不動産取引判例百選〈第3版〉200頁—201頁2008年7月ほか

(イ) 売買契約の成立時点　　許可申請協力請求権は、売買契約に基づく債権的請求権であり、民法167条1項の債権に当たると解される。他人物売買であっても、「買主はその売買契約の日から売主に対し目的物の権利を買主に移転するようその権利を行使し得ることは明らかであるから、許可申請協力請求権は売買契約成立の日から10年の経過により時効消滅する（名古屋高等裁判所昭和54年1月30日——本件判決の原審の立場）。

(ロ) 売主が前主から農地を取得するについて3条の許可を得たとき　　農地法3条の許可申請は、売主が農地の所有者であることを前提として共同申請すべきものとされているから（農地法施行規則2条2項）、売主が所有権を取得した時、すなわち許可を得て、所有権取得のための法律的な支障がなくなった時と解すべきである。本件判決は、これを前提としている。

(ハ) 売主と前主（またはその相続人）との間で所有権取得についてトラブルが解決されたとき　　売主への農地所有権の帰属が安定したにも関わらず、買主が権利行使をしない場合にはじめて、消滅時効の基礎である「権利の上に眠る者」という要件を充足するからである。これは上告理由1で述べている見解でもある。

(ニ) 売主が前主から所有権移転登記を得たとき　　行政通達を根拠にして、農地法3条1項の許可申請書に、当該農地の登記簿の謄本を添付することが要求されているので、売主が登記名義を取得するまでは、申請協力請求権を行使するについて「法律上の障碍」がある[9]。

　以上の見解は、前述のように売買契約における基本的債務を問題にすべきであると解するならば、独自の論点ではなくなるが、各説につき簡単に論評しておく。

　第4説（上記（ニ））は、実務においては必ずしも登記を必要としないようであるから、論理的には成り立つが、実際上は考慮の外においてよい。第1説から第3説が残るが、第2説および第3説については、許可申請協力請求権を独自に問題にする場合に生じる論点であるので、第1説を従来の学説の主流とは異なった観点から取り上げてみたい。

---

9) 金山正信・判例評論262号161頁1980年12月

（2）買主の基本的債権を問題にする説

　物権行為の独自性を認めない通説に従えば、買主の売主に対する目的物所有権の移転請求権は、一般的には、独立して問題にする必要はないが、他人物売買においては、買主は売主に対して、第三者である所有者から所有権を取得して自己に移転するように請求できると解すべきである。これは、売買契約に基づく権利であるから、債権的権利である。本件に則していえば、XはYに対してAから所有権を取得して自己に移転するように請求できる権利である（権利取得請求権）。これは、判例理論によれば、XY間における「許可」の前提を作り出すための権利である。したがって、Xの当該権利は、XY間の契約が有効に成立した時点から、行使可能である。このように解すると、この権利が10年で時効によって消滅すると、XからYへの登記請求権（債権的登記請求権）も、それに必要な許可申請協力請求権も時効によって消滅すると解すべきこととなる（Xには所有権は帰属していないから、物権的登記請求権等は問題にならない）。

　これまでの本件に関連する論争は、他人物売買契約に基づく最も基本的な買主のこのような権利を問題にせずに、手続き上の許可申請協力請求権という具体的な権利のみを問題とした点に理論的な不十分さがあったのではないだろうか。本件の原審判示も、両者を区別せず、許可申請協力請求権のみをとりあげていた。法律が、申請の前提として、売主が所有者であることを求めている以上、売主Yが非所有者であることはXの権利行使の法律上の障害となるという点も指摘されている。

　ここでいう最も基本的な権利については、すでに東京高等裁判所判決（昭和47年前掲）や、いくつかの論文[10]でも問題にされており、特に後者の論理は示唆に富むものである。特に、辻論文は、取得請求権が時効消滅すると、許可申請協力請求権は、その前提を失うことになる、と述べている[11]。形成権とその行使によって発生する請求権の場合を例に述べておられるが、その点は留保しつつ、両請求権の関係についての見解には賛成である。

10）辻伸行・金融・商事判例610号53頁1981年2月、北村実・法律時報53巻1号162頁1981年1月
11）辻前掲評釈56頁以下。
12）高木多喜男・判例タイムズ439号78頁。

最後に残るのは、Xの権利行使の具体的・現実的可能性である[12]。この点については、供託物還付請求権や取り戻し請求権の消滅時効の起算点に関する最判（昭和45・7・15民集24・7・771）の論旨をXのために準用できる場合もありうるのではないだろうか。

〈参照判例〉最判昭和50年4月11日民集29・4・417

（初出：事例演習民法、法学書院、判例プラクテイス民法Ⅰ、信山社）

二　小作地に対する宅地並み課税を理由とする小作料（賃料）増額請求の可否

最判平成13年3月28日大法廷判決（平成10年（オ）第232号、賃料増額確認請求事件（民集55巻2号611頁、判時1745号54頁、判タ1058号74頁）

[事実の概要]

Xは、天理市内の市街化区域内にある自己所有の農地をYらに賃貸し、農業委員会が定めた小作料の標準額（この制度は廃止されている）に沿った額の小作料を受領していたところ、平成3年度の地方税法の改正により、平成4年度から同小作地が宅地並み課税の対象になることになったために、Xは、当該課税対象外となるために生産緑地地区の指定を受けることを希望し、Yらの同意を求めたが、Yらが同意せず、生産緑地地区の指定を受けることができなかった（生産緑地法3条2項により、賃借人の同意が必要）。Yらが同意しなかったのは、生産緑地地区の指定によって土地の評価額が低く抑えられ、将来の離作補償の点で不利になることを危惧したからである。その結果、固定資産税等の額が小作料の額を大きく上回ることになった（いわゆる「逆ざや現象」）ため、Xは、Yらに対して小作料の増額を請求し、Yらが応じないので、小作料の額の確認を求めて訴えを提起した。

一審（奈良地判平7・2・14民集52・2・656）は、農地法によれば、公租公課の増額のみを理由とする小作料の増額請求は認められていないとして、Xの請求を棄却した。原審（大阪高判平7・9・22民集前掲665頁）は、同法によれば、小作料の額は主として小作地の通常の収益を基準として定めるべきものとされているが、それ以外の要素を一切斟酌できないわけではなく、事

案によっては、固定資産税等の増加が同法23条1項にいう「その他の経済事情の変動」に当たる場合があるとした。その上で、Yらは生産緑地地区の指定を受けたとしても何ら不利益を被るわけでもないのに、将来の離作補償の点で不利になるとの利己的な思惑から、Xが希望している生産緑地地区の指定に同意しなかったという事情があるので、信義、公平の原則から、小作料の増額を認めるべきであるとし、Xの請求を固定資産税等の額と同額の限度で認容した。

[判旨]

　小作地に対していわゆる宅地並み課税がされたことによって固定資産税及び都市計画税の額が増加したことを理由として小作料の増額を請求することはできない。

　本判決には少数意見等が付されているが、多数意見は、増額請求を認めない（消極説）理由として、次の3点を述べている。

（1）①小作料増額の根拠規定である農地法23条1項が賃料増減事由として公租公課の増減を掲げていないこと、②同法が小作料の標準額の制度を設け（24条の2、3）、災害等による不作の場合の小作料の減額請求を認めている（24条）こと、③同法が耕作者の地位の安定をその目的の一つとしていること（1条）を合わせて考慮すると、同法は通常の農業経営が行われた場合の収益を基準として小作料の額を定めるべきものとしていると解するのが相当であり、これは宅地並み課税導入後も異なるところはない。

（2）宅地並み課税は、市街化区域内農地の価格の値上がり益が当該農地の資産価値の中に化体していることに着目して導入されたものであるから、宅地並み課税による税負担は、農地の値上がり益を享受する農地所有者が担うべきである。

（3）農地所有者が「逆ざや現象」によって被る不利益は、賃貸借契約を解約し、農地を宅地に転用することによって解消できるから、消極説は結果において不当ではない。逆に小作農に税負担を転嫁することを認めると（積極説）、小作農に著しい不利益を与えることになる。

　また、多数意見は、所有者が生産緑地地区の指定を受けることを希望したとしても、賃借人にはこれに同意すべき義務はないし、いったん同指定がさ

れると、賃借人が長期間にわたって営農義務を負うことになるので、同意をするかどうかは各自の生活設計に関わる事柄であり、賃借人の意向が尊重されるべきであるとして、Ｙらが生産緑地地区の指定に同意しなかったことをもって信義、公平に反するということはできないとした。

多数意見に対しては、６名の裁判官の反対意見がある。

福田、藤井、大出裁判官の反対意見は、宅地並み課税による固定資産税等の増加を理由とする小作料の増額請求を認める説（積極説）に立つものであり、その理由として、①宅地並み課税は、耕作者の離農を余儀なくさせ、農地の宅地化を税制面から促進しようというものであるから、これによって農地法による耕作者保護の理念は大きく後退したというべきであり、②現実に農地を耕作する小作農に税の負担を帰せしめるのでなければ、宅地並み課税の実効を期し難いと述べ、また、③消極説に対して、高額な離作料の負担を免れない現状の下では、土地所有者による賃貸借契約の解約は容易ではないなどの批判を加えている。

亀山、町田、深澤裁判官の反対意見は、原則として消極説が相当であるが、本件の場合には、土地所有者が希望した生産緑地地区の指定を、その指定によって何ら不利益を被るものではない小作農が妨げたのであるから、信義、公平の見地から、小作農が宅地並み課税の負担を担うべきであるとする（限定的消極説）。

また、多数意見（消極説）の立場から、２裁判官の補足意見が示されている。千種補足意見によれば、宅地並み課税は、本来自作地を想定したものであるが、小作地についてもその契約の継続を想定しておらず、宅地並み課税の目的は、小作契約関係の早期の終了によって実現されることが期待されているから、小作人への税の転化により契約の存続を想定する積極説は妥当でないと批判する。元原補足意見は、積極説が批判する離作料の問題も具体的事情により異なるものであるとして積極説を批判するとともに、同種の紛争を減少させるためには、いわゆる逆線引き（後述５（３）参照）を考慮すべきことを指摘する。また、賃借人が生産緑地地区の指定に同意しなかったとしても、これを非難することはできないとして限定的消極説をも批判する。

[解説]

1 固定資産税の性格と宅地並み課税

固定資産税の宅地並み課税が問題になっているため、それが土地からの収益に対して課せられる地方税であるか、土地の所有（財産）に対して課せられるものであるかにより、議論の枠組みが異なり得る。後者であるとしたら、土地所有者が負担すべきものであり、それを利用者（小作人）に転化するのは不合理だということになるからである。しかし、この点は、都市計画税を含めて、単純に割り切ることは困難であるように思われる。税法学においても、「形式的にいうと財産税」という理解や「収益税的財産税」という理解等があり（日本土地法学会・土地問題双書3、有斐閣）、この問題の複雑さを表わしている。仮に固定資産税の課税根拠として収益税的要素があるとしても、その場合の収益は農地における収益が前提になっている点を看過することはできない。つまり、土地の豊穣度を前提として植物生産を行い、または植物生産と直結した動物生産（畜産）を行うために土地を利用した結果得られた収益に対する課税であり、ここでは農業生産が有する収益上の限界が前提となっているのである。

これに対して、都市的土地利用（典型的には建物所有を目的とする借地）においては、住宅用地であるか、工場用地であるか、商業用地であるかにより、収益性に相当程度に違いがあるが、いずれも宅地並み課税に耐えられる収益を上げうるため、この種の問題は生じない。市街化区域内農地に対する宅地並み課税は、上記のような収益上の本質的違いを飛び越えた課税となっているために生じる特殊な問題である。

2 賃料の性格と農業の自然的条件

日本の賃貸借は、その概念自体を類型化していないが、例えば、ドイツ民法では、宅地や建物の賃貸借のように使用を目的としたもの（使用賃貸借 Miete）、目的物からの収益を目的としたもの（用益賃貸借 Pacht）とに分かれており、農地についてはさらに小作契約（Landpacht）として規定されている。日本でも、特別法を視野に入れて考察すれば、借地借家法は使用賃貸借を対象とし、農地法は用益賃貸借のうちの小作契約を対象としているわけで

ある。賃料の性格を考える上で、これらのタイプは重要な意味を有している。

　農地の賃貸借契約は、基本的には民法上の賃貸借契約であり、双務契約の一つである。従って、農地の利用とその利用の対価（賃料）との間には、対価的バランスが必要である。ただし、農業の特殊性（自然的条件との関係）から、不可抗力を理由とする借賃減額請求権（609条）を定めている。農地法では、さらに小作農を保護するために同趣旨の減額請求権を規定していた（農地22条［現］20条に関連規定がある）、さらに標準小作料との関連における減額勧告制度も定められていた（標準小作料制度は廃止されている。廃止前24条）。

3　賃料減額請求権

　賃貸借契約は継続的契約関係であるから、当該年度の小作料減額（農地22条廃止）とは別に、契約期間の経過と共に一端合意した賃料額が維持できなくなる場合が生ずる。そこで、都市的土地利用を前提とした借地の場合には借地借家法11条において、農地の場合には農地法21条（現20条）において賃料の増減額請求権を規定している。前者においては、「土地に対する租税その他の公課の増減により、土地の価格の上昇若しくは低下その他の経済事情の変動により、又は近傍類似の土地の地代等に比較して不相当となったとき」と規定しているのに対して、後者においては、「小作料の額が農産物の価格若しくは生産費の上昇若しくは低下その他の経済事情の変動により又は近傍類似の農地の小作料の額に比較して不相当となったとき」と定めていた。宅地の場合には、バブル経済の時代に、一般物価は安定しているのに（従って賃金は上昇しない）地価のみが急上昇し、その結果固定資産税が値上げされたために地代の値上げ請求がなされたという経験を我々は有している。

　これに対して、農地法の賃料増減事由に「租税その他の公課」が定められていないのは、偶然ではない。農地課税においては農業収益を前提とした評価に基づく税以外には考えられず、その変動要素は既に課税標準額の構成要素に折込済である。従って、バイオテクノロジーの飛躍的発展等により農地

価格が急上昇するようなことがない限り、予想外の増税はあり得ないのである。このような農地賃貸借の法構造を前提とするならば、宅地並み課税の射程距離は、農地所有者の範囲を超えることはできないと解すべきである。

以上の諸事情を考察すると、借地人が営農を継続している限り、農業とは全く異質な宅地並み課税を小作人に転化することは許されないと解すべきである。

4　生産緑地指定の拒否との関係

市街化区域内農地は、都市計画法上非農地化されるべきものとして位置づけられている。しかし、そのようなゾーニング（線引き）をしただけでは宅地化が進まないため、都市計画的配慮の観点から、何らかの強制的要素が必要となる。つまり、本件のような「逆ざや現象」は、本来都市計画により実現すべきことを即効的な税制によって実現しようとした結果として生じた事態である。これに対抗する原理に基づいて、すなわち、都市近郊農業に対する配慮に基づいて導入された現行の生産緑地制度の下で、その指定申請に小作人がどのような動機であれ、協力しなかったからといって（違法行為ではない）、賃料につき、宅地並み課税というペナルティを課するということは妥当とは思われない。法体系上の問題としては、「私法関係と公法関係の不調和」が露呈した場合であるから、課税の適用対象者は、その趣旨に合致した者に限定されなければならない。

5　具体的解決策

本件のような場合に、当事者にとってどのような具体的解決策がありうるであろうか。

（1）契約の解除　線引きにより市街化区域に編入され、宅地並み課税の対象地になった以上、土地所有者は、基本的には、賃貸借契約を解除して当該農地を宅地に転換することを検討すべき立場にある。もちろん土地所有者には、宅地並み課税を甘受して農地のままに維持する自由はある。しかし、これは実際上大きな負担を伴う。そこで、宅地並み課税を回避するために契約を解消することになるが、その方法としては、まず、①当事者が合意によ

り解約する場合（農地20条［現行18］1項2号）がある。しかし、離作料を含めて合意ができない場合には、②所有者は具体的な農地転用計画を前提として解約の許可を求める（同条2項2号）ことができる。または、③「逆ざや現象」が生じていること等を理由として解約につき知事の許可を求める（同項5号）ことも可能である。

なお、知事の許可に当たっては、具体的事案に応じた適正な離作料の支払いを「条件」とすることができる（同条4項）。しかし、離作補償は、農地賃貸借の解消の場合において当然に発生するものではないという点に注意する必要がある。例えば、農業経営基盤強化促進法（農地集積を促進するための法律）に基づく賃貸借については、それは問題にならない。逆に考慮されるべきなのは、戦後の農地改革の際に「解放」されなかった小作地（残存小作地）である。また、離作料の額については、関西と関東とでもかなり相違しているとも言われているので、農地の地域性についても留意が必要である。

（2）生産緑地指定　土地所有者としては、生産緑地としての指定を受ければ、宅地並み課税を免れることができるから、これも一つの選択肢であるが、長期間の営農継続義務等の負担を負うこととなる点が問題となる。小作地については、耕作義務を実際に負担するのは小作人であるから、所有者は小作人の同意（法律上の要件）を得られない場合には、この方法は利用できない。

（3）「逆線引き」　そもそも当該農地が市街化区域に編入されたから、宅地並み課税の問題が生じたのであるから、この土地を含む地域を市街化区域から外すこと（逆線引き）ができれば、問題は当面解決する。しかし、線引きはゾーニングの問題であり、一筆統制の問題ではないから、当該土地のみについて行うことはできない。

（4）都市計画法制の整備（立法論）　本来は、当該農地は土地利用計画により、農業的利用から都市的利用に転換され、それを前提として都市計画命令により宅地造成と建築がなされるべきところ（日本にはこのような制度はない）、その代わりに、宅地並み課税により、土地所有者に間接的にプレッシャーをかけて宅地化を促進しようとしたために本件のような事態が生じているのである。今後は都市計画手法の強化により土地利用の転換が実現できる

ように法体系的整備を行うべきである。
(初出：平成13年度重要判例解説ジュリスト臨増1224、84〜86)

三　転用目的の農地につき農地法5条所定の許可を得るための手続きがとられていない場合における買主の自主占有の開始時期

(最判平成13年10月26日民集55・6・1001)
[事実]
　Yは、本件農地所有者Xとの間で、本件農地を800万円で購入する旨の契約を締結し (1977年7月17日)、売買を原因として2日後にYを権利者とする条件付所有権移転仮登記を経由した。YはXに対して同年同月23日までに代金を完済した。契約書においては、農地転用許可の申請は、約1年半後の1979年3月31日までに行うものとされていた。Yは本件売買契約が成立した直後には自ら本件農地を管理していたが、その後Xに管理を委託し、1989年11月頃からは、Xに対し本件農地を賃貸し、Xが本件農地の耕作を再開した。1999年に至って、Xは22年以上にわたって転用許可申請が行われなかったので、契約締結日から10年経過した時点で、転用許可申請協力請求権は時効によって消滅したとして、Yに対して農地所有権に基づいて同仮登記の抹消を求めた。これに対して、Yは売買契約直後に引渡を受け、代金を完済し、以後20年間以上、同農地の占有を継続したことによりその所有権を時効取得したとして、時効を援用した。
　第一審は、本件売買契約が法定条件にかかるものであることをYが知っていたことに鑑みると、許可がない以上、Yが代金を完済したことにより自主占有を開始したとは認められないとして、Yの取得時効の抗弁を排斥した。
　原審は、転用売却につき許可がない以上、本件農地の所有権はYに移転せず、Xのもとにあるとした。本件売買契約においても、転用許可が必要であることが明示され、登記簿上も転用許可を条件とする条件付所有権移転仮登記がなされているのであるから、Yの占有における所有の意思の内

容も、条件付きの所有権取得の意思であったものと認められる。したがって、同条件が未成就である以上、Yの占有における所有の意思の内容も条件付き所有権取得の意思であり、Yの占有は完全な所有の意思を欠くとして、取得時効の抗弁を排斥し、Xの請求を認容した。Yは自己の占有が自主占有であることを否定した点は判例に違反する（後述）として上告した（他の上告申立理由は、受理決定において排除されている）。

[判旨]（破棄・自判）

「農地を農地以外のものにするために買い受けた者は、農地法5条所定の許可を得るための手続が執られなかったとしても、特段の事情のない限り、代金を支払い当該農地の引渡しを受けた時に、所有の意思をもって同農地の占有を始めたものと解するのが相当である。」

[評釈]

1 はじめに

取得時効の要件としての自主占有は、占有者が目的物につき所有者と同様の意思をもって行う事実的支配である。しかし、その判断は占有者の主観ではなく、占有取得の原因である事実によって外形的客観的に定められるべきものである（通説・判例、最判昭45・6・18判時600・83等、我妻栄・新訂民法総則478等）。売買契約における買主は、一般論としては、所有者（未登記の場合のように対抗要件を具備しない所有者も含めて）として、目的物につき自主占有を開始する。本件においては、買主の権利（取得）が法定停止条件付きであったために、そのような本権に基づく占有が自主占有といえるか否かが、自主占有の開始時期と関連して問題となった。

2 先例

農地法が施行されたのは1952年であるが、それ以前にも、農地調整法4条に同趣旨の規定が置かれており、同条に関する次のような先例がある。農地の賃借人が所有者から同農地を買い受けたが農地調整法4条の許可を受けていなかった事案において、「農地の所有権移転の効力要件とされていた許可等の手続きがとられなかったとしても、買主は特段の事情のない限り、売買

契約を締結し代金を支払った時に民法185条にいう新権原により所有の意思をもって右農地の占有を始めたものというべきである」と判示していた（最判昭52・3・3民集31・2・157［東篠後掲解説］、この部分は上告受理申立理由でも引用されている）。その後の判例（最判昭59・5・25民集38・7・764、最判昭63・12・6裁判集民事155・187）も同様であるが、いずれも農地を農地として売買する事例であった点で、本件とは異なっている。すなわち、上記先例は現行農地法の条文でいえば3条に該当する事案についての判断であり、本件は同法5条に関する事案であるため、真に先例と言えるかが問題になりうる（後述3参照）。

さらに、民法185条に関する前掲判例が本件にとって先例としての意味があるか、という点も問題となりうる。新権原による占有が自主占有でなければ時効取得の基礎となり得ないから、新たに占有を取得する本件のような場合と、以前から他主占有をしていた場合とでは、自主占有取得の要件という点では共通している。つまり、自主占有の要件については、先例としての意味を有していると考えてよい。

3 農地法3条および5条の沿革と相違点

農地法による権利移動の統制は、農地改革の成果を維持することを主要な目的の一つとして制定された農地調整法4条1項（許可）および五項（効力）に由来する。同条は、1952年の農地法の制定・施行に際して、転用目的の権利移動を農地法5条において規律することとした外は、同法3条に承継されている。その結果、それ以降は、農業者同士の農地の権利移動については農地法3条が適用され、農地の転用を目的とする非農業者への権利移動については同5条が適用されている。したがって、農地の権利移動の法定条件に関する農地調整法4条をめぐる判例は、基本的に農地法3条および5条の先例となりうる。

占有の移転を伴う権利移動を目的とする法律行為に必要な許可がない場合には、その効力が生じないとされているので（本件当時の5条2項による3条4項の準用）、売買の場合において、許可がない以上買主がその所有権を取得することができないことは確かであるが、自主占有性の取得についてはど

うであろうか。以下では、本権的権利の取得と自主占有の取得とに分けて検討してみよう。

4 農地法上の許可の意義と効力

(1) 許可の意義

(イ) 公法上の意味 　農地の権利移転には、都道府県知事または農業委員会の許可が必要とされているので、その行政法（公法）上の意味が問題となる。通説によれば、法文上は「許可」とされているが、法的性質は「認可」であり、「認可」により当該法律行為は完全な効力を生ずると解されている（田中二郎・行政法総論308）。

(ロ) 私法上の意味 　農地法5条2（現3）項が準用する同法3条4（現7）項の解釈については、効力要件説と法定条件説とに分かれている。

(2) 許可の私法上の効力

(イ) 効力要件説

(a) 全部無効説 　この説によれば、許可がない以上、X・Y間の売買契約はまったく効力を生じないことになる。農地調整法4条の趣旨を重視すれば、このような解釈も可能であるが、許可があるまではX・Y間に何らの法律関係も存在しないとすると、売主Xが許可申請に協力しないというような場合に、買主YがXに対して協力を求めるための法的根拠が存在しない（効力を生じていない）ことになり妥当ではない。許可申請は権利移動の当事者による共同申請とされており、単独ではできないので、買主には何らかの法的手段が必要だからである。Xの共同申請への協力が得られない場合に、Yとしてはその協力を求めて訴訟を提起できなければならないが、そのための法的根拠が必要である。したがって、少なくともその限度で売買契約の効力を認めるべきである。それさえも認めない趣旨であれば、この説は妥当ではない。

(b) 物権的効果無効説 　売買や贈与の場合には、許可が出るまでは所有権移転の効果は生じないが、売買契約の債権的効果は生じているから、買主Yは売主Xに対して義務履行として許可申請に協力するように求めることができる。この考え方は物権行為独自性説に立つと、説明が簡潔にできる

(宮崎俊行「農地の売買」契約法体系Ⅱ　202頁）と言われている。物権行為という概念を解釈上認めることに対しては、物権法規定の沿革や思考経済上の問題を含めて批判があるが、それは常に外部的徴表を伴って独自に行われる必要があると解すべきではない。物権的効果は債権行為から生ずるのではなく、物権行為から生ずると解した上で、通常は、売買契約の際に債権行為と物権行為が同時に行われていると解すればよいであろう（田山・物権法48、成文堂）。

　このように、観念上は両者を区別した上で、農地法5条2（現3）項は、許可がない限り所有権移転等の効果は生じない旨を定めていると解すればよい。すなわち物権行為にのみ停止条件が付されていると解すればよい。したがって、許可前においても、買主は目的物の取得について債権的権利を有しており、これを第三者に譲渡することも当然に可能であり、このような買主としての地位を譲渡することさえも可能である。

　また、相手方に対する許可申請協力請求権は、債権契約から生ずるものであるから、債権として10年の消滅時効に服すると解すべきである。

　物権行為の独自性を否認する立場においても、農地法5条2（現3）項を効力要件と解する説がある。「知事の許可がない限り当該売買契約は有効に成立しないけれども、知事の許可を受ける以前においてその契約がまったく無効なわけではな」く、「一定の債権的効力生ずる」と解するのである。その一例として、当事者間における許可申請協力請求権はその「効果」に基づいて発生すると解する。（中尾英俊「農地の売買と知事の許可」不動産法体系Ⅰ514頁、仙台高判昭32・3・20下民集8・3・540）。この説においては、債権行為から物権的効果を導き出すため債権行為を全面的に有効とすることができないため、その部分的有効という構成を採ることになるが、その論理的根拠が明確ではない。この説に立脚したと思われる前掲裁判例では、農地法3条などの趣旨に反しない事項については債権的効力を有する、と解している。しかし、趣旨に反する事項とは権利の設定・移転を目的とする事項（物権行為）であり、趣旨に反しない行為とは物権的効果以外の債権的効果なのではないだろうか。

　最判昭和30・9・9（民集9・10・1228）は、効力要件説に立っていると

されている。農地法の農地改革との関連における重みを考えれば、判例の態度は理解できる。安武敏夫後掲評釈は、最判昭36・5・26（民集15・5・1404）も効力要件説に立つとしているが、米倉後掲評釈（101）では、法定条件説であるとされている。

(ロ) 法定条件説

権利の設定・移転的効果が生じないという点を、法律行為の効力要件として考えるか、法定の条件として考えるかという点が、効力要件説との理論構成上の相違である。物権行為否認説の立場では、効力要件として構成すると前述のような理論的問題が生ずることもあり、権利移転的効果の不発生を法定条件の効果として理解する傾向がみられる。

この説においては、権利の設定・移転を目的とする法律行為の効力発生要件は、知事の許可という将来の不確実な事実の成否にかからしめられていると解する。また、法定の条件とはいえ、条件成就前の権利として、一種の期待権として保護され、農地法などの趣旨に反しない限り（民法130条の類推は趣旨に反する）、民法128条、129条の類推適用も可能となる。従って、この権利に基づいて相手方に対して許可申請に協力するように請求し、また、許可前の権利を期待権的権利として、第三者に有償譲渡することも可能である。効力要件説に立っても、物権・債権峻別説を前提とすれば、同様の結論を導くことができるが、物権行為否認説を前提とすると、このような結論を導くことは困難となろう（安武・後掲評釈201）。

法定条件と法律行為の付款としての条件とは区別しなければならない。当事者が当該売買契約において停止条件のような趣旨で規定していても、それは法定条件の内容を繰り返したものに過ぎない。したがって民法の条件に関する類推規定の適用に当たっては、上記のような検討が必要である。

また、この説においても、相手方に対する許可申請協力請求権は、このような期待権的権利ないし地位から生ずるものであるが、その性質（物権的効果は未発生）から考えて、債権として10年の消滅時効に服すると解することになろう。

5　買主としての地位と許可協力請求権の法的性格

　農地の買主の地位ないし権利を物権的取得権（この概念については、我妻・新訂物権法38頁参照）と解することは可能であろうか。特定物、特に土地所有権を取得しうる法的地位が仮登記によって保全されているような場合には、単なる債権的地位以上のものがあると考えられる。本件のような場合にも許可さえあれば、当該農地の所有権を取得できる法的地位であるから、これを物権に準じて評価するとすれば、消滅時効も物権に準じて20年と解する余地が生ずる。

　しかし、通常の不動産について予約完結権を仮登記している場合のように、仮登記権利者がいつでも権利を行使して物権の取得を実現できる場合とは異なり、本件のような場合は、許可を申請しても、許可されるか否かは不確定なのであるから、物権的取得権と解するのは妥当ではない。

　もっとも、買主としての地位ではなく、それから派生する許可申請協力請求権の消滅時効が問題にされる場合において、買主としての地位を物権的取得権と解するときは、物権に準じて20年と解すべきかが問題となるが、前述のように、本件の場合には、物権的取得権と解すべきではないから、債権として10年の消滅時効にかかることになる。所有権が買主に移転しておらず、その地位も物権的取得権と解すべきでない以上、所有権から派生する権利として構成することはできないからである。

6　取得時効

　買主Yとしては契約に基づく防御手段（許可申請協力請求権など）が尽きているので、取得時効の抗弁を提出せざるをえなかったのであろう。

(1) 自主占有の要件

　時効取得の基礎は、自主占有である。すなわち、所有権を時効によって取得するには、「所有の意思」をもって一定期間占有を継続しなければならない（162条）。「所有の意思」は占有者の単純な意思（主観的要素）によって決定されるのではなく、占有の「権原」（その客観的性質）によって決せられる。すなわち、占有の取得原因としての事実の客観的性質によって決定され

る。従って、賃借人は内心において所有しようと考えていても、その「権原」から判断して自主占有者ではないが、窃盗犯には自主占有が認定されうる。では、「権原」に所有権を取得させない趣旨の「欠陥」が付着していた場合にはどうであろうか。

(2)「権原」としての法律行為の未履行等

(イ) 未登記・代金未払の場合　売買契約が法律行為としては有効であるが、対抗要件を具備しないまま時効成立に必要な期間を経過した場合には、判例は、買主につき取得時効の成立を認めている（最判昭35・7・27民集14・10・1871ほか）。農地の場合には、許可がない限り権利の移転登記はできないから、許可前に未登記が独自に問題になることはない。

　本件の場合には、売買代金は支払い済みであるが、買主が代金を未払いの場合においても、判例は自主占有の成立を認めている（最判昭44・12・18民集23・12・2467）。不動産の売買は、通説・判例によれば、特定物の売買であるから、未登記または代金未払いの場合であっても、抽象的なまたは不完全な所有権は原則として買主に移転しているはずである（契約成立時説）。この点につき、前掲昭和52年の最判は、農地の売買において「被上告人（買主）は売買契約を締結し代金を支払った日に本件土地につき新権原により所有の意思をもって占有を始めたということができる」と述べて、自主占有につき代金支払いを重視しているかのように見える。この部分の解釈については、「代金の支払いもないのに所有権が自己に移転したと信ずるようになるはずもないから」との理由で代金支払いを自主占有の要件としたとの推測（藤原・後掲民商69）もあるが、この推測は、特定物所有権の移転時期に関する契約成立時説と矛盾する（藤原説はこの推測を自主占有と善意占有の混同によるものであるとしてその正当性を否定する）。これに対して、この推測は判例理論に反するとして「代金も支払っていない者に所有権の時効取得を認める訳にゆかない、という裁判所の利益考量」であると解する説（甲斐・後掲評論27）もある。しかし、この説に立つと、窃盗犯人に自主占有を認めることはできないことになろう。

　いずれにしても、代金を支払い済みであることを自主占有認定の要件のように解することは妥当ではない。この点は、短期取得時効（162条2項）の場

合にのみ「無過失」との関係で問題にすべきである。

(ロ) **法律行為に権利取得上の欠陥がある場合** 法律行為の前主が無権利であった場合（最判昭42・7・21判時496・30）や、無権代理行為であった場合（最判昭51・12・2民集30・11・1021）のように真の権利者が関与しない場合にも、判例は自主占有を認めている。「意思無能力者」によってなされた贈与により占有を取得した者については問題である（安達・(旧)注民（5）182）。後見人等の権利擁護者が付されている場合には、健常者と同様に解してよいが、贈与が利益相反行為に該当する場合と、そもそも権利擁護者が付されていない場合には、民法が「意思無能力者」を保護している趣旨に鑑みて、自主占有を認めるべきではない。

なお、占有取得者が詐欺をした場合について自主占有を否定して短期取得時効を否定した判例（最判昭48・1・26判時696・190）があるが、これは短期取得時効を否定することに重点があった、と評価しうる余地のあるものである。

(ハ) **法定条件の未成就** 本件のように、YがXから農地を購入したような場合には、仮に農地法上の許可、代金支払い、移転登記が済んでいれば、Yは所有権を契約によって承継的に取得するから、取得時効は問題にならない。しかし、本件では、農地法上の許可を得ていないために、買主Yが当該農地の所有権を取得していないのである。しかも、許可申請協力請求権（債権）がすでに時効によって消滅しているため、売主が許可申請に任意に応じない以上、許可の取得は不可能な事案である。

Yの占有取得の「権原」は売買であり、その客観的性質の点では問題はないが、前述のように、農地売買であるため許可がない限り買主はその所有権を取得できないのである。つまり、このような「権原」も自主占有の基礎となしうるかという点が問題となる。

7　法定条件付き売買における自主占有の判断

判例および裁判例は、この点につき、従来は一定していなかった。

(1) 否定説

自主占有を否定するもの（東京高判昭48・2・27判時697・46、最判昭50・

4・11民集29・4・417は自主占有を否定した原審判決（大阪高判昭49・7・16六）を肯定している）がある。同大阪高裁判決は、買主は「本件売買契約当時農地の売買について知事の許可が必要であることを知っていたものということができるから、本件農地の所有権を取得していないことを知っていたといわねばならない。してみると、被控訴人（買主）の本件土地占有は、所有の意思に基づかないものというほかなく、時効取得するに由ないものというべきである。」と述べている。占有の性質は、その取得原因である権原の客観的性質によって決定されるとの考えを前提にしても、知事の許可を欠いた売買契約によって占有を取得した場合には、二つの方向での解釈が可能である。一つは、その権原が所有権の移転を目的とする法律行為である点に着目して、その客観的性質から当然に自主占有性を認めるべきであるという考え方である。

しかし、これに対しては、農地売買における重要な効力発生要件である知事の許可を欠いている点に力点を置いて考察すれば、「重要な要件を欠いた権原」の客観的性質上、自主占有を肯定することはできないと解することも理論的には可能であるとされている（藤原・後掲評釈690）。これは、占有の「権原」の欠陥（無許可）を重視する見解であり、農地法の趣旨を重視し、これを潜脱することになる時効取得を認めない趣旨ということになろう。しかし、この考え方は、農地法の趣旨を重視しすぎ、占有者の利益を軽視するものであって妥当ではない。農地法の趣旨の実現は、前述のように、農地法上の原状回復命令や罰則によって担保すべきであって、時効制度の解釈論によってなすべきではない。

また、占有者の農地法に関する知・不知の問題は、自己が法律的に所有権者でないことを知らない点に関連するものであり、自主占有の成立要件には関係させるべきではない（藤原・大沼・後掲評釈5頁）。すなわち、農地法に関する占有者の悪意は、短期取得時効（162条2項）の成立にとっては障害となるが、それは自主占有の不成立によるものではなく、「善意・無過失」要件の不成立によるものである。「自主占有と善意占有とは本来別のものであり、自主占有が同時に悪意の占有であることも論理的にはありうることであって、自主占有であるか否かは客観的に、善意の占有かどうかは主観的に決

められ、自主占有が成立するためには必ずしも占有者みずから所有者であると信じている必要はない」(藤原後掲評釈692頁)との指摘は正当である。長期取得時効制度の趣旨にも関連する問題(川島武宜・民法総則548頁、星野英一・民法論集(四)173頁参照)である。

(2) 肯定説

　法律行為によらないで農地の占有を取得した事案においてではあるが、時効による農地所有権の取得には知事の許可は不要であるとした判例がある(最判昭50・9・25民集29・8・1320)。法律行為によらない占有取得の場合には、自主占有を許可とは無関係に認めていることになろう。農地法の解釈としては、法律行為による占有取得の場合にも、同じ時効取得の事例として、二つの事例の間のバランスを考慮する必要があろう。

8　農地法上の許可の効力と民法162条2項の適用(善意)

(1) 善意の意義と対象

　本件では、争点になっていないが、買主に自主占有が認められれば、短期の時効取得の可能性が問題になる。そのための最重要の要件は、買主の「善意・無過失」である。すなわち、占有の初めにおいて自己が所有者であると信じたことに過失がないことが必要である。農地法(5条2[現3]項)によれば、農地所有権の移転を目的とする法律行為は知事の許可がない限り効力を生じないのであるから、農地の買主は、善良なる管理者の注意義務を尽くせば、許可がない限り所有者ではないことにつき、知り得たはずである。したがって、仮に善意であったとしても、過失があったと解することは可能である。本件の場合にも、転用許可申請は売買契約条項に盛られていたから、当事者はそのようなことが必要であることは知っていたのであるが、それが所有権取得に係わる事項であるということについてまで、理解していたか否かは明らかではない。

　一般論としては、占有者の善意は推定されるが(186条)、本件の場合には農地法に基づく法定条件の効果に関する善意であるから、農地の取引をしようとする者としては、仮に善意であったとしても、過失はあったというべきであろう。

本件では、以上のような短期取得時効の問題点を提示することなく、162条1項により20年の取得時効を主張したものと思われる。
(2) 無過失を認定しうる「特段の事情」の内容
　本件は、短期時効取得の事案ではないが、前掲最判昭和59・5・25（短期時効の例）は、無過失を認定しうる「特段の事情」につき「譲渡についてされた知事の許可に瑕疵があって無効であるが右瑕疵のあることにつき善意であった等」と例示している。

9　農地の引渡等と「特段の事情」

　占有開始の要件としては、Yによる当該農地の現実の引き渡し（直接占有）で客観的には十分である。自主占有といえるか、という点については、売買契約に基づいて引き渡しを受けていることにより認定してよいと考える。ただし、本件の場合には、農地法5条違反の占有であり、Yは当該農地の原状を変更していないが、Yは非農家であるから、もしも許可前に非農地に変更するようなことがあれば、原状回復命令を受けるような事態も考えられる。すなわち、当該農地に関するYの占有の取得も、同農地のXへの賃貸も違法（無許可）であるから、それに対応する法的制裁は生ずるが、それだけではYの占有者としての所有の意思を妨げることにはならないと解すべきである。したがって、本件判決は、「当該農地の引渡しを受け」たことを、判決理由部分と傍論部分において述べているが、それは占有取得認定の要件であって、その自主占有性の要件と解すべきではないであろう。
　本判決では「特段の事情のない限り、代金を支払い当該農地の引渡を受けた時に」自主占有を開始したとしている。先例的意義を有する前掲最判昭和52・3・3では「特段の事情のない限り、売買契約が締結されその代金が支払われた時」とされていた。したがって、「特段の事情」とは所有権移転時期に関し特段の合意があったことなどを指すとの解釈がなされていた（後掲藤原評釈691）。本判決では「代金支払い」と「引渡」を要件としている。前掲判決では「引渡」を明示していないが、認定していたのであり、その点での本質的相違はない。「代金支払い」を必要としたのは「引渡」のみでは確認できない要素があるからではないか。例えば、賃貸借ではなく売買により

占有を取得したことを認定するためではないか。このように解するとしても、結局は、「特段の事情」とは、所有権の移転時期に関する特段の合意などを意味することになろう。例えば、当該農地上の作物の収穫までは、売主が所有権を留保する旨を合意した場合は、収穫の終了時から自主占有が開始することになろう。

　また、Yは占有の開始後、当該農地の管理を委託し、さらにこれをXに賃貸している（この時点から間接占有）。この時点で、Y・X間に賃貸借契約が成立していたと思われるので、これもYの自主占有、Xの他主占有を根拠づける事情になりうるようにも思われるが（本件判決も傍論で述べている）、自主占有か否かは、まず、占有の開始時点において判断されるべきであるから、この点は占有の継続上の問題として考慮すべきであろう。

10　上告受理申立理由との関係

　Yは、「申立理由」において「本件農地の売買代金800万円を完済しているもので、右代金を支払った時に民法185条の新権原により所有の意思をもって本件農地の占有を始めたものと認定されるべきである」と述べ、前掲最判昭和52年3月3日を引用している（最判民集55・6・1006）。農地の引渡を受けた時から代金の支払いまでは他主占有（または不完全な自主占有）をしていたと構成しているのであろうか。

　本件判示は、結論においてYの自主占有を認定しているが、185条を引用していない。　本件では、契約成立の後、農地の引渡、条件付所有権移転仮登記および代金の支払いが一連の義務履行として行われている。したがって、買主Yが自主占有の取得前に短期間でも他主占有をしていたと解すべきではなく、Yは初めから自主占有を取得したか否かを問題にすべきである。判示が民法185条に言及していないのは、その意味において妥当である。

【引用・参考文献】
　藤原弘道・大沼容之「農地調整法4条所定の知事の許可と民法185条の新権原による自主占有」判タ367・5
　安武敏夫「農地調整法4条所定の知事の許可と民法185条の新権原による自主占有」法律時報49・12・199

東條敬「農地の賃借人が所有者から右農地を買い受けたが未だ農地調整法4条所定の知事の許可又は農地委員会の承認を得るための手続が採られていない場合と新権原による自主占有の開始」最高裁判所判例解説・52年度76頁

藤原弘道「農地の賃借人が所有者から右農地を買い受けたが未だ農地調整法4条所定の知事の許可又は農地委員会の承認を得るための手続が採られていない場合と新権原による自主占有の開始」民商77・5・63

甲斐道太郎「農地の時効取得につき無過失であったとはいえないとされた事例」判例評論・318・25（判時1154・187）

米倉明「農地の売買契約において「知事の許可を得ることを条件とする」ことの意義」法協80・2・99（同『民法判例研究（1）』新青出版、2000年）に所収。

初出：判例評論525（判例時報1794）178～182頁、民商法雑誌127巻1号59～74頁、2002年

第5編　ドイツ土地法の諸問題

　本編では、タイトルの通り、ドイツ土地法に関する論文を収録している。私の土地法研究は、ドイツ法については農業関係が多いが、都市の法についても、区画整理については、法制度的に見て農地整備法と共通する点が多いために、かなり力を入れて研究してきた（第1章）。特に換地については、通常の法律知識をもってしては理解できないために、突っ込んだ検討をした。その過程で、法思想的には、民法の「代償物の理論」に通ずるものであることが分かったことは、大きな成果であった。

　第2章の「土地所有思想と公共思想」では、民法学者として知られたイェーリングやギールケ等の土地所有に対する考え方を研究してみた。バブル経済の崩壊後ではあるが、土地所有についての彼らの根本思想は、現在でも十分に妥当する。

　第3章の「農村計画と農村整備」では、農村計画の必要性を説いたのであるが、北村貞太郎教授（当時：京都大学）の研究グループに加えていただいた結果（土地利用計画研究委員会「実効ある土地利用計画に基づく優良農地の保全と地域整備とを統一した農業委員会の新しい転用行政のあり方」京都府農業会議、1994年、参照）である。その際に、研究会をお膳立てしてくださったのは、松本一実氏（当時、京都府農業会議）であった。本書の校正を行っているときに、同氏の突然の訃報に接した。本書をご本人にお届けできないのが残念でならない。なお、本章のドイツのシステムに関しては、内容的にやや古くなってしまったが、考え方としては、十分に参考にできると考えて、あえて採録した。

第1章　災害復興の手段としての区画整理
——ドイツの歴史に学ぶ

はじめに

　本章は、2011年の日本土地法学会の名古屋大会（名城大学）の報告である。第二次大戦後の名古屋市の土地区画整理のことも念頭に置きつつ、私から、この分野の専門家でいらっしゃる大場民男会員に、換地制度を含めて区画整理を取り上げたい旨を申し上げたところ、土地改良換地との関連も含めてやりましょうとの提案があった。しかし、私の方の都合で、土地改良換地に関する報告の具体化が進まないでいたところ、3月11日の大震災に至ってしまった。

　そこで、大場民男先生（弁護士）とご相談のうえで、標記のようなテーマに修正した。区画整理の領域については、準備を含めて、大場先生を中心に進めていただくことが最善であると考えた。私は、3月11日の大震災のショックの中で、報告内容を検討したが、「前座」的な意味も込めて、当時自分が感じていることを率直に申し述べることで、最小限度の役割を果たさせていただくこととした。

　最初に取り上げた「ハンブルクの大火災とその復興」は、都市計画的内容であり、形式的には区画整理そのものではないが、実質的にはそれを含んでおり、また、復興事業を行うに際しての心構えとして、参考になると考えた次第である。第二点目は、水害は津波に限らず生じるので、その復興ないし予防の手段としての土地改良（耕地整理）事業に注目し、事業導入と職権主義との関係を取り上げた。もちろん、そこでは土地改良換地が問題になる。第三点目は、日本でも換地は極めて特殊な制度として受け入れられているが、その法理論的検討は必ずしも十分ではないので、そこに考察の光を当ててみた。

また、学会当の司会者の故村田博史先生（2014年ご逝去）から、阪神淡路大震災についても、それぞれの立場で、多少触れるようにしてはどうか、との助言を予めいただいたので、私は、当時の講演原稿（未公刊）を〈資料（本書では割愛）〉として付けさせていただいた。

一　ハンブルクの大火災とその復興

1　大火災

1842年（天保13年──老中・水野忠邦の時代）に、ドイツのハンブルクで発生した大火災後の復興法について述べてみたい。

1842年5月4日に、たばこ工場から出火した。夜回り警備の者が発見したが、専門家も延焼を阻止することはできなかった。空気が乾燥していたこともあって、火は、運河の対岸にまで及び、5日の朝も、そして午後・夕方・夜も燃え続けた。6日には、火は別の方向へ延焼し、消防隊の努力もむなしく、7日にも火は燃え続け、8日に至ってようやく鎮火した。

出典：図左上の通り（注2）参照

当時のハンブルクの都市部の約4分の1が被災し、51人が死亡した。家を失った人の数は約2万人、破壊された家屋は約1700戸、と評価されている（当時のハンブルクの人口は16万人（現在は約160万人）といわれている）。ほかに、102の倉庫、3つの教会、市役所、銀行、公文書保管所、証券取引所などが被災した。

すべての関係被災建物の所有者に賠償したハンブルク火災金庫は、全建物の20パーセントが破壊されたと報告している。同金庫は、40年の分割返済融資を行った。これのお蔭で多くの「宿無し市民」を生み出さないで済んだ。この災害に対しては、国際港ハンブルクであったこともあり、海外からの支

援を含めた莫大な援助がなされ、国債による援助と合わせて、速やかな復興が可能となった[1]。

そこでは、従来の地境を度外視して、最も短期間で決定された建築計画に従って、徹底した都市建設の新秩序が実現された。建築制限条項が、一方では収用された土地の再売買契約の中にも含まれており、他方では、被災地区の建物の再築に際して従うべき建築計画および消防計画に関する命令によって、ハンブルクにとって初めての包括的な建築許可制度が導入されたのである。ここでは、公共の福祉の重要性と実際的必要性とが明確に認識され、この計画の実現のために必要な法規定の整備がなされた[2]。

2 ハンブルクの火災復興令の特徴

(1) 復興令[3]の制定方法――市民の意思の尊重

復興令の前文において、焼失市街地の復興に際して従うべき建築・消防警察上の命令を、ハンブルク市評議会の命令として発しているが、「評議会と市民との決議」に従って制定している。火災から2ヵ月後に、建築禁止を含む重要な規範を設定しているが、市民「代表」の了解を得て行っていたように思われる。被災者の了解ではないが、市民の了解を得ていた点は重要である。緊急時であるからといって、上からの判断のみで規制してよいとはいえないことを示している例であると思われる。きわめて迅速な対応であったことも注目すべき点の一つである。

(2) 建築禁止地の指定と道路、歩道との関連での建築制限――都市計画上の消極的規制

建築禁止地の指定を行っているが、これは、可能な限り回避すべきものとされている。その上で、それが所有者の利益のためになされなければならな

---

1) http://de.wikipedia.org/wiki/Hanburger_Brand および〈写真〉参照。
2) Julius Faulwasser, Der grosse Brand und Wiederaufbau von Hamburg,Hamburg 1892(本文献〈資料2〉参照)の入手は、在独中の川瀬恵子氏とゲッチンゲン大学のDr.wolfgang Winkler 氏のお世話になった)および http://de.wikipedia.org/wiki/Hanburger_Brand 参照。
3) Verordnung über die baupolizeilichen und feuerpolizeilichen Vorschriften, welche bei dem Wiederaufbau der Gebäude in dem abgebrannten Stadttheile zu befolgen sind. Beliebt in Folge Rahth= und Bürger =Schlusses vom 16. Juni 1842. Auf Befehl Eines Hochedlen Rahths der freien Hansestadt Hamburg publiziert den 29. Juli 1842.

い場合において従うべき基準（道路や歩道の幅、地下室へ設置の位置や通風口など）を設定している（1条）。建築禁止地に地下室用の一定の施設の設置を認める場合には、その建物所有者に建物前の歩道のアスファルト舗装を義務づけていた（2条）。これは、許可の対価的義務であると定めていた。道路に接して道路側に傾斜した窓を設置する場合には、歩道から少なくとも8フィート（1フィートは約0.3メートル）の高さ制限がなされていた（3条）。広場や道路に堆肥用の箱などを設置することは禁止された（16条）。建物の外壁及び骨格は、原則として、4フィート後退していなければならなかった（17条）。

（3）建物に関する防火の観点からの制限——建築物規制

(a) 耐火性　新築建物については、構造上の強度を前提とした上で、さらに建物のすべての側壁は、一定の幅の堅固な囲障または石を用いて建設されなければならないとされた。この例外となるのは、庭園内にある、または「離れ」としての小規模の建物（木造も許される）のみである。ここでは、ストーブの設置は認められなかった（4条）。

軒じゃばら等の目的であっても、突き出た木造施設は、その後は建物の正面などに設置されてはならないとされた。クレーンや巻き上げ機も木造のものは許されず、木製の雨どいも、金属で覆われていても許されなかった（5条）。

(b) 新建築物の相隣関係——延焼防止　隣家に対する建物の境界壁（防火壁）は、隣家の屋根から2フィート高くなるように設置されなければならならず、1筆の土地に複数存在する建物についても同様とされた（6条）。当該分離壁は、異なる建物所有者の共有とされてはならず、一度建築された建物が分離される場合には、所管官署の許可が必要であった（7条）。

(c) 建物関連施設および屋根に関する制限　道路や運河に接する建物に張り出し部分を設置することは、無条件ではできず、屋根で覆われていないポーチやバルコニーは認められるが、木製のものは認められないとされた（8条）。大きなショーウインドーは、金属などで支えられていなければならず、関連設備も金属や石で設置されなければならなかった（9条）。居宅の入り口も一定規模以上でなければならないとされていた（10条）。屋根は、石、

スレートなどの耐火資材で覆われていなければならず (11条)、建物の屋根は、亜麻またはその他の非耐火資材で葺くことは禁止された (15条)。炉や煙突に関する従来からの法律は遵守されるものとされており、その上で、木造物に接するような設置は禁止されていた (12条)。

(4) 都市インフラの整備と負担金――都市計画上の積極的規制

罹災都市地区内の低い道路を地盛りすることの必要性が規定されていた。これに関する詳細な定めは、評議会＝市民代表団によって建築許可の付与の際に定められるものとされていた (13条)。罹災都市地区内では、さらに、国家が適切であると考える場所の道路の地下に、下水施設が設置されるべきものとされた。それを前提とした上で、各土地所有者は、自己の費用負担で、鉄製の排水パイプを設置することができた。下水道施設の設置のために、小路 Gasse の土地所有者が下水溝施設の費用のために給付しなければならない負担金は、憲法に違反することなく規定される、との定めがあった (14条)。

(5) 業者等の違反者に対する罰則など――実効性の担保 (1)

建物の施工業者などがこの法律に違反した場合には、罰金に処せられ、取り壊しや変更を命じられることがあるとされていた (18条)。

(6) 法令遵守のための組織と監視――実効性の担保 (2)

当該復興令が遵守されるために、法的システムが用意されていた。すなわち、評議委員会＝市民代表団によって、建築警察監視委員が任命されることになっていた。当該委員は、罹災都市地区を視察し、その際に様々な相談に乗り、それに関する調書を作成し、さらに、一般火災保険令や同委員会の具体的指示が遵守されるように、建築行為に対する監視を行うことになっていた (19条)。

(7) 視察と違反に対する処分――実効性の担保 (3)

建築禁止地の指定、歩道・都市計画上の建築線等の規定についての視察は、被災都市地区内においては、それを受託された評議会＝市民代表団の構成員によって、建築警察委員と牧師管区の長の参加の下で、実施された (20条)。違反が発見された場合には、建築警察監視員は、直ちに評議会＝市民代表団の構成員に報告し、その他の違反が一般火災保険令に関する場合に

は、最長老の同金庫職員に文書で報告することになっていた。違反に対しては担当の委員によって必要な処分が命じられ、この処分に反すると、委員会への召喚が定められていた（21条）。評議会＝市民代表団の構成員とその委員は、その処分と決定の実施のために、建築委員会と警察官署を利用することができた。

（8）執行機関の権限と一般法との関係──法規範としての整合性

消防及び建築警察上の命令に関する法律は、復興令に特段の定めがない限り、存続し、厳格に適用された。評議会が単独で、これを修正することも可能とされていた（22条）。

3　ハンブルクの復興に関するまとめ

これらの「建築の自由」を規制する措置が、19世紀の中頃に、ハンブルクにおいて大災害の直後に初めて実施されえたということは、国家的援助を前提としていたとはいえ、特筆すべきことである。他のドイツ諸邦が都市計画的手法により「建築の自由」に対する強力な都市計画的制限を行うことを実現するには、さらに何十年もの年月を要したのである[4]。

さらに、もう一点、憲法上極めて重要なことを付け加えておかなければならない。この復興を指導した評議会＝市民代表団 Deputation のことである[5]。Deputation とは、特定の事項を審議・調査・処理させるために、特に選任されたメンバーから成る合議制の機関である。ここでは「市参事会 Senat の会員 Rat と市民代表から成る合議制機関」であった。

このときは、復興事業を指導するために、「参事会会員・市民代表委員会」が設置され、これがハンブルクの復興のための諸施策を実施したのであるが、その結果、その成果と手続きの民主的性格とにより、憲法の民主主義的改革に対する国民の希望を大いに強化することとなった。

憲法の根本的改正のための「代表委員会」は、すでに1814年に設置されて

---

4) 田山輝明・ドイツの土地住宅法制、(成文堂、1991年) 2章第3節「建築の自由──Baufreiheit」参照。
5) 現在のハンブルクにおける Deputation については、http//de wikipedia org/wiki/Deputation (Hamburg) 参照。

いたのであるが、災害の翌年である1843年に再度招集されたのである。結局は、市参事会の譲歩が得られず、憲法改正は実現しなかったが、1848年の2月革命後まで、この火種はくすぶり続けることとなったのである（1849年3月にフランクフルト憲法制定、1850年1月にプロイセン憲法制定）。

また、前述のように、復興令第14条において「‥‥負担金は憲法に違反しない」と規定しているが、本来法律において、このような規定を設けることは、規範矛盾であると思われる。つまり、これは、前述の Deputation を背景としてのみ、その意味を理解することができると思われる。Deputation を通しての市民の参加により復興措置が指示されているからこそ、憲法判断にまで言及できたのである。

最後に、当時のハンブルク市民の非常事態における勇気とその先見性に敬意を表し、この項のしめくくりとさせていただきたい。なお、この部分の関連資料の一部は、一旦紛失してしまったが、ゲッチンゲン大学のヴォルフガンク・ヴィンクラー博士と当時ドイツ留学中の川瀬恵子氏により再入手していただいた。

二　オーデル川の氾濫と耕地整理法の特例

次に、ドイツにおける「水害と耕地整理法」について、職権主義の導入に焦点を当てつつ、簡潔に述べてみたい。

1　ドイツ農地整備手続と導入原則

日本の土地改良法の分野においても、2011年5月に「東日本大震災に対処するための土地改良法の特例に関する法律」（5月2日法43号）が制定され、国または都道府県は、農地等の復旧関連事業を土地改良事業とみなして実施することができるようになったので、これに関連して、ドイツの水害対策立法の歴史に言及しておきたい。

ドイツにおいて、耕地整理手続きの開始要件に、職権主義が導入されたのは、プロイセンの1920年法であるが、ドイツ帝国において職権主義が法制上完成したのは、独裁政権であるナチスがドイツを支配してからであった

(1936年)。しかし、実際には、それに先行して、約30年前に、事業導入に関する特例要件の設定を経験していたのである。すなわち、オーデル川（後述）が氾濫したときに、公的資金の投入を前提として、職権主義が導入されていたのである。

2　オーデル川洪水等規制法について

現在の日本の土地改良法とドイツの農地整備法との間の最も大きな相違点の一つは、手続導入に際しての職権主義の有無である。日本では、様々な議論を経てはいるが、通常手続きにおいては、依然として、土地所有者の3分の2の同意が手続開始の要件である。ドイツでは、前述のように、1920年のプロイセン耕地整理法において初めて職権主義を導入したが、実は、1905年オーデル川中・上流の洪水・堤防・排水路関係規制法[6]が、特別法ながら先駆的役割を果たしていたのであった[7]。

オーデル川（国際河川）は、現在のチェコ（当時のオーストリア帝国）からポーランド国境近くを流れてバルト海にそそいでいる。オーデル川は、歴史的にもしばしば氾濫を繰り返していた河川であり、詳細はわからないが、1902年と1903年の洪水は記録に残っている。同川は、低地をゆったりと流れ、その流域では運河等も早くから建設されていたのであった。1903年の洪水では、シュレジエン州では5人の死者が報告されている。この特定の地域に適用する目的で、当該特別法は制定された[8]。

(1) 対象地域

この法律の対象地域は、当時のオーストリア国境から当時のポメルン州の流入口まで（後の東ドイツの地域）のオーデル川流域とされていた（1条1項）。具体的な洪水地域の区画設定は、オーデル川委員会（2条）の意見を聞いた後、管轄大臣が決定することになっていた（同条第2項）。

---

6) Gesetz, betreffend Maßnahmen zur Regelung der Hochwasser, Deich. und Vorflutverhältnisse an der oberen und mittleren Oder. Vom 12. August 1905. (GS 1905 S.335)〈資料4〉

7) 田山輝明・西ドイツ農地整備法制の研究（成文堂、1988年）349 頁

8) Das Hochwasser der Oder im Juli 1903, Undine : EXtremereignisse,S.1-3

(2) オーデル川委員会の構成と招集手続（関係州レベルのシステム）
　専門家の協力を得るために、シュレジエン州知事の官邸所在地に、オーデル川委員会が設置された。ブランデンブルグとシュレジエン州知事のほか、河川局長や土地改良局長、さらにはシュレジエン州からは、堤防組合の組合長が委員に就任することになっていた（2条1項）。正委員7名とその職務代理7名であった。委員会は、シュレジエン州知事によって召集されたが、ブランデンブルグ州知事または2名の委員の申請があるときは招集されなければならないとされていた（同条4項）。委員には一定の報酬が支払われた（3条）。

(3) 整備計画の確定と実施手続
(a) 計画確定手続　　整備計画は、オーデル川委員会と関係州であるシュレジエンとブランデンブルクの委員会の意見を聴取したうえで、管轄大臣によって決定された（同条第3項）。
(b) 計画実施手続　　計画は確定後に実施されたが、重要な変更には、管轄大臣の許可が必要であった。その許可にはオーデル川委員会の意見聴取が必要とされた（4条1項）。計画の実施にも、オーデル川委員会の意見聴取が必要とされ、シュレジエン州知事が、以下の基準に従って、計画の実施を管轄官署に指示した。
　①作業が、もっぱらまたは本質的に、公的団体または連合体にかかわる限りにおいて、この作業は、これらの団体などによって実施される。
　②作業が、水流にかかわる限りにおいて、オーデル川建設行政庁によって実施される。
　③オーデル川の洪水・堤防・導排水路の規制の一般的利益にとって必要なその他の作業については、管轄の本省局長によって実施される。
　上記の点につき疑問がある場合には、オーデル川委員会と同計画を実施することになる管轄の州委員会の意見を聴取した後、管轄大臣が決定することになっていた。
(c) 計画の実施のための特別計画の策定とその実施　　上記の計画の実施は、個別作業ごとの特別計画の策定をもって開始された。特別計画は、公告され、かつオーデル川委員会と管轄の州委員会の意見を聞いた後に、シュレ

ジエン州知事によって確定されるものとされた。計画変更の申請は、公告実施後4週間以内にシュレジエン州知事のもとになされるものとされ、その際、全体計画の重要な変更が問題となる限りにおいて、4条1項（前述（b））の規定が準用されていた。

（4）計画実施費用の負担
(a) 費用負担の原則

実施によって生じた費用は、次のように負担された。

①個々の連合体もしくは協同体の利益になる施策が問題になっている限りにおいては、これらの団体によって、その利益に応じて負担される。

②支払義務者にその能力がない場合もしくは費用が義務者の利益を超える場合には、州と国家が補助金を給付しなければならない（7条1項1号）。

③オーデル川の洪水・堤防・導排水路の規制の一般的利益において必要な施策が問題となっている限りにおいては、費用は州と国家によって負担される。ただし、公的連合体および協同体がこれらの施策によって利益を受ける場合には、その限りで、これらの団体から徴収する（同条1項2号）。

(b) 参加利害関係人の了解が得られない場合（苦情解決の手続き）

費用の負担について参加者の了解が得られない場合には、以下の点については、[以下の者が]決するとされていた（7条第2項）。

①7条1項1号または2号で想定されている種類のいずれの施策が提出されているかについては、異議につき参加者との審議の後、州委員会の了解のもとでオーデル川委員会の意見を聞いた後に、シュレジエン州知事が決定し、了解が得られない場合、または4週間以内にシュレジエン州知事のもとに提出された決定に対する異議については、管轄大臣が決定するとされていた（7条第2項a））。

②費用が利益を超えるか否か、どの程度かについて、前述の場合（(3)(b)①）の連合体及び協同体の負担金の額について、ならびに公的連合体および協同体に対する負担金の相互の配分については、オーデル川委員会と州委員会の意見を聞いた後に、行政区委員会が決定した。行政区委員会の決定に対しては、異議申し立ては4週間以内に管轄大臣に対してなされるものとされ、これは行政区委員会に提出された。また、行政区長官（群長）も異議

権を有していた（7条第2項b））。

　③公的連合体または協同体が支払能力を有するか否かは、州委員会の了解のもとで、管轄大臣が決定した。

　④市町村には、当該施策が利益をもたらす場合に、その限度で土地所有者から費用を徴収する権利が、帰属していた。この場合には、1893年の市町村公課法（法令集152頁）の規定が、原則として、準用されていた（7条第3項）。

　⑤州および国家が負担する費用は、それぞれ、5分の1と5分の4の割合で配分された。国家財政上の建築施設の改修の費用は、国家が単独で負担した。特定の地域、すなわち、キュストリンからラドーンまでのオーデル川流域規制については、国家があらかじめ700万マルクを支払う（同条4項）。

（5）参加者の洪水回避協力義務と行政区委員会の権限

　既存の堤防を強化し、移設し、深化し、そして取壊すこと、集落または農家の屋敷の周りを堤防で囲むこと、破壊された堤防の再建を拒否すること、その他洪水を回避するために必要な施策、ならびにこれらの施策の実施のために所有権もしくは権利の収用もしくは制限を受けるべき参加者の義務の範囲については、行政区委員会が決定する。申請については、行政区長官も権限を有する（8条1項）。

　議決の前に、参加者は、必要な場合には、公示催告後に、意見聴取されるものとする。決定は、実施費用の負担義務者、参加連合体ならびに手続きに参加した者に送達された。送達後4週間内に主張されるべき請求については、管轄大臣が決裁した（同条第2項）。行政区長官は、決定の実施に必要な参加者に対する命令を発するものとされていた（同条第3項）。

（6）参加者に対する補償——施策との関連

　(a)　土地所有者への補償　　命令された施策（8条）に該当する土地の所有者は、補償請求権を有する。用益賃借人及び使用賃借人を含む利用権者および用益権者が土地所有権の収用または継続的制限によって被った損害の額は、それが当該土地のために定められた補償に含まれず、彼らに与えられた利用（権）にも含まれない限りにおいて、別途、補償される。補償は、当該土地が特別計画（6条）の公布の時点において有していた価値に従う。特殊

な価値は、補償の確定に際しては、考慮されなかった（9条1項）。

　新しい建築物、植栽、その他の新規の施設ないし改善物に対しては、施設の種類、設置の時期または現在の諸事情に照らして、これらがより高い補償を獲得するために故意になされたことが明らかになる場合には、補償は給付されなかった（同条第2項）。

(b) 金銭補償　　損害の調整が、後に実施される耕地整理手続きにおいてなされない限りは、補償は金銭にて支払われた。補償は、申請に基づいて行政区委員会が決定した。補償の額については、決定に対して、その送達後4週間以内に、補償義務者ならびに権限を有する者は、法的手段を行使することができた（10条1項）。

　行政区委員会の決定によって確定した補償が、支払われまたは供託された後においては、施策の実施は、法的手段の行使によっては、停止されないものとされていた（同条第2項）。

（7）施策の実施と経営上の変更

　行政区長官の要請により、管轄権を有する総務委員会[9]は、第8条により命じられた施策が当該不動産に、経営上の変更を必要とするような影響を与えるか否かを確定した（11条1項）。決定は、必要と思われる場合には、地域計画 Laegeplaene に関連して、郡報に2回掲載し、かつ参加した市町村と農場区 Gutsbezirk においては、地域に通常の方法において知らされるものとされ（同条第2項）、決定に対しては、参加者および行政区長官には、公告後4週間以内に、高等耕地裁判所に対する異議申し立て権が認められていた（同条第3項）。（後述（8）(d) も参照）

（8）耕地整理手続きの導入

(a) 職権による手続きの導入　　第11条（前述（7））に従って、手続きに参加した土地の経済的事情その他の規制が必要であることが確認された場合には、総務委員会（耕地整理の中心官庁）は耕地整理手続きを導入しなければならないものとされた。この手続きには、1872年4月2日の、1821年6月7

---

9) 総務委員会は、シュタイン＝ハルデンベルクの改革以来、領主＝農民関係の規制や共同地分割等において、重要な役割を果たしてきた官庁である。この点については、田山・前掲・研究、357頁、362頁参照。

日の共有地分割令の拡大適用法（法令集329頁、[10]）が、共同利用のもとにない土地についての統合手続きに準用された。ただし、以下に別段の定めがない場合に限られた。手続参加所有者の申請は、必要としないものとされた（12条）。

(b) 上記1872年法との関連（適用排除を含む）　耕地整理は、命じられた施策（8条）の対象となる土地および土地の部分を含むものとされ、1872年4月2日の法律第1条から生じる区画上の制限（一村耕地内の土地であること）は無視された。耕地整理手続の目的達成のために必要と思われる限り、総務委員会は、命じられた施策の対象でない土地をも、手続きに取り込む権限を有していた（13条1項）。

1872年4月2日の法律3条（村落耕地の経済的合理性や市街地所有者に対する配慮）および6条1項（関係人の過半数の者からの異議申立等）は、ここで導入されるべき耕地整理手続きの際には、適用されなかった。ただし、3条は、洪水保護への主たる配慮がその排除を必要とする場合以外には、適用された（同条第2項）。耕地整理区域は、総務委員会の決定により確定された。決定は、11条第2項の規定により公告されるものとされ、決定に対しては、公告の日から4週間以内に高等耕地整理裁判所に対する異議申し立てが認められていた（同条第3項）。

(c) 非農用地の評価　非農用地（建築用地や森林等）の評価が必要になる場合には、――そのためには実際の農家のもとでは一般的には前提とされない特別な知識を必要とする――、参加土地所有者の中から一人の鑑定人、補償義務者中から二人目の鑑定人、必要であればさらに鑑定人が、総務委員会によって決定された（14条）。

(d) 経営上の変更等の受忍　参加者は、必要な場合には、その従来からの経営の変更と農場の移転を受け入れなければならないとされ、経営の変更または農場の移転と結びついた建物の設置または変更は、施設工作物 Folgeeinrichtungen（道路や灌漑・排水施設などが典型例）に属するとされていた。耕地整理手続きにおいては、公的な負担を課され、それらは一定の用

---

[10] 田山・前掲・研究、80頁以下。この法律は、プロイセン耕地整理法の原則法である。

途に利用されなければならず、それから免れるには、行政区長官の許可が絶対に必要であるとされていた（15条）。

(e) 原則としての換地　耕地整理手続きにおいて、土地による補償が原則であるが、これが不可能であり、または目的に合致しない場合には、金銭によってなされた（16条1項）。金銭補償は、それが100マルクを超えない限り、償却元本の費用に関して適用される規定に従った費用手続きに服するものとされた。

(f) 耕地整理の手続き費用等　決定手続、費用決定手続の費用ならびに耕地整理手続の調整費用は、考慮されず、関連費用及び施設工作物の費用は、それが命じられた施策（8条）によって直接生じたものである限り、補償義務者が負担しなければならないものとされた（17条1項）。なお、官庁手続き費用（同条第2項）については略。

（9）当該特別法の耕地整理法への影響

　前述にように、ドイツにおいて耕地整理手続に職権主義が導入されたのは、1920年であるが、その立法の際に、立法者が、1905年の当該特別法を模範としたことは、20年法の提案理由において明確に述べられていた。このような大きな影響を与える職権による事業も、プロイセン水法においては認められていたが、耕地整理では初めてであった。また、同法において、農地の集団化と土地改良 Bodenverbesserung が初めて結合されたのである。

オーデル川洪水規制法に関するまとめ

　耕地整理法のような重要な法制度において、原則の変更を行うことは慎重であるべきであるが、我々は、常に経験に学びつつ、制度の発展に取り組まなければならない。そのような意味で、1905年の当該水害復旧立法は、現在の日本にとっても、参考になる点を含んでいると思われる。

三　代償物の理論 Surrogationstheorie と換地

　公的資金の投入を前提にするにせよ、職権により農地整備手続きを導入することは、換地を通じて参加土地所有者に対して決定的な影響を与えることがありうる。そこで、換地と民法上の交換契約（私的契約）や、土地改良法

上の交換分合（一種の行政処分）との違いを明確にするためにも、ここで、ドイツ法に依拠しつつ、換地処分の法的性質に言及しておきたい。

1 農地整備における Surrogation の思想

　ドイツの農地整備実施命令は、換地の場合に、新しい所有権を独自に創設することはなく、むしろ旧所有権に、単に他の対象をもぐりこませるに過ぎないので、これは、移転が生じない所有者についてはその所有権を失うことはありえない、ということを意味している。むしろ、所有権の対象が物質的に再形成されたにもかかわらず、その所有権は存続しているのである。したがって、真の所有者は、農地整備手続の実施後においても、権限を有しない外観的所有者に対して、その所有権を、農地整備手続の前と同様に、主張することができる。したがって、通常裁判所に出訴することができる（農地整備手続き自体に関する訴訟は農地整備裁判所の管轄になる）。このような、代償物原理から導かれる実際上の意義は、農地整備手続きに関与していない所有者の、農地整備官庁や参加者組合に対する何らかの請求（権）を排除することにある（後掲文献[11]、F. Susset.）。Surrogation という事象は、権利者が奪われる対象物の既存の法律関係の範囲内で、法律に基づいて、他の対象物により代替補償される、ということなのである。この代替対象物は、一種の権利承継において、既存の法律関係に入るのである（前掲 F. Susset, S. 31 f.）。すなわち、換地と従前地とは法的には同一物なのである。換地に際して、金銭により調整がなされることがあっても、このことに影響はない。

　土地による補償の思想は、1821年の共同地分割令においても見られたが、上述のような意味での、換地と従前地の間の法的同一性が明確になったのは、1920年法であるといわれている（特に20条）。これらの点については、前掲（注7）の田山輝明・西ドイツ農地整備法制の研究、348頁、363頁参照。

2 民法における類似の思想・制度

　この理論ないし思想は、法律学において、特に、民法においても用いられ

---

11) Franz Susset, Der Surrogationsgedanke im Flurbereinigungsrecht,1968,Kreis Heilbronn,S.61 f.

ている。例えば、担保物権法の領域では、物上代位の規定としてあらわれている。物上代位（Surrogation）とは、担保物権の価値権としての本質より導かれる原則であって、担保物権の目的物が他の価値形態に変化した場合には、その変形物または代表物の上に担保権が及ぶことをいう（勝本正晃・担保物権法論、日本評論社刊、昭和15年）。具体的には、日本民法304条が定めているが、同条は抵当権に準用されているため、きわめて重要な意味を有している。

また、債権法の分野でも、危険負担に関連して、目的物の滅失または損傷によって、債務者がその代償たるべき利益を得ている場合には、危険を負担している債権者（例えば、買主）はその代償の譲渡を請求できると解されている。これは代償請求権（Surrogationsanspruch）と呼ばれている。損害賠償者の代位（日民422条）の制度についても、共通の思想が流れていると言えよう。なお、共有に関する民法247条なども、この思想の現れとして理解することができる。

3　農地整備法と区画整理法における換地の関連性

このように、代償物の理論は、幅広い領域において発展を遂げてきたが、農地整備法の領域でも、換地において、きわめて重要な意味を取得しつつ展開してきたのである。すなわち、農民にとっては、農地による現物補償が重要であるが、法律学にとっては、その土地の上における法律関係の安定を図ることが重要な任務になったのである。

今でこそ、区画整理法と土地改良法（農地整備法）は、独自領域を形成しつつあるが、歴史的には、ドイツにおいても（Lex Adickes アディケス法等）、日本においても（大正期の都市計画法、特別都市計画法、小栗・後掲書[12]284頁参照）、相互に（準用規定を含むなど）密接な関連を有していたのである。本稿では、その点には立ち入らないが、区画整理法を関連させつつ、土地改良法上の換地に言及させていただいたことについて、若干の申し開きをさせていただいた。

---

12) 小栗忠七・土地区画法の歴史と法制、巌松堂、昭和14年

上記の「二つの制度のすり合わせ」は、今後の課題である。

（日本土地法学会2011年学術大会報告）

第2章　土地所有思想と公共思想

はじめに――本章の趣旨

　土地所有権における公共思想について検討する場合に、まず、民法典においてどのような所有思想が定着しているかを検討することが重要である。しかし、そこでは、多くの国においてもローマ法的な、すなわち抽象的で観念的な所有権が前提とされている。一般的に言って、土地についてはその特性との関連において所有権に対する制限が常に問題となってきた。例えば、隣地の利用との調整は、各国の民法においてローマ法以来のテーマである。
　しかし、近・現代においては、土地の公共財としての性格を前提とした上での制限が問題とされている。本章では、土地をめぐる法制度のうちで、主として農地の領域に限定して、日本とドイツを比較しながら、土地所有思想における公共思想の相違について論じてみたい。ただし、日本に関する叙述は要点のみとし、ドイツについては歴史的な大きな流れがつかめる程度のものとすべく努力した。
　近代以降において、日本はドイツから文化的な面において大きな影響を受けている。近代的な法典、例えば、本章のテーマと最も密接な関係のある日本民法典は、フランス民法典と並んでドイツ民法典の強い影響のもとで成立している。しかし、日本法への影響は民法典に限られるわけではない。農地に関する法律制度についても多くの点で影響を受けている。それにもかかわらず、現時点において、日・独の土地制度を比較すると極めて大きな相違が存在する。それが何故どのようにして生じたかについては、これまであまり明らかにされていない。この点を明らかにするためには、ドイツと日本の土地制度の発展史をある程度パラレルに検討してみる必要がある。本章はそれに相応しい構成になっている。

一　近代的土地所有権の成立過程における特徴

1　封建的農地所有の解体

　日独両国の土地所有権の成立過程をみると、日本においては重層的土地所有の解体は、上級所有権の優位のもとで実現されたのに対して、ドイツでは、土地利用権（特に相続性を有するもの）が十分に尊重されつつ近代的所有権へと転化したと解することができよう。

（1）ドイツの場合　　プロイセンに限って言うならば、土地所有の近代化の過程で土地整理のために耕地整理法が生成してきたのである。その意味では、農村に近代的な関係を創設することが当時における公共の福祉だったのであり、そのためには土地所有者の同意を要件としないで土地整理を実施することができた。しかし、それでは余りにも農村社会に大きな動揺を与えることになるので、次第に土地所有者の一定割合の同意を必要とするようになったが、その事業は社会変革を主たる目標としていたので、関係地主の同意要件はいまだ4分1という低い割合であった。

　それが次第に土地改革立法というよりも純粋な耕地整理法になるに従って、むしろ事業発起の要件は厳しいものとなってきたのである。

（2）日本の場合　　農村土地所有の近代化と耕地整理事業との直接的関連は存在しなかった。しかも、近代的土地的有制度の誕生の過程において旧来の土地利用権が正当に評価されたとは思われない事情があり（地租改正において土地所有権として処遇されるべき物権的な利用権も存在したのではないか）、そのことが利用権と所有権との結合を弱めた一因ではなかったかと思われる。

2　私的土地所有観念の生成とその制限原理

（1）都市計画「制限」の発展

　日本における都市計画の発展の遅れは日本の土地所有思想を検討する上で重要な視点である。日本に都市計画法が制定されたのは、大正8（1919）年であり、土地整理手段の中心となるべき土地区画整理事業については、耕地

整理法（農地のための制度）を全面的に準用する方法をとっていた。市街地が拡大していく場合に、何らかの土地整理手段が必要とされていたことは事実であるが、市街地の整理のための特別な独自の手段は用意されず、従って土地利用に関する本格的な制限も前提としていなかったのである。

このことは、国土の開発について、法律（従って国家・社会）がどのような「哲学」を前提にしていたか、という点にかかわる問題である。すなわち日本においては、現在に至るまで土地の開発は、その所有者の自由である。つまり、農地を宅地にし、その土地の上にどのような建物を建てるかも、原則として土地所有者の自由である（農地関連法は留保する）。特別法によって例えば、最近の法律を例とするならば、都市計画法や国立公園法等により開発・建築規制がなされている土地については、それに従わなければならないが、そうでなければ原則として土地の所有者の自由である。

この点では、法律がとくに規定していない限り、原則として開発は禁止されており、法律に基づいた計画が策定され、または許可をえた等の場合に限って開発・建築行為が許されているドイツの場合とは、原則と例外が逆転しているのである。ドイツにおいても、次にのべるように、土地について私的所有権は成立しているが、それに対する制限原理として都市計画法による規制が発達し、その結果、国土の原則的開発・建築禁止にまで発展しているのである。

(2) ローマ法的所有権と土地所有権——独・日民法典における所有権規定
(イ) ドイツにおけるローマ法的所有権

これを最もよく表しているのは、ドイツ民法903条の「物の所有者は、法律または第三者の権利に反しない限り、その物を自由に処分し、かつ他人をあらゆる干渉から排除することができる」という文言であろう。このようにオールマイティな権利としての所有権概念も、労働生産物について適用している限りは、問題はないが、土地は有限な財であるため、その内在的制限が問題になり、土地を持つ者と持たない者との出現を前提として、小作問題や住宅問題が発生すると、さらには社会的制限のみならず、利用権者の法律による保護が必要となった。土地所有についての内在的制限は、いわば土地所有権（利用権）の相互の調整の問題である。土地所有権が他の所有権と線で

接している以上、利用上の調整は不可欠であるから、既に民法典において相隣関係規定として存在している。
(ロ) 日本民法典の所有権規定

日本民法第206条の「所有者は法令の範囲内に於いて自由にその所有物の使用、収益及び処分をする権利を有する」もドイツ民法903条と同意義である。このような土地の絶対的所有権に対する相隣関係的制限は、所有権の対象が土地であるということから生じる内在的制限である。これも一種の拘束ないし義務と解することはできるとしても、それは所有者におけるものであって、直接に、土地所有権の社会や国家に対する義務ではない。

二 古典的私的所有権と社会的義務
―― ドイツにおける社会的義務論

1 イェーリングの思想

土地はその所有者が利用しなければ隣地との衝突は生じないが、実は土地が有限の財であることとの関係では、そのこと自体が問題なのである。限りある財の使用・収益・処分を任されていながら、それを意味あるものとして利用しないことは社会に対する義務違反ではないか、という主張が現れても不思議ではない。このような主張の代表例として、ルドルフ・フォン・イェーリングを挙げておこう。彼はつぎのように述べている。「法律家も素人も所有権の本質は、所有者の物に対する無制限的支配力を意味するかのように思い、もしこれに制限を加えるなら、それは所有権の本質と両立しえないかのように考えてしまう。しかし、これは根本的に誤った考え方である。自己の利益のみならず、社会の利益に適合させるように権利を行使することによってのみ、所有権の本分は果たされる。この範囲においてのみ社会は個人に干渉しない。もし耕作できる広漠たる原野が所有者の怠慢から未開墾のままに放置され、穀類の実る場に雑草が生い茂ったり、また単なる慰みのための狩猟地に委ねてあったとすれば、社会はこれについて安閑としておられるだろうか。だから耕せばよし、もし耕さなければ、社会はより有益に土地の利

用をなす者に代わらせなければならない。所有権の理念は社会の理念と矛盾しては、とうてい存在しうるものではない。」(R. Jhering, Zweck im Recht, I. 1884 S. 518 f.:「イェリング」法律目的論、和田小次郎訳、早稲田法学別冊・2巻、下巻353頁以下参照。Jhering には、『権利のための闘争 Kampf ums Recht』においても、同様の記述がある。甲斐・稲本・戒能・田山『所有権思想の歴史』(有斐閣新書) 128頁以下参照) この叙述は、所有権の社会的ないし国家的義務について述べたものと理解されている。

2 ギールケの思想

ローマ法は個人的法の思想体系である。したがって所有権についても個人的所有権がその中核である。特定の土地に対する個人の排他的権利として土地所有権を規定するならば、そこには純粋な権利的要素のみによって構成される土地所有権概念が成立する。しかし、この点でも土地の利用については個人的権利の側面だけでは不十分である。この点について論陣をはったのが、オットー・フォン・ギールケであった。彼は、中性ゲルマン社会の団体所有関係の研究に基づいて、ローマ法的所有権に対して、次のように反論していた。「物権法といえども最終的には複数の人間の間の意思の関係であって、孤立した個別意思と意思なき対象 (物) との関係ではない。人間と人間とが相互に対立している以上、どこにおいても今日のわれわれの法の理解にとって、義務のない支配というものは存在しない。」と、したうえで、所有権については、「所有権は、今日、即自的 an sich に制限された物権である。」と述べていた。(O. Gierke, Der Entwurf eines bürgerlichen Gesetzbuchs und das deutsche Recht, 1889、平野・後掲書51頁、76頁に、関連部分の趣旨の紹介がある。なお、石田文次郎『ギールケの法学』(三省堂、1944) 38頁以下も参照) 彼の理論によれば、特に土地所有権については一定の団体的規制が前提とされることになる。

3 A・ダマシュケの土地改革思想──開発利益の社会への吸収

20世紀に入ると、ギールケやイェーリングが述べた社会的義務とは別個の観点からの社会的義務が特に土地について問題にされるようになる。そこで

は、資本主義の矛盾の現れと社会主義思想の影響が明確に見られる。しかし、実際に大きな力を持ったのは、社会主義に刺激を受けた別個の思想であった。

資本主義の形成に伴って大都市が形成されると、住宅問題という形をとってその矛盾は顕在化した。20世紀への変わり目の時点で、住宅問題を土地所有を制限することによって解決しようとする主張がベルリンを中心としてなされ、土地改革運動と呼ばれた。その代表的な運動家としてアドルフ・ダマシュケ Adolf Damaschke（ダマシュケについては、甲斐・稲本・戒能・田山前掲書139頁以下参照）を挙げることができる。ダマシュケは、1890年ごろには、まだアメリカ人ヘンリー・ジョージのながれを汲む農業社会主義の影響下にあったが、ヘンリー・ジョージの思想をそのままドイツにおいて実現することは困難であると信じていた。

ダマシュケの思想を知るには、その著『土地改革——社会的困窮の認識と克服のための基本的なるものと歴史てきなるもの Die Bodenreform Grundsätzliches und Geschichtliches zur Erkentnis und Überwindung der sozialen Not』が最適である。以下では同書の18版によってその思想を概観することにする。

解決されるべき社会問題とは、国民経済の収益が地代、賃金および利子の間において自然かつ正当に配分されているかどうか、ということである。彼はこの点について次の例を出す。千年前のベルリンの街は、ほとんど価値のない単なる砂地であったが、1914年には、1平方マイル当たり約60億マルクの価値を有している。その価値の4％が地代となるとすれば、この土地の1平方マイルに住んで労働している人々は、年々2億4千万マルクの地代を支払わなければならない。これは各労働日毎に80マルクになる。ベルリン人の労働の総収益からこの地代が支払われた後に始めて、資本に対する利子も、労働に対する賃金もその配分に与かることができる。

ダマシュケは主張する。ベルリンの地代は、今日主として大きな抵当銀行や土地会社の株主によって取得されている。しかし、この地代はこれらの者の活動の成果ではない。ベルリンの市民達がすべてこの土地から立ち去ってしまったとしたら、これらの株主達は、それでも年々2億4千万マルクの地

代を取得するであろうか。土地改革理論によれば、この意味における地代はすべての者の総労働の成果であり、社会的所有に属する。すなわち、この地代は全体社会のために保留されるべきものである。地代を社会的所有にし、資本と労働は個人主義的なもしくは自由な社会活動のために確保することが、社会主義と個人主義との間の平和を意味することになる、と主張していた。

このような土地改革運動が、当時のベルリンでどのような意味を持っていたかを明らかにするために新聞記事を引用しておこう。

「ダマシュケと土地改革者連盟の仕事は、ある民族の土地に対する関係はその民族の発展と運命を決定する、という認識に基づいている。歴史と現実がそのことを教えている。

民族は中・小農民層によって革新される。それゆえ内地植民が重要である！国家は家族に基礎を置き、家族は健全で倫理的にも問題のない住宅においてのみ健全に倫理的に生活し、教育されうるのである。それゆえ庭付きの一家族用家産地が重要である！土地はすべての生活と労働の基礎である。それゆえ自由に土地を入手しうる権利の確保が必要である。土地に関する権力は、たとえそれが土地自体に関するものであれ（大土地所有、建築用地）、土地埋蔵物（石炭、カリ、鉄）に関するものであれ、または地力（水）に関するものであれ、この土地でそして土地とともに生活し労働しなければならない人間に関する権力を意味している。

それゆえあらゆる土地の濫用と土地の投機は防止されなければならない。我々に適用されているローマ法は土地を商品化することによって、このような濫用を許しているのだ。それゆえ古きドイツの土地法がそうであったと同様な、しかし新しいドイツの、社会的な、正義にかなった土地法を創造しなければならない。

これらの目的のための戦いのために、ダマシュケと土地改革者連盟は、建築職人の保護、地上権、買戻権、家産地法、内地植民法等を獲得し、さらに今日特別に正義にかなった地租と土地改革法とを獲得しようとしている。しかし、もしドイツ民族が、土地問題は全民族の基本的な問題であるということをますます充分に認識するならば、一人の男のたゆまぬ、動揺しない仕事

に感謝しなければならない。それはドイツ土地改革運動の創始者であり指導者である A. ダマシュケ博士である。」こうした運動の成果は、ワイマール憲法へと結実していく（土地改革運動についても、甲斐・稲本・戒能・田山前掲書同頁以下参照）。

三　日本における大正デモクラシーと所有権の社会化

1　古典的所有権と社会的義務

　日本では、日露戦争の講和反対を契機にして第1次護憲運動が起こり、政党政治をめざす方向が示された。その理論的支柱となったのが、吉野作造の民本主義、美濃部達吉の天皇機関説であり、より具体的に言えば、普通選挙の実施、婦人参政権の実現などであり、これらは人民の権利拡大の要求であった。1925（大正14）年には、普通選挙法が公布されたが、同時に治安維持法が制定され、大正デモクラシーの結実は、同時にその終焉を前提としたものであった。

　しかし、この間における土地関連立法には注目すべきものがある。まず、第一に、1909（明治42）年の建物保護に関する法律をあげることができる。これは日露戦争後の都市の膨張・地価の上昇の際に地代値上げに応じない借地人に対して地主が土地を第三者に譲渡し、その第三者から土地の明け渡しを要求する事態（いわゆる地震売買）が生じたため、これを法的に防止するために借地上の建物について登記がなされていれば、以後その敷地について権利を取得する者に対して借地権を対抗することができることとしたものである（本書第2編第1章三参照）。これは不動産賃借権を債権としたことによる弊害を修正したものであるが、建物所有を目的とするものに限定したものではあれ、土地賃借権を物権に準じた権利にまで高めたものであり、画期的な立法であった。1921（大正10）年に制定される借地法、借家法とともに不動産所有権に対する制限を設定した立法として注目すべきものである。これは、土地に資本を投下する側からすれば、投下資本の安定を要求するものであり、当然であると考えられるが、それが可能である程度に資本の力と社会

運動の力とが地主勢力に対して強化されてきたものと解してよいであろう。

　第二に、判例理論においても、所有権の濫用的行使が問題とされたが（信玄公旗掛け松事件、大判大正8年3月3日民録25輯356頁、宇名月温泉事件、大判昭和10年10月5日民集14巻1965頁）、これは権利の社会性が重視されるようになった結果であると解してよいと思われる。

2　日本における社会的義務論——平野義太郎『民法におけるローマ思想とゲルマン思想』（大正13年）

　すでに述べたようなドイツの法思想、特にギールケの思想は、すでに大正時代に日本に十分に紹介されていた。標記の平野の名著がまさにそれである。ギールケにおいては土地所有権が中心に論じられているわけではないが、ローマ法的な所有権概念を土地について適用した場合（ドイツ民法第一草案）の不当性をギールケは批判したが、平野はそれを紹介している。第一草案は、単に「土地の所有権はその上下に及ぶ」と規定したが、後に修正され、但書が付され、「所有者が利益を有せざる高さまたは深さにおいて生じる他人の関与を禁ずることはできない」こととなった。これは、ギールケの批判を受け入れたものであるとしている（同書76頁）。

　平野は、日本民法の個人主義本位の物権法を根本的に改造する必要性を感じるとした上で、物と物との有機的結合を強調したギールケの諸説を考察し、団体的所有権の構成や物的保障を理想としたゲルマン法に注目している。ここでは、平野が目次の見出しで「物権法の社会化」としている部分を紹介しておこう。「物権法に於ける個人主義は、物の観念、所有権の内容乃至其の行使、持分的共有等に最もよく現れている。しかも、経済理論が今や生産と消費との妥当な調節に努力する如く、物権法も従来の商品思想から生活本位に還らねばならぬ。生活本位とは物権法を以て社会全般の需要を充たし、社会の幸福を増進せしめるに役立たせることを謂ふ。其の為には物権法を従来の個人本位から団体本位に転換させねばならぬ。」

　このように日本においても、大正デモクラシーを背景として、有力な学説において個人主義的物権法に対する反省がなされ、ある種の社会的義務が主張されていたのである。この場合の「社会」は社会主義の意味ではなく、ロ

ーマ法の抽象性に対する具体性であり、抽象的人の生活に替えて具体的人間、つまり労働者・農民の生活の重視ということであった。

3 末弘厳太郎著『物権法上巻』にみる社会化思想

末弘の土地所有権に関する認識は、次の部分に典型的に現れている。「18世紀の終わり以来欧州大陸を風靡した土地解放 affranchissement du sol の運動や、吾国維新に際して断行された封建的土地制より個人主義的土地制への変転に因って出来上がった近代の土地制は極端な絶対的排他的の土地所有権を各国に成立せしめた。之に因って農地の改良農業の発展を来し惹いては一般文化の進歩に資したる事極めて著大である。併し此傾向は同時に従来共同地乃至他人の所有地の上に或る種の権利を持って僅かに生計を立てて居た小農をして、生活の方法を失わしめた。又各個人が利己心のみに依って勝手に土地を利用する結果、産業・国民衛生・国土の美観・危険防止等各種の公益的要求と抵触すべき幾多の事件を発生せしむるに至った。折角一度は一般福祉を目標として土地解放を行ひ個人所有権の拡張を計ったのであるが、今や変じて其同じ一般福祉が反って土地所有権の制限を要求するに至った。それが大きく現れては土地国有の要求となり、小さく現れては公益上の理由に基づく各種の土地所有権制限となった。」(336頁)

このような思想の背景には、文明の向上が平等思想の発達をもたらしたこと、特に第1次大戦後においてはその傾向が顕著であることが指摘されている。個人主義本位の物権法ではこのような時代の変化によく対応することはできない。そのためには、私有財産の尊重と公共の福祉との調和を計るべき法律的方策を講じなければならないと述べたうえで、これを次のように締めくくっている。「今までの絶対的排他的の個人所有観念に対し本来法が所有権制度を認めた社会的本義を参酌加味して其弊害を除き、以て社会の安寧秩序の増進維持を計り社会の全員をして等しく幸福に生活せしめむとする方法を称して、所有権の社会化 Socialisation, Sozialisierung と謂ふ。これが今後物権法の進むべき唯一の道である。」

このような末弘理論は、明らかに第1次大戦後の欧州、特にドイツでの変化に強い影響を受けている。ドイツではこのような社会化の思想が部分的に

実定法において実現されたが、わが国においては注目されはしたが、学説に留まってしまったのである。

4 戦時体制下の日本の土地法

(1) ファシズムと所有権思想

我が国においては、昭和初年の恐慌から1938 (昭和13) 年の国家総動員法の制定までの間にファシズム的法体系が確立されたとされている。そのような国内的事情を前提として、法律学における学問的影響について考察するならば、この時期においては一般的にドイツの法理論の影響が強かったことと、ドイツの法学界がナチス一色に塗りつぶされていたこと等により、当然に日本の法学界もその影響を免れることはできなかったのである。所有権論の分野においてもその影響は色濃く現れていた。

(2) 石田理論と末弘理論の相違

甲斐教授も指摘されているように[1]、この点は末弘教授と石田文次郎教授の所有権理論を比較することにより鮮明となる。石田教授も所有権は個人的権利であるが同時に社会的義務を含み且つ公共の福祉に従わなければならない、と主張していた。一見すると末弘理論と変わらないようにも見えるが、前提としての「社会」がまるで異なっているのである。末弘理論においては「労働者・農民の福祉」であった「社会」福祉は、石田理論にあっては、殆ど国家目的と同義語となっており、従って、所有者は国家管理の指導のもとで財貨を処分し使用し収益することができると解されていたのである。

(3) 戦時体制と不動産立法

1941 (昭和16) 年には、借地法と借家法にいわゆる「正当事由」の制度が導入された。これにより、建物所有を目的とする賃貸借と建物の賃貸借については、自己使用（貸主自身の使用）等の正当事由がなければ、明け渡しを請求することができないこととなったのである。居住法の領域において一般的に住生活の安定を求める要求が存在していたことも事実であるが、このような画期的な制度の導入を可能にした直接の契機は戦時体制下における、い

---

1) 甲斐道太郎「日本における所有権思想の変遷」甲斐・稲本・戒能・田山編『所有権思想の歴史』（有斐閣新書）196頁以下

わば出征兵士の留守宅における居住の安定であった（一般的には戦時体制下における都市問題の鎮静化）。

(4) ファシズム期の立法の評価——日独間の類似点と本質的相違点

(イ) ファシズム立法の否定的側面

　本稿が対象としている国がドイツと日本であり、両国に共通して「市民革命」は上からの革命ないし改革としてなされたものであったため、上からのイデオロギー的統一は実施しやすかったし、ファシズム的形態をとることも容易であったと言えよう。

　大正期に芽生えたかに見えた日本的デモクラシーが成長しえなかった本質的原因もここにあると考えるべきであるが、そうした状況の中にあっても歴史は進むのであり、この時期の全体の評価と個別的制度の評価とは厳密に区別して行わなければならない。その意味では、本質的にファシズムに奉仕するためになされた立法（例えば、国家総動員法）とこれに関連してなされた諸立法とは区別すべきである。後者のなかには、本来必要とされていながら実現されなかったが、強大な政治権力を得て、初めてこの時期に誕生したと思われるような立法があるからである。

(ロ) 利用可能な技術的側面

　［１］ドイツの場合

　ファシズム期の理論や立法を全面的に否定する議論が見られないでもないが、注意が必要である。第２次大戦後のドイツにおいて連合国がナチス理論の影響下の立法や法律の規定を失効させたのは有名なことであるが、その場合にも具体的な判断を行っている点を忘れてはならないのである。例えば、世襲農場法は全面的にナチスイデオロギーの具体化であるから法律自体を廃止したが、1937年に制定された帝国耕地整理令は、そのナチス的規定を失効させたが、それ自体は失効させず、1953年に新法ができるまで存続させた。しかも、新法において旧法中の利用可能な法的制度については、若干の修正を加えて殆どそのまま発展的に承継しているのである。

　［２］日本の場合

　基本的にはドイツの場合と同じように考えてよいが、借地法、借家法については極めて興味ある発展を遂げている。戦時体制下において誕生した「正

当事由」の制度は、戦争という国家目的の遂行を直接的な目標としたものであったが、敗戦後、その目的を完全に喪失したにもかかわらず、制度としては廃止されず、こんどは一転して絶対的住宅難のもとにおける私的利益の調整規範（貸主と借主の間の利益調整規範）として機能することとなったのである。制度というものはその前提ないし背景である社会の変化に応じて如何に異なった機能を果たしうるものであるか、ということを考える上での恰好な事例である。

法的に言えば、国家目的を背負わされて誕生した私法規範が、社会の大転換により私的利害の調整を目的とした規範に自動的に（立法的措置なしに）転化した場合であると言えよう。

四　第二次大戦後の日本の農地改革とその評価

1　日本の農地改革とドイツのシュタイン・ハルデンベルクの改革（1809年）の比較

日本においては、戦後改革の一環として農地改革が行われ、寄生地主的土地所有は解体された。その際の理念は、耕作者に土地所有権を与えるべきであるとする自作農主義であった。

ドイツでは、その約一世紀半前に、シュタイン・ハルデンベルクの改革により「所有と経営の一致」を指導理念とした改革が開始され、それは半世紀をかけて実現された。第二次大戦後において、日本での農地改革の時期に、ドイツでも農地改革ないし農業改革が実施されようとしたが、東方（ポーランド等）からの難民の受入れなど緊急を要する課題の解決が優先された結果となり、ソビエト占領地域を除いて、土地改革らしいものは実施されなかった。英・米・仏の三国の占領地域では、大土地所有者に対して改革の代わりに東方等からの難民の受入れ（食糧増産に従事させる）を要求したのであった。ソビエト占領区域ではユンカー階級の解体を目的として土地所有にまで踏み込んだ徹底した改革が実施された。

したがって、旧西ドイツ地域について言えば、農地所有の構造は、シュタ

イン・ハルデンベルクの改革によって本質的に規定されたのであり、その基本的構造は第二次大戦後にまで引き継がれている。それはドイツの賃貸借に関する政策にもっともよく現れていた。ドイツでは同改革の後は、少なくとも農地に関する限り、長い間にわたって賃貸借が重視されることはなかったのである。例えば、1960年代に入って、経営規模の拡大のために賃貸借を奨励しはじめた際にも、賃貸借経営を無制限に奨励したのではなく、少なくとも経営耕地の半分の面積を所有している者に対する追加的賃貸借の奨励に止まっていた。その枠が取り払われるのは、1970年代に入ってからであった。

戦後の日本での賃貸借は、農地改革の残存小作地として出発した。本来であれば、農地改革によって所有権の取得が可能であったが、地主の保留地の限度内にあるため、小作地として残存した小作地が存在したのである。そのため本来債権である賃借権が法律（後に農地法）によって強力に（所有権に準じて）保護されたのである。その賃借権の強さは後に「第二所有権」とまで評された程であった。

この点では、旧西ドイツは異なっていた。所有と経営の一致は経営の零細化を意味しなかったのである。経営規模のばらつきは地域的に存在しており（例えば、南ドイツは小農経営が多い）、それなりに所有と経営の一致は実現されていた。その上で農地の賃貸借については官庁統制は行われたが、それによって賃借権自体が価格を有するような事態は招来されなかった。したがって離作補償という観念も生じなかったようである。むしろ短期の賃貸借については一定の更新保護はあるが、長期の賃貸借の場合には契約の更新の保護はないという考えに立っていた。

日本の残存小作地の保護は、後に新規の賃貸借の発生にとって阻害要因（賃貸したらかえしてもらえないという心配）となったが、ドイツではそのような事態は生じることなく、前述のような賃貸借に関する政策の転換によって、農地の流動化を図ることができたのである。

第二次大戦後の時点で、日本と西ドイツとの農地法制を比較すると、150年近いズレを前提とせざるをえないが、「所有と経営の一致」という点では類似した状態に達している、と考えることもできる。しかし、決定的な違いは、その間に、日本ではほとんど土地に対する法的規制、特に私的土地所有

権に対する制限原理としての都市計画的利用規制が極めて不十分にしか発達しなかったが、(西)ドイツにおいては約100年をかけて徐々に規制を強化し、すべての国土は原則として開発禁止とする制度(いわゆる外部地域の制度)を確立した点が決定的に異なる。外部地域の制度は直接的には開発規制の観点から発達したものであるが、農地との関連では法律によって農地が原則的に保全されることを意味したのである。

2　ドイツにおける市街地の土地所有制限の継続的発展

(1)　連邦建設法の成立

　第二次大戦後の新しい立法に際しては、市場の要求に合致した手法の創設によって建築用地市場の秩序を導入することが目標とされた。この点について、連邦建設法(1960年)の立法者は、次のような手段を考えていた。

　[1]　州の法的規制を前提としたうえで、市町村の都市計画高権による二段階の建設基本計画(土地利用計画と地区詳細計画)。これは都市計画における地方分権を意味していた。

　[2]　取引価格を基礎とした建築用地価格に関する鑑定を行うための機関を自治体内に設置すること

　[3]　建築成熟地(インフラ整備の終了した土地)のための一定限度額のインフラ整備分担金の支払期限の設定(原則として通知後一カ月)

　[4]　インフラ整備が終了していながら建築的利用に供されていない土地については、特に高い地租、建築用地税を課すること

　[5]　一連の土地整理施策を導入すること、すなわち、準備的措置として土地取引認可と先買権制度を、整理措置として境界整理、建築用地区画整理および土地収用制度を導入すること。

　こうした構想のもとに、連邦建設法は制定されたが、「外部地域」制度(後述五2(2)参照)については、次のようにして承継された。

(2)　「外部地域」制度の戦後への承継

　旧建築規制令の外部地域に関する規定(3条)は、ナチス的理念の表現ではないし、基本法(憲法、以下同じ)14条の所有権保障に反するものでもなかった。むしろこの規定は、逆に、長年の経験から得た、現代的都市建設の

観点を考慮に入れており、この認識を貫徹するために一般的に所有権の内在的制限を主張していたのである。

建築規制令は連邦建設法（1960年）によって廃止された。しかし、建築規制令第3条の基本思想は連邦行政裁判所の明確な判例を通じて実質的には連邦建設法35条に承継された。同条1項においては、主として建築規制令3条に関する不変の判例に従って許可請求権が発生してくるような建築企図が規定されていた。それによれば、第1項に該当しない建築企図の許可は、第2項に従うものとされていた。第3項には、建築規制令の第3条の趣旨に合致した公的利益が例示されていた。

(3) 連邦建設法35条と基本法14条の所有権の保障

建築の制限とは、土地所有権が建築との関連において制限されるということである。従って、開発・建築が許されるか否かということは、第一次的には憲法上の問題である。すなわち、連邦建設法35条の制限が基本法の所有権保障と調和するか否かということである。

基本法は第14条1項1文において所有権を保障している。しかし、第2文によって立法者は所有権の内容と制限を定める権限を与えられている。この立法権限の憲法上の承認により次のことが明らかとなる。すなわち、基本法14条は新しい所有権概念から出発するのではなく、私的所有権がその内容を詳細に定めている数多くの公的利益に従属しているという、歴史的発展に刻印された概念を承継しているのである。すべての建築法上の制限は、従来から一般的であり、収用とは考えられない所有権の内容規定とみなされている。連邦建設法35条の建築制限は、原則として歴史的発展の中において理解されるべきものである。外部地域での建築の禁止と制限は中世以降の発展の成果だからである。そして具体的規制については旧建築規制令3条に多くを負っていたのである。

(4) 外部地域制度の建設法典35条への承継

1987年には連邦建設法と1976年に制定された都市建設促進法（都市再開発法）とを統合し、他の若干の法令を統廃合し、一つの法典として編成することとなったが、連邦建設法35条は基本的に建設法典に承継された。

3 日本における都市計画法制の発展

戦後日本における都市計画法の大改正は、1968（昭和43年）になされた。同法は、都市計画区域を市街化区域と市街化調整区域とに分けた。市街化区域には既成市街地と市街化が進行している地域、10年間に優先的に市街化すべき地域が含まれている。市街化調整区域は、都市計画区域のうち、市街化区域を除いた部分であって、地形・交通等の点からみて市街化に不適当な土地、溢水などの災害の恐れのある地域、公害の著しい地域、自然の風景等を保存すべき土地であり、一応農業地帯とされるが、5年毎の農業基礎調査により市街化区域に編入されることもある。都市計画区域の土地がいずれの区域に属するかは、国の機関としての都道府県知事が決定する（線引き）。

この線引きの制度が都市計画法に基づくものでありながら、開発資本に多くの例外的自由を与えており、線引き自体も都市計画的議論に基づいて厳密になされるものではなく、地域政治の強い影響のもとでなされるものであったため、土地利用の計画的発展を確保することはできなかった。これは、日本の都市計画法制が、開発、インフラ整備、建築をバラバラに捉えていることとも関係していると言えよう。例えば、開発許可を与えた場合に、その土地のインフラ整備は開発業者が行うのが原則であり、公的機関は行政指導の限度で関与できるだけである。建築にいたっては、建築基準法という別個の法律で規制されている。この点で、都市建設は、基本的に建設法典に基づいて建設を含めて規制されているドイツとは基本的に異なっている。

五　私的土地所有の保障と開発行為

1　土地所有概念の歴史的背景

（1）ローマ法的純粋権利概念と日本の所有権概念

現代日本に存在する私的土地所有権の絶対性の概念は、沿革的には、ドイツ・フランスを経由したローマ法的概念であることは間違いない。しかし、土地が公共財であることとの関連における制限原理を伴わない、それが言い

過ぎであれば極めて不十分にしか伴わない私的土地所有権の絶対性の概念として確立してしまっている点に、日本的特徴があるということができるように思われる。[2]すなわち、ローマ法的権利概念が、近代市民革命を経て絶対的土地所有概念として確立するが（日本においてはこの過程がいつ、どのようにして成立したかについては争いのあるところであるが）、その後、私的土地所有権の絶対性の面だけが強調されて展開してくる場合（日本の場合）と、私的土地所有権の絶対性に対する制限原理（都市計画による実質的制限）を伴って展開してくる場合（ドイツ等の場合）とがある。こうした有効な制限原理を伴わない私的所有権の絶対性が、狂乱的地価を生じさせる制度的要因の一つとなったということができる。[3]

（2）憲法上の所有権保障の意義

　ボン基本法14条2項は、基本的にみて、ワイマール憲法153条2項の規定（「所有権は義務を伴う」）を承継している。この規定は、一九世紀初頭において深刻な地価問題を抱えていたドイツの大都市、とくにベルリンにおいて展開されていた前述の「土地改革運動」（A・ダマシュケ等による）の強い影響のもとで誕生したものと言われている。この運動の主要なスローガンは、開発利益を土地増加税の方法で社会還元すべきであるとするものであった。

　日本の憲法（単に所有権の保障をうたっているのみ）や、土地基本法のように土地所有権の義務をうたうだけでは、現実の土地法秩序は形成されない。また、単にそのような法イデオロギーを振りまくことは、所有権の権利保障の側面を軽視することになるから、むしろ不適当である。都市計画法のような規範的内容を有する法律の形式をとって、土地所有権の制限を法構造的に実質化（実定法化）しなければならない。

　ワイマール憲法の場合にも、その規定自体は宣言法的性格を有するものであったが、それと同時並行的に、厳密に言えば、それに先行して都市計画的

　2）土地所有権に対する借地権の優位が、日本的特殊事情（土地と建物を別個の不動産として構成する等）にもとづいて確立しているが、これは、私的権利相互の調整の問題であり、ここでいう制約原理とは異なる。
　3）イギリス法系の国においては、私的土地所有権の絶対性という概念は成立していない。むしろ、土地利用権の様々な在り方が問題となっている。

規制が実定法秩序の中に定着しつつあったのである。[4]

2 ドイツにおける開発利益の吸収の制度化

(1) ドイツにおける国土整備

　国土空間の開発および再開発の場合に、どの程度までの公的規制ないし介入を前提とするかによって、その地域の地価の変動は決定的な影響を受けることになる。すなわち、地価の形成は、本質的には経済的現象であるが、土地をめぐる法制度の違いによって大きな影響を受けることも確かなことである。ドイツにおいても、高地価は社会的・経済的問題となっているが、日本におけるような狂乱的地価問題は生じていない。すでに述べたように、都市計画制度等の充分な活用により美しい国土景観の形成に成功しており、日本がバブル経済の時代に直面したような地価の高騰を抑制することに成功している。

　ドイツの国土整備法制が、日本の法制との比較において、どのような点について本質的に異なっているかについては、まさに学際的な観点からの総合的な検討が必要であるが、法制度の観点からは、その社会における私的所有権の絶対性の持つ意味の違いと、都市計画制度の内容の本質的違いを検討することが重要であると思われる。ここでは、前者については、極く簡単に述べるにとどめ、主として後者について、都市計画制度を広義に捉えたうえで、地価形成との関連において論じてみたいと思う。

(2) 建設法典における外部地域と内部地域

　ドイツにおける都市計画に関する基本的法律は、建設法典[5]である。同法は、国土空間を内部地域と外部地域とに分けている。内部地域とは、既成市街地、連担建築地域（建物が連続して建ち並んでいる市街地内の建築地）、地区詳細計画による建築地域を指す。これ以外の地域を外部地域と呼び、ここにおいては原則として開発・建築行為は許されない。外部地域においては、例

---

4) プロイセンの建築線法と、これを前提として土地所有権に対する公的規制を飛躍的に強化したアジケス法（Lex Adickes）を挙げておく。
5) 建設法典の条文については、日本不動産研究所から全訳が公刊されている（ドイツ土地法制研究会）。

外的な場合にのみ建築行為が可能である（同法典35条）。すなわち、ドイツにおいては、すべての土地について「建築の不自由」が大原則として確立しているのである。ただし、「建設法典」の立法理由などをみると、この法典によって「建築の自由」が確保される、と述べている。それは、土地利用計画と地区詳細計画の制定によって、土地所有者はまさに「建築の自由」を獲得するからであろう。

（イ）内部地域は、建築可能地域であるが、前述のように、そこに建築するには地区詳細計画に従わなければならない。また、建築可能であるということは、単にゾーニングの意味で建築可能となるのではなく、市町村がその責任においてインフラ整備を終了しているということを意味しているのである。ただし、その費用は受益者である土地所有者が負担する。従って、インフラが未整備の「宅地」（日本では決して珍しくない）は存在しないのである。

（ロ）外部地域においては例外的にのみ建築行為が許される（建設法典35条1項）。農業もしくは林業経営の用に供されるものであっても個別的に許可が必要である。

（3）新開発と費用負担・土地利用の義務

　ドイツの新開発のやり方を簡潔にまとめれば、原則的に開発・建築が禁止されている土地について、一定の必要性に基づいて、土地利用計画とそれに基づく地区詳細計画が策定され、各市町村がその土地についてインフラストラクチャーの整備を行う、という過程を経ることになる。

　土地利用計画により「建築用地」とされただけでは、依然として建築禁止地であるから、地価の上昇は僅か（マニュアルによれば10%）である。地区詳細計画が策定されて具体的な建築可能性が示されると、マニュアル上20%を加算する。市町村がインフラストラクチャーの整備を行えば建築が可能であるから、これも理解できる。この場合に、造成・整備事業は市町村の責任において公益企業に実施させる。土地の区画整理を実施し、下水道や道路の舗装等が完了すると、建築成熟地と呼ばれ、現実に建築が可能となる。しかし、ここまでに掛かった整備費用は原則として受益者負担であるから、立派に造成された「宅地等」を取得した所有者は、相当に高額のインフラ整備負担金を徴収される。

地区詳細計画で住宅地とされている土地を取得した所有者は、そこに住宅を建てる義務がある。税制による促進を前提として、最終的には市町村から都市計画命令としての建築命令が出されることもありうる。この場合において、経済的な理由で建築ができないときは、所有者は土地の買い取りを市町村に請求することになる（詳細は建設法典において規制されている）。

（4）都市再開発の場合の地価の変化と開発利益

都市再開発の場合にも、公的資金の投下を前提とする広義の開発利益は生じるが、この場合には、調整賦課金 Ausgleichsbetrag として、公的資金の投下による地価上昇分を吸収する制度が存在している。ただし、区画整理を伴う場合において、それによる利得が生じるときは、区画整理利得として減歩などにより処理されるからあらためての調整は不要である。再開発によって生じる地価の上昇とは、再開発の企図も存在しない時点での地価と、再開発の終了後の地価との差額である（同法典154条2項）。この事業に関連して、インフラが再整備されても、分担金の徴収は行われない。

3　農地整備手続と公共思想

ドイツにおける耕地整理手続は基本的には農民の私的利益から出発したものと考えられる（制度の沿革としてはプロイセンのように農村改革立法である場合もあるが）。しかし、現在では、手続の構成から見ても、農地整備事業はもはや農地ないし農業のためにのみ存在しているとは考えられない。もちろん、農業生産の場としての農村空間の整備のための手続（通常手続）が基本的には中心であるが、開発のための用地取得手段としての農地整備手続がこれと並行して認められており、近年ますます後者の重要性が増大しつつあるということができる。

農地整備事業を実施している地域またはその近くで公共事業（道路建設等）が実施されている場合に、そのための用地取得を農地整備事業において行うことができるという程度ではなく（これは日本でも可能）、大規模な公共事業の用地を調達するために、農地整備事業を実施することができるという点がドイツ法の大きな特徴でなのである。

その方向での言わば「究極の手続」とでも言うべきものが、開発農地整

手続（同法87条）である。これらの場合には、農地の所有者は、公共的利益（大規模公共事業）の促進を前提として、自己の経営的利益を考えなければならないこととなっている。

六　まとめ——土地基本法の位置づけと評価

　土地所有と公共思想の考察を締めくくるにあたっては、われわれの目の前に存在する最も適当な素材として土地基本法をとりあげるべきであろう。同法が土地に関する基本理念の「宣言」法であることは、公知の事実である。しかし、たとえそれが政策理念の宣言にすぎないものであれ、このような内容にまで到達したことの一定の意味は正当に認識すべきである。本稿では、絶対的土地所有権理念を出発点とした近代土地所有制がここにまで至る過程を、日本とドイツを比較しつつその発展史を検討し、それを通じて土地所有権に対する制限原理、特に公共思想の発展について述べてきたが、土地基本法の中にその理念的総括が含まれているということができよう。

　土地基本法の本質ないし性格を理解するためには、1963年6月に臨時行政改革審議会が提出した「地価等土地対策に関する答申」において示された「5原則」が重要である。その内容は次の通りである（カッコ内は土地基本法の該当条文）。

（1）土地の所有には利用の責務が伴うこと（3条1項、4条）
（2）土地の利用に当たっては公共の福祉が優先すること（2条）
（3）土地の利用は計画的に行われなければならないこと（3条2項）
（4）開発利益はその一部を社会に還元し、社会的公平を確保すべきこと（5条）
（5）土地の利用と受益に応じて社会的な負担は公平に負うべきものであること（5条）

　これらの5点は、これを受けて出された「総合土地対策要綱」（閣議決定）でも述べられ、土地基本法において上記のような各条文において実現されている。土地基本法においては、その第6条において、国、地方公共団体、国民、事業者の、土地に関する上記の基本理念を実現すべき責務が規定されて

いる。

　土地基本法の基礎となっている「5原則」が日本の土地法制の基本原則として、在るべき姿を示すものであることは、歴史的検討の結果としても明確に確認することができる。

　日・独の比較研究をしてみた結果として明確になったことは、社会の一定の発展段階においては、ドイツにおいても現代日本の土地問題と類似した問題が存在していたが、約100年もの期間をかけてすこしづつ着実に解決してきたという点である。土地問題は社会の基底に深く根ざしているため、革命的状況を前提としない限り、一挙に解決することは不可能である。

　さまざまな社会的・経済的要因により、国民の土地に対する意識が所有と利用とを分離して把握する方向へ向いてしまっている現状においては、土地基本法において国民的総意として所有と利用の結合を確認し、有限な財としての公共的利用を確認することは、たとえ宣言的意義であっても極めて重要であると言わなければならない。

　土地基本法は単なる宣言的立法であり、これによって何かが具体的に前進するわけではないが、ドイツの立法史において100年以上もかけて獲得してきた成果に近いものが日本の法律の形式において宣言されているのであり、土地制度について発展の方向を誤って進んできてしまった国にとっては軌道修正の方向を示すものとしての意義は極めて大きいと言わなければならない。

　今後は、いわば土地基本法の施行法的位置づけをもった法律が制定されなければならない。土地基本法の趣旨に反する立法をしないという意味での消極的立法に留まらず、積極的に土地基本法の趣旨を具体化する立法を検討すべき時期に来ている。その具体的内容の模範はドイツの立法史の中に多く見い出すことができる。

【欧文参考文献】
1　Rudolph Stadelmann, PREUßENS KÖNIGE IN IHRER THÄTIGKEIT FÜR DIE LANDESCULTUR, 1882 LEIPZIG,
2　Lujo Brentano,Über Anerbenrecht und Grundeigentum, 1895 Berlin
3　Conrad Bornhak,Grundriß des Deutschen Landwirtschaftsrechtes, 1921

Leipzig
4 Richard Haack,Grundriß des in Preußen geltenden Agrarrects, 1927 Berlin
5 Erich Molitor, Landwirtschaftsrecht, 1928 Berlin
6 Erich Molitor, Deutsches Bauern= und Agrarrecht, 1939 Leipzig
7 Heinrich Stoll,Deutsches Bauernrecht, 1942 Tübingen
8 Karl Haegele, Landwirtschaftlicher Grundbesitz, 1943 Leipzig
9 Oskar Klassel, Das Deutsche Agrarrecht und seine Reform, 1947 Hannover
10 Karl Kroeschell, Landwirtschaftsrecht, 2.Aufl.1966 C.HEYMANNS VERLAG KG
11 Karl Kroeschell, Deutsches Agrarrecht, 1983 C.HEYMANNS VERLAG KG
12 Götz/Kroeschell/Winkler, HANDWÖRTERBUCH DES AGRARRECHT, 1.u.2.Bd., 1981 ERICH SCHMIDT VERLAG
13 Friedrich Quadflieg, Recht der Flurbereinigung, 1978 Kohlhammer
14 A.-W.Seehusen/T.C.Schwede, Flurbereinigungsgesetz, 3.Aufl., 1981 Aschendorff
15 Pikalo/Bendel, Grundstückverkehrsgesetz, 2.Aufl.1964 J.Scheitzer Verlag
16 Lange/Wulff, Landpachtrecht, 2, Aufl., C.H.Beck 1955
17 Faßbender/Hatzel/Pikalo, Höfeordnung, Aschendorff 1978
18 Lange/Wulff, Gesetz über das Verfahren in Landwirtschaftssachen, C.H.Beck 1954

【邦語参考文献】
1 田山輝明『西ドイツ農地整備法制の研究』(成文堂、1988年)
2 田山輝明監訳『西ドイツの新用益賃貸借法制』(早稲田大学比較法研究所、1986年)
3 クレッシェル／ヴィンクラー・田山監訳『西ドイツの農家相続』(成文堂、1984年)
4 稲本・戒能・田山・原田『ヨーロッパの土地法制』(東京大学出版会、1983年)
5 H.ハウスホーファー／三好・祖田訳『近代ドイツ農業史』(未来社、1973年)
6 末弘厳太郎『物権法 上巻』(有斐閣、大正10年)
7 平野義太郎『民法に於けるローマ思想とゲルマン思想』(有斐閣、大正13年)
8 国土庁土地局監修『逐条解説 土地基本法』(ぎょうせい、1990〔平成2〕年)
9 五十嵐敬喜『検証 土地基本法』(三省堂、1990年)

第3章　農村計画と農村整備
—— ドイツ法に範を求めた立法論と解釈・運用

一　農村計画の必要性 —— 立法論的考察

1　はじめに

　農村計画についての体系的法律を、現時点で制定するとすれば、単に農業生産のために有益であるだけでなく、国土の合理的利用と地域環境の保全に資するものでなければならない。そのためには、農村の土地所有者等が地域内土地利用協定等の合意を基礎として任意に利用できるような計画であるだけでは不十分であり、土地利用の強行法的規制を伴うものでなければならない。強行法的規制の内容を具体的にどのようなものと解するかは、後に個別的に述べることにして、次項では、まず、農村計画について理念的モデルを示しておきたい。

2　計画概念について

(1) 計画 Plan という言葉について

　ドイツでは、Planung と言う概念は、Plan と planen とを含んでいると解されている。Plan は、18世紀にフランス語の plan から借用してできた外来語であり、内容的にはドイツ語の Grundriss とか Entwurf の意味である。この語はラテン語の planum に由来しており、平面とか用地という意味でもある。Planen とは、言葉としては草案の作成ないし完成であり、または伝統的な意味においては、所定の目的のためにある道路を平らにすることであった。全ての起案や企画は、様々な利益考量と現状を超越したある思想を前提としている。したがってドイツでは、計画するという語は、要望、認識および予想から成る精神的活動である、と理解されている。つまり、何らかの事情で不十分な状態にある現状を改善するための活動として理解されてい

る。

(2) 消極的計画と積極的計画

　さらに、計画は、二つの観点から検討されなければならない。一つは公の秩序の領域における計画による配慮である。つまり、危険を回避するためにもしくは環境の保全等を含む公的安全性のために生じてはならない事項についての計画による配慮である。この場合の計画は、公共の福祉や環境の保全等を配慮しつつなされる制限の設定であり、一種の消極的意義の計画である。ドイツの場合においては、原則的に開発・建築禁止の状態にある国土について、一定の要件の充足を前提として、禁止を解除し、利用可能な国土にするための計画も消極的意義の計画である。

　もう一つは、積極的意義の計画である。それは、それによって必然的に行政サイドからの指導および発展を創り出し、促進するものであり、それを通じて社会の構造改革を実現するものである。[1] この点については、次の頁の図も参照。

　以下に述べるドイツ法上の二つ計画の対比は、現在日本で行われている土地利用調整条例をめぐる議論の論点整理にも役立つと思われるので、ここに掲げておく。一般にこのような表現を用いているが、土地利用計画 Flächennutzungsplan とは、町村全体の用地利用の構想を表現したものである。これに対して、地区詳細計画とは、原語 Bebauungsplan を直訳すれば、開発・建築計画である。その内容が当該地区について極めて詳細であるため、このような訳語が定着している。両者の上位概念は、建設基本計画である。いずれもゲマインデ（市町村）議会により条例形式で決定されるが、前者は行政を拘束するが、市民の権利義務を拘束しない。後者は、地区内の市民を拘束し、該当する市民はその計画に従うことによって開発・建築する自由を取得する（建築禁止から解放される）のである。

---

[1] Landwirtschaftskammer Westfalen-Lippe, Das System der Raumordnung und Landesplanung in der Bundesrepublik Deutschland unter besonderer Berücksichtigung Nordrhein-Westfalen, 1986, S. 1 f.

第3章 農村計画と農村整備 229

土地利用計画と地区詳細計画の内容上の対比

土地利用計画	地区詳細計画
・準備的性格(計画主体のみを拘束)	拘束力（条例として市民の権利義務を拘束）
・叙述をも含む	確定力を有する
・予定的土地利用の概要を示す	法の執行に必要な施策の基礎となる確定の規制
・建築用地はその建築利用の一般的種類に従って叙述される	開発・建築地域の確定
・制限された純粋の意思告知についての許可された叙述内容の一覧表	詳細かつ具体的な条例の確定内容であって、許可されたもの
・行政訴訟の対象とならない。	規範統制訴訟、事前審査
・市町村の全領域を対象とする	通常、市町村の一部のみを対象とする
・各市町村により独自に作成される	土地利用計画に基づいて作成される（原則）
・建設許可手続では、外部地域における起業案にとって意義を有する	建設起業案の計画法上の許可にとって基準となる

ドイツにおける国土整備法制と関連諸法令および計画を図示すれば次のようになる。[1]

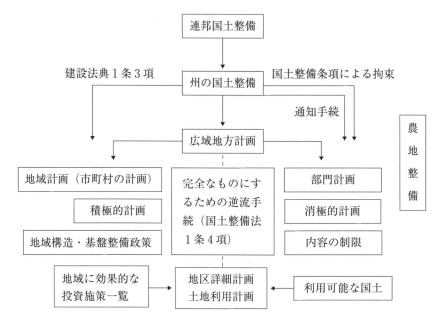

3 農村計画（法制）の提案

（1） 計画策定の目的

　農村計画においては、農業生産の場における諸利益の調整、国土の合理的利用、地域環境の保全等の諸利益が調整されなければならない。農村計画は、農村的性格を有する市町村において作成される。具体的には、既成市街地と市街化区域を除いた部分が主たる対象地域である。

（2）農村計画についての考え方——農村計画の内容

　農村計画の内容は、農村基本計画と農村整備計画からなる[2]。具体的には以下のようである。

(イ) 農村基本計画

　農村基本計画（マスタープラン）は農村社会・経済計画、農村土地利用計画及び農村環境保全計画から成る。

(a) 農村社会・経済計画　　農村計画は現代社会の要請に応じた内容を有する計画でなければならないから、一般的な社会経済発展計画を受けた内容のものである必要がある。内容的には、国や広域的な社会経済発展計画を地域において具体化する側面と、地域の特徴を活かす側面とが含まれることになろう。

(b) 農村土地利用計画　　この農村土地利用計画には、土地利用計画の体系が大土地利用計画（区域区分）、中土地利用計画（用地区分）及び小土地利用計画（筆地区分）（ドイツ法の地区詳細計画の農村版）というように階層的に成り立つという新しい考え方（農業土木学会、1983）を折り込むとともに、農村施設配置に関する計画（農振法）も農村土地利用計画の概念に含めている（注2参照）。

(c) 農村環境保全計画　　環境保全にとって農村の果たすべき役割はますま大きくなってきているから、農村環境の保全を通じて、都市空間を含む生活空間全体の環境保全にも奉仕しなければならない。その意味でも、全国土空間における農村空間の位置づけが重要である。今や農村空間は単に農業生産

[2) 地域計画研究会（代表・北村貞太郎）『農村計画体系』（日本農業土木総合研究所、1988）、9頁

の場ではなく、都市空間との関連におけるエコロジー的調整空間であり、保養・レクレーション空間でもある。農村計画はこのような認識を前提とすべきである。

(ロ) 農村整備計画

　農村整備計画は、農村計画区域内に農村整備地区を設定し、同地区内において策定する農村小土地利用計画、地区管理計画及び地区整備計画をいう（後述）。そして農村基本計画の実現手段（農村計画規制と農村計画事業）に関する総合調整計画として位置づけられている。この体系は前述の『体系』[3]の「図総2」に示すとおりである。農村計画の基本方針は、都計法第7条第4項の「…その区分及び各区域の整備、開発又は保全の方針」に類似し、農村基本計画が都計法第8条及び第9条（地域地区）、並びに第11条（都市施設）に類似し、さらに農村整備計画が都計法第12条の4（地区計画等）の概念に近い。これはさらに次のように分かれる。

(a) 農村小土地利用計画　　農村小土地利用計画は、農村計画規制及び農村計画事業のための土地利用計画で、地図スケール的には、農村計画規制及び農村計画事業が具体的に実施できる精度としての1／500～1／1,000となる。この農村小土地利用計画は、西ドイツのBプランのように必ずしも農村集落部分に限定しないで、500ha程度までの農用地、必要とあれば山林、適路等を含めた詳細土地利用計画をいう。具体的には、集落土地利用計画（集落地区計画）、圃場整備事業のための土地利用計画（集落振興計画）、更に、将来は道路計画に伴う沿道土地利用計画、或いはレクリェーション施設の周辺土地利用計画等をすべて含めた概念である。

　農村整備は、この農村整備計画に基づき実施される。それは、農村計画規制及び農村計画事業から成り、それぞれ

(b) 地区管理計画および (c) 地区整備計画に従って農村計画の具体的実現を図る。[4]

(ハ) 計画の拘束力

　このような内容を前提として、農村計画として地権者等を法的に規制する

---

3) 同書、10頁
4) 同書、11頁

場合に、法律学の立場からみて、いかなる基礎の上においてそれが可能であるか、について以下で検討してみたい。ここでいう計画は、単に行政を拘束する計画であるだけでなく、農村整備計画においては、該当する土地所有者の土地利用をも法的に規制する効力を有するものとして考察する。

二　農地をめぐる法的規制の基礎

以上のべたような農村計画、特に土地利用計画的規制がいかなる法的基礎のもとで可能か、について検討する。すなわち、憲法29条第2項に基づいて実施できる法的規制（土地所有権の内在的制限）という枠組みにおいて、検討してみたい。

1　憲法上の基礎――土地所有権との関係

（1）公法的規制　　憲法29条は、「（1）財産権は、これを侵してはならない。（2）財産権の内容は、公共の福祉に適するように、法律でこれを定める。（3）私有財産は、正当な補償の下に、これを公共のために用ひることができる。」と定めている。第1項は私法的財産権の保障に関する原則を述べ、第2項では、財産権に関する補償なしの内在的制約について規定し、第3項では、特定の者に対する補償を前提とした制限について規定している。
（2）土地所有権に対する制限――私法的規制　　土地所有権が財産権であることは間違いが、それに対する制限には大きく分けて、二つある。一つは補償を要する制限であり、もう一つは補償を要しない当然の制限である。後者はいわば土地所有権の内在的制限である。この点では、土地の公共的性格について特に注目すべきである（本編第2章参照）。

2　農村計画の法律的基礎

（1）都市計画法との類似性　　都市計画法は、市街地の土地所有権に対して制限を課しているから、その点での類似性はある。例えば、一定の建築制限は法律に基づいて個別的補償なしに許されるが、それは、土地利用と公共の福祉との調和が成り立つ限りにおいて可能だからである。

(2) 土地利用における法的制限　個別的補償なしの、現行法上の制限としては、農地法3条以下の制限等をあげることができる。さらには、首都圏近郊緑地保全法（8条）もこれに属する。憲法29条との関連では、第2項に基づくと解してよい。

　土地の有する公共的性格（限りある財であり、かつ農業や居住等にとって不可欠な財であり、自然環境の中核でもある）を前提とした「土地の法体系」を貫く原理が存在していることを認識しなくてはならない。土地は確かに一面では私的所有の対象ではあるが、公共的性格を前提とした枠組みの中で認められているにすぎない。逆に土地所有の私的性格から発想して、土地の公共的性格を前提とした法的枠組みを崩壊させるようなことになれば、その影響は計り知れないものがあろう。

三　国土開発規制の基本思想——農村計画による国土利用原則の確立

1　開発・建築規制

　限りある国土を有効にかつ合理的に利用するためには、利用規制が必要であることは、人類の歴史が示している。問題はどのような規制の仕方が最も望ましいかである。歴史的には、ある必要性に迫られた個別的規制から開始されるのが通常であるが、やがてその規制は一定の体系のもとになされるようになった。すなわち、体系的発展の過程で、既成市街地と予定市街地を中心とした法的規制と、農林業用地を中心とした規制とに分かれた。公権力による積極的規制をいち早く必要としたのは、前者であったため、法律による一般的規制は前者を中心として展開した（都市計画法）。もちろん土地利用一般ではなく、土地整理については、耕地整理の法技術が都市の区画整理に応用された時代もあるが、直ぐに都市的土地利用のための手段に特化されていった。

　これに対して、農地の利用規制は、農地の保存が必要とされる状況において実施される場合が多い（消極的規制）。このような法的規制は、食糧の確

保・増産のためになされるのが通常であるが、最近では、環境の一部としての農地・林地の保全との関連も重要である。

2 開発の原則的禁止

既成市街地と連担建築地域（都市計画区域の重要部分）においては、開発・建築行為の内容が重要であるから、その内容に立ち入った積極的規制がなされるが、外部地域（農林業地域）においては、現状維持が前提とされ、それ変更する場合には許可を必要とするという方法で規制がなされる場合が多い。後者の規制において、一般的制限の形を取れば、外部地域においては原則的開発禁止（条件付き許可）ということになる。

日本におけるように、様々な個別立法で開発・建築行為を制限していて、実際上、国土の大部分が無許可での建築は難しい状態であっても、そのような法的規制がかかっていないところでは、開発建築行為は原則として自由であるとしている国もある。

これに対して、ドイツのように建設法典（都市計画法）において、外部地域における原則的開発・建築禁止を定めている国もある。規制市街地や連担建築地域における積極的規制と外部地域における消極的規制とを都市計画法によって実施しているのである。[5]

しかし、農村計画法が独自に制定されるのであれば、これによって外部地域における消極的規制（原則的開発・建築禁止——現状維持）と、そこにおける土地利用に関する積極的規制とを実施することは可能であるし、むしろ望ましいことである。開発を許可するか否かに関する消極的規制を実質的規制（例えば、環境の保全や地域農業との調整）との関連で行うことができるからである。この場合には、条件付き許可などの方法が考えられる。

3 開発に関する哲学と農村計画法

社会の発展が求めるルール作りをする際には、その要求は、通常、個別具体的であるから、法的規制も実際には個別具体的になされる（農地法、農振

---

[5] 田山輝明『ドイツの土地住宅法制』（成文堂、1991）

法など)。しかし、各法律の内容が豊富になってくると、関連法の体系的整備と隣接法領域との調整が必要になってくる。その段階になって初めて、国土全体の利用に関する法制度の根本原理が実際に問題にされることになる。

　まず、公的利益との関連において調整がなされる。前述（二　1）の様な私的土地所有権の保障を前提としたうえで、国民全体の利益（国土の保全と有効利用等）との関連で一定の制限が法定される。この場合の制限は、必ず法律の形式をふんでなされなければならない。最終的・具体的には条例で行うにしても、法律上の基礎が必要である。

　土地所有について私的所有権が保障されている以上、上記の制限は私的利益の侵害にあたることがあってはならない。もしそれに該当する場合には、侵害に対する補償が必要である。その意味において、制限が侵害にあたるか否かの判断が必要になる（前述二1参照）。

　法律による制限が「侵害」に該当するか否かは、土地所有者の建築の自由に対する制限に該当するか否かという観点からも検討されなければならない。土地所有権の絶対性の内容の一つとして、土地所有者は、その土地をどのように利用するかの自由を有しており、したがって同地上にいかなる物を建築するかも原則として自由であるとの考え方があるからである。しかし、この点については、基本的な点での再検討、すなわち、土地というのは所有物一般と同様に所有者の全くの自由にまかされている（民法206条参照）ものか否か、という観点からの再検討が必要である。所有権の一般的内容を定めた前述の民法の規定でさえ、「法令の制限内において」と定めているのである。土地については、特にこの点が重要である。

　「農村計画法」という法律によって、外部地域についての開発・建築が原則として禁止されれば、土地所有者はこれに従わなければならない。問題は、憲法との関連において、そのような制限が補償なしで許されるか否かという点である。この制限は、特定の所有者に対する制限ではなく、土地所有に対する一般的制限である。土地はもともと有限な財であり、有効利用のための一定の制限は、内在的制限として認められるものである。財産権としての土地所有権は、個々の所有者に保障されているが、その具体的利用は法律に従ってなされなければならないから、このような規制（「禁止の解除」基準

が合理的なものであることが前提）によって土地という財産権を侵害することにはならない。

　土地が農業生産の主要な手段であることは、現在でも変わらないが、最近ではさらに、農地や森林は環境の保全に役立つものであることが明確にかつ強く意識されるようになってきている。もちろん緑を維持しているから環境の保全に役立っているというわけではない。農作物が緑であっても、農薬や科学肥料の使い方次第では、農業が環境破壊をすることもあるし、農地整備事業においても、自然環境を破壊すること（例えば、三面コンクリート張りの直線的水路等）すら過去においてあったのである。したがって、自然環境に配慮した農林業上の施策こそが環境保全に役立ちうるものであることを明確にしておかなければならない。

　農地は、公共用地の主要な供給源であり、今後とも、国土の発展に伴って、この役割を果たしつづけなければならないであろう。一方では、バイオテクノロジーの発展などにより農業の生産性の向上も期待できるから、農地面積のある程度の減少には耐えられるであろう。しかし、食糧の確保という絶対的要請に対して農業は応えなければならないという重大な使命を負っている。したがって、優良農地の確保という点は今後とも極めて重要な課題である。特に、TPP協定の発効を想定する場合には、重要な課題となる。

　これらの状況を前提とした農村計画の在り方を検討しつつ農村計画法の具体化を検討しなければならない。

4　農村計画法による国土利用原則の確立

　土地利用における自由とは何か。一般的・抽象的な自由としての土地所有者の権利を想定するとすれば、自己の土地においてどのような開発行為をしようと、どのような建築物を建てようとも所有者の自由であるということになろう。しかし、土地は有限な財であり、多くの人々の利害が関係しており、昨今のような社会の発展段階になると土地に対する社会的要求は大量かつ重大である。もはや、土地については古典的自由は実在しないのであって、民法206条の予定している「法令の制限内において」の自由のみが実在のものとなってくる、と解すべきである。換言すれば、法律に基づいた一定

の合理的制限のもとでのみ開発・建築の自由は現実のものとなると解すべきである。限られた国土は、原則として、開発・建築は禁止されており（農村計画法）、法律をもってその禁止を解除する（都市計画法）場合にのみ、各土地所有者の有する開発・建築の自由は具体的なものとなるとの原則を確立すべきである。

現在の農振法や農地法による土地利用規制は、個別法による一般的法規制の形態であり、いまや更に一段階上の規制形態へと飛躍すべきときである。そのためには、農村計画も、それにふさわしい哲学的基礎を前提とすべきである。社会の発展に合致した方向での利用である場合にのみその土地所有者に、土地の自由な利用が認められるのである。自由は勝手気ままな「自由」を意味するものではない。それを農村土地利用において明らかにするためにも、農村計画法が必要とされているのである。それに基づく農村整備事業は、単なる「開発」ではなく、「村づくり」事業となるべきである。

四　土地改良法・農地法の「農村整備法的」解釈・運用

1　優良農地の保全と都市との交流

農地法（転用規制等）、農振法（農振農用地区域等）、都市計画法（市街化調整区域等）などにより、優良農地の保全が図られている。しかし、このような伝統的な規制方法のみでは、農村の崩壊は阻止できない（安全な食の確保の危機）、との認識が有力である。他方では、農地に対する非農業サイドからの用地需要や、都市住民の農業志向にも十分には応えられないとされている。ここから規制緩和論が生まれる。

2　自然環境の保全

（1）関連諸法律・条例による規制

2001年以後、土地改良法が改正されて、環境との調和への配慮が土地改良事業を実施するうえでの原則として位置づけられた。背景としては、地球の温暖化と、生物多様性に対する対応するため、具体的には、「環境との調和」

が事業計画の適否の審査に際しての要件となった。

（２）開発協定・建築協定等──土地利用調整条例

　農山村振興の中長期的課題を検討するために、2001年7月に農水省内に農山村振興研究会が設置された。そこでは、土地利用調整条例の活用等の課題が検討された。

　法律に基づく土地利用調整条例を制定して、土地所有者による協定を活用する方法が検討された。その際、以下の2種類の方法が検討された。

（イ）当事者間協定型　土地所有者が相互に協定を締結する。具体例として、農振法18条の2以下に基づく施設配置協定を挙げることができる。①全員の合意、②違反に対する一定の措置、③協定の効力の承継効、④協定内容の変更には全員の同意が必要、といった点に特徴がある。ここで問題とされている「土地利用調整」とは本質的には地域農業における土地利用秩序であり、土地の私的利用上の調整ではない。地域農業における土地利用秩序の形成には、地権者などの参画は必要であるが、地権者の協定によってなし得るものではない。都市計画法上の街並み条例や建築協定は、法律上の規制の「上乗せ」である。

　農業分野の土地利用調整条例においては、法律に根拠を求めつつ、条例を経由して、最終的には協定に任せるとしたら、土地利用秩序の形成を完全に私的合意に任せてしまうことになる。立法に際しては、人間性悪説にたった検討が不可欠であるから、協定内容のチェックシステムと、協定実施についての第三者評価が不可欠である。

（ロ）当事者・市町村協定型　これは土地所有者が市町村と協定を締結する。土地所有者が農地の転用に関して市町村と協定を締結する方法である。具体例としては、アメリカのメリーランド州の農地保全施策が挙げられていた。これによれば、先ず農地保全地区を指定し、州内に存在する農地保全基金に対して、開発地役権の買い取りを求めることができるシステムである。開発地役権を売却した農地は農業の用以外に利用することはできなくなる。

　土地利用秩序を形成するための所有権に対する法的制限は、いわば外在的な一般的制限である。従って、これは農地一般について、法律に基づいて実施することができる。

これに対して、開発地役権の買い上げは、農地（所有権）の先行取得をした上で、元の所有者に「永小作権」を付与するようなものであり、全く個々の所有権レベルの問題である。しかし、これ（有償方式による制限）を法律や条例でやろうとすると、土地利用秩序（無償制限が前提）を形成している法体系との間で本質的な矛盾を生じさせることになる。

3　農村の「計画」的発展——現行法制の運用

農地転用のやり方、地域計画に添った転用、転用に際しての条件（条例によることも考えられる）、その遵守などの観点から検討しつつ、現行制度を運用することが必要である。権利移動統制についても、株式会社の参入を前提とする以上、移転許可後のアフターケアが必要となろう。

（1）土地改良計画・換地計画の活用

従来からも行われてきた手法であるが、さらに、その充実を図るべきである。必要な場合には、非農用地を換地手法の活用により生み出して、都市住民の一定程度の（計画的）受入を実現し、それによって農村の活性化を図るべきである（福井県宮崎村の農村活性化住環境整備事業の例）。ここでは、「協定」に基づいて、新規住宅地においては、電線の地下埋設を実施し、建築基準法に基づく建築協定により、住宅を木造に限定して、美しい景観を実現しているとのことである。今後の課題は、このような手法が可能であるにもかかわらず十分に活用されない以下のような理由を明らかにし、それに対する対応策を明示すべき点にある。

①整備済地域では、再度の事業が実施できない。②中山間地域については、コストと採算性の面から今後とも事業の実施は困難であるとされている（後述五1参照）。

以上の問題は、限界集落問題や消滅集落問題に対する対応策としても重要性を増している。

（2）農用地区域変更関連の交換分合

これは、農振・農用地区域内の農地と同地区以外の農地所有者との間における交換分合制度である（岐阜県大垣市の農振法に基づく事業の例）。これに対しても、多大な分筆作業を伴う等、時間と労力がかかるため、昭和50年から

実施可能になっているが、実際の利用者は多くないとされている。

五　運用を踏まえた立法上の課題

1　土地改良事業の類型化

　四3（1）の問題のうち①については、土地改良事業をドイツ法のような類型化を考えて再度の土地改良事業（迅速集団化手続）や簡易な土地改良事業ができるようにすべきである。②についても、ドイツ法上の簡易な農地整備手続のようなタイプの事業を実施できるようにすべきである。

2　分筆作業の簡略化等

　この問題に対しては、実際に多くの時間と費用がかかっているようであるが、専門家の育成とコンピューター技術の開発により対応すべきである。

3　土地利用計画と地区詳細計画（利用調整計画）

（1）土地利用構想図
　内容上農村計画的なものにすべきである。現在の市町村の土地利用計画は、面積の数値だけで、市町村全体の地図による色分けをしていない場合が多いのではないか。土地利用の配置が明確になるようにすべきである。

（2）地区詳細計画（土地利用調整計画）
（イ）計画として条例で決定すべきか。「農振白地」となっている集落およびその周辺について面的規制をする法律が存在しないので、この部分につき、法律またはその基礎の下での条例において規制することを検討すべきである。農振・農用地区域以外の地域についての開発規制についても同様の問題がある。これに対応するには、土地利用規制が必要である。
（ロ）地権者相互の話し合いで協定の形でまとめるか。
　上記（イ）（ロ）何れの方法でも、住民の参画は不可欠であると同時に条例には法的根拠が必要である。
　土地利用調整条例はいかなる利益を調整するのか。農業的利益のみではな

く、都市的利益も調整されるべきである。農村における農業的利益、工業的利益、商業的利益についての総合的調整が必要である。その際に環境に対する配慮も極めて重要である。しかし、無原則的調整であってはならないし、単に関係地権者の私的利益の調整に終始してはならない。地域社会全体の利益の総合的調整の観点が極めて重要である。そのためには、協定よりも、条例に基づく「農村」計画の形（器）の方が適しているのではないか。

4 農地保有合理化法人の活用

株式会社の取得した農地については、一定期間につき、農業公社等の農地保有合理化法人に先買権を与えるべきであろう。農地に適した土地については、有益であろう。

【参考文献（上記以外）】

青木志郎編著『農村計画論』（農文協、1984）
富田正彦『現代農村計画論』（東大出版会、1984、1994）
田山輝明『西ドイツ農地整備法制の研究』（成文堂、1988）
農村計画学会編『農村計画の展開』（農村統計協会、1993）
（初出：農業法研究38号、2003年、農業法学会報告）

第6編・補論　ドイツ農地整備法の現状

　第6編は、ヴァイス教授の著作の翻訳である。E.ヴァイス教授は、農業土木、とりわけ土地測量の専門家であるが、農地整備法を始め農地関連法については、驚くほど詳しい。この分野では、農学部と法学部を卒業されて法学博士でもある F. Quadflig（連邦食料農林省元局長）がおられるが、同氏が連邦行政において農地整備法制の発展に寄与されたのに対して、ヴァイス氏は、州の農地整備局で実際に多くの農地整備事業を手掛けながら、その法制度の研究をも行ってきた人である。その後、ボン大学の農学部の教授に就任された。私は、彼が農地整備局におられた頃からお付き合いさせていただいている。

　ここに翻訳した著書は第二次大戦後の60年を取り扱ったものであるが、直接法律に関連した業績としては、近代ドイツにおける広義の農地整備関連法律を編集した Landeskulturgesetze in Duetschland, Verlag Dr. Kovač, 2004（4巻）がある。日本でも、土地改良の分野では、類似の経歴を持つ故石光研二氏（元農村開発企画員会）がおられ、法制度にも大変詳しかったが、法律の分野にまで深く立ち入った研究をされたわけではない。そのような意味でも、ヴァイス氏は奇特な研究者である。日独両国に共通する問題であるが、この分野では法律学研究の経歴を有する専門家が育たない。この翻訳に協力してくれた若い研究者に期待するところ大である。

　この翻訳の意義は、具体的な法改正の分析もさることながら、農地整備がその置かれている社会の中で決して孤立して存在しているものではなく、関連の法制度と密接に影響しあいながら、発展しているものであることを見事に示している点にもある。近代ドイツの農地整備法制の発展を概観するには、拙著『西ドイツ農地整備法制の研究』（成文堂）も参照していただければ幸いである。

第1章 『過去60年間のドイツ連邦共和国における農地整備法の展開』

Zur Entwicklung des Flurbereinigungsgesetzes der Bundesrepublik Deutschland in den vergangenen 6 Jahrzehnten

著者：エーリヒ・ヴァイス・技術博士、名誉工学博士、名誉農学博士
Univ.-Prof. Dr.-Ing., Dr. sc.techn. h.c., Dr. agr. h.c. Erich Weiß
ライン・フリードリヒ・ヴィルヘルム大学ボン測量学及び地理情報研究所
（共同翻訳：監訳　田山輝明）

出典：叢書：農業法コンメンタール第18巻、Agricola-Verlag GmbH、2009——ラインラント・プファルツ州トリーア統制・役務局の依頼を受けて
「まえがき」から第3章8節までは亀岡鉱平が、第3章9節から第6章までは梶谷康久が、付録・書簡は片山英一郎が翻訳し、参加者全員で検討した。他の検討会参加者は、田山のほか、青木仁美、足立祐一である。

まえがき［以下、翻訳担当は亀岡鉱平］

　ドイツ連邦共和国の農地整備法は、既に60年間その効力を有している。しかし、ここでその実体的効力の範囲に立ち入るべきではない。これに相応する描写は、長年連邦政府の農業白書において、州および手続実務に細分化されてなされている。多彩かつ多様な刊行物が、特に専門雑誌および専門書において、この結果に関する文書を補完している。
　ドイツ連邦共和国の農地整備法は、これまで過去数十年間において形式的には計20回の改正を経ており、1976年には全面的な改正が行われた。本稿の目的は、これらを年代順で記述することである。その際に、1976年以後の個々の法改正については、既に十分に文書化されているように思われたの

で、意識的に多少簡潔に叙述した。

農地整備法の個々の改正に関する記述は、大部分においてドイツ連邦議会公文書館 Parlamentsarchivs des Deutschen Bundestages の立法資料に基づく。個々の参考文献については、その都度記号をつけて言及する。その都度の解説は、細部に渡って可能な限り広範に、法案ならびに場合によっては議決の目的設定および理由に依拠した。その際に、場合によってすばやく参照できるよう、あらゆる有意義な資料を指示した（その際に、ドイツ連邦議会のあらゆる印刷物の個々の被選期間 Wahlperioden はローマ数字によって通し番号を付されるが、箇所によって規則的ではなく、アラビア数字が付されている）。特に資料の把握に関しては、ドイツ連邦議会のインターネット・サイト上の議会関係資料文書化・情報システム（DIP）が有効である。

純粋に実務的な理由から、付録として、1953年7月14日の農地整備法および1976年5月16日の改正条文を収めている。

2009年3月、ボン、著者

1　若干の前註[1]

自由主義的、民主主義的および社会的な法治国家の社会・法秩序は、一般的自由権と所有権保障の関係によって決定的に特徴づけられる。一般的自由権は、特に生存権、身体の完全性に対する権利、人身の自由に対する権利および人格の自由な発展に対する権利によって構成される。

所有権保障は、特に以下の3つを含む。第一に、市民が生活を真に自己責任によって形成することができるように、市民に対して財産法領域における自由の範囲を保障する法が含まれる。第二に、所有対象物についての私的使用および基本的な処分権限によって本質的に特徴づけられる私的所有権の法制度が含まれる。第三に、所有権についての固定的、絶対的な確固とした概

---

1) Eckl, A. und Ludwig, B. (2005)：Was ist Eigentum – Philosophische Positionen von Platon bis Habermas ; in : Beck'sche Reihe, München.
Weiß, E. (2001)：Die hoheitliche Grundstücksneuordnung als Voraussetzung der verfassungsrechtlichen Eigentumsgewährleistung ; in : BDVJ-FORUM, Zeitschrift des Bundes der öffentlich bestellten Vermessungsingenieure e. V., Heft 1, S. 38-42.

念は存在せず、所有権の内容および機能に対しては社会および経済の発展に適合することが要請され、それと同時に所有権の社会的規制、特に公共性および市民の観点を考慮した規定が定められ、具体化されることとなるので、所有権にとって必要となる内容および規制を法律によって付与するという立法者の任務、つまり所有権によって公権力に対して課されることになる権利と義務を私人との関係において確定することが含まれる。最終的に、収用および収用と不可分の関係にある補償に関する規制が設けられることとなる[2]。

考慮の対象が結社の自由および職業選択の自由に関する権利に拡大されると、そこから自由な私的経済を承認する本質的基礎がもたらされ、結果として自由主義的社会的市場経済がもたらされることになる。それによって、所有権保障は広大な自由権との密接な関係においてのみ有効な意味内容を獲得するということ、そしてこの自由権は同時に必然的に所有権保障を必要とするということが、誰にとっても即座に明らかなものとなる。

この事実関係は、なぜあらゆる種類の独裁者が、つまり絶対主義的封建領主や正統派共産主義者といった者が、その権力関係の確保のために、常に真っ先に同胞の自由権を制限し得るように彼らの所有権の弱体化を志向するのかを印象的な形で明らかにしている。

1952年6月10日に連邦通常裁判所は、この事実関係における基本原則の決定において、国家に組み込まれた個々人は人格として同等な存在として、つまり自由かつ自己責任に基づいて生存しうるために、そしてその自由と尊厳ゆえに、優位に立つ国家権力の単なる対象とはならないために、法的に厳格に保護された所有権の領域を必要とするということを既に述べていた[3]。

連邦憲法裁判所は、さらに1968年12月18日の判決において、所有権は個人の自由の保障との内的関係において存立する権利であるということを明らかにした。権利の全体的構成において、所有権は、権利の担い手に対して財産

---

[2] BVerfG-Beschluß v. 15.07.1981 (Naßauskierungs-Beschluß) ; in : BVerfGE 58, 300. BVerfG-Urteil v. 08.04.1997 (Altschulden-Urteil) ; in : BVerfGE 95, 267.

[3] BGH-Urteil v. 10.06.1952 (Begriff, Bedeutung und Handhabung des Grundrechts auf Eigentum) ; in : BGHZ 6, 276.

第1章『過去60年間のドイツ連邦共和国における農地整備法の展開』　*247*

法領域における自由を確定し、それによって彼らに自己責任による生活形成を実現させるという役割を負うことになる。法制度としての所有権保障は、この法領域の確定を行う[4]。

　土地所有における使用・処分権の最も重要な構成要素は、ドイツ連邦においては既に50年代から、農地整備法とその多様な法改正によって持続的に発展・強化されてきた。この法領域の改正は、さらなる発展・強化手段の実施、そして一般的社会政策・法政策秩序の弱点の解消を常に可能にしてきた。以上の理由から、以下においておよそ60年間の農地整備法の発展が明らかにされることになる。

2　1953年7月14日の農地整備法（連邦法律官報第Ⅰ部591頁）からその1976年3月16日の法改正（連邦法律官報第Ⅰ部546頁）まで

　［立法手続に関する主要なデータ］

　1952年1月10日に連邦政府は法案を連邦参議院に提出した（連邦参議院議会文書811／51）。連邦参議院は1952年2月1日に法案について意見を表明した。1952年5月16日に連邦政府は、連邦議会に対して、法案を連邦参議院の意見および連邦政府のそれに対する反論とともに提出した（連邦議会議会文書Ⅰ／3385）。所管の食料・農業・林業委員会は、1953年5月28日に報告書を提出した（連邦議会議会文書Ⅰ／4396）。連邦議会の法律としての議決 Gesetzesbeschluß が、連邦議会議会文書Ⅰ／3385に基づいて1953年6月11日に連邦議会議会文書Ⅰ／4396という書面で発せられた。連邦参議院は基本法第84条第1項および関連する第78条に基づいて、1953年6月19日に本法に同意した（連邦参議院議会文書262／53）[5]。（**出典**：ドイツ連邦議会公文書館（Dok. Ⅰ／448））

---

4) BVerfG-Urteil v. 18.12.1968 (Hamburgisches Deichordnungsgesetz-Urteil) ; in : BVerfGE 24, 367.

5) Weiß, E. (2000)：Quellen zur Entstehungsgeschichte des Flurbereinigungsgesetzes der Bundesrepublik Deutschland von 1953; Peter Lang Verlag Frankfurt am Main.

2.1 1952／53年の立法開始時の状況について

　従来、特に1936年6月26日の帝国耕地整理法（帝国法律官報第Ⅰ部518頁）、1937年6月16日の帝国耕地整理令（帝国法律官報第Ⅰ部629頁）[6]、1938年4月27日の帝国耕地整理令に関する第1命令（帝国法律官報第Ⅰ部425頁）および1940年2月14日の帝国耕地整理令に関する第2命令（帝国法律官報第Ⅰ部366頁）において示されていた耕地整理に関する法は、1949年5月23日の基本法第125条第1号（*）に基づいて、新連邦法となった。しかしこの耕地整理法の重要な規定は実質的にも形式的にも基本法に適合しなかったので、─特に基本法第14条第1項に基づく内容および制限を定める規定と基本法第14条第3項に基づく収用規定との明確な分離が存在しなかったので、つまり官庁による決定と司法による統御との明確な分離が存在しなかったので─、この耕地整理法は1953年7月14日の農地整備法によって、農地整備法第155条および第156条に基づく当該年の手続に関する若干の経過規定の考慮の下で、1953年をもって失効した（1952年5月16日の連邦議会議会文書Ⅰ／3385の法案の総則的立法理由を参照せよ）。農地整備法は1954年1月1日に施行された（農地整備法第159条）。

　連邦による農地整備法公布の憲法上の根拠は、以下の通りであった[7]。
- 土地法の概念内容[8]に由来する農地整備の実体法については、基本法第74条第1項第18号および付随的に農林業生産の促進および食料確保に関する第74条第1項第17号
- 農地整備官庁の設立および適用される官庁の手続規制に関する農地整備の

---

6) Weiß, E. (2002): Historische Entwicklungsaspekte von der Preußischen Umlegungsordnung von 1920 zur Reichsumlegungsordnung für Deutschland von 1937; in: Recht der Landwirtschaft, Heft 4, S. 85-88.
Weiß, E. (2003): Zur Rechtsnatur der Bodenordnungsmaßnahmen nach dem FlurbG; in: Recht der Landwirtschaft, Heft 4, S. 85-88.
7) Weiß, E. (2006): Zur Reform des Föderalismus in der Bundesrepublik Deutschland; in: Zeitschrift für Vermessungswesen, Heft 4, S. 204-206.
8) 土地法の概念に関しては、建設法の公布に関する連邦の権限に関する1954年6月16日の連邦行政裁判所法律鑑定書（Az.：1 P BrV 2／52）を参照せよ。：「……土地に対する人の法的関係を定めるものとして、土地を法秩序の対象とするような規定中の多くが、「土地法」の素材となる……。」

形式法については、特に基本法第84条第1項
・農地整備官庁の決定の行政裁判所による統御については、基本法第74条第1項第1号（1952年5月16日の連邦議会議会文書Ⅰ／3385の法案の総則的立法理由による）
＊（訳注）基本法（ボン憲法、以下同様）第125条第1号
　「連邦の競合的立法の対象に関わる法は、それが一又は複数の占領地域内において統一的に適用される限度において、その適用地域内において、連邦法となる。」

2.2　1965年3月16日の基本法第29条第7項に基づく州域変更に際しての手続に関する法律（連邦法律官報第Ⅰ部65頁）について

［立法手続に関する主要なデータ］
　1964年9月21日に連邦政府は法案を連邦参議院に提出した（連邦参議院議会文書393／64）。連邦参議院は1964年10月16日に法案について意見を表明した。1964年11月17日に連邦政府は、連邦議会に対して、法案を連邦参議院の意見および連邦政府のそれに対する反論とともに提出した（連邦議会議会文書Ⅳ／2746）。所管の内務委員会は1965年1月21日に法議決勧告とともに報告書を提出した（連邦議会議会文書Ⅳ／2978）。連邦議会の法律としての議決が、連邦議会議会文書Ⅳ／2746に基づいて1965年1月27日に連邦議会議会文書Ⅳ2978という書面でなされた。連邦参議院は基本法第29条第7項および関連する第84条第1項に基づいて、1965年2月12日に本法に同意した（連邦参議院議会文書51／65）。（**出典**：ドイツ連邦議会公文書館（Dok. Ⅳ/267））
　基本法は、第29条において、連邦領域を新しく編成すること（第1～6項）および「州域のその他の変更」についての手続を定めること（第7項）という連邦の立法者の任務について定めた。この二つの任務の履行において、連邦政府は1964年9月21日に「基本法第29条第7項に基づく州域変更に際しての手続に関する法律案」を提出した。
　市町村の境界は、農地整備法第58条第2項に基づき、農地整備の目的に適合する限りで、農地整備計画によって既に変更することができた。市町村および郡の境界のそのような変更に際しては、所管の地方監督官庁へ適時に報

告されるものとされた。その変更には関係する地域団体の同意が必要とされた。

前述の事実関係において、市町村の境界と合致する場合に、行政区および州の境界の延長変更が可能であることは、有意義なものに思われた。しかしそのような変更は、関係する州および地域団体が同意した場合に行われるものとされた（1964年11月17日の連邦議会議会文書Ⅳ／2746における法案の総則的立法理由による）。

公布後発効（11条）した本法第6条に基づき、1953年7月14日の農地整備法第58条第2項の規定（連邦法律官報第Ⅰ部591頁）は、以下のように改正された。

「（2）町村の境界は、農地整備のために合目的的である場合には農地整備計画によって変更することができる。郡境界、行政区の境界及び州の境界が市町村の境界と一致する場合には、変更はこれらの境界に及ぶ。市町村及び郡境界の変更が意図されている場合には、管轄権を有する市町村監督官庁へ適時に報告されるものとする。変更は利害関係を有する州及び区域の団体の同意を必要とする。管区及び州の境界の変更が企図されている場合には、所管の上級州官庁にも適時に報告されるものとする。この変更は関係する州及び区域の団体の同意を必要とする。」

2.3 1965年8月10日の土曜日における期間満了に関する法律（連邦法律官報第Ⅰ部753頁）について

［立法手続に関する主要なデータ］

1965年5月11日にドイツ社会民主党、ドイツキリスト教民主同盟／キリスト教社会同盟および自由民主党の会派は、法案を連邦議会に提出した（連邦議会議会文書Ⅳ／3394）。法務委員会は1965年6月15日に法議決勧告とともに報告書を提出した（連邦議会議会文書Ⅳ／3591）。連邦議会の法律としての議決が、連邦議会議会文書Ⅳ／3394に基づいて1965年6月23日に連邦議会議会文書Ⅳ／3591という書面で発せられた。連邦参議院は基本法第84条第1項に基づいて、1965年7月9日に本法に同意した（連邦参議院議会文書357／65）。(**出典**：ドイツ連邦議会公文書館（Dok.Ⅳ／348））。

第1章『過去60年間のドイツ連邦共和国における農地整備法の展開』 251

　民法典第193条によると、期間が日曜日または国家的に承認された祝日に終了する場合は、期間は次の平日に終了するものとする、とこれまで定められていた。このように、意思表示が行われ、給付が行われる期日は、次の平日に延期された。同様の規定は他の法律にも見られた。本規定の立法上の根拠は、特に民事上の取引が休止される日曜祝日についての一般的社会的考慮に基づくものであった。

　特に銀行といった経済部門における先進的な週5日制の導入によって、連邦、州、市町村官庁においても、土曜休日が実施されている。この状況は、期間に関する法領域に対して、結果として、銀行、官庁および／または裁判所が活動しないにもかかわらず、人々に対してこれらに対する期間・期限を土曜日にも遵守することを強いることになった。多くの場合において、そのような期間・期限は既に金曜日に遵守されることになった。しかしこれによって、特にぎりぎりの期限が、明確に知覚し得る侵害または不利な効果を伴ってさらに短縮されるという事態がもたらされた。また特に弁護士事務所は既に週5日制を実施していた。したがって、そのような期間に関する法における問題を除去することが得策であるように思われた（1965年5月11日の連邦議会議会文書Ⅳ／3394の法案の総則的立法理由による）。

　1965年10月1日に発効（第3条）した本法第1款第10号に基づき、最後に1965年3月16日の基本法第29条第7項（連邦法律官報第Ⅰ部65頁）に基づく州域変更に際しての手続に関する法律によって改正された1953年7月14日の農地整備法第115条第2項第2号の規定（連邦法律官報第Ⅰ部591頁）は、次のように新しく規定された。

　「期間の終日が日曜日、一般の祝日又は土曜日に該当する場合には、期間は次の平日の満了をもって終了する。」

2.4　1968年5月24日の秩序違反に関する法律の施行法（秩序違反法施行法）（連邦法律官報第Ⅰ部503頁）について

　［立法手続に関する主要なデータ］
　1966年11月3日に連邦政府は法案を連邦参議院に提出した（連邦参議院議会文書450／66）。連邦参議院は1966年12月2日に法案について意見を表明し

た。1967年1月20日に連邦政府は、連邦議会に対して、法案を連邦参議院の意見および連邦政府のそれに対する反論とともに提出した（連邦議会議会文書V／1319）。所管の法務委員会は1968年2月19日および1968年3月4日に法議決勧告を報告書とともに提出した（連邦議会議会文書V／2600およびV／2601）。連邦議会の法律としての議決が、連邦議会議会文書V／1319に基づいて1968年3月27日に連邦議会議会文書V／2600およびV／2601のという書面でなされた。連邦参議院は、基本法第77条第2項に基づいて、1968年4月26日に両院協議会を招集することを可決した（連邦議会議会文書V／2856）。1968年5月8日の両院協議会の法議決勧告は、1968年5月10日に連邦議会によって確認され（連邦議会議会文書V／2889）、同日基本法第84条第1項に基づいて連邦参議院によって確認された（連邦参議院議会文書242／68）。(**出典**：ドイツ連邦議会公文書館（Dok. V／202))

　秩序違反法施行法の主要な役割は、いわゆる特別刑法的な法律における法統一を実現すること、それによって秩序違反に関する新法の公布のために必要な根拠を創出することであった。秩序違反法施行法案は以下の4章に区切られた。

　・刑法典、刑事訴訟法および道路交通法の改正／・連邦法の適合／・州法の適合／・経過規定及び附則

　第2章の内容は160以上の法律を包括し、法統一達成の必要性を明らかにした。

　第2章「連邦法の適合」第6節「経済法の領域における諸法の改正」第79款「農地整備法」においては、農地整備法第154条第3項の新規定が置かれた。それによって、同第1項に基づく秩序違反と関係する物件の没収が可能となるとされた。法案は、「関係物件 Beziehungsgegenstände」概念は行為（違反行為）の「生産物 producta」を包含するということを前提とした。そして現行法とは異なり、行為の「道具 instrumenta」の没収は認められないと規定された。この道具の没収については、需要があるわけではなかった。その他においては、個別の準用を必要とせずに、秩序違反に関する将来的な法律の一般没収規定が適用されるものとされた。立法手続において、この特殊な新規定は、決して特別の意味を獲得しなかった（1967年1月20日の連邦

議会議会文書V／1319における法案の総則的立法理由および同法第79款「農地整備法」の個別的立法理由による）。

　ごくわずかな例外を伴って1968年10月1日に発効（第167条）した本法第86款によって、最後に1965年8月10日の土曜日における期間進行に関する法律（連邦法律官報第Ⅰ部753頁）によって改正された1953年7月14日の農地整備法第154条第3項（連邦法律官報第Ⅰ部591頁）は、次のように新しく規定された。

　「（3）違反に関連する目的物件は、没収することができる。」

2.5　1969年8月28日の公正証書作成法（連邦法律官報第Ⅰ部1513頁）について

［立法手続に関する主要なデータ］

　1968年6月11日に連邦政府は法案を連邦参議院に提出した（連邦参議院議会文書279／68）。連邦参議院は1968年7月5日に法案について意見を表明した。1968年9月25日に連邦政府は、連邦議会に対して、法案を連邦参議院の意見および連邦政府のそれに対する反論とともに提出した（連邦議会議会文書V／3282）。所管の法務委員会は1969年3月20日に法議決勧告を報告書とともに提出した（連邦議会議会文書V／4014）。連邦議会の法律としての議決が、連邦議会議会文書V／3282に基づいて1969年5月14日に連邦議会議会文書V／4014という書面でなされた。連邦参議院は、基本法第77条第2項に基づいて、1969年6月20日に両院協議会を招集することを可決した（連邦議会議会文書V／4439）。1969年6月25日の両院協議会の法議決勧告は、1969年7月2日に連邦議会によって確認され（連邦議会議会文書V／4500）、基本法第84条第1項に基づいて1969年7月11日に連邦参議院によって確認された（連邦参議院議会文書429／69）。(**出典**：ドイツ連邦議会公文書館（Dok. V／420））。

　公正証書作成法は、これまで法秩序の多くの部分に分散しており、一部は連邦法によって、一部は州法によって規制されていた。現行の公正証書作成手続法および公正証書作成権限法の概要を得ることおよびさらにこれを伝えることは一般に困難であった。しかし重要な部分は既に非訟事件手続法および民法典に含まれていた。にもかかわらず、多様な連邦法と州法の規定が重

要であった。公正証書作成法の規制が不統一で概観できないことによって、公正証書の利用が裁判所および行政官庁における手続上相当に阻害されるために、法律上の取引の利益において必要とされる公正証書の融通性が損なわれていた。法内容の維持のために、連邦がその立法権限を行使することが必要となった。連邦は基本法第74条第1項第1号に基づいて、公正証書作成法を新たに定立する権限を獲得した。

法案は以下のように区分された。

・第1章：一般規定（第1～5条）／・第2章：意思表示の証明（第6～35条）／・第3章：その他の証明（第36～43条）／・第4章：公正証書の取り扱い（第44～54条）／・第5章：附則（第55～71条）

公正証書作成法案第1条第1項によると、同法は公証人による公的認証 öffentliche Begläubigungen に対しては適用されるが（民法典第129条を参照せよ）、しかし同法案第63条によると、専門官庁による認証 amtliche Begläubigungen には適用されないものとされた（行政手続法第33条を参照せよ）。特に本法の一般的な意図は附則において明らかにされた。法案第55条により、［関連する］連邦法は14の異なる規定において失効し、法案57条により、［関連する］連邦法はさらに18の規定において改正され、法案第60条により、［関連する］諸州法は74の規定において失効するとされた（1968年9月25日の連邦議会議会文書Ⅴ／3282の法案の総則的立法理由による）。

連邦参議院は（バイエルン州の提案に基づいて）、1968年7月5日の法案に関する意見（連邦参議院議会文書279／68）によって、特に第11号について、第57条第13項 a（新）の次の補足を提起した。すなわち、第13項 a「1953年7月14日の農地整備法第123条第2項（連邦法律官報第Ⅰ部591頁）において、「公的」という文言は「専門官庁の」という文言に置き換えられる。」理由づけに際しては、従来の実務の経験が詳細に参照された（1968年9月25日の連邦議会議会文書Ⅴ／3282の官庁の個別的立法理由を参照せよ）。連邦政府は、1968年9月25日の反対意見において、この提案に同意した（連邦議会議会文書Ⅴ／3282参照）。その後の立法手続において、さらに次の改正が生じた。連邦議会の所管の法務委員会の決議によって、修正された規定に「公的」「又は専門官庁の」という文言が挿入された（連邦議会議会文書Ⅴ／4014）。

第1章『過去60年間のドイツ連邦共和国における農地整備法の展開』 255

1970年1月1日に発効（71条）した公正証書作成法第57条第14項によって、かつ最後に1968年5月24日の秩序違反法施行法（連邦法律官報第Ⅰ部503頁）によって改正された1953年7月14日の農地整備法第123条第2項（連邦法律官報第Ⅰ部591頁）は、以下のように改正された。

(14)「1953年7月14日の農地整備法第123条第2項（連邦法律官報第Ⅰ部591頁）において、「公的」という語の後ろに「又は専門官庁の」という文言が挿入される。」（＊）

＊（訳注）農地整備は、州の一般行政的な役所 öffentliche Behörde ではなく、州直轄の専門官庁 Amt が行う。

2.6 1972年5月26日の裁判官および名誉職裁判官の名称ならびに裁判所の長級制の変更に関する法律（連邦法律官報第Ⅰ部841頁）について

［立法手続に関する主要なデータ］

1969年12月12日に連邦政府は法案を連邦参議院に提出した（連邦参議院議会文書650／69）。連邦参議院は1970年1月23日に法案について意見を表明した。1970年3月19日に連邦政府は、連邦議会に対して、法案を連邦参議院の意見および連邦政府のそれに対する反論とともに提出した（連邦議会議会文書Ⅵ／557）。所管の法務委員会は1971年12月3日に法議決勧告を報告書とともに提出した（連邦議会議会文書Ⅵ／2903）。連邦議会の法律としての議決が、連邦議会議会文書Ⅵ／557に基づいて1971年12月15日に連邦議会議会文書Ⅵ／2903という書面でなされた。連邦参議院は、基本法第77条第2項に基づいて、1972年2月9日に両院協議会を招集することを可決した（連邦議会議会文書Ⅵ／3145）。1972年3月2日の両院協議会の法議決勧告は、1972年3月16日に連邦議会に確認され（連邦議会議会文書Ⅵ／3246）、基本法第74条a第2項および第84条第1項に基づいて1972年3月24日に連邦参議院に確認された（連邦参議院議会文書144／72）。(**出典**：ドイツ連邦議会公文書館（Dok. Ⅵ／266））。

裁判官の役職名および裁判所の長級制の新規制は、司法改革の施策の一部として行われた。この新規制は、従来の30超の裁判官の役職名を簡略化・統一することならびに特に過度に行政官庁のヒエラルキー的構成に依拠した役

職名を裁判官の活動および地位を従来より良く特徴づける名称に置き換えることを目的とした。裁判官は（所長および副所長を除いて）裁判所を特徴づける付記を伴って、「裁判官 Richter」という役職名とするとされた。多数の職業裁判官からなる判決主体の長に任命された裁判官は、統一的な名称である「裁判長 Vorsitzender Richter」とするとされた。この改正は直接的にドイツの裁判官法に取り入れられることとされた。関係する連邦の立法権限は、基本法第74条第1項第1号および第98条第3項第2文に基づいていた。

各裁判所長に関する特別規定による裁判所の自治の強化および裁判所の独立性の明確化に関する新規定が追加された（当時の重要な規定は、結局のところ、1933年から1945年まで重要な制限を伴っていた1877年の裁判所構成法に基づいていた。その制限は、1950年9月12日の「裁判所構成法、民事司法、刑事手続および費用法の領域における法的統一の回復に関する法律」（連邦法律官報第I部455頁）によって、本質的に制限以前の状態に回帰した）。

法案は以下のような構成となっていた。

・第1款：ドイツ裁判官法の改正／・第2款：裁判所構成法の改正／・第3款：刑事訴訟法の改正／・第4款：行政裁判所法の改正／・第5款：財政裁判所法の改正／・第6款：労働裁判所法の改正／・第7款：社会裁判所法の改正／・第8款：連邦懲戒法の改正／・第9款：特許法の改正／・第10款：連邦俸給法の改正／・第11款：他の諸規定（連邦公証人法、連邦弁護士法）の改正／・第12款：経過規定・附則

連邦政府の法案「裁判官の役職名および裁判所の長級制の改正に関する法律案」（連邦議会議会文書 VI／557）は、1971年12月15日の連邦議会において法律として議決されたが、1971年12月3日の連邦議会の法務委員会の提案によって注目すべき改正が提起されていた（連邦議会議会文書 VI／2903）。

・法律の題名について

「題名においては、名誉職裁判官の役職名が変更されることも顧慮されなければならない。

・第1款第4号／第45条a（新）について

新しく挿入される第45条aは、5つの裁判所の部門における名誉職裁判官の名称を統一する。事実上必要となる職業裁判官との区別のために、その名

称に名誉職性を示すものが付与されるべきである。裁判所構成法、刑事訴訟法、行政裁判所法、財政裁判所法、労働裁判所法および社会裁判所法の規定は、形式上相応して変更される。」

これらの提案は、その後協議手続の対象となり（連邦参議院議会文書39／72)、継続して協議されたが、最終的に支持された（法案の総則的立法理由およびその補足（連邦議会議会文書Ⅵ／557、Ⅵ／2903およびⅥ／3246ならびに連邦参議院議会文書144／72）による）。

1972年10月1日に発効（第12款第5条）した本法の第1款第4号によって、同法第2款第4号の成文における裁判所構成法の第21条b第5項を除いて、最後に1969年8月28日の公正証書作成法（連邦法律官報第Ⅰ部1513頁）によって改正された1953年7月14日の農地整備法第139条（連邦法律官報第Ⅰ部591頁）において、「陪席」という文言が「名誉職裁判官」という文言に置き換えられた。

2.7 1974年3月2日の刑法典施行法（連邦法律官報第Ⅰ部469頁）について

［立法手続に関する主要なデータ］

1973年2月9日に連邦政府は、法案を連邦参議院に提出した連邦参議院議会文書111／73）。連邦参議院は1973年3月23日に法案について意見を表明した。1973年5月10日に連邦政府は、連邦議会に対して、法案を連邦参議院の意見および連邦政府のそれに対する反論とともに提出した（連邦議会議会文書Ⅶ／550）。所管の刑法改正特別委員会は1973年11月26日に法議決勧告を発し（連邦議会議会文書Ⅶ／1232)、1973年11月27日に報告書を提出した（連邦議会議会文書Ⅶ／1261）。連邦議会の法律としての議決が、連邦議会議会文書Ⅶ／550に基づいて1973年12月12日に連邦議会議会文書Ⅶ／1232およびⅦ／1261という書面でなされた。連邦参議院は基本法第84条第1項に基づいて、1974年2月15日に本法に同意した（連邦参議院報告書51／74）。(**出典**：ドイツ連邦議会公文書館（Dok. Ⅶ／109））。

1969年7月4日の刑法改正第2法律（連邦法律官報第Ⅰ部717頁）は、第1款第1号によって、従来の刑法典総則を新しい総則に置き換えた。新しい総

則は、多くの点において現行法に対して影響の大きい重要な修正を含んでいた（第5被選期間における連邦議会刑法改正特別委員会第2報告書（連邦議会議会文書V／4095）の序論を参照せよ）。施行法の本質的な役割は、刑法典各則および特別刑法全体の刑罰規定を新しい総則の諸原則に適合させ、さらに刑事手続に関する諸法を新しい実体規定に適合させることであった。

法案は以下のような構成となっていた。

・第1章（第1～8条）：総則規定（法律においては第1～9条）
・第2章（第9～16条）：罰則の一般的適合（法律においては第10～17条）
・第3章（第17および18条）：刑法典の改正（法律においては第18～20条）
・第4章（第19～29条）：刑事訴訟法、裁判所構成法、秩序違反に関する法律等の改正（法律においては第21～29条）
・第5章（第28～264条）：その他の連邦法の適合（法律においては第30～287条）
・第6章（第265～269条）：州法の適合（法律においては第288～292条）
・第7章（第270～275条）：刑法上の規制の補充（法律においては第293～297条）
・第8章（第276～299条）：附則（法律においては第298～326条）

ここで講じられた現行の農地整備法の改正は、権利の損傷 Rechtsnachteilen に際しての用語法の整理を目的としたものだった。その権利損傷とは、犯罪行為または秩序違反によって脅迫されたものではなく、農地整備法第117条第3項および4項に関係する刑法典施行法第5章「その他の連邦法の適合」第7節「経済法領域における諸法の改正」第185款「農地整備法」に基づくものであった（1973年5月10日の連邦議会議会文書VII／50における法案総則的立法理由および第183～185条の個別的立法理由による）。

1975年1月1日に発効（第326条第1項）した本法第201款「農地整備法」によって、裁判所構成法の固有規定および第2項または3項に基づいて公布の翌日もしくは公布の翌月に施行された刑法典を例外として、最後に1972年5月26日の裁判官および名誉職裁判官の名称ならびに裁判所の長級制の変更に関する法律（連邦法律官報第Ⅰ部841頁[9]）によって改正された1953年7月14日の農地整備法第117条（連邦法律官報第Ⅰ部591頁）において、以下の改正

がなされた。

- a) 第3項において、第1文「150ドイツ・マルクまでの秩序罰」という文言は、「秩序罰」という文言に置き換えられ、第2文は削除される。
- b) 第4項において、「処罰の」という文言は、「秩序罰の」という文言に置き換えられる。

2.8　1975年8月20日の裁判所費用法、執行官の費用に関する法律、連邦弁護士費用法およびその他の諸規定の改正に関する法律（連邦法律官報第Ⅰ部2189頁）について

［立法手続に関する主要なデータ］

　1974年1月25日に連邦政府は、法案を連邦参議院に提出した（連邦参議院議会文書71／74）。連邦参議院は1974年3月8日に法案について意見を表明した。1974年4月19日に連邦政府は、連邦議会に対して、法案を連邦参議院の意見および連邦政府のそれに対する反論とともに提出した（連邦議会議会文書Ⅶ／2016）。所管の法務委員会は1975年2月19日に議決決定を報告書とともに発した（連邦議会議会文書Ⅶ／3243）。連邦議会の法律としての議決が、連邦議会議会文書Ⅶ／2016に基づいて1975年2月27日に連邦議会議会文書Ⅶ／3243という書面でなされた。連邦参議院は、1975年4月11日に基本法第77条第2項に基づいて、両院協議会を招集することを可決した（連邦議会議会文書Ⅶ／3498）。1975年6月19日の両院協議会の法議決勧告は、1975年6月20日に連邦議会によって確認され（連邦議会議会文書Ⅶ／3803）、基本法第84条第1項に基づいて1975年7月11日に連邦参議院によって確認された（連邦参議院議会文書380／75）。（**出典**：ドイツ連邦議会公文書館（Dok. Ⅶ／323））。

　裁判所費用法の改正は、特に、裁判所費用法を簡略化すること、当時ほとんど州法によって規制されていた行政裁判権に関する費用法を連邦法上の規制に置き換えること、議論のある民事裁判権、行政裁判権および財政裁判権に関する裁判所費用法を統一することを目的とした。それによって同時に、

9）条文に存在した公正証書作成法の参照指示は、明らかに誤りである。

司法の近代化という当時の連邦政府の改革目標が部分的に実現されるとされた。執行官の費用に関する法律の改正は、単に1957年以来変化しないままだった費用の増加と旅費法の新規制のためのものであり、州域変更によって必要となったものだった。連邦弁護士費用法の改正によって2つの目標が追求された。一つは費用の増額であり、もう一つは一連の規定の改良であった。

法案は、以下のような構成となっていた。
・第1款：裁判所費用法の改正（およそ80の改正を含む）
・第2款：執行官の費用に関する法律の改正（およそ25の改正を含む）
・第3款：弁護士費用法の改正（およそ50の改正を含む）
・第4款：他の諸規定の改正（およそ30の改正を含む）
・第5款：附則・経過規定

本法案第4款第19条（農地整備法）に基づいて、農地整備法第147条第4項の規定は削除された。この意図は以下のように理由づけられた。

「農地整備法第147条第4項によると、弁護士および所管の官庁により他人の法的事務への従事を許可された者の費用は、この費用が農地整備裁判所での口頭の審理実施のために支払われうる限りでのみ補填されることができた。上級農地整備官庁に対する抗告手続のための費用は補填されず、訴訟手続のための費用は農地整備裁判所での口頭の審理の実施のための費用の限りで補填されるものであるので、この規定は弁護士または他の代理権を有する者の費用の補填に関する行政裁判所秩序の一般規定に対する制限を意味した。提起された農地整備法の改正によって、一般的な行政事件および農地整備事件における抗告手続および訴訟手続のための費用補填が同規定に基づいてなされることとなった。

これと同様の費用補填規制は、農地整備の意義が変化しても実質的な正当性を有する。抗告手続および訴訟手続において現出した諸問題は、主に農業における労働・生産条件の改善に資する手段であり、そのほとんど唯一の方法であるという農地整備の本源的な意味に対応して、以前から存在していた。立法者は、農地整備裁判所、異議受付を所管する委員会または判決を行う立場にある者の二人の陪席は一定の条件を充足した農業者でなければならないとする農地整備法第139条第3項および第141条第4項によって、これを

考慮した。農村空間再編の手段としての農地整備の意義の向上とともに、例えば市町村の計画・建築法、地域を跨ぐ道路や特定の交通計画との関係において適用される計画策定・決定法のように、農業外から次第に問題が現出するようになった。この法的素材の複雑性に対しては、費用補填に関する行政裁判所法の一般規定を援用することが適切であると思われた」(1974年4月19日の連邦議会議会文書Ⅶ／2016の法案の総則的立法理由および第4款第19条(農地整備法)の個別的立法理由による)。

その他の立法手続においては、以上で説明した観点は論争の対象とはならなかった。若干の例外を伴いつつ1975年9月15日に発効(第5款第6条:施行)した本法第4款第18条によって、最後に1974年3月2日の刑法典施行法(連邦法律官報第Ⅰ部469頁)によって改正された1953年7月14日の農地整備法第147条(連邦法律官報第Ⅰ部591頁)について、以下の改正が提起された。

・1．第4項の削除／・2．第5項を第4項とすること

3　1976年3月16日の農地整備法（連邦法律官報第Ⅰ部546頁）[10]

3.1　1976年3月15日の農地整備法の改正に関する法律（連邦法律官報第Ⅰ部533頁）について

［立法手続に関する主要なデータ］
・1974年8月28日に連邦政府は法案を連邦参議院に提出（連邦参議院議会文書589／74）
・1974年9月19日：連邦参議院農業委員会「農地整備」小委員会会議
・1974年9月24日：連邦参議院農業委員会「農地整備」小委員会会議
・1974年9月24日：連邦参議院法務委員会「農地整備」小委員会会議
・1974年9月25日：連邦参議院農業委員会会議
・1974年9月30日：連邦参議院都市計画・公営住宅委員会会議
・1974年10月1日：連邦参議院法務委員会会議

---

10) 1953年7月14日の農地整備法（連邦法律官報第Ⅰ部591頁）は、第7改正まで、以後旧農地整備法と記す。農地整備法概念は、以後1976年3月16日の新法およびその改正についてのみ用いられる。

・1974年10月2日:連邦参議院内務委員会会議

審議結果は諸委員会の勧告において記録されている(連邦参議院議会文書589/1/74)。1974年10月18日に連邦参議院は、法案に対する多数の改正提案とともに意見を表明した。1974年12月23日に連邦政府は、連邦議会に対して、法案を連邦参議院の意見および連邦政府のそれに対する反論とともに提出した(連邦議会議会文書VII/3020)。1975年10月17日に所管の食料・農業・林業委員会は、以下の委員会議事の結論をまとめた報告書を連邦議会に提出した(連邦議会議会文書VII/4169)。

・1975年1月17日:連邦議会地域空間整備・建築・都市建設委員会会議
・1975年4月9日:連邦議会食料・農業・林業委員会会議
・1975年4月11日:連邦議会食料・農業・林業委員会会議
・1975年5月21日:連邦議会食料・農業・林業委員会会議
・1975年6月11日:連邦議会食料・農業・林業委員会会議
・1975年6月18日:連邦議会食料・農業・林業委員会会議
・1975年9月18日:連邦議会予算委員会会議
・1975年9月24日:連邦議会地域空間整備・建築・都市建設委員会会議
・1975年10月1日:連邦議会食料・農業・林業委員会会議[11]

法案第2・第3読会は、1975年11月27日に行われた(1975年11月27日のドイツ連邦議会第203会議速記録14054頁)。法律としての議決は、連邦議会議会文書VII/3020として連邦議会議会文書VII/4169という書面で全員一致で行われた。連邦参議院は、1975年12月2日の(「農地整備」小委員会)農業委員会の勧告に応じ、基本法第84条第1項に基づいて1975年12月18日に同意した(連邦参議院報告書730/75)。(**出典**:ドイツ連邦議会公文書館(Dok. VII/376))。

1974年12月23日の法案(連邦議会議会文書 VII/3020)は、その基本的特質において、以下のような新規制を定めた。

「a) 農地整備は、多様な利用要求を利益調整の枠組みにおいてこれまでより良く整序できるように、農業構造の変化によってもたらされた条件

---

11) これらの会議の協議結果は、議事録60、61、66、69、70および73番において紹介されている。

変化に適応する必要がある。その際に、農林業、一般的農村基盤整備 allgemeine Landeskultur および農村発展の利益は同等の意義を有する。「農地整備」概念は、それゆえ新たに定義され（第1条）、いまや第37条に基づく農地整備官庁の形成任務と明白に関連することになる。

b）共通課題である「農業構造の改善と沿岸保護」の構成要素となっている農業構造予備計画（「農業構造の改善と沿岸保護」という共通課題に関する法律第1条第2項）は、農地整備ならびに集団化促進手続の命令および実施のための基準決定の補助として、法的に根拠を備えるものとされた（同法第38条および第99条第3項）。特にその成果の参照義務は、既に都市建設に関する再開発・発展措置のための都市建設促進法第64条第1項において規定されている。

c）理事による参加者組合の任務の適切な実行のための前提は、参加者組合の理事の選挙に関する規定の改正によって確保されるものとされた（第21条、第23条第4項および5項ならびに第26条）。

d）農地整備の不可欠性が増すにつれ、手続の担い手としての参加者組合は、農地整備が発揮し得る効率性を顧慮するなら、しばしば不経済で不十分な存在に思われた。このことから、参加者組合は連合会を共同で設立し得ることとされた（第26条aから第26条f）。それによって特に集約的な現金管理、費用を抑えた共同設備の建設・維持、そして早期の土地取得による手続の低費用化・簡易化が期待される。最後に、講じられる農地整備手続のための準備も可能となる。

e）景観保全 Landschaftspflege 付随計画を伴う道路および河川計画の決定（第41条）は、連邦長距離道路法の計画確定権に依拠することで、特に他に必要となる公法上の許可・認可 Genehmigungen、Verleihungen、Erlaubnisse、Bewilligungen、同意 Zustimmungen および計画確定 Planfeststellungen といったすべてを代替する真の計画決定へと高められる。

f）農地整備手続における補償請求と連邦建設法第4章に基づく区画整理手続におけるそれを、その時々の権利保持者の同意によって相互に交

換するための法的前提が創出されることになる。農業用地は、建設用地に相応した価値関係において譲渡されることができ、逆もまた然りである（第44条第6項）。農地整備における建設用地の評価手続は、一般的な価値評価法に従うものとされる（第29条）[12]。

g）自然保護および景観保全の必要性は、農村空間の保養機能 Erholungsfunktion とエコロジー的調整機能の顧慮の下で一層強調される。

・自然保護・景観保全施策および景観形成施設のために、将来的に道路および河川計画の特別随伴計画が立案され、これによって決定される（第41条第1項）。

・水利経済上の目的に際しては、自然保護および景観保全の専門知識が援用される（第37条第3項）。

・簡易農地整備手続、迅速集団化手続および任意の土地交換には、自然保護および景観保全施策を支援する明文上の任務が付与される（第86、91および103条a）。

h）任意の土地交換手続の法律上の規制によって、手続がより早くより簡便に進展し得るようになる。任意の土地交換は依然として交換当事者によって実施される。しかし時間を要する民法上の規定ではなく、土地交換のためのより簡易な農地整備法の手続規定が適用されるので、農地整備官庁はこの手続を指導するものとする（第103条aから103条f）。

---

[12] これは失敗に終わった。しかし、それは当時は以下のことが理論的に通用していたからである。：
・建築用地 Bauflächen ＝都市建設的利用に関する土地利用計画（Fプラン）において指示された土地
・建築許容地 Bauland ＝都市建設的利用に関する地区詳細計画（Bプラン）において定められた土地
しかし、都市計画法においては、1976年にまさにこの概念内容が変更されたが、それはこの概念が実務に耐えるものではなかったからであった。この時以来、建築許容地は、地価評価令 Wertermittlungsverordnung 第4条に基づき、建設期待地 Bauerwartungsland、未建築地 Rohbauland および建築可能地 baureifes Land を包括する上位概念として妥当した。
しかし、同時に、新しく修正された農地整備法においては、古い概念である「建築用地および建築許容地 Bauflächen und Bauland」という概念が採用された。

i) 広域に及ぶ農地整備手続の進行は、個々に区切られた手続区域に対する迅速集団化および任意の土地交換が実施され得ることによって早期化されるとされる（第103条ｊ）。迅速集団化手続は、個々の手続領域についての任意の土地交換と結合することによって、一層の迅速化を達成するとされる（第103条ｋ）（新規制の基本的特質に関する連邦議会議会文書Ⅶ／3020の法案の総則的立法理由および連邦議会議会文書Ⅶ／4169の1975年10月17日連邦食料・農業・林業委員会報告書による）。」

このような農地整備のプログラム性（農地整備法第１条）と活動枠組み（農地整備法第37条）の間の法関係において志向された新規制によって、農地整備法第１条に以下の農地整備の新しい法的定義が示された。

「農林業における生産及び労働条件改善のため、並びに一般的農村基盤整備及び農村発展の促進のために、農村の土地所有を本法に従った施策により、新たに整備することができる（農地整備）。」

農地整備によって、いまや農村における土地秩序は、農林業経営に対して、経済性および競争力を志向させつつ、生産性を向上させることとなった。

一般的農村基盤整備は、農村地域のエコロジー的調整機能の考慮の下で農業構造改善および景観保全のためのあらゆる施策を包括した。

その際に、農村発展とは、都市的地域外の生活環境の永続的な改善に配慮するために、農村地域における経済、居住、保養機能を維持・改善するのに適切なあらゆる施策の計画、準備、実施を意味した。

このことから、続いて農地整備法の活動枠組みの具体化としての一般および特別農地整備の任務が、以下のように導出された。

狭義における一般的農地整備の任務としての通常の農地整備（農地整備法第37条第１項）において、各農地整備区域は、参加者の相互考慮的な利益、一般的農村基盤整備の利益および農村発展の利益に適合し、公共の福祉を促進するように、現存する景観構造の考慮の下で新しく設定されるものとされた。村落耕地 Feldmark は新たに区分・細分化され、非効率的に形成された土地所有は新しい経営上の観点に基づいて集団化され、現況、形状および規模に応じて合目的的に形成される。通路、道路、水路および他の共同設備が

設置される。土地改良的、土壌保全的、景観形成的措置が企図される。その法的関係が秩序づけられる。農林業経営の基礎状況の改善、労働費用の削減および経営の簡便化のためのあらゆる措置が企図される。農村の振興措置が実行される。その際に、地区詳細計画および同種の計画による農地整備のための村落市街地 Ortslagen からの移住は排除されない。

狭義における特別農地整備の任務としての簡易農地整備（農地整備法第86条第1項および3項）は、鉄道路線、通路、道路および水路の建設、変更ならびに除去によって、もしくは一般的農村基盤整備のための同様の措置によって生じるもしくは生じた不都合を是正するために、または内地植民手続を都市建設上の施策、自然保護および景観保全のために必要な施策、もしくは村落市街地および景観形成施策によって実施するために、実行される。

農地整備は、小集落 Weiler やより小規模な市町村のために、個々の農場を有する地域および地片の高度な集約化が成功し既に農地整備がなされた市町村においてもなされ得る。

狭義における特別農地整備の任務としての大規模事業のための農地整備事業（法第87条以下）は、特殊な理由から収用が許可された場合、広域に存在する農地に関して収用許可が求められた場合、広域の土地所有者に対して参加者の土地損失が配分される場合、または事業によって生じる一般的農村基盤整備上の損失が回避される場合には、収用官庁の申立に基づいて開始される。

農地整備は、（建設法第144条f、現在の建設法典第190条と関連して、）都市建設施策によって農林業用地が必要とされ、それによって広域の土地所有者に対して参加者の土地損失が配分される場合、または一般的農村基盤整備上の損失が回避される場合、（これらの施策の担い手が市町村であるとすれば損失は回避されないので、）市町村の申立に基づき、上級行政官庁の同意によっても開始される。

狭義における特別農地整備の任務としての迅速集団化（農地整備法第91条以下）は、農地整備において目標とされている農林業における生産・労働条件の改善を可能な限り迅速に達成するために、または自然保護および景観保全にとって必要な措置を実現するために、新しい道路網施設および比較的大

きな水利経済上の施策がさしあたって必要でない村落耕地 Gemarkungen において行われ得る。

狭義における特別農地整備の任務としての任意の土地交換（農地整備法第103条 a 以下）は、農村の地片を農業構造の改善のために迅速かつ簡易な手続で集団化するために実行され得る。この交換は、自然保護および景観保全を目的としてもなされ得る。

この狭義における農地整備の包括的なカタログの実施に際して、農地整備官庁は補足的に広義における農地整備の任務枠組み（農地整備法第37条第2項）を顧慮しなければならない。その広義の任務において、農地整備官庁は公共の利益を守り、国土整備、州の国土整備および秩序正しい都市建設の発展、環境保護、自然保護および景観保全、保養、給水および排水を含む水利経済、漁業、狩猟制度、エネルギー供給、公共交通、農業移住、小庭園制度および市街地・自然景観の形成ならびに可能な鉱業的利用および鉱物原料産出の維持と確保の必要、といった要件が顧慮される。

農地整備のプログラム規定（法第1条）の3つの目的設定の相互関係およびこの農地整備のプログラム規定（法第1条）と狭義における多様な農地整備の任務（法第37条第1項、第86条、第87条、第91条および第103条 a）との関係という2つの問題領域が、今日的観点において依然として明快で詳細な資料を必要としている。

アクセス可能な立法資料は、第一の問題領域について、以下のことを示している。

・1974年8月28日（連邦参議院議会文書598／74）／1974年12月23日（連邦議会議会文書 VII／3020）の連邦政府法案

法案の一般的目的設定は（1頁A：目的設定およびB：解決において）、「……農地整備の任務設定の拡大……」を予告する。そこでは、3つの構成要素、すなわち「……農林業における利益、一般的農村基盤整備および農村発展は同等の意義を備えている……」とされた。この法案の目的設定の構造は、その一般的根拠において文言上確認される（17頁2段）。個々の規定の根拠（19頁から）は、これ以上のことを示していない。

・1974年10月18日の連邦参議院の意見（連邦議会議会文書 VII／3020、37頁）

は、1974年8月28日／1974年12月23日の法案第1条における3つの目的設定の関係の明確化について、次のように述べた。「第1条において「及び」という文言はコンマに、「農村基盤整備」という文言の後の「及び」という文言は「又は」という文言に置き換えられる。理由：この3つの目的設定はそれぞれがそれ自体で単独で農地整備を行い得るものであるということの明確化」である。さらにこの事実関係において、狭義における一般的農地整備（法第37条第1項）についての連邦参議院の法案改正提案（連邦議会議会文書Ⅶ／3020、39頁）が意義を持つ。第1項3文前半は、以下のように定められる。「村落市街地は弛緩され得る Die Ortslagen sind aufzulockern」に代えて、いまや「村落再整備は実施され得る」。……「理由：その他の点においては、このような措置は、農地整備の任務の枠組みにおいて発生し、実施された個々の事案においてのみ不要であることが明らかにされるべきである。」1974年12月23日の連邦政府の反対意見において、連邦政府はこの上記の提案に同意した（連邦議会議会文書Ⅶ／3020、44頁）。

・所管の食料・農業・林業連邦議会委員会は、1975年6月11日の第69回会議において法案第1条を検討した。会議録はこれについて以下のことを明らかにしている（69／5頁）。「……ビュッヒラー議員（ホーフ）とザウター議員は、法における農業構造に関する目的設定の優位性を維持するために、政府案の受領を支持する。委員会は全員一致で賛成する……。」この事実関係は、1975年10月17日の委員会報告書（連邦議会議会文書Ⅶ／4169、7頁）によって詳細に報告されている。

・1975年11月17日の連邦議会における法案の第3読会において、ドイツ社会民主党のビュッヒラー議員（ホーフ）は、続いて上述の委員会決議の理由について解説した（第203会議速記録14055頁）。「……一方で、「農林業における生産及び労働条件の改善」という表現だけではなく、「一般的農村基盤整備及び農村発展の促進」という文言が追加的に選択されることによって、農村空間およびその計画・調整・土地整理活動に対する責任に基づいた農地整備は、他の計画事業主体の施策について、これを変更することなく支援しなければならないことが明文上示された……。」

第1章『過去60年間のドイツ連邦共和国における農地整備法の展開』　269

ドイツキリスト教民主同盟／キリスト教社会同盟のザウター議員（エプフェンドルフ）は、補足を加えた（第203会議速記録14058頁）。「……この関係（第1条農地整備の目的）において、農業構造上の目的設定が農地整備法の任務拡大におけるあらゆる重点に対して優位性を持つことが強調されなければならない。これに関しては、委員会における党派を超えた協力関係が存在した……。」と。

この原資料は、要約すると、次のことを裏づけている。すなわち、立法者は土地の新形成を通じた農林業における生産および労働条件の改善を法律上の農地整備の主要な任務として構成しようとし、また十分に明確に構成したが、それに対して一般的農村基盤整備および農村発展の促進は、ただ付随的に主張されるものにすぎなかったし、現にそうであるということである。希望的観測つまり政府の目的設定（連邦議会議会文書Ⅶ／3020）ではなく、連邦議会の議決によって定義づけられた法内容が最終的に法内容にとって決定的なものとなった（連邦議会議会文書Ⅶ／4169）。

アクセス可能な立法資料は、第二の問題領域について次のことを示す。

・1974年8月28日／12月23日の政府法案（連邦議会議会文書Ⅶ／3020）

法案の総則的立法理由（16頁および次頁）5a番から5g番において、特に農地整備のプログラム規定（法1条）と狭義における私的に用いられる多様な農地整備の任務（法第37条第1項、第86条、第91条および第103条a）との関係について以下のことが示された。

「……利益調整枠組みにおいて利用要求の変化を以前より良く調整するために、農地整備は農業構造の変化によってもたらされた条件変化に対応する必要がある……。「農地整備」概念はそれゆえ新しく定義され（第1条）、いまや第37条の農地整備官庁に与えられた形成的任務との明確な関連性を備えている……。」

「……自然保護および景観保全の必要性は、農村空間の保養機能とエコロジー的調整機能に対する考慮の下で、より前面に出ることになる……。簡易農地整備手続、迅速集団化手続の促進および任意の土地交換は、自然保護および景観保全措置を支援するという明文上の任務を担うとされる（第86条、第91条および第103条a）……。」（連邦議会議会文書Ⅶ／3020、19頁、個々の規

定の理由1番（第1条）における「一般的農村基盤整備」の新しい概念内容が踏まえられているといわれている。！）

　個々の法規定についての各則的理由において（19および次頁）、1、25、54および60番で、前述の関係についてさらに言及された。

　「……第1条における「本法に従った施策」との関連づけによって、農地整備施策は、その法的基礎を農地整備法自体において備えなければならないことが明らかにされるべきである。ここで用いられる規定は、第37条第1項である……。」

　「……第37条の規定は農地整備官庁に農地整備区域の新形成という任務を付与する。

　新しい法文の第1項は、第1条に対応する施策を具体化し、農地整備の固有の活動枠組みを指示する……。第2項は、第1項に基づく施策の実施に際して顧慮される利益の具体性を拡大している。その際には、特に1953年の農地整備法の公布後の法発展が顧慮されている……。」（それゆえ「広義における農地整備の任務」が顧慮されていると言われている）。

　「……迅速集団化が単に従来の意味における農業構造の改善を目標とする限りで、第1条を農林業における生産および労働条件の改善という目的設定に対して適合させることは実態に適ったものであると思われる……。」

　「……任意の土地交換が農林業における生産および労働条件の改善に資する限りで、「農業構造の改善と沿岸保護」という共通課題に関する法律第1条第1項第1号aに基づき、任意の土地交換は基本法第91条aの意味における共通課題の施策として行われる……。

　任意の土地交換は、現在では、私法上の契約に基づく地片の交換である。この債権的かつ物権的な法律行為は、私法上の規定に従って処理される。

　……任意の土地交換によって追求される原則的に構造政策に適った業務は、土地交換手続が不活発 Schwerfälligkeit であるために不十分にしかなされない。そこで、任意の土地交換の法規制によって救済がなされることになる。規定は迅速集団化の促進に関する規定に依拠する……。」

　この原資料は、要約すると、次のことを裏づけている。すなわち、立法者はプログラム規定（法第1条）を私的に用いられるあらゆる農地整備手続

(法第37条第１項、第86条、第91条、第103条 a) に明文上関連づけようとし、また十分に明確にそのようにしたということである。非農業的利用に供される fremdnützig 農地整備手続（法第87条）に関して、対応条文の手続が結合 Verbundverfahren されているために（法第87条３項）、直接的に準用されている。この結合効果が認められない場合には、「純粋な」大規模事業のための農地整備施策は、収用の執行という主要な任務と並んで、非農業的利用に供される計画の担い手にとって有利となるのと同様に、農林業における停滞的な生産および労働条件を改善しなければならず、また一般的農村基盤整備を促進しなければならない。農地整備のプログラム規定（法第１条）は、非農業的利用に供される大規模事業のための農地整備にも適用される（法第87条）。

3.2　1980年６月１日の連邦法における史跡保護の配慮に関する法律（連邦法律官報第Ⅰ部649頁）について

［立法手続に関する主要なデータ］

　1979年８月９日にプリンツ・ツー・ザイン＝ヴィトゲンシュタイン＝ホーエンシュタイン、シュルテ（ウナ）、シュピッツミュラー議員および党員（全員、連邦議会３会派）は、法案を連邦議会に提出した（連邦議会議会文書 Ⅷ／3105)。内務委員会は1980年２月27日に報告書を提出した（連邦議会議会文書 Ⅷ／3716)。連邦議会の法律としての議決が、連邦議会議会文書 Ⅷ／3105に基づいて1980年３月20日に連邦議会議会文書 Ⅷ／3716という書面でなされた。連邦参議院は基本法第84条第１項に基づいて、1980年４月18日に本法に同意した（連邦参議院議会文書166／80)。(**出典**：ドイツ連邦議会公文書館（Dok. Ⅷ／249))。

　1975年のヨーロッパ史跡保護年になされた主張を実現するために、連邦、州および市町村のより強固な協同が必要となった。あらゆる公的団体と行政部門は、他の公共的利益とともに史跡保護の観点を考慮するものとされた。

　現行の連邦法は、─新しい税法上の諸規定を除いて─史跡保護の利益を十分に考慮したものではなかったので、連邦の立法者は史跡保護領域に関して立法権限を有していないものの、一連の連邦法は改正・補充される必要があ

った。ドイツ史跡保護国民委員会は、これに対応して、ドイツ連邦議会副議長であった故ヘルマン・シュミット＝フォッケンハウゼン博士の主導に基づき、申請人がこの案件を引き受けるという結論を導いた。

これによってドイツ連邦共和国は、1975年9月26日のヨーロッパ史跡保護憲章の承認によって引き受けた義務を履行した（連邦議会議会文書Ⅷ／3105における法案の総則的理由および連邦議会議会文書Ⅷ／3716における報告書による）。

当初の法案（連邦議会議会文書Ⅷ／3105）は、農地整備法第45条に第4項として、以下の規定を加えることを想定した。「(4)史跡及びその周辺地域の改変には史跡保護を管轄する官庁の同意を必要とする」。

しかし、委員会の助言は農地整備法第37条第2項に基づく広義における農地整備の一般的任務の補足に至った。それによれば、農地整備官庁は、農地整備施策の実施に際して、広義における農地整備の一般的任務の多くを考慮しなければならない。所与の理由から史跡保護をこの任務に含めることが必要だと考えられた（連邦議会議会文書Ⅷ／3716における第4条の個別的立法理由による）。

公布後発効（第9条）した本法第4款（農地整備法の改正）によって、1976年3月16日公示の成文の農地整備法第37条第2項（連邦法律官報第Ⅰ部546頁）において、「自然保護及び景観保全」という文言およびその後のコンマの後に、「史跡保護」という文言およびコンマが挿入された。

3.3 1982年12月17日の不動産取得税法（連邦法律官報第Ⅰ部1777頁）について

［立法手続に関する主要なデータ］

ニーダーザクセン州は、1980年11月14日に「不動産所得税法案」を1979年9月28日の連邦参議院決議（連邦参議院議会文書339／79）という書面で、連邦参議院に対して新たに提出した（連邦参議院議会文書585／80）。これは第8ドイツ連邦議会会議において既に提出されていたものである。連邦参議院は1980年12月19日に法案について意見を表明した。1981年3月19日に連邦政府は、連邦議会に対して、法案を連邦政府の意見とともに提出した（連邦議会

議会文書Ⅸ／251)。連邦議会の法律としての議決が、連邦議会議会文書Ⅸ／251に基づいて、1982年11月12日の財政委員会報告書（連邦議会議会文書Ⅸ／2104) および1982年11月22日の補足（連邦議会議会文書Ⅸ／2104に対する連邦議会議会文書Ⅸ／2114) という書面で、1982年11月24日になされた。連邦参議院は基本法第105条第3項に基づいて、1982年12月17日に本法に同意した（連邦参議院議会文書466／82)。(**出典**：ドイツ連邦議会公文書館 (Dok. Ⅸ／100))。

　不動産取得税法は非常に細分化され、多数の免除規定によって空洞化していた。課税額のおよそ80％が、不動産取得税を課された地片の総売上（査定基準の総額）から除外された。この事態は均等課税の原則とはおよそ調和せず、不動産取得税の合憲性に対する疑念を惹起した。多数の免除規定は、不動産取得税に関する事案の処理を妨げ、行政の効率の観点においてもはや支持しえないものだった。

　この不都合に対しては、不動産取得税法の包括的な改革によってのみ対策を講じることが可能であった。法案の目的は、州によって異なる法規定を統一すること、多大な税免除を是正すること、それによって不動産取得税法を簡素化すること、であった。

　多様な取引および交渉が農地整備の実施に関係し、諸州が、付加された条件に基づき相応する規制を講じている場合には、農地整備法第108条第1項に基づき、手数料、租税、費用および公課の免除によって、そのような取引および交渉は農地整備施策として促進されることになる。既に1974／76年には懸案となっていた不動産取得税法の新規定に基づき、これに関係する規制の留保は、1976年の農地整備法の条項追加に際して、農地整備法第108条第1項から分離され、農地整備法第108条第3項に別個に含まれることになった（連邦議会議会文書Ⅶ／3020、法案個別的立法理由62番（第108条))。この土地法上の留保は、もはや削除されるべきであった。既に1980年の不動産取得税法案（連邦議会議会文書Ⅸ／251) において、第23条第1項第1号bに基づいて、農地整備法第108条第3項第2段の廃止が想定されていた。

　本法第24条第1項第2号（土地法上の規定の削除）—1983年1月1日に発効したのだが（第28条)—によって、1980年6月1日の連邦法における史跡

保護の配慮に関する法律（連邦法律官報第Ⅰ部649頁）によって最後に改正された1976年３月16日公示の農地整備法第108条第３項第２段（連邦法律官報第Ⅰ部546頁）は、(「……州法の規定に基づくものである限り……」) 削除された。

総じて同時に、1983年の不動産取得税法第24条によって、さらに７つの連邦法上の規定が削除され、同第25条によって105の州法上の規定が削除された。

しかし、1983年の不動産取得税法第１条第１項第３号ａおよび３号ｂの規定は、立法手続において、農地整備法および連邦建設法に基づく土地整理施策に関する重要な意義を有していた。その規定は、当初食料・農業・林業諮問連邦議会委員会の提起に基づき、経済委員会の明示的な支持を獲得し、所管の財政委員会によって立法手続に付された（1982年11月22日の報告書参照（連邦議会議事文書Ⅸ／2114））。特に、以下の条文が該当する。

「第１条：取得過程 Erwerbsvorgänge

第１項：以下の法的事象 Rechtsvorgänge は、国内の地片に関係する限りで、不動産取得税を免れない。

第１号：……／　第２号：……

第３号：移転請求権を創出する法律行為を条件とせず、かつ土地所有権移転のための意思表示 Auflassung も必要としない所有権移転。ただし以下は例外となる。

a）農地整備手続における土地の補償および共同施設用地の無償配分による所有権移転ならびに適用されるべき農地整備法に基づく迅速集団化手続および土地交換手続における相応する法的事象による所有権移転。

b）連邦建設法の手続上の新所有権者が、区画整理区域に存在する地片の所有権者として手続参加者である場合において、連邦建設法の適用されるべき規定に基づく区画整理手続における所有権移転。

c）……」

3.4　1986年12月８日の建設法典に関する法律（連邦法律官報第Ⅰ部2191頁）について

［立法手続に関する主要なデータ］

1985年12月20日に連邦政府は、法案を連邦参議院に提出した（連邦参議院議会文書575／85）。連邦参議院は1986年1月31日に法案について意見を表明した。1986年1月10日に連邦政府は、連邦議会に対して、法案を提出した（連邦議会議会文書Ｘ／4630）。連邦参議院の意見に対する政府の反論が1986年2月27日に連邦議会に提出された（連邦議会議会文書Ｘ／5111）。所管の国土整備・土木・都市計画委員会は、1986年10月15日に法議決勧告とともに報告書を提出した（連邦議会議会文書Ｘ／6166）。連邦議会の法律としての議決が、連邦議会議会文書Ｘ／4630に基づいて1986年10月23日に連邦議会議会文書Ｘ／6166という書面でなされた。連邦参議院は基本法第84条第1項および第105条第3項に基づいて、1986年11月28日に本法に同意した（連邦参議院議会文書500／86）。**出典**：ドイツ連邦議会公文書館（Dok. X／267））。

本法案の一般的目的設定は、[以下の通りである]。

- 都市計画の法的根拠を一つの統一的な法に取りまとめること、部分的な条項追加の回避、およびその代わりとしての都市計画法の総合的な条項追加
- 都市計画法を現代的・将来的任務へと方向づけること
- 法および行政の簡素化、すなわち不可欠でない規定の削除
- 建設基本計画定立の迅速化および簡素化、一般計画・建設法における法的安定性の向上
- 建設の容易化
- 市町村の計画権限の強化
- 都市建設部門における財政の混合性の縮減、および
- 一定の法領域における相異なる州法上の規制権限の州への付与

ここにおいて、都市計画法の一般原則として、建築自由が妥当していた。
この個々の目的の達成のために、連邦建設法および都市建設促進法の建設法典への統合が慎重に行われることとされたために、実務上回避し得ない適応上の困難が生じた。それゆえ、第1編「一般都市建設法」においては、既に列挙し特徴づけたように、都市計画実務上特に重要な規定である都市建設法典第1～6章（建設基本計画、建設基本計画の保全、建築その他の利用の規制、補償、土地整理、収用および地区施設整備）が重要であった。これらは、

特に都市建設法典の主要な規定に関する広範な判例の考慮において、適応上の困難を回避するべきものとされた。

第2編「特別都市建設法」においては、特に再開発法、―現行の施策にとっては―従来の都市建設促進法の都市建設上の開発、保全条例、都市計画命令、社会計画、および激変緩和措置に関する法、ならびに使用賃貸借関係および用益賃貸借関係に関する規定が定められた。農業構造上の施策と関係する都市計画上の事業に関する規定も第二編に置かれた。その他には、再開発の特殊性に対して固有の規制が必要とされない限りで、再開発法は実質的にその他の都市建設法（例えば、建設基本計画、先買権、形質変更禁止、収用、入札、激変緩和措置、使用賃貸借関係および用益賃貸借関係）と融合した。

第3編においては、一般的意味を有する都市建設法の「その他の規定」として、特に地価の鑑定に関する規定、一般規定、行政規定および建築許容地のための裁判所 Gerichten für Baulandsachen での訴訟手続規定がまとめられた。

第4編においては、「経過規定・附則」が定められた（法案の総則的立法理由（連邦議会議会文書X／4630）による）。

1987年7月1日に発効（第5条）した本法第2款（その他の連邦法の適合）第23番に基づいて、最後に1982年12月17日の不動産所得税法（連邦法律官報第Ⅰ部1777頁）によって改正された1976年3月16日公示の成文の農地整備法第44条第7項第1号（連邦法律官報第Ⅰ部546頁）において、「連邦建設法」という文言は、「連邦建設法典第1編」という文言に置き換えられた。

同時に本法第1款第107番に基づく諸規定が取り上げられなければならない。第2編第6章において、都市計画上の事業が農業構造改善施策との関連において新しい建設法典に組み入れられた。

・第187条：諸事業の調整、建設基本計画および農業構造の改善ための事業
・第188条：建設基本計画および農地整備
・第189条：代替地の調達
・第190条：都市計画上の事業を契機とする農地整備
・第191条：農林業地の取引に関する規定

3.5 1991年2月12日の水利・土地組合に関する法律（水利組合法）（連邦法律官報第Ⅰ部405頁）について

［立法手続に関する主要なデータ］

1990年1月5日に連邦政府は法案を連邦参議院に提出した（連邦参議院議会文書17／90）。連邦参議院は1990年2月16日に法案について意見を表明した。1990年3月22日に連邦政府は、連邦議会に対して、法案を連邦参議院の意見および連邦政府のそれに対する反論とともに提出した（連邦議会議会文書XI／6764）。所管の食料・農業・林業委員会は1990年10月26日に報告書を法議決勧告とともに提出した（連邦議会議会文書XI／8301）。連邦議会の法律としての議決が、1990年10月30日に連邦議会議会文書XI／6764に基づいて連邦議会議会文書XI／8301という書面でなされた。連邦参議院は基本法第84条第1項に基づいて、1990年12月14日に本法に同意した（連邦参議院議会文書822／90）。(**出典**：ドイツ連邦議会公文書館（Dok. XI／361））。

1937年2月10日に、帝国食料・農業大臣に対する授権法としての（ほんの3ヶ条の）水利・土地組合に関する帝国法（帝国法律官報第Ⅰ部188頁）が、多数の州法によって著しく分散していた当該組合に関する法を、命令を用いて新しく形成するために公布された。これに基づき、1937年9月3日に第1水利組合命令（帝国法律官報第Ⅰ部933頁）が公布された。本法は法の細分化を是正し、それによって水利・土地組合の包括的な法的根拠となった（1942年12月15日の水利・土地組合に関する第2命令（帝国法律官報第Ⅰ部729頁）および1943年4月20日の水利・土地組合に関する第3命令（帝国法律官報第Ⅰ部268頁）は、ただ当時の細部に関する問題について規制したにすぎない）。

第1水利組合命令は、基本法第125条第1項に基づき連邦法となった。なぜなら、同法は連邦の競合的立法対象を含んでいたためである（連邦憲法裁判所判決（BVerfGE 58, 45（56））および連邦行政裁判所判決（BVerwGE 3, 1（3 ff.）；7, 17（23）；10, 238（241））は、既にこの意見をたびたび確認していた）。しかし1937年2月10日の水利・土地組合に関する帝国法および1937年9月3日の第1水利組合命令は、基本法と調和しない多くの規定を含んでいた。それゆえ、従来の法的根拠を完全に新しく規制することが必要かつ合目的的な

ものと考えられた。

　水利・土地組合法自体は、基本法第74および75条に列挙されていなかった。にもかかわらず、この法素材の新規制に関する連邦の立法権限は、水利・土地組合を根拠づける目的から導き出され、またその組合が従事する任務から導き出された。法律の発案は、競合的立法および大網的立法の領域における権限規定に依拠した（基本法第74条第11項、第14項、第17〜21項、ならびに第75条第3項および4項）。

　法案自体は、以下の基本的考慮に基づいていた。

・水利・土地組合法は、現存する組合の存続を可能な限り保障するために、既存の規制を可能な限り十分に維持しつつ、現在の民主主義的および法治国家的諸関係に適合すべきである。
・諸規制は、連邦統一の法改革のための必要に限定され、定款規定、場合によっては州法による組合結成の余地を可能な限り多く残すべきである。
・財政法、行政手続および執行の領域においては、原則的に州法が妥当すべきである。

　以上によって水利組合法は誕生し、第82条からなる9部立てで構成された（法案の総則的立法理由（連邦議会議事文書XI／6764）による）。

　公布の3ヶ月後の一日目に発効（第82条）した本法第81条（農地整備法の改正）に基づいて、最後に1986年12月8日の建設法典に関する法律（連邦法律官報第I部2191頁）によって改正された1976年3月16日公示の成文の農地整備法第43条（連邦法律官報第I部546頁）の編集上の理由から、「1937年2月10日の水利・土地組合に関する法律（水利組合法）（帝国法律官報第I部188頁）」という文言は、「1991年2月12日の水利・土地組合に関する法律（水利組合法）（連邦法律官報第I部405頁）」という文言に置き換えられた。

3.6　1994年8月23日の農地整備法の改正に関する法律（連邦法律官報第I部2187頁）について

［立法手続に関する主要なデータ］
1994年4月19日にバーデン・ヴュルテンベルク州およびザクセン・アンハ

ルト州は「農地整備法の改正に関する法律案」を連邦参議院に提出した（連邦参議院議会文書328／94）。連邦参議院は1994年5月20日に法案について意見を表明した。1994年6月15日に連邦政府は、連邦議会に対して、法案を意見とともに提出した（連邦議会議会文書XII／7909）。所管の食料・農業・林業委員会によって、1994年6月28日に、法議決勧告が付された報告書が連邦議会に提出された（連邦議会議会文書XII／8138）。連邦議会の法律としての議決が、1994年6月29日に連邦議会議会文書XII／7909に基づいて連邦議会議会文書XII／8138という書面でなされた。連邦参議院は基本法第84条第1項に基づいて、1994年7月8日に本法に同意した（連邦参議院議会文書678／94）。(**出典**：ドイツ連邦議会公文書館 (Dok. XII／410))。

農地整備法の以下の諸規定の改正に関する提案［がなされた］。
・農地整備法第21条第7項：参加者組合理事会
・農地整備法第86条：簡易農地整備手続（農村発展に関係する）
・農地整備法第93条第2項第1文：集団化の申請、集団化の決定
・農地整備法第103条a第1項：土地交換の目的
・農地整備法第103条c第2項：申請、命令
・農地整備法第103条d：手続の中止
・農地整備法第141条第1項第2文：異議および
・農地整備法第142条第1項：争訟

提案は、農地整備法の手続における任務の著しい変化によって理由づけられた。もっとも、その変化はこの間の農業・環境政策の枠組み条件の変動によって規定されていた。農業経営体の利益の核心に存在していたのは、農林業における生産および労働条件の改善と並んで、土地利用を巡る紛争の解決と土地整理による農村環境の形成であった。

農地整備法においては既に迅速化を可能にする多くの手段が存在していたにもかかわらず、この土地整理に対する要求の変化は、従来の農地整備手続の平均期間を長期化させた。この要求の変化は、労働と時間の消費の著しい増加をもたらした。これに対して、ただ既存の手続の簡易化・迅速化のためのあらゆる法律上の可能性をもって対抗するだけでは十分ではなかった。そこで、農地整備法第86条に基づく簡易農地整備および農地整備法第103条a

に基づく任意の土地交換の規定の改正が、これらの簡易化手続の広範な適用領域が明示されている範囲において、遅滞なく効果を発揮するよう提案された。

　農地整備法第21条における参加者組合理事会の被選期間導入ならびに農地整備法第141および第142条の法的救済期間と行政裁判所法の一般的法的救済期間との一致によって、同時に農地整備法のさらに2つの合目的的な改正がおこなわれるものとされた。

　そのために、具体的には農地整備法第86条による簡易農地整備の適用可能性が社会的要求の変化に対応して拡大され、簡易化が迅速化のために適用されるものとされた。農地整備法のその他の点における改正を行うことなく、農地整備法第86条による簡易農地整備の適用領域の拡大によって、特に、
・競争力のある農林業経営体の安定化の達成
・小規模市町村のインフラおよび農村地域発展のための諸条件の改善
・EU 構造基金による環境および市場適合的な農業の強化ならびに促進の支援
・自然保護および景観保全の重要性の一層の考慮ならびに
・農村空間における多様な利益を、原則的に公益適合的で平穏な相互協力にとって有益なかたちで調整することが可能となるとされた。同時にこの新規制は、ドイツ連邦共和国の経済的立場、特にドイツ農業の立場を安定化し、枠組み条件が変化する時間が短くなったことに対応することを助けた。

　農地整備法第103条aに基づく農業構造改善のための任意の土地交換は、集団化が実施されていなかった場合には将来的に実施され得るものとされた。連邦州における被選期間導入に関する権限規定によって、参加者組合の総会は、一定の時期におけるより長く継続する手続に基づき、理事会構成員を新しく選出し、承認することが可能である。最後に実際の手続期間の考慮において、農地整備法第141条および第142条における異議申立および訴訟期間が2週間から1カ月へ延長されることによって、行政裁判所法の諸規定（行政裁判所法第70条および第74条）との一致が実現するものとされた。またそれによって、多くの参加者にとって不可解なものとなっていた農地整備法

における特別規定は削除された。この改正による重大な手続の遅延は予測され得なかった（法案の目的設定および解決ならびに法案総則の立法理由による（連邦参議院議会文書328／94または連邦議会議会文書XII／7909））。

その根本的な重要性ゆえに、一定の新しい規制に対してより詳細な言及がなされるべきである。つまり、法案の個別理由の２号において、農地整備法第４章第２節の表題に関しては、次のようになっている（連邦議会議会文書XII／7909）。「新第86条は既に以前から多様な手続の簡易化およびそれに基づく手続の迅速化について規定している。しかしその際に第１項第１号において挙げられたように、いまや農村発展施策が前面に出ている。都市地域外の生活状況の維持および改善のために、農村発展は、農村空間の居住、経済および保養機能を維持・改善するのにふさわしいあらゆる施策の計画、準備および実施を包含している。

農村土地所有を農林業における生産および労働条件の改善、一般的農村基盤整備ならびに農村発展の振興のために新しく秩序づける第１条と異なり、諸目標は、簡易農地整備手続によって、その拡張した観点または農村発展のコンセプトの下で追及され得る。」

1994年６月23日の連邦食料・農業・林業省の代表者による所管の連邦食料・農業・林業委員会における法案審議に関する議事録覚書（Az.：2238-2450）がさらなる説明を行っている。

「……レップレ参事官（食料・農業・林業省）による法案解説：農地整備の目的は、生産および労働条件の改善だけでなく、土地利用紛争の解決および農村環境の形成である……。

……ギュンター・ブレーテホルン議員は、第86条において想定されていた改正に関する詳細な理由づけを要請した。彼は、「農業構造改善」という目的設定が、都市建設、環境、自然保護といった新しい重点によって押しのけられるとするなら、それは憂慮すべきことであると考えた……。

……レップレ参事官（食料・農業・林業省）は、他の観点も「農業構造の改善という上位目的」に対して同等に置かれているということを認めなかった。しかし、農地整備施策において、景観保全、都市建設、交通の発達、市町村の強化および自然・景観保護が視野に入っていることは争われていな

い。ますます減少する農家数は、その経営によって、土地の大部分をその性質に応じて規定するので、ここに「錯綜的問題」（＊）が生じることになる。農林業はその固有の利益の主張を、他の領域を完全に無視することなく貫徹させることはもはやできない。将来的な土地整理は、この利益の錯綜に適合的でなければならない……。

　＊（訳注）農業的土地利用と都市的土地利用の衝突のことを意味する。

　……アルバート・デース議員は、第86条の問題性に関するドイツ農民組合の書面を引き合いに出した（委員会文書12／825、付属文書４）。彼はそこで示された批判を採用し、改正は「従来の農地整備の目的設定の知らずになされる変遷」を含み、農業構造改善の望ましい優先性を低下させるものである、という懸念を共有した……。

　……レップレ参事官（食料・農業・林業省）は、非農業目的の土地取得の問題は主に農地整備法87条の手続においてのみ規制し得るが、しかし非農業目的の土地取得は第86条による手続の対象ではない……と述べた。

　……エゴン・ズセット議員は、同様に農地整備の目的設定について議論がなされた直近の1974／75年の農地整備法の審議について述べた。また彼は参加者組合における所有者の利益と土地経営に実際に従事する者の利益とはしばしば食い違うものであることを確認した。

　彼は報告書におけるドイツ農民組合の意見表明（委員会文書12／825、付属文書４）から、改正農地整備法も農業の利益を守らなけれならず、農業構造に関する目的設定の優位性が維持されるべきであるという発言内容を引き継ぐことを提案した。

　委員長は、報告書作成者に対して、報告書をそれに相応して作成することを求めた……。」

　この農地整備法第86条による整理の観点については、所管の食料・農業・林業委員会の1994年６月23日の報告書（連邦議会議会文書 XII／8138）において、相応するものが見出される。

　ジークフリート・ホルヌング議員およびルドルフ・ミュラー議員（シュヴァインフルト）の「第10委員会第３審議」報告書第２項

　「……連立与党は、条項追加の内在的な目的設定に関して、農地整備にお

ける農業構造改善の優位性が低下しつつあることを報告したドイツ農民組合の疑義を採用した（委員会文書12／825）。経営者（農業者）と土地所有者の間には、増大しつつある小作地の利益配当を巡る注目すべき利害対立が存在していることが強調された……。」

　以上が1994年6月29日の連邦議会の法律としての議決および1994年7月8日の連邦参議院のそれに対する同意の内容であった。それによって同時に、1976年3月16日の農地整備法改正法によって既に明らかとなっていたように、農地整備法86条による簡易農地整備を農地整備法第1条に基づく農地整備のプログラム規定における狭義の特別農地整備に内容上分類することが確認されたのは、印象的だった。

　公布後発効（第2款）した本法1款により、最後に1991年2月12日の水利組合法（連邦法律官報第Ⅰ部405頁）によって改正された1976年3月16日の農地整備法（連邦法律官報第Ⅰ部546頁）は、以下のように改正された。

1．第21条において、第7項の「別段の定めをする」という文言の後に「及び任期を導入する」という文言が挿入された。
2．第4章第2節の表題は以下の文言となる。
第2節「農村発展のための簡易農地整備手続」
3．第86条は以下の文言となる。「第86条
（1）簡易農地整備手続は以下の目的において開始することができる。
　1．農村発展施策、特に農業構造改善、内地植民、農村振興、都市建設施策、環境保護施策、水域の自然調和的開発、自然保護、景観保全又は景観形成施策の実現・実施
　2．インフラ施設の修理、変更、改善又は同様の施策によって生じ、又は既に生じた一般的農村基盤整備の損失の除去
　3．土地利用紛争の解決又は
　4．小集落、小規模市町村、個々の農場を有する地域及び既に農地整備が行われた市町村において必然的に生じる土地所有の新しい秩序の適用
（2）第1項の手続に関して、以下の特別規定が適用される。
　1．第4条前段並びに第6条第2項及び第3項と異なり、農地整備官庁は、決定によって農地整備を命令し、農地整備区域を確定する。決定

の重要な部分は、参加者に謄本の形で送付され、又は公示することができる。
2. 施策の担当者が第1項に基づいて農地整備を提起した場合に、簡易農地整備手続は開始される。
3. 第1項に基づく施策の事業主体は準参加者（第10条第2号）とする。
4. 価値調査結果の公示（第32条）は、農地整備計画の公示（第59条）と共に行うことができる。
5. 景観保全のための随伴計画を有する道路及び河川計画の作成（第41条）は省略することができる。この場合には、農地整備計画（第58条）における相応する施策が採用される。
6. 公益的事業主体の計画は、第41条第2項に基づく聴聞期間まで実施可能にならず、又第59条第2項に基づく第5号の場合においても実施可能にならず、それによって農地整備の実施が不当に遅滞する場合には顧慮されないものとする。
7. 施行命令（第61条）及び移行規定（第62条第3項）は、参加者に謄本の形で送付され、公示することができる。
8. 第95条が準用される。

（3）第1項に基づく施策の事業主体は、そこで発生した施行費用（第105条）を参加者組合に対して支払わなければならない。相応する分担金が農地整備計画によって事業主体に課される。第1項第2号の場合には、施行費用は、損失が他の法律の規定による計画確定手続において考慮されず、かつ当該計画確定後に明らかになった場合に限り、施設の設置、変更又は除去によって生じた損失に応じて、施策の事業主体に課されるべきである。施設の設置、変更及び除去以来5年経過した場合には、第2項の費用は、事業主体にはもはや課することはできない。」

4. 第93条第2項第1号において、「第86条第1項第1号」は「第86条第2項第1号」におきかえられる。
5. 第103条a第1項において、「集団化すること」という文言は、「新たに秩序づけること」という文言におきかえられる。
6. 第103条c第2項は、以下の文言となる。

「(2) 任意の土地交換の命令については、第6条第1項第2文及び第86条第2項第1号が準用される。」

7．第103条dは、以下の文言となる。

「第103条d　手続の中止については、農地整備官庁が管轄権を有し、第9条第1項及び第86条第2項第1号が準用される。」

8．第141条第1項において、第2文は削除される。

9．第142条において、第1項は削除される。

本法は、1994年8月23日に承認され、1994年8月31日に連邦法律官報上で公示された。また1994年9月1日に施行された。

3.7　1996年11月1日の行政裁判所法およびその他の法律の改正に関する第6法律（連邦法律官報第Ⅰ部1626頁）について

［立法手続に関する主要なデータ］

1996年1月19日に連邦政府は法案を連邦参議院に提出した（連邦参議院議会文書30／96）。連邦参議院は1996年3月1日に法案について意見を表明した。1996年3月6日に連邦政府は、連邦議会に対して、法案を連邦参議院の意見とともに提出した（連邦議会議会文書XIII／3993）。連邦政府の反論が1996年3月12日に提出された（連邦議会議会文書XIII／4069）。所管の法務委員会は1996年6月26日に報告書を法議決勧告とともに提出した（連邦議会議会文書XIII／5098）。連邦議会の法律としての議決が、1996年6月27日に連邦議会議会文書XIII／3993に基づいて連邦議会議会文書XIII／5098という書面でなされた。連邦参議院は、基本法第77条第2項に基づいて、1996年7月19日に両院協議会を招集することを可決した（連邦参議院議会文書497／96）。1996年9月26日の両院協議会の法議決勧告は、基本法第84条第1項に基づいて1996年9月27日に連邦議会によって確認され（連邦議会議会文書XIII／5642）、同日連邦参議院によって確認された（連邦参議院議会文書713／96）。（**出典**）ドイツ連邦議会公文書館（Dok. XIII／164））。

行政裁判手続は場合によって非常に長期化し、そのために法的保護及び法治国家的手続がやむを得ず行われることがある。本法案の一般的目的設定は、そのような行政裁判手続の簡易化・簡素化を可能な限り実現することに

あった。これに相応する展開は、ドイツにおける投資の枠組み条件が時の経過とともに改善したことと関連して、既に憲法上の法的保護の要求および迅速かつ概観可能な計画・許可手続をおびやかした。法案は、以下の施策を含んでいた。

・行政裁判所法第47条における発議権限を行政裁判所法第42条による訴訟権限に適合させることおよび規範審査の申立のための期間の導入
・交通路計画手続分野における法改正を考慮した行政裁判所法第48条（上級行政裁判所の一審管轄）の改正
・関係人多数の手続に際しての証拠提出権の制限
・上訴の制限
・裁判手続中の行政庁の決定についての修正の簡略化
・効力延期的効果 aufschiebende Wirkung の抑制、ならびに
・手続不履行に関する法的紛争の終結（連邦議会議会文書 XIII／3993における法案の目的設定および法文の一般理由を参照せよ！）

　農地整備法は立法者の意図に沿うものだった。その意図とは、法案第1款（行政裁判所法の改正）第4番によって行政裁判所法第67条を次のように改正するというものであった。「（1）連邦行政裁判所及び上級裁判所において、当事者は、申請あるときは、代理人としての弁護士又はドイツの大学の法学教員によって弁護され得る……。」

　しかし第4款（農地整備法の改正）において、次のことが規定されていた。「農地整備法第140条……に以下の文を付加する。「行政裁判所法第67条第1項第1文は適用されない……。」」

　この規制は、特に農地整備裁判所が専門家によって構成されることで（法第139条）、訴訟が特に集中的に法に関する理解に基づいて実施されることが保障されるという状況を考慮したものとされる。上級裁判所が一審管轄となる農地整備裁判所の手続に対する弁護士強制は、行政裁判所法第67条の新法文により上級行政裁判所の手続のために挿入されたものであるが、これ以上の訴訟実施の改善を導くものではないので、手続上、本規定の適用は必要ではない。

　上記の例外規定は、裁判上の法的保護を要求する農地整備施策の全関係者

に対して適用されることになる。農地整備法の意味における事業主体および参加者組合も、その他の訴訟当事者、例えば農地整備地域外の地片の所有者として農地整備官庁に対して妨害排除請求権を主張し得る者も、弁護士強制には服さない。

　連邦参議院において追加で農地整備法第139条第２項第２文を次のように改正することが提起された。「名誉職裁判官及びその職務代理は、農地整備官庁の上級職のための資格を有していなければならず、かつ最小限度、３年間、農地整備実務に関与したことがあるべきである。最後の要件については、これらの要件を備える適切な者がいない場合には満たされなくてもよい。」

　この連邦参議院の提案理由は、従来法律上必要とされてきた諸前提は行政裁判権を有する非常に少数の裁判官によって充足されてきたが、それによって農地整備裁判所の人的構成が困難化した、という点にあった。職業裁判官は、従来の農地整備法第139条第２項第２文から除外された。名誉職裁判官に関しては、従来の法的地位にとどまるとされた。判決の質に対する悪影響は懸念されない。

　この連邦参議院の提案は、しかしすでに連邦政府の反論において賛同を得られず、その後の立法手続においてはこれ以上取り上げられなかった。しかし、この意見は実際には特に興味深いものであった。

　「農地整備手続の特殊性から、１名の職業裁判官は農地整備制度の扱いに関する実務経験を有することが求められる。なぜなら、他の行政裁判と異なり、農地整備裁判所には、手続迅速化という利点において、広い決定権限、特に農地整備官庁の行政行為の変更に関する権限が認められているからである。裁判所は、官庁自身がそうであるように、専門知識を備えていなければならない。この専門知識は、迅速で効果的な法的保護の妨げとなるので、例えば専門家からの意見聴取によって入手することはできない。

　必要とされる農地整備裁判所の専門知識は、通常専門知識のある名誉職裁判官による裁判所の人的構成によってのみ保証され得るのではない。つまり、実務的観点における専門知識だけでなく、農地整備の法的観点における認識もまた必要となる。しばしば農地整備手続と関連する困難で包括的な法

的問題を専門的かつ法的に説明するために、まさに法的専門知識と経験がこの領域には必要とされる。

職業裁判官に求められる農地整備法の領域についての専門的学識は、新連邦州においては特別の水準において不可欠となる。なぜなら、農地整備裁判所は所有関係の確認および再編に関する農業適応法第8章に基づく手続の権限を有するからである。この手続において、農地整備法を趣旨に即して適用することになるが、それは極度に難しい法的問題に至り得る。

連邦参議院によって申し立てられた農地整備裁判所の人的構成の問題に対しては、諸条件を充足する適当な特定の人物がいない場合には、農地整備法第139条第2項第2文第1段において定められた要件は適用されなくともよいとして、既に農地整備法第139条第2項第2文第2段の現行規定に基づいて対応がなされ得るとされた（連邦議会議会文書XIII／3993における法文個別的立法理由による）。

1997年1月1日に発効（第11款）した本法第4款（農地整備法の改正）によって、最後に1994年8月23日の農地整備法の改正に関する法律（連邦法律官報第Ⅰ部2187頁）によって改正された1976年3月16日公示の文言の農地整備法（連邦法律官報第Ⅰ部546頁）の140条に、以下の文言が挿入された。「行政裁判所法第67条第1項第1文は適用されないものとする。」

3.8 1997年6月18日の司法通知法ならびに費用負担義務規定および他の諸法律の改正に関する法律（連邦法律官報第Ⅰ部1430頁）について

［立法手続に関する主要なデータ］

連邦政府は、1995年12月29日に、基本的に連邦議会議会文書XII／3199の草案に相応するものだったが、同時に関連する連邦参議院の意見および政府のそれに対する反論が考慮された法案を連邦参議院に提出した（連邦参議院議会文書889／95）。連邦参議院は1996年2月9日に法案について意見を表明した。1996年5月22日に連邦政府は、連邦議会に対して、法案を連邦参議院の意見および連邦政府のそれに対する反論とともに提出した（連邦議会議会文書XIII／4709）。所管の法務委員会は1997年4月22日に法議決勧告が付された報告書を連邦議会に提出した（連邦議会議会文書XIII／7489）。連邦議会

の法律としての議決が、1997年4月24日に連邦議会議会文書XIII／4709に基づいて連邦議会議会文書XIII／7489という書面でなされた。連邦参議院は基本法第84条第1項に基づいて、1997年5月16日に本法に同意した（連邦参議院議会文書287／97）。(**出典**：ドイツ連邦議会公文書館（Dok. XIII／248））。

　この法案の目的設定は、連邦憲法裁判所の判決、特に1983年国勢調査法に関する1983年12月15日判決（BVerfGE 65, 1）を考慮したものだった。それによって、

- これまで主に連邦で統一されていた連邦と州の行政規定において規定された他の公的機関に代わる裁判所および検察の通知義務は、法的根拠に基づいて定められ、
- 人格権侵害の危険を排除するための手続法上の準備が講じられることとされた。

法案はこの領域に特有の送達規制の基本的優位を前提とした。これが必要でない限りにおいて、法案は裁判所構成法施行法における目的規定を含む適法な前提に関する規定を提起した。本法において手続法上の準備措置もまた規定されるものとされた。

　個別には、以下の［事項］が［草案に］規定された。

1. 通知権限は裁判所構成法施行法案において定められる（第13〜17条）。通知義務の根拠は、必要ならば行政規定に委任されたままとする。
2. 通知の範囲は、無条件に必要なものに限定されるものとする（第18条第1項）。
3. 送達された情報の利用は、原則として送達の基本的目的に限定される（第19条第1項）。
4. 古くなったまたは誤った情報の利用を防ぐために、裁判所構成法施行法案第20条において、事後報告および訂正義務が規定される。
5. 関係者に対する報告義務および一定の場合における関係者の情報提供義務（第21条）は、誰についても、誰が何をいつどのような機会に自分について知るのかに関する十分な機会が与えられなければならないという連邦憲法裁判所が求める要件を顧慮するものである。
6. 司法行政作用に該当する通知命令に対しては、裁判所構成法施行法の

第23～30条において定められた、司法行政行為に対する出訴が、裁判所構成法施行法案第22条において提起される。

法案は、さらに分野に特化した多くの送達規定を含んでいた（連邦議会議会文書XIII／4709の法案目的設定および解決による）。

30を超える諸法と同様に、農地整備法第12条（関与資格の証明）がこの新規制に該当した。これに関する政府の法案改正提案—第23款農地整備法の改正—は、変更および詳細な検討を経ることなくすべての立法手続を通過した。

公布から12ヵ月目の最初の日に発効（第37款）した本法第27款に従って、最後に1996年11月1日の行政裁判所法および他の諸法の改正に関する第6法律（連邦法律官報第Ⅰ部1626頁）によって改正された1976年3月16日公示の成文の農地整備法（連邦法律官報第Ⅰ部546頁）第12条は、以下のように改正された。

1．従来の法文は第1項となる。

2．以下の第2項から第4項が挿入される。

（2）農地整備官庁は、土地登記所及び土地台帳の管理について所管する官庁に対して、手続に係る地片を含む農地整備手続命令（第4条）、農地整備区域の変更（第8条）、農地整備手続の中止（第9条）、新しい法状況の開始時点（第61～63条）、終結確定（第149条）を通知する。また、土地登記所に対して、土地台帳について管轄権を有する官庁への書類の提出（第81条第2項）を通知する。

（3）土地登記所は、終結確定の効力発生の時点まで、農地整備官庁が通知を不要としない限り、農地整備手続命令の時点の後に関係する地方の登記簿において行われていた又は行われたすべての登記について、農地整備官庁に通知しなければならない。土地登記所は、農地整備官庁に対して、農地整備官庁が土地登記所にその土地の表示をこの目的のために通知している限り、農地整備区域に隣接する地片の新しい所有者の登記を通知する。

（4）土地台帳に関する権限を有する官庁は、終結確定の効力発生の時点まで、農地整備官庁に対して、農地整備官庁が通知を不要としない限り、農地整備手続命令の後に土地台帳における関係地片の証明において行われたす

べての事務継続を通知なければならない。

3.9 2001年6月1日の使用賃貸借法の再編成、簡易化および改正に関する法律（使用賃貸借法改正法）（連邦法律官報第I部1149頁）について［以下、翻訳担当は梶谷康久］

［立法手続に関する主要なデータ］

2000年8月18日に連邦政府は法案を連邦参議院に提出した（連邦参議院議会文書439／00）。連邦参議院は2000年10月20日に法案について意見を表明した。2000年11月9日に連邦政府は、連邦議会に対して、法案を連邦参議院の意見及び連邦政府のそれに対する反論とともに提出した（連邦議会議会文書XIV／4553）。所管の法務委員会は、2001年3月27日に法議決勧告とともに、報告書を提出した（連邦議会議会文書XIV／5663）。連邦議会の法律としての議決が、連邦議会議会文書XIV／4553に基づいて連邦議会議会文書XIV／5663という書面でなされた。連邦参議院は基本法第84条第1項に基づいて、2001年5月11日に本法に同意した。(**出典**：ドイツ連邦議会公文書館（Dok. XIV／244））。

かつて適用されていた使用賃貸借法は、明らかな欠陥を含んでいた。この使用賃貸借法は、現代社会の要請を十分に顧慮していなかった。文言上、そして一部には内容的にも時代遅れとなっており、そして多数の法律改正により、複雑で、理解に苦しむものとなっていた。

使用賃貸借法の改正は長きにわたり必要とされていた。すでに、1974年に連邦議会は、連邦政府に、使用賃貸借法を分かりやすく見通しのきいたものに整理することを要求していた（連邦議会議会文書VI／2629）。この提出された法案は、この要請を満たすこととなり、そして本法案は1996年に使用賃貸借法の改正のために設置された連邦と州のワーキンググループの提言に添うものであった。

この提出された使用賃貸借法改正の法案は、使用賃借人と使用賃貸人との間の均衡のとれた利益調整を目指し、同時に私的な使用賃貸借法の社会的、居住的、経済的、環境政策的意義を顧慮したものである。とりわけ居住用使用賃貸借法は、より見通しのきいたよりわかりやすいものとなることとさ

れ、それにより法的安定性と法的平和がさらにもたらされることとされた。使用賃貸借関係の訴訟の数も減らされるべきものとされた。環境を意識した態度が省エネルギーの奨励から必要とされることとなった。同時に賃貸住居建設への投資の魅力が維持されるべきものとされ、その他の投資形態と競争しうるものとされた（連邦議会議会文書XIV／4553における法案の目標設定による）。

　法案は以下のような構成を規定していた。

　第1款　民法典の改正／第2款　民法典施行法の改正／第3款　民事訴訟法の改正／第4款　民事訴訟法の施行に関する法律の改正／第5款　1954年の経済刑法の改正／第6款　ザールラントに対する住居建設法の改正／第7款　その他の法律の改正／第8款　法令の改正／第9款　統一的な法令順位への復帰／第10款　規定の改正／第11款　施行

　第7款は、〔本法と〕適合させることとなる合計約45の法律の条項を含んでおり、農地整備法の編纂上の適合規定も含んでいる。

　とりわけ一般的な用語法への適合も試みられるものとされた。これにより、相当する語として「mietzins〔使用賃料〕」の代わりに一般的な「miete〔使用賃料〕」に、「pachtzins〔用益賃料〕」の代わりに同様に「pacht〔用益賃料〕」となった（個々の規定の根拠づけは、ここでは民法典第535条に関する第1款第3号を参照）。

　2001年9月1日に施行した（第11条）本法第7条第38項によって、最後に司法通知法ならびに1997年6月18日の費用負担義務規定および他の諸法の改正に関する法律（連邦法律官報第I部1430頁）によって改正された1976年3月16日公示の文言の農地整備法（連邦法律官報第I部546頁）の第70条第1項において、「Pachtzin〔用益賃料〕の」という語は「Pacht〔用益賃料〕の」という語に置き換わった。

3.10　2001年12月20日の行政訴訟における上訴権の整備に関する法律（連邦法律官報第I部3987頁）について

　［立法手続に関する主要なデータ］

　2001年6月1日に連邦政府は法案を連邦参議院に提出した（連邦参議院議

会文書405／01)。連邦参議院は2001年7月13日に法案ついて意見を表明した。2001年6月22日に連邦政府は、連邦議会に対して、法案を2001年8月31日の連邦参議院の意見および連邦政府のそれに対する反論（連邦議会議会文書 XIV／6854）とともに提出した（連邦議会議会文書 XIV／6393)。所管の法務委員会は2001年11月14日に議決勧告とともに報告書を提出した（連邦議会議会文書 XIV／7474)。連邦議会の法律としての議決が、2001年11月15日に連邦議会議会文書 XIV／6393に基づいて連邦議会議会文書 XIV／7474という書面でなされた。連邦参議院は、基本法第77条第2項に基づいて、2001年11月30日に両院協議会を招集することを可決した（連邦参議院議会文書906／01)。2001年12月11日の両院協議会の法議決勧告は、2001年12月14日に連邦議会によって受け入れられた（連邦議会議会文書 XIV／7779)。連邦参議院は基本法第84条第1項に基づいて2001年12月20日に同意した（連邦参議院議会文書 1063／01)。(**出典**：ドイツ連邦議会公文書館（Dok. XIV／350))。

1996年11月1日の行政裁判所令とその他の法律の改正に関する第6法律（連邦法律官報第Ⅰ部1626頁）[13]の規定は、上級行政裁判所の大幅な負担軽減をもたらした。新規定の適用に際しては、もちろん一連の問題が生じた。とりわけ上訴の許可の申立ておよび理由づけのための1ヶ月の期間または抗告の許可の申立ての場合の2週間の期間は、理由づけが上級行政裁判所の要請を満たすように法的救済を理由づけるためには十分ではないことが示された。これによって、抗告の許可についての許可されない申立ての数は、憂慮すべきほどに大きなものとなっていた。

1999年10月27日の決定（連邦憲法裁判所記録文書第1部385／90）──連邦憲法裁判所判例集101巻106頁によって、連邦憲法裁判所は、行政裁判所令99条第2項第1文との関係で99条第1項第2文を、第99条第1項第2文が文書の提出を、有効な法的保護を与えることが行政関係書類の認識に左右され、かつ立法者に2001年12月31日まで憲法にしたがった状態を確立することを義務づけられている場合においても、排除する限りで、基本法第19条第4項とは相容れないと表明した。

---

13) Vgl. unter Nr.3.7 dieser Abhandlung: 6. VwGOÄndG.

したがって、法案は連邦憲法裁判所の判決に関係する場合について「非公開手続」を提案し、つまり秘匿を要する関係書類が裁判所に対してのみ公開される手続を提案したのである。その他の点においては、以下のような改正が規定された。
・上訴の許可の申立ての理由づけのための期間を判決の送達から2ヶ月間に伸張すること
・法律形成と法的統一性についての上級行政裁判所の判決を要求する場合における、行政裁判所による上訴の許可
・上訴を認められるべき要件のもとでの、判断のつかない問題の解明についての連邦行政裁判所への疑義の提示理由書の手続
・一時的な法的保護の手続、訴訟費用の補助手続における上訴の際の許可要件の削除
(連邦議会議会文書 XIV／6393の法案における目標設定と解決による)

2001年8月31日の連邦参議院の意見は、特に新たに、法案第5款(保護手続法の改正)の後に、以下の内容である第5款 a (農地整備法の改正)――新設――を挿入するという提案[14]を含んでいた。

「第5款 a (農地整備法の改正)
最後に……によって改正されている1976年5月16日の公示の文言による農地整備法(連邦法律官報第Ⅰ部546頁)の第139条第2項において、第2文と第3文は以下のように規定される。

名誉職裁判官とその職務代理は農地整備官庁の高度な業務を行う能力を有しなければならず、少なくとも3年間農地整備事務に従事していなければならない。この要件を満たす適切な人物が存しない場合には、後者の要件は満たされなくてもよい。第2文において挙げられた名誉職裁判官とその職務代理は、農業の権限を持つ州の最上級官庁の提案に基づいて5年の任期で任命される。

この新たに提案された法律改正は、上級行政裁判所 Oberverwaltungsgericht (Verwaltungsgerichtshof) のもとに連邦が設置した職業裁判官による農地整

---

14) Vgl. unter Nr.3.7 dieser Abhandlung : 6. VwGOÄndG.

備裁判所の参入およびこの農地整備裁判所の裁判長による業務の分割を容易ならしめた。農地整備裁判所の２人の職業裁判官の構成員について、行政裁判権についての一般的な規定（法第138条第１項を参照）が適用されることとなる。「専門の陪席者」（法第139条第２項第２文の意義における名誉職裁判官）の特別な地位と、二人の農業職の名誉職裁判官（法第139条第３項の意義における名誉職裁判官）は、変更されなかった[15]。

　少なくとも裁判官の資格を持つ二人の裁判官のうち一人が、農地整備官庁のより高度な業務におけるさらなる経験を有することになる（農地整備法の旧第139条第２項第２文の規定である）という要請は、もはや時代に即したものではない。行政裁判所はすでに高度に複雑で、技術的で学問的なその他の多数の問題を、これに対して特別なこの分野における専門教育を必要とすることなく、処理しなければならなかった（たとえば原子力法、環境汚染防止法、公衆衛生制度、もしくは幹線道路法において）。その他の点としては、農地整備法の専門知識に裏打ちされた能力が農地整備法第139条第３項の要件でなければならない二人の名誉職裁判官の配置によって、そして「専門の陪席者」の協働によって十分に保障されていた。

　この提案された改正は、最終的に改正が本質的に行政裁判管轄の人的資源のより良い利用と裁判官内部の能率主義の実現に寄与するかもしれないという理由からも、なされた。農地整備事件の数が少ないことに鑑みて、農地整備部で働いている行政裁判官は主に他の部で働き、その他の訴訟案件を委託されていた。より適切な裁判官は、一部にはかなり高齢な人もいるが、〔任命の〕機会を失していた一方で、実質的には裁判官を農地整備の経験に基づいてのみ上級行政裁判所の裁判官に任命されることは正当化されないものであったろう（連邦議会議会文書 XIV／6854における法案のこの個別規定の根拠づけを参照せよ！）。

　連邦政府は同日の反対意見においてこの提案に同意した（連邦議会議会文書 XIV／6854）。この提案は、変更されることなく法的効力をも獲得したのである。

---

15) Vgl. unter Nr.2.6 dieser Abhandlung.

2002年1月1日に施行された（第7条第1項）本法第5条によって、最後に2001年6月19日の使用賃貸借法改正法（連邦法律官報第Ⅰ部1149頁）によって改正された1976年5月16日公示の成文の農地整備法（連邦法律官報第Ⅰ部546頁）の第139条第2項において、その第2文と第3文は以下のようになった。

「名誉職裁判官とその職務代理は農地整備官庁の高度な業務の処理能力を有しなければならず、そして少なくとも3年間農地整備事務に従事していなければならない。この要件を満たす適格な人物が存在しない場合には、後者の要件は満たされなくてもよい。第2文に挙げられた名誉職裁判官とその職務代理は、農業について権限を持つ州の上級官庁の提案に基づいて、5年の任期で任命される。」

3.11 2005年8月12日の行政送達法の改正に関する法律（連邦法律官報第Ⅰ部2354頁）について

［立法手続に関する主要なデータ］

2005年2月4日に連邦政府は法案を連邦参議院に提出した（連邦参議院議会文書86／05）。連邦参議院は2005年3月18日に意見を表明した。2005年4月7日に連邦政府は、連邦議会に対して、法案を連邦参議院の意見及び連邦政府のそれに対する反論とともに連邦議会に提出した（連邦参議院議会文書XV／5216）。所管の内務委員会は2005年5月11日に法議決勧告とともに報告書を提出した（連邦議会議会文書XV／5475）。連邦議会の法律としての議決が、2005年5月12日に連邦議会議会文書XV／5216に基づいて連邦議会議会文書XV／5475という書面でなされた。連邦参議院は基本法第84条第1項に基づいて、2005年6月17日に本法に同意した（連邦参議院議会文書374／05）。（出典：ドイツ連邦議会公文書館（Dok. XV／350））。

法的取引における電子媒体の利用については、実体私法の分野では、私法の手続規定およびその他の2001年7月13日の現代的な法律行為取引に関する規定の適合についての法律（連邦法律官報第Ⅰ部1542頁）、民事訴訟法の分野では、2001年6月25日の送達改正法（連邦法律官報第Ⅰ部1206頁）、そして行政手続法の分野では、2002年8月21日の行政手続法の規定の改正に関する第

３法律（連邦法律官報第Ⅰ部3322頁）において法律上の予防措置が講じられていた。行政送達法の改正によって、裁判上の手続における送達改正法によって包括的に改正された送達法と現代化された行政手続法の行政手続法的規定の改正に関する第三法律への適合がなされることになった。したがって、この意図によって行政における電子書面の送達に関する法原則が創設されることとなった。

電子書面が真正であることを証明するための枠組み条件は、すでに2001年５月16日の電子署名法（連邦法律官報第Ⅰ部876頁）によって規定されていた。この法案は、EC指令1999／93に基づく電子的法取引について、電子署名についての全体的な枠組み条件についての1999年12月13日のヨーロッパ議会と理事会のEC指令（EC官報2000第13号12頁）が明らかにした要件とも矛盾のないものであった。この指令によって引き起こされたドイツ法の改正は、すでにそれに置き換わった電子署名法において行われていた（連邦議会議会文書XV／5216の法案における目標設定と一般的な理由づけによる）。

法案それ自体は、以下のものを含んでいた。

第１款　10箇条を含む行政送達法／第２款　27の様々な連邦法における広範な規定の改正／第３款　統一的な法令順位への復帰／第４款　本法律と関係のある規定の施行と廃止

立法手続においては、とりわけ第２款第23項によれば、農地整備法第112条（送達手続）、および農地整備法第113条（回覧による送達）は、現代の要請に適合するものである。これは合意に基づいて行なわれる。

農地整備法に関して公布の６ヶ月後に施行する（第４条第１項）本法の第２条第23項によって、最後に2001年12月20日の行政訴訟における上訴権の改正に関する法律（連邦法律官報第Ⅰ部3987頁）によって改正された1976年３月16日の公示の文言の農地整備法（連邦法律官報第Ⅰ部546頁）は、以下のように改正された。

「１．第112条は以下のように改正される。

　a）第１項においては、項の表示と「最終的には1972年５月19日の行政送達法の改正に関する法律（連邦法律官報第Ⅰ部789頁）によって改正された、1952年７月３日の（行政送達法VwZG）（連邦法律官報第Ⅰ部379頁）」

という文言が削除される。
  b）第2項は廃止される。
2．第113条は、以下のように改正される。
  a）第2文第1号においては、第2文における「市町村役場または警察署」という文言が「市町村」に置き換えられる。
  b）第2文第2号は、以下のように規定される。
「2. 行政送達法の第5条第2文の場合においては、文書の代わりに証明された謄本の保管についての文書による通知（第1号）が交付されるか、または差し置かれるべきである。この保管は、民事訴訟法第181条第1項第2文が準用する行政送達法の第5条第2項にしたがった通知によっても認められる」。」

3.12　2007年12月12日の法律相談法の新規制に関する法律（連邦法律官報第Ⅰ部2840頁）について

［立法手続に関する主要なデータ］

　2006年9月1日に連邦政府は法案を連邦参議院に提出した（連邦参議院議会文書623／06）。連邦参議院は2006年10月13日に法案について意見を表明した。2006年11月30日に連邦政府は連邦議会に対して、法案を連邦参議院の意見および連邦政府のそれに対する反論とともに提出した（連邦議会議会文書ⅩⅥ／3655）。所管の法務委員会は2007年10月10日に法議決勧告とともに報告書を提出した（連邦議会議会文書ⅩⅥ／6634）。連邦議会の法律としての議決が、2007年10月11日に連邦議会議会文書ⅩⅥ／3655に基づいて連邦議会議会文書ⅩⅥ／6634という書面でなされた。2007年9月9日に連邦参議院は基本法第77条第2項にしたがった両院協議会の招集を断念した（連邦参議院議会文書705／07）。本法は同意を要さないものであった。（**出典**：ドイツ連邦議会公文書館（Dok. ⅩⅥ／258））

　この法案の中心にあるのは、構造上ならびに内容上根本的に改められた裁判外の法的サービスに関する法律に、1935年以来の法律相談法を置き換えることであった。裁判外の法的サービスに関する法律には裁判外の法的サービスの提供に関する権限のみが規定されることとなっていたため、同時に裁判

上の代理に関する手続規則の規定が新たに創設される必要があった。連邦弁護士規則と弁理士規則における改正によって、弁護士と周辺のその他の専門職業間の共同作業の可能性も期待されることとなる。

　裁判外の法的サービスに関する法律は、歴史的しがらみのある法律相談法からも、実務性、法的配慮と法律相談の伝統的な概念の代わりに——有償と無償の——裁判外の法的サービスの中心的な概念を導入することによって、用語法的にも、解放されるはずであった。連邦憲法裁判所の判例との一致において、実質的な法的吟味を要求し単なる法の適用に制限されないサービスだけが、法律の禁止範囲の下に置かれるはずであった。その他の職業的行為との関係においては、そのつどの主たる業務に属するものが、内容と範囲によって付随的な提供を問題とする限りで、裁判外で弁護士でない者によっても提供されるはずであった。

　裁判上の代理の範囲においては、私法上の手続規則と公法上の手続規則のこれまで不統一であった規定が相互に可能な限りで統一されることとなる。その際には、民事訴訟、労働訴訟、行政訴訟、財政訴訟と社会裁判所訴訟における代理権は、裁判外の法的サービスの権限のようには自由化されるべきではない。事案に即した訴訟遂行に必要な知識と裁判所の保護には、その他のEU加盟国における法律状況と足並みを揃え、裁判外の範囲よりもより強い制限が必要とされ、そして正当化される。したがって、いずれにせよ弁護士強制が存しないすべての裁判手続においては、代理とならんで、原則的に訴訟当事者として従事する者による代理、無償での家族員、共同訴訟人、または有資格の法曹による代理のみが認められる。すでに存する労働組合などによる代理権は、引き継がれることとなる。

　特に連邦憲法裁判所が最近の判例において発展させた注目すべき憲法的な準則およびヨーロッパ法の形態の多様な準則、とりわけ自由業のサービスおよび相当する職の適格性の観点での準則（連邦議会議会文書XVI／3655の法案における目標設定と総則的な理由書による）は、きわめて多彩であった。

　上級行政裁判所の特別部として設置された農地整備裁判所の手続については、代理強制は存しなかった。法案においては、この状態が維持されるべきものとされていた（連邦議会議会文書XVI／3655における法案の第19款（その

他の連邦法の改正）第7項を参照せよ！）。

これに関して公布の日に施行する（第20条）法律の第19条第7項によって、最後に2005年8月12日の行政送達法の改正に関する法律（連邦法律官報第Ⅰ部2354頁）によって改正された1976年3月16日公示の文言の農地整備法（連邦法律官報第Ⅰ部546頁）の第140条第3文において、「第67条第1項第1文」という記載は「第67条第4項」という記載に置き換えられた。

3.13　2007年12月20日の2008年度租税法（連邦法律官報第Ⅰ部3150頁）および2008年12月19日の2009年度租税法（連邦法律官報第Ⅰ部2794頁）による2008年度租税法の補正について

［2008年度租税法の立法手続に関する主要なデータ］

2007年8月10日に連邦政府は法案を連邦参議院に提出した（連邦参議院議会文書544／07）。連邦参議院は2007年9月21日に本案に対し意見を表明した。すでに2007年9月4日に連邦政府は法案を連邦議会に送付しており（連邦議会議会文書 XVI／6290）、2007年10月18日に連邦参議院の意見及び連邦政府の反論が提出された（連邦議会議会文書 XVI／7036）。所管の金融委員会は法議決勧告（連邦議会議会文書 XVI／6981）と報告書（連邦議会議会文書 XVI／7036）を2007年11月7日に提出した。連邦議会の法律としての議決が、2007年11月8日に連邦議会議会文書 XVI／6290に基づいて連邦議会議会文書 XVI／6981という書面でなされた。連邦参議院は基本法第105条第3項、第107条第1項、第108条第5項に基づいて、2007年11月30日に本法に同意した（連邦参議院議会文書747／07）。（**出典**：ドイツ連邦議会公文書館（Dok. XVI／279））。

本法案の目標は、とりわけドイツ租税法の様々な領域からの多くの個別の措置を当時の税についての専門的な要請に適合させることであった（連邦議会議会文書 XVI／6290の法案における目標設定による）。

連邦会計検査院は、すでに2002年におよそすべての連邦法の分野において1949年9月7日の最初のドイツ連邦議会の前からのいまだに改正されていない法の要素が含まれているということを、調査において確認していた。これらの法は基本法第125条第1号と関連する第123条第1項にしたがって、憲法

制定以前の連邦法として依然として適用されていた。なかんずく編纂上の欠陥が存在した。歴史的しがらみのある、用語が時代遅れである、もしくは理解に苦しむ、権限的に疑わしい、あるいは内容的に時代遅れな概念性や規定部分は、連邦会計検査院の報告によれば理解が困難であり、法適用において問題があるものとされた。したがって連邦会計検査院は、該当する改正を要する規定が廃止されるか改正されるべきことを勧告した。

1934年の土地評価法において、そしてそれに付随する規定を持つ土地評価についての法も、この憲法制定以前からの法に含まれるものとして存在する。

旧法の欠陥は、時代遅れの諸概念だけではなかった。重要な手続規定は土地評価法においてではなく、付随する法令と行政法規に存したことも重大な欠陥であった。測量と土地台帳を所管する官庁による土地評価に基づいて算出される、課税について重要な収益指数（EMZ）もその時まで法律上定義されていなかった。したがって本法案の目標は、とりわけ土地評価についての法の編纂上の改正であった。しかしながら実体法的で徹底的な改正は、評価については一貫して行なわれなければならないので、見合わされた。

土地評価は、自然の収益能力に対する広域にわたる唯一の評価手続として、連邦領域の農業上利用しうる土地に適用され、そして実務において広く採用されていた。同時に土地評価は、統一的な原則にしたがって実施された農業用地の土壌的な現状調査として妥当していた。

土地評価は1934年の土地評価法第1条にしたがって、租税の「正当な配分」に仕えていた。土地評価については、これに加えて、以下の例のように、その他の租税上もしくは非租税上の適用が明らかとなっていた。
・収益課税（農民の所得課税に対する原則として）
・農地整備法にしたがった土地整理措置に対して
・農業政策的措置の場合（とりわけ農用土地の休耕）
・土地の保護措置の場合
・売買代金価格の収集の場合
・農業用利用地に関する価格調査の場合
・農業用利用地の用益賃貸または譲渡の場合

土壌的なデータ収集をともなう土地評価は、土地情報システム（BIS）の構築の際の重要な要素として発展してきた。土地評価は将来の立法計画に対して、とりわけEU法の枠組みにおいても原則的な意義を持ちえた。したがって、土地評価法の新設にともない、土地評価は土地評価データもしくは土地評価の結果の期待された適用範囲も十分に顧慮しえた、一部新設による、時代に即した法原則を含むこととなった。農業上の耕作地の評価に関する法律（土地評価法）は、2008年度租税法の第20条によって新たに定められた。したがって、この農地整備法の第28条第１項第２文もこの新規定に編纂上合わせる必要がある（連邦議会議会文書 XVI／6290における法案の総則的な理由書による）。
　しかしながら、2008年１月１日に施行された（第28条）2008年度租税法の第22条（農地整備法の改正）によれば、1976年３月16日の公示の文言における、最終的には2007年12月12日の法律相談法の新規定に関する法律（連邦法律官報第Ⅰ部2840頁）によって改正された農地整備法（連邦法律官報第Ⅰ部546頁）の第28条第１項は誤って、つまり間違えて改正されたのであった。本条は新たな規定として以下のものを含んでいた。
　「第１項　この場合には、2007年12月20日の土地評価法（連邦法律官報第Ⅰ部3150頁、3176頁）による土地評価の結果がその都度適用される形で基礎とされるものとする。これと相違することも許される。」
　農地整備法の第28条第１項第１文の規定、農地整備法にしたがった手続における基本法第14条における土地所有権の保証に対する原則的な規定は、この場合にはさしあたり意識されずに骨抜きにされることになる。
　必要な補正が2008年12月19日の2009年度租税法（連邦法律官報第Ⅰ部2794頁）によって、第17条（農地整備法の改正）および第22条第４項（施行）により2008年１月１日まで遡及的に効力を持つとされる。これにより1976年３月16日の公示の、最終的には2008年度租税法（連邦法律官報第Ⅰ部3150頁）によって改正された農地整備法の第28条第１項は、いまや以下のような新規定を内容としている。
　「第１項　農業用地片については、価値関係は一般に、農業家屋の構内もしくは集落市街地からの距離を度外視して、通常行なわれている秩序正しい

耕作を行なえば、各占有者に持続的に与えることのできる用益に従って調査されるものとする。この場合には、2007年12月20日の土地評価法（連邦法律官報第Ⅰ部3150頁、3176頁）による土地評価の結果がその都度適用される形で基礎とされるものとする。これと相違することも許される。」

［補正の立法手続に関する主要なデータ］

2008年８月８日に連邦政府は連邦参議院に2009年度租税法案を提出した（連邦参議院議会文書545／08）。連邦参議院は2008年９月19日に租税法案に対して意見を表明した。すでに2008年９月２日に連邦政府は法案を連邦議会に提出しており（連邦議会議会文書XVI／10189）、2008年10月７日に連邦参議院の意見および連邦政府の反対意見を提出した（連邦議会議会文書XVI／10494）。所管の金融委員会は法議決勧告（連邦議会議会文書XVI／11055）および報告書（連邦議会議会文書XVI／11108）を2008年11月25日および27日に提出した。連邦議会の法律としての議決が、2008年11月28日に連邦議会議会文書XVI／10189（ママ）に基づいて連邦議会議会文書XVI／11055という書面で出された。連邦参議院は基本法第105条第３項、第107条第１項、第108条第５項に基づいて、2008年12月19日に本法に同意した（連邦参議院議会文書896／08）。(出典：ドイツ連邦議会公文書館（Dok. XVI／411））

3.14　2008年12月17日の家事事件と非訟事件における手続の改正に関する法律について

［立法手続に関する主要なデータ］

2007年５月10日に連邦政府は法案を連邦参議院に提出した（連邦参議院議会文書309／07）。連邦参議院は2007年７月６日に法案に対して意見を表明した。2007年９月７日に連邦政府は法案を、連邦参議院の意見と連邦政府のそれに対する反論とともに連邦議会に提出した（連邦議会議会文書XVI／6308）。所管の法務委員会は2008年６月23日に法議決勧告とともに報告書を提出した（連邦議会議会文書XVI／9733）。連邦議会の法律としての議決が、2008年６月27日に連邦議会議会文書XVI／9733という書面で、連邦議会議会文書XVI／6308に基づいて、改正の提案を顧慮した上でなされた（連邦議会議会文書XVI／9831）。連邦参議院は基本法第104条ａ第４項に基づいて、

2008年9月19日に本法に同意した（連邦参議院議会文書617／08）。(**出典**：ドイツ連邦議会公文書館（Dok. XVI／410））。

　非訟事件に関する旧法は完結的な手続規則ではなく、19世紀（最初は1900年1月1日に民法典とともに施行した1898年5月17日の非訟事件に関する法律（帝国法律官報第I部189頁、771頁）および後に意義のあるものとして1977年7月1日に施行した1976年7月14日の婚姻法と親族法の改正に関する第一法律（連邦法律官報第I部1421頁））以来の欠陥のある大綱的法律であり、少ない範囲においてのみ総則的な規定を持つものであり、多くの領域において区別されずに民事訴訟法を参照し、非体系的な特別規定によって、とりわけ複雑でわかりにくい法規制によって、特徴づけられたものであった。このほとんど明瞭でない法律状況は、世話手続のように理解の難しい、そしてしばしば予期しえない親族法上の手続とその他の非訟事件に関する法律の手続をもたらした。ここで立法者は、実体法が素早く効果的に貫徹しうるが、同時に個々の関係者の権利が保障される、現代的で一般的に理解しやすい手続規定を創設することを提起した。

　非訟事件に関する法律の改正法は、いまや親族法上の手続および非訟事件に関する法律の手続を徹底的に新しく制定した。この法律の総則は、その際に現代的な訴訟法のスタンダードになった。その際のこの改正の中心点は、以下のとおりである。

- 誰が手続の関与者であるのか、そしてどの権利を関与者が持つのかという定義の導入
- いつ民事訴訟法の規定にしたがって正式な証拠調べが行われなければならないのか、という問題の解明
- 子供との面接交渉の決定の強制執行の際の制裁可能性の厳格化、裁判所による面接交渉の規制を無視した場合の秩序金と秩序拘禁の導入
- 異議に関する一般的な期間の導入
- 上級地方裁判所に対する従来のさらなる抗告の連邦通常裁判所に対する許可に左右される法の違反を理由とする抗告への置き換え

家庭裁判所の手続の改正から、以下のことが強調されるべきである。

- 大家庭裁判所（＊）の導入。家庭裁判所は婚姻と家事に関して、これま

で民事裁判もしくは後見裁判の前に行われなければならなかった一定の手続についても権限を持つこととなる。
・面接交渉手続と監護手続の迅速化。長期にわたる面接交渉を避けるための、〔面接交渉の〕最初の面接日の設定までの短くされた義務的期間の導入。面接交渉権と監護権についての両親の納得した上での合意の促進。
・子供の利益の保持のための手続保護人の選任に関する要件を明確に規定すること。
・争いのある場合には、面接交渉の実施を容易にする面接交渉補佐人の導入。
・非訟事件に関する法律上の手続への血統関係を定める手続の移行。
・扶養補償事件と養老年金事件における当事者の報告義務と、官庁と世話担当者に対する裁判上の報告権限の拡大による裁判上の手続の創設。

この改正法によって、100以上にわたる法律が改正され、もしくは新たな法律状況に適合されなければならなかった（連邦議会議会文書 XVI／630の法案における問題と解決による）。

後見裁判所の廃止と世話裁判所と家庭裁判所への相当する権限付与の再分配の結果、農地整備法の第119条第1項と第2項の規定が改正されなければならない（第109条（農地整備法の改正）、連邦議会議会文書 XVI／6308）。このことは立法過程においてまったく反対なく行なわれた。

第110条 a 第2項、第3項を除いて、2009年9月1日に施行した（第112条）非訟事件に関する法律の改正法の第109条によって、最後に2007年12月20日の2008年度租税法（連邦法律官報第I部3150頁）の第22条によって改正され、2008年12月19日の2009年度租税法（連邦法律官報第I部2794頁）によって補正された1976年3月16日の公示の文言の農地整備法（連邦法律官報第I部546頁）の第119条は、以下のように改正された。

1．第1項においては、「後見裁判所」という用語を「第2項によって権限が付与された裁判所」という用語に置き換える。

2．第2項においては、「後見裁判所」という用語を「世話裁判所」という用語に、そして最後の句点をセミコロンに置き換え、「当事者が未成年者

である場合には、世話裁判所の代わりに家庭裁判所に係属する」という用語
が挿入される。

＊（訳注）訳出に当たって三浦毅「非訟事件手続における審尋請求権法理
の実定化に関する考察（二）」名古屋大学法政論集242号213頁以下を参照し
た。

4 2006年8月28日の連邦制改正法（連邦法律官報第1部2034頁）におけるドイツ連邦共和国の農地整備法について

4.1 1952年、1953年の農地整備法に関する立法手続について

1952年5月16日に連邦政府は農地整備法の法案を、理由書とともにドイツ連邦議会に議決のために提出した（連邦法律官報Ⅰ／3385、付属文書1）。その中で基本法第74条第1項第18号（土地法[16]）にもとづく連邦の立法権限が導き出された。補助的には、立法権限は基本法第74条第1項第17号（農林業の生産の促進および食料の確保）からも導かれる。農地整備における官庁的手続について、および農地整備官庁の設置については、基本法第84条第1項にもとづく連邦の立法権限が導き出される。その際に行政裁判上の手続規定は基本法第74条第1項第1号に基づいている（連邦議会議会文書Ⅰ／3385による、理由書：1. 総則：第12項（33頁、34頁））。

1952年5月16日に農地整備法の法案とともに同時に、1952年2月1日の連邦参議院の法案に関する意見（連邦議会議会文書Ⅰ／3385、付属文書2）および連邦政府の反論（連邦議会議会文書Ⅰ／3385、付属文書3）が提出された。両書類においては、立法権限はもはや言及されていない。しかしながら1952年2月1日の連邦参議院の第77会期の議事録において、議題2のもとで農地

---

[16] 建設法の公布のための連邦の権限に関する1954年6月16日の連邦憲法裁判所の法律鑑定（Az.：1 P BrV 2／52）——これは1952年10月6日の連邦議会、連邦参議院、連邦政府の共同提案に基づくものである——。基本法第74条第1項第18号の規定については、連邦憲法裁判所が第3章第1号の第4項における都市建設計画法の箇所で説明している。すなわち、実体的に「『土地法』に属するのは、むしろ土地を直接に法的規則の対象、すなわち土地と人の土地に対する関係を規定するような規定だけが属する。」
そして正確にはこの事情は、農地整備法第58条による農地整備計画において規定されている。

第1章『過去60年間のドイツ連邦共和国における農地整備法の展開』　307

整備法の法案の審議が示された（連邦参議院議会文書811／51）。その際には、とりわけ基本法第74条第1項第18号にしたがって連邦の立法権限は争点として記録された（連邦参議院の811／4／51として、1952年1月31日のバイエルン州の申請）。当該申請は、連邦の立法権限が基本法第74条第1項にしたがって明白に確認されるというバイエルンの意見に対して、すべての州によって否決された。

　1952年6月11日に農地整備法草案の第一読会（連邦議会議会文書Ⅰ／3385）がドイツ連邦議会において開かれた。案件は討議されることなく所管の食料・農業・林業委員会および共同審議として法律制度・憲法委員会に付託された（議題7のもとでの第218会期の議事録による）。1953年5月28日に食料・農業・林業委員会は報告書（連邦議会議会文書Ⅰ／4396）をドイツ連邦議会に提出した。法務委員会は共同審議を断念した。争いのある立法権限に対する指示は、その中には含まれていなかった。しかしながら1953年6月11日のドイツ連邦議会の第270会期の議事録において議題11のもとで、農地整備法草案の第二、第三読会（連邦議会議会文書Ⅰ／4936の形式での連邦議会議会文書Ⅰ／3385）が示されている（13.319頁から13.329頁）。基本法第74条第1項にしたがった連邦の立法権限は、その際に新たに審議された（13.326頁から13.327頁を参照）。しかしながら、そのつどの決選投票において、基本法第74条第1項にしたがった連邦の権限は改めて議論されなかった。1953年6月19日に連邦議会は第110会期において、ドイツ連邦議会によって1953年6月11日に可決された農地整備法に対して、基本法第78条と関連した第84条第1項に基づいて同意した（連邦参議院議会文書 262／53）。

4.2　1974年、1975年の農地整備法についての立法手続について

　1974年11月23日に連邦政府は農地整備法の改正に関する法律の草案を、理由書とともに（連邦議会議会文書 Ⅶ／3020、付属文書1）、連邦参議院の意見（付属文書2）および連邦政府の反対意見（付属文書3）とともにドイツ連邦議会に議決のために提出した。その際に農地整備法についての連邦の立法権限は、農林業生産の促進および食料の確保に関しては実際上断念した（基本法第74条第1項第18号）[17]。連邦の立法権限は農業分野の新たな時代の構造

的、機能的要請にもはや応じていない。

4.3 2006年の連邦制改革Ⅰに関する立法手続について

2006年3月7日にキリスト教民主同盟、キリスト教社会同盟と社会民主党は、基本法の改正（第22条、第23条、第33条、第52条、第72条、第73条、第74条、第74条 a、第75条、第84条、第85条、第87条 c、第91条 a、第93条、第98条、第104条 a、第104条 b、第105条、第107条、第109条、第125条 a、第125条 b、第125条 c、第143条 c）に関する法律の草案を理由書とともにドイツ連邦議会に議決のために提出した（連邦議会議会文書ⅩⅥ／813）。（これに平行して同日にノルドライン・ヴェストファーレン州、バイエルン州、ベルリン州とブレーメン州が連邦参議院において同一の法案を提出した（連邦参議院議会文書178／06））。

この法律草案の第1款によれば、とりわけ以下のものが規定されていた。

第7号　第74条は以下のように改正される。

a）第1項は以下のように改正される。（中略）

jj）第17号においては「生産」という用語の後に「〔ママ〕（農地整備法を除いて」という用語を挿入する。（中略）

第9号　第84条第1項は以下のように改正される。（中略）

第21号　第125条 a は以下のように定められる。（中略）

ここでは、第1款第7号 jj にしたがって土地法（開発負担金徴収法を除いて）が基本法第74条第1項第18号のもとで内容が維持されていることが重要である。

2006年3月7日の連邦議会議会文書ⅩⅥ／813において、法案（A. 総則）の理由書中において第19款第12号（連邦議会議会文書ⅩⅥ／813の9頁）のもとで以下のことが説明されている。

「総じて大綱的立法の廃止と競合的立法権限の新規定によって、以下の事項が州へ移される。（中略）

12．農地整備（第74条第1項第18号にもとづくこれまでの一部）　以下略」

---

17) 連邦議会議会文書Ⅶ／3020：1頁；A. 目標設定／16頁；理由書：A. 総則／19頁；理由書：B. 個別規定について：第1号（第1条）ならびに第203議会に関する1975年11月27日のドイツ連邦議会の速記録について：農地整備法の改正に関する法律の第二、第三審議。

2006年3月7日の連邦議会議会文書XVI／813の中で、第6号aにおける法案（B. 各則）の理由書の中、jj（第74条第1項第17号）において、以下のことが説明されている。

「農地整備法についての権限は競合的立法権限の一覧から削除され、そして将来的に専属的な州の立法権限となる。」（中略）

第9号（第84条第1項）においては以下のように説明される。（中略）

第20号（第125条a）においては以下のように説明される。（中略）

基本法の改正（第22条、第23条、第33条、第52条、第72条、第73条、第74条、第74条a、第75条、第84条、第85条、第87条c、第91条a、第91条b、第93条、第98条、第104条a、第104条b、第105条、第107条、第109条、第125条a、第125条b、第125条c、第143条c）に関する法律は、2006年6月30日に連邦議会議会文書XVI／813にしたがって、連邦議会議会文書XVI／2010の文言で、ドイツ連邦議会によって2006年7月7日の連邦参議院の同意とともに基本法第79条第2項にしたがって（連邦参議院議会文書462／06）定められ、2006年8月28日に公示され、2006年9月1日に施行された（連邦法律官報第Ⅰ部2034頁）。

本法の第1条によれば、とりわけ以下のように規定されている。

第7号　第74条は以下のように改正される。

a）第1項は以下のように改正される。（中略）

jj）第17号においては、「生産」という用語の後に「（農地整備法を除いて）」という語が挿入される。（中略）

第9号　第84条第1項は、以下のように説明される。（中略）

第21号　第125条aは、以下のように説明される。（中略）

ここでは、第1項第7号jjにしたがって、土地法（開発負担金徴収法を除いて）が改正されずに内容とされていることが重要である。

4.4　補充的側面をともなう帰結

農地整備の実体法の分野での競合的立法に対する連邦の権限は、本質的に基本法第74条第1項第18号、土地法（開発負担金徴収の権利を除く）に基づいている。補助的には、基本法第74条第1項第17号、農林業生産の促進および食料の確保にも基づいている。

2006年8月28日の基本法の改正に関する法律（連邦制改革）（連邦法律官報第Ⅰ部2034頁）によって、憲法の立法者は一般的に競合する立法の一覧から農地整備法を抹消し、その際、州の専属的立法へ移すことを表明したが[18]、しかし一貫して実施されてはいない。したがって農業、林業の生産の促進に対する農地整備上の措置だけが、連邦の農地整備法によっては、もはや新たに形成されえないのである（基本法第74条第1項第17号、農業、林業の生産の促進（農地整備法を除く））。しかし連邦の立法者は、そのような可能性（＊）を実際にすでに1976年に断念していた[19]。

　ここで、それにも拘らず憲法の立法者[21]による原則的に十分な明確さを受け入れるべき管轄権限の列挙の際の唯一つの手落ちは[20]、その際に以下のような理由に基づいて、最終的にはドイツ連邦共和国に対する制定憲法の意義に鑑みて、生じえないのである。すなわち2006年5月8日のラインラント・プファルツ州の副大臣ハンス—アルチュール＝バウカーゲのすべての州の内閣官房に対する書面によって、および同時にラインラント・プファルツ州の経済、取引、農業とワイン製造に対する内閣官房として、連邦と州の農業大臣会談の議長、食料、農業と消費者保護に関する大臣に対する書面によって、および州のそれぞれの専門大臣に対する書面によって、少なくとも明白にこれに関する2006年7月7日の連邦参議院決定（連邦参議院議会文書462／06）の前に基本法における立法権限に存在する問題点に注意が払われたからである[22]。したがって、その点では、基本法の第74条第1項の第18号ではなくて第17号の新規定についての少なくとも連邦参議院の意図的な決定は、受け入れられなければならない。

---

18) 連邦国家の規則の現代化のための連邦議会と連邦参議院の委員会の準備作業（2003年10月16日、17日に設置）；2005年11月18日の団体契約；連邦議会（BT-Drs. XVI／813）と連邦参議院（BR-Drs. 178／06）の法案。

19) 連邦議会議会文書Ⅶ／3020：1頁；A. 目標設定／16頁；理由書：A. 一般／19頁；理由書：B. 個別規定について：第1項（第1条）ならびに第203会期に関する1975年11月27日のドイツ連邦議会の速記録。農地整備法の改正に関する法律の草案の第二、第三審議。

20) Schwantag, F. と Wingerter, K. (2008)：Flurbereinigungsgesetz —— Standardkommentar；8. Auflage, Agricola Verlag GmbH, S. 1 ff.

21) MaYr, Chr. (2006)：Flurbereinigungsrichtertagung 2006；in：Recht der Landwirtschaft, Heft 9, S. 226.

22) Vgl. Schriftsatz im Anhang.

その他に、基本法第84条第1項にしたがった基本法の改正によって新たに形成された農地整備官庁の設置に関する〔連邦と〕州の協働可能性、および農地整備の際に適用されるべき官庁の手続の規定が注目されるべきである。

州の土地法としての農地整備立法の実体法に対しての連邦の権限は、そこでは維持されている[23]。

＊（訳注）農地整備法を立法の一覧から削除する可能性のこと。

5　1990年6月29日の旧ドイツ民主共和国の農業適応法におけるドイツ連邦共和国の農地整備法について

「ドイツ民主共和国における社会的、経済的市場経済に対する農業の構造的適応に関する法律──農業適応法──」の課題と目標は、以下のようなものであった。

・農業適応法第1条：所有権の保障

土地に対する私的所有権と、それに基づく耕作は、農業と林業においてその全範囲で再建され、保障される。

・農業適応法第3条：法律の目標設定

本法は、農業経営に従事する者を収入と豊かさの発展に関与させるために、多様に構成された農業の発展と、効率の良い、競争力のある農業経営の再生産のための前提の創設に、奉仕するものである。

具体的な所有権関係の確認と再編成に関する異なる手続、農業適応法第54条による任意の土地交換、農業適応法第56条による土地の規定手続および農業適応法第64条による土地建物の所有権の集約に関する手続については、原則的に農業適応法第63条の規定が適用される。特に第2項にしたがえば、以下のことが妥当する。すなわち、「所有権関係の確認と再編のためには、その他の点においては、農地整備法の規則が準用される。」──ここでの「……準用される……」とは何を意味するのであろうか。

これに関する理解のためのヒントは、なかんずくノルドライン＝ヴェストファーレン州の立法の相当する規制から導き出すことができる。

---

[23] Weiß, E. (2007)：Dokumentation zum Flurbereinigungsrecht in der Föderalismusreform I；Sonderdruck des Bundesverbandes für Teilnehmergemeinschaften e. V.；Schönebeck.

1961年11月28日の「共同地分割と物的負担の償却に関する法律（共同地分割法）」（in : GV. NW. 1961 S.319／SGV. NW. 7815）において、第2条に規定されている。すなわち「共同地分割と償却（共同地分割）、この際に行われる手続と訴訟費用制度には、1953年7月14日の農地整備法（連邦法律官報第I部591頁）は、……本法が特段の定めをしていない限りで、準用されなければならない。」

　ノルドライン・ヴェストファーレンの州議会のこれに関する報告書346号において、この規定（II. 各則）は、以下のように解説されている。

　「本規定は、手続の際に適用されなければならない法律を参照する全般的な一般条項を含むものである。農地整備法は準用しうるとのみ説明されているのであるから、連邦法の認められない拡張は問題とはならず、州法上の特別な手続が問題となる。」

　1975年4月8日の「ノルドライン・ヴェストファーレン州における共有林に関する法律（共有林法）」（in : GV. NW. 1975 S.304／SGV. NW. 790）についての諸資料が考察される場合には、そこでは第27条において以下のように定められている。すなわち、「集約、手続と訴訟費用制度には、1953年7月14日の農地整備法（連邦法律官報第I部591頁）は、……本法が別段の定めをしていない限りで、準用されなければならない。」本規定も上述のように説明される。

　確かに、この留保は1990年6月29日の旧ドイツ民主共和国の人民議会の立法権限へ移行されなければならなかった。人民議会は、国法上確かに連邦法を自己の領域へ拡張することは許していなかった。しかし、その他に、農地整備法の規定は厳密に過去数十年で強固にされた法理論と法実務に応じて適用されなければならなかった。さらなる史料研究だけが、ここではさらなる確証を創出することができる。いずれにせよ農業適応法の今日まで知られている課題と目標設定は、農地整備法の本質的な拡張を要請してはいない[24]。

---

24) Weiß, E. (2002) : Zur Zusammenführung von Boden- und Gebäudeeigentum/ Zur Fragwürdigkeit des Teilungsmodells bei der Neuordnung der Eigentumsverhältnisse an Grundstücken nach dem Landwirtschaftsanpassungs-/Flurbereinigungsgesetz (Urt. BVerwG vom 17.12.1998-11 C 5.97), in : Flächenmanagement und Bodenordnung ; Heft 1 ; S.43-52.

それにもかかわらずさらなる観察を要するのである。

6　結語

　最後に、ドイツ連邦共和国の農地整備法の発展史の総括に関して叙述した序論へと、今一度立ち返ってみたい。農地整備法自体における、しかしとりわけその日々の適用における土地所有権の法的な新規制に対しての内容が可能な限り無制限に維持されてほしいという希望とともに。そのつどの私法領域および公法領域における土地所有権の最も広範で計画と一致した利用のみが、土地所有権の機能とそれと同時にその言葉の重みを、しかもとりわけ我々の共同社会におけるそれぞれの市民の個人的自由権を持続的に保護するのである。

第2章 《資料》農地整備法（条文）と条文事項索引

　以下の翻訳は、田山輝明『西ドイツ農地整備法制の研究』（成文堂）655頁以下の翻訳を前提として、改正部分を、片山英一郎が追加翻訳したものである。なお、条文見出しは、公式なものではない。

農地整備法
第1章　農地整備の基礎
第1条〔農地整備の概念および目的〕
　農林業における生産および労働条件の改善のため、ならびに一般的農村基盤整備 allgemeine Landeskultur および農村発展 Landentwicklung の促進のために、農村の土地所有を本法に従った施策により、新たに整備することができる（農地整備）。
第2条〔農地整備手続、農地整備官庁〕
（1）農地整備は、一定の区域（農地整備区域 Flurbereinigungsgebiet）内において、官庁の指導する手続により、関係土地所有者の全体および公的利益主体ならびに農業職能代表（109条）の協力のもとに実施される。
（2）農地整備の実施は、州 Land によって特別緊急施策として推進されるものとする。州はいずれの専門官庁を農地整備官庁および上級農地整備官庁とするかを決定し、かつその事務管区を決定する。
（3）州は、本法により州の最上級農地整備官庁に帰属している権限を上級農地整備官庁に委譲することができる。州は、また本法により上級農地整備官庁に帰属している権限を農地整備官庁に委譲することができる。ただし、本項は第41条第3項および第58条第3項による権限については、適用されない。
（4）州は、本法によって農地整備官庁に帰属している任務と権限を上級農

地整備官庁に委譲することができる。

　第3条〔農地整備官庁の土地管轄〕
（1）農地整備については、その管轄区域内に農地整備区域を有する農地整備官庁が土地管轄権を有する。上級農地整備官庁は、特別な場合には、土地管轄権を有する農地整備官庁以外の官庁に委任することができる。ただし、その農地整備区域が他の上級農地整備官庁の管轄区域に存在する場合には、農地整備について管轄権を有する各州の最上級官庁が、管轄権を有する農地整備官庁および管轄権を有する上級農地整備官庁を決定する。
（2）農地整備区域が複数の農地整備官庁の管轄区域にわたる場合には、管轄権を有する農地整備官庁は、上級農地整備官庁によって決定される。
（3）農地整備区域が、複数の上級農地整備官庁の管轄区域にわたる場合には、管轄権を有する上級農地整備官庁は、最上級農地整備官庁によって決定される。異なった州の農地整備官庁が管轄権を有する場合には、農地整備について管轄権を有する各州の最上級官庁は、管轄権を有する上級農地整備官庁が、相互の協調のもとに決定する。

　第4条〔農地整備決定〕
　上級農地整備官庁は、農地整備が必要であり、かつ参加者の利益が存在すると考えるときは、農地整備を命令し、かつ農地整備区域を確定することができる（農地整備決定）。決定には理由を付するものとする。

　第5条〔参加者への説明および各部署からの意見聴取〕
（1）参加の見込みのある地片所有者に対しては、農地整備命令の前に、適切な方法で、計画された農地整備手続について予定費用を含めて詳細に説明するものとする。
（2）農業職能代表、管轄権を有する州の国土整備計画官庁、市町村および市町村連合、ならびに農業について管轄権を有する州の最上級官庁によって決定されるその他の機関および官庁は、意見を聴取されるべきである。
（3）連邦、各州、各市町村および各市長村連合の官庁ならびにその他の公法上の団体は、計画された農地整備手続について報告を受けるべきである。これらの官庁および団体は、予定されている農地整備区域に関する計画が企図されているかもしくはすでに確定しているか、およびいかなる計画である

かということについて、遅滞なく農地整備官庁に報告しなければならない。

第6条〔農地整備決定の公示〕
（1）参加者組合（第16条）の名称および所在地は、農地整備決定の重要部分 in den entscheidenden Teil において、確定されるものとする。未確認権利を申告すべき旨の催告（第14条）および利用変更に関する諸指定（34条、第85条5、6号）は、決定の重要部分に含めることができる。
（2）決定の重要部分は公示されるものとする。
（3）理由の付された決定は、関係地片の存在する市町村（農地整備市町村）において、かつ必要な場合には（第110条）隣接市町村において、公示後2週間、参加者の縦覧に供されるものとする。この点は、公示において指示されるものとする。

第7条〔農地整備区域〕
（1）農地整備区域は、1つもしくは複数の市町村または市町村の一部を含むことができる。農地整備区域は、農地整備の目的ができる限り完全に達せられるように定められるものとする。
（2）農地整備区域に存在するすべての地片は農地整備区域に属する。ただし、その地片が明確に除外されている場合は、この限りではない。

第8条〔農地整備区域の変更〕
（1）農地整備官庁は、農地整備区域の小規模な変更を命ずることができる。第4条第2段が準用される。当該命令は公示を必要としない。命令は変更に関係する地片所有者に通知されるものとする。
（2）著しい変更については、第4条ないし第6条の規定が適用される。
（3）上級農地整備官庁は、施行命令に至るまでは、農地整備区域を複数の農地整備区域に区分することができる。第4条第2段および第6条第2項および第3項が準用される。

第9条〔農地整備手続の中止〕
（1）農地整備が後発的事情のために合目的的でないと考えられる場合には、上級農地整備官庁は、手続の中止を命ずることができる。第4条第2段、第5条第1項および第2項ならびに第6条2項および第3項が準用される。
（2）農地整備官庁は、整然とした状態への復旧および既発生費用の補償を、

必要な場合には公的資金の支出によって、配慮する。

　第2章　関与者とその権利
　第1節　各関与者
　第10条〔関与者〕
　農地整備手続には、次の者が関与する（関与者）。
　　1　農地整備区域に属する地片の所有者ならびに所有者と対等の資格を有する地上権者は参加者として、
　　2　次の者は準参加者として、
(a) その管轄区域に農地整備手続に関連する地片が存在している市町村および市町村連合、
(b) 共同もしくは公的施設（第39条、第40条）のための土地を取得しまたはその境界が変更されるその他の公法上の団体（第58条第2項）。
(c) その管轄区域が農地整備区域と場所的に関連を持ち、農地整備区域に影響を及ぼし、またはこれによって影響を受ける水利および土地連合会、
(d) 農地整備区域に属する地片に関する権利もしくはかかる権利に関する権利を有する者、またはかかる地片の占有もしくは利用について権利を与えまたはかかる地片の利用を制限する人的権利を有する者、
(e) 新しい法律状態の発生（第61条2段）までに第54条および第55条により新しい地片を取得した者、
(f) 農地整備区域に属しない地片の所有者であって、維持費用もしくは実施費用の分担金を課せられ（第42条3項、第106条）または農地整備区域の境界に堅固な境界標を設置するために協力しなければならない者（第56条）。

　第11条〔関与者の調査〕
　農地整備官庁は、第12条ないし第14条に従って、関与者を調査しなければならない。

　第12条〔関与資格の証明〕
（1）関与者の調査については、土地登記簿の登記を基準とする。地片に関する所有権もしくはその他の権利を主張する者が、自ら所有者の如く占有しもしくはかかる権利を行使している旨を公の証書によって疎明し、または市町村の証明書を提出する場合には、農地整備官庁は、手続上、これらの権利

は立証されたものとみなすことができる。相対立する他の権利が農地整備官庁に申告されたときは、第13条が適用される。
（2）農地整備官庁は、土地登記所 Grundbuchamt および土地台帳 Liegenschaftskataster を所管する官署に対し、農地整備手続に取り入れられた土地も含めた当該手続命令（第4条）、農地整備地域の変更（第8条）、農地整備手続の中止（第9条）、新たな権利関係 Rechtszustand の発生時期（第61条ないし第63条）および終結確定（第149条）を報告する。土地登記所に対してはさらに、土地台帳を所管する官庁へ当該書類を引き渡したことをも通知する（第81条第2項）。
（3）土地登記所は、農地整備官庁が報告を不要としない限り、農地整備官庁に対し、終結確定が効力を有するに至るまで、農地整備手続が命令された時点より後に当該土地の登記簿になされていたかまたはなされるすべての登記 Eintragung について報告しなければならない。土地登記所は農地整備官庁に対し、農地整備地域に隣接する土地の所有者の変更の登記について、農地整備官庁が土地登記所にそのような土地の表示 Bezeichnung をこの目的のために通知していた場合に限り、報告する。
（4）土地台帳を所管する官署は、農地整備官庁が報告を不要としない限り、農地整備官庁に対し、終結確定が効力を有するに至るまで、農地整備手続命令がなされた時点より後に土地台帳において当該耕牧地 Flurstück の証拠 Nachweis についてなされたすべての継続作業 Fortführung について報告しなければならない。
(訳注：下線部（第2項から第4項）は1997年に追加。)

　第13条〔自主占有者による関与、関与資格についての争訟〕
（1）所有者が登記簿によって明確でないときは、自主占有者が関与者とみなされる。
（2）自主占有に争いがあるときは、農地整備官庁は、争訟の期間中、権利者のために代理人を選任することができる。自主占有者が存在しないときにも同様とする。第119条2項および3項が準用される。農地整備官庁は、争訟物件につき、農地整備の実施のために必要な確定 Festsetzung を行うことができる。確定は関与者に公示されるものとし、農地整備手続において関

与者を拘束する。農地整備官庁が確定力を有する裁判所の裁判を確認した場合には、これを斟酌するものとする。第64条が準用される。
（3）上級農地整備官庁および農地整備裁判所（第138条）に提起された異議または訴訟が当該争訟に関連する場合には、上級農地整備官庁および農地整備裁判所も、第2項に定める権限を有する。
（4）第1項ないし第2項の規定は、地片の占有もしくは使用の権限を与えまたはその利用を制限する物権について準用される。これらの権利が登記なくして土地登記簿の公信力を破る場合にも、同様とする。

第14条〔未確認権利の申告〕
（1）第12条および第13条の基準によって判明しない関与者は、登記簿上明らかではないが農地整備手続に関与する資格のある権利を3ヶ月以内に申告するよう、公告によって催告されるものとする。申告人 Anmeldende は、農地整備官庁の要求により、官庁によって定められた期間内にその権利を立証しなければならない。この期間を経過した場合には、以後申告人は手続に関与できないものとする。
（2）権利が第1項の期間を経過した後に初めて申告もしくは立証された場合には、農地整備官庁は、従来の審議および確定を有効なものとすることができる。
（3）第1項の権利者は、申告前に生じた期間経過の効力を、行政行為たる告示によって期間の進行が開始している関与者と同様に、自己に対して有効なものとしなければならない。
（4）第2項および第3項の法的効力については、告示において指示されるものとする。

第15条〔権利の承継者〕
農地整備区域に存在する地片を取得する者は、土地登記簿への登記もしくは取得の申告の時までに実施された手続を自己に対しても有効なものとしなければならない。権利の取得によって関与者となる者についても同様とする。

第2節　参加者組合
第16条〔組合の成立および法形態〕

第10条第1号による関与者は、参加者組合を構成する。参加者組合は農地整備決定によって成立し、かつ公法上の団体である。

第17条〔監督、契約の認可および支払〕
（1）参加者組合は農地整備官庁の監督に服する。監督により、参加者組合が本法の目的と一致した行動をとることが確保されるものとする。
（2）契約締結のためには、農地整備官庁の認可が必要である。農地整備官庁は、比較的重要でない契約の締結については、消費貸借の締結の場合を除き、参加者組合に一般的な権限を与えることができる。支払は農地整備官庁の認可によってのみなされうる。ただし、同官庁が別段の命令をなすときはこの限りではない。

第18条〔組合の任務〕
（1）参加者組合は、参加者の共同の業務を処理する。参加者組合は、とくに共同の施設を建設し、維持し（第42条）、かつ必要な土地改良を実施しなければならない。ただし、農地整備計画（第59条）に別段の定めがある場合もしくはその実施および維持が各関与者もしくは水利および土地利用連合会に任されている場合はこの限りではない。参加者組合は、さらに手続において確定された支払をなし、これを請求し、ならびに農地整備官庁に属しないその他の任務──農地整備の実施に必要な準備作業を含む──を履行しなければならない。参加者組合は、準備作業を適切な官署 Stellen または専門家に委託することができる。
（2）各州は、本法によって農地整備官庁に帰属している広汎な任務と権限を参加者組合に委任することができる。
（3）参加者組合は、その業務とりわけ参加者総会の権限および選挙のさいの手続を定款によって規制することができる。定款は参加者総会に出席した参加者によって投票数の過半数によって決定される。定款は農地整備官庁の認可を必要とする。

第19条〔参加者の分担金〕
（1）参加者組合は、参加者からの分担金として金銭（金銭分担金）、または物品、工作物 Werk、役務 Dienst またはその他の給付（物的分担金）を、費用（第105条）が参加者の利益に奉仕する限度においてのみ、徴収すること

ができる。分担金は参加者によって新しい地片の価値関係に従って支払われるものとする。ただし、農地整備計画において別段の定めがなされている場合はこの限りではない。分担金義務の基準が未確定の場合には、農地整備官庁は、予納金徴収のために仮りの分担金基準を決定する。
（2）特別な施設を実施するために著しく高額の費用（第105条）を必要とする農地整備区域の部分については、農地整備官庁は、超過費用に応じて、参加者の分担金を増額することができる。
（3）農地整備官庁は、明白かつ不公正な過酷 Härte を避けるために、特別な場合には、分担金徴収の全部又は一部を他の参加者の負担にすることができる。

第20条〔公的負担としての分担金〕
　分担金義務および予納金義務は、公的負担として、農地整備区域に存在する地片の責任とする。ただし、各地片は、算出された分担金および予納金のうち、各地片への配分額に対してのみ責任を負う。第44条第3項第2段、第50条2項第1段および第51条第2項の場合における調整金および求償金支払義務についても同様とする。

第21条〔理事会〕
（1）参加者組合は、若干名の構成員から成る理事会を有する。農地整備官庁は、構成員の数を決定する。
（2）農地整備官庁は、公告によって選挙期日に参加者を招集し、選挙を執行する。
（3）理事会の構成員は、選挙期日に出席した参加者または全権受任者により選出される。各参加者または全権受任者は1票を有する。共同所有者は1参加者とみなす。相対多数票を獲得した者が当選者となる。
（4）選挙が期日に成立せず、新選挙期日においても成立が期待できない場合には、農地整備官庁は農業職能代表の意見を聴取して理事会の構成員を任命することができる。
（5）理事会の各構成員ごとに1名の職務代理が選出され、もしくは任命されるものとする。
（6）農地整備区域が著しく変更されたときは（第8条第2項）、農地整備官

庁は、理事会の構成員および職務代理が解任されもしくは新たに選出（任命）されるべきか否か、かつその範囲如何を決定する。

（7）各州は、理事会の組織および構成について別段の定めをすることおよび任期を導入することができる。（訳注：下線部分は1994年に追加。）

第22条〔参加者総会〕

（1）理事会は参加者を総会に招集することができる。参加者の3分の1もしくは農地整備官庁が要求するときは、理事会は総会を招集しなければならない。農地整備官庁は総会に招かれるものとする。

（2）参加者総会は、理事会の意見を聴取した議題につき、態度決定をすることができる。態度決定は、理事会がこれに従う意思を持たない場合には、農地整備官庁に通知されるものとする。理事会は、請求あるときは、参加者総会に対してその活動および手続の現状について報告しなければならない。

第23条〔理事会構成員の拒否および解任〕

（1）参加者総会は、出席した参加者の過半数により後任の理事会構成員および職務代理を選出し、これをもって、理事会の構成員もしくは職務代理を解任することができる。総会には少なくとも参加者の半数が出席していなければならない。

（2）各州は、第18条第2項の適用にさいして、理事会構成員もしくはその職務代理の解任につき、農地整備官庁の同意 Zustimmung を要件とすることができる。

（3）農地整備官庁は、農業職能代表の意見を聴取して、不適当な、もしくはその義務を怠る理事会の構成員、もしくはその職務代理を拒否または解任することができる。この場合には、理事会も上級農地整備官庁に対して異議を提起することができる。

（4）拒否もしくは解任された理事会の構成員もしくは職務代理は、再任されることはできない。

（5）理事会が構成員および職務代理の辞任によってもはや決議能力がない場合には（第26条2項）、農地整備官庁は、農業職能代表の意見を聴取して、適切な者を任命することができ、この者が辞任した理事会構成員の権利義務を、新構成員の選任時まで代行する。選挙は遅滞なく実施されるものとす

る。

第24条〔理事会構成員の名誉職的活動〕
　理事会の構成員およびその職務代理は、名誉職として活動する。農地整備官庁は、これらの者にその時間の逸失と費用とに対して補償 Entschädigung が支給されるべきか否か、およびその額を決定する。補償は参加者組合が支払う。

第25条〔理事会の職務〕
（1）理事会は参加者組合の業務を執行する。第18条第2項の規定により参加者組合に委任された任務の執行もまた理事会の責務である。
（2）理事会は農地整備官庁により、農地整備事業の進捗について報告を受け、重要な共同の業務について意見を求められ、協力を求められるものとする。

第26条〔理事長、議決能力〕
（1）理事会は、その構成員の1名を理事長に選出し、さらに構成員の1名を理事長の職務代理に選出する。ただし、第21条第7項に別段の定めがなされている場合は、この限りではない。
（2）理事会は、理事長もしくは農地整備官庁によって招集され、かつ構成員もしくはその職務代理の半数が出席している場合に、議決することができる。理事会は出席した構成員の過半数をもってその決議を行う。可否同数の場合には理事長の票により決定される。
（3）理事長は理事会の決議を執行し、裁判上および裁判外において参加者組合を代表する。

第3節　参加者組合連合会

第26条a〔参加者組合連合会の成立〕
（1）複数の参加者組合は、1つの連合会に結集することができる。ただし、第18条によって参加者組合に課されている任務の共同実施にとって合目的的である場合に限る。連合会はその定款に従って各参加者組合を代表する。連合会は上級農地整備官庁による定款の公告によって成立し、公法上の団体である。
（2）連合会の定款は、構成員総会によって投票数の過半数をもって議決さ

れる。

（3）連合会への結集およびその定款は、上級農地整備官庁の認可を必要とする。

（4）第2項の議決による定款が成立しない場合には、上級農地整備官庁が定款を起草する。農地整備を管轄する各州の最上級官庁が定款を確定する。

（5）参加者組合は上級農地整備官庁の認可によって既存の連合会に加入することができる。上級農地整備官庁は加入を命ずることができる。詳細は定款の定めるところによる。

第26条 b〔連合会の理事会および分担金〕

（1）連合会は、構成員総会によって投票数の過半数をもって選挙される理事会を有する。理事会構成員の数は、上級農地整備官庁によって決定される。選挙が成立せず、かつ新選挙期日においても成立が期待しえない場合には、上級農地整備官庁は、農業職能代表の意見を聞いたうえで、理事会の構成員を任命することができる。

（2）連合会は、その任務を履行するために、会に属する参加者組合から分担金を徴収することができる。第19条により分担金義務を負っている参加者から直接に分担金を徴収する権利は、定款によって連合会に委譲される。この場合には、定款によって金銭出納と記帳が全責任と共に連合会に委譲される。

（3）第21条第7項および第24条から第26条が準用される。

第26条 c〔連合会による準備作業〕

（1）一定の領域について農地整備の施行が予定されるべき場合には、上級農地整備官庁は、連合会に対して—連合会が存在しない場合には、その他の適切な官署に対して—、農地整備命令の前に委任して準備作業を引受けさせ、ならびに農地整備の目的のために地片を取得させもしくは賃借させることができる。

（2）農地整備手続が実施されない場合には、監督官庁は連合会によってなされた業務の秩序正しい整理清算について配慮する。第9条第2項が準用される。

第26条 d〔連合会と監督官庁の決定〕

連合会は、農地整備官庁の監督に服する。連合会を形成する複数の参加者組合が複数の農地整備官庁の管轄区域に汎る場合には、上級農地整備官庁が監督権を有する農地整備官庁を決定する。連合会を形成する複数の参加者組合が複数の上級農地整備官庁の管轄区域に汎る場合には、農地整備について管轄権を有する最上級の州の官庁が、監督権を有する農地整備官庁を決定する。連合会を形成する複数の参加者組合が異なった州に汎る場合には、州の最上級農地整備官庁が、相互の了解のもとに、管轄権を有する農地整備官庁を決定する。その他の点については、第17条が準用される。

第26条 e〔総連合会〕

（1）複数の連合会は、第26条 a から第26条 c により連合会に課せられた任務を履行するために、総連合会に結集することができる。総連合会はその定款に従って各連合会を代表する。総連合会は、農地整備について管轄権を有する最上級の州の官庁による定款の公告により成立し、公法上の団体である。

（2）総連合会の定款は、構成員総会によって投票数の過半数によって決定される。

（3）総連合会への結集およびその定款は、農地整備について管轄権を有する州の最上級の官庁の認可を必要とする。

（4）第2項の決議による定款が成立しない場合には、農地整備について管轄権を有する州の最上級の官庁が定款を起草し、確定する。

（5）第26条 a 第5項後段は、上級農地整備官庁を農地整備について管轄権を有する州の最上級の官庁と読み替えて準用する。

（6）総連合会は、構成員総会において投票数の過半数によって選出される理事会を有する。理事会構成員の数は、農地整備について管轄権を有する州の最上級の官庁によって決定される。選挙が成立せず、かつ新選挙期日においても成立が期待しえない場合には、農地整備について管轄権を有する州の最上級の官庁が、農業職能代表の意見を聞いたうえで理事会の構成員を任命することができる。

（7）総連合会は、農地整備について管轄権を有する州の最上級の官庁の監督に服する。その他については、第17条が準用される。

第4節　価値調査手続

第27条〔価値関係の調査〕

　参加者に対して同一価値の土地によって補償しうるように、従前地の価値が調査されるものとする。価値調査は、参加者の地片の価値が農地整備区域のすべての地片の価値に比例して定まるように、行われなければならない。

第28条〔農業用地片の価値調査〕

（１）農業用地片については、価値関係は一般に、農場家屋の構内もしくは集落市街地からの距離を度外視して、通常行われている秩序正しい耕作を行えば、各占有者に持続的に与えることのできる用益に従って調査されるものとする。この場合には、<u>1934年10月16日の耕地の評価に関する法律（耕地評価法）（帝国官報第１部1050頁）―最新の改正は、1965年10月６日の財政裁判所法（連邦法律官報第１部1477頁）</u>―による土地評価の結果が基礎とされるものとする。これと相違することも許される。（訳注：下線部分は2007年に「当該時点において有効な形式での2007年12月20日の土地評価法（連邦法律官報第１部3150頁、3176頁）」と変更。）

（２）地片の価値に継続的に影響を与える地片の同体的構成部分ならびに第49条３項による権利は、必要な場合に限り、その価値について特別に調査されるものとする。

第29条〔建設用地等の価値調査〕

（１）建設用地 Bauflächen und Bauland ならびに建築施設についての価値調査は、取引価格に基づいてなされなければならない。

（２）取引価格は、異常なまたは人的な関係を度外視した場合に、調査がなされる時点で通常の取引において地片の属性その他の性質および状態に従って成立するであろう価格によって決定される。農地整備の実施見込みによって生ずる建築施設についての価値変化は考慮されない。

（３）建築物の存する地片の場合には、土地部分と構築部分の取引価格は比準価格 Vergleichspreis に基づいて、可能であるならば分離して調査されるものとする。これらの取引価格は分離して報告されるものとする。

（４）建築施設の取引価格の調査は、建築施設が新しい所有者に配分される場合にのみなされるべきである。

第30条〔地片の面積〕
　地片の面積に関しては、一般に不動産台帳 Liegenschaftskataster における記載が基準とされる。
　第31条〔価値調査手続〕
（1）価値調査は、原則として農業の専門家によって行われる。農地整備官庁は、専門家の数を決定し、参加者組合理事会の意見を聞き、農業職能代表と協議したうえで上級農地整備官庁によって作成された専門家適任者名簿から専門家を選出し、かつ価値調査を指導する。理事会は価値調査に立会うべきである。
（2）価値調査のために、一般農業上の専門知識を超える知識を必要とする場合には、特に定評ある専門家が召喚されるものとする。
　第32条〔価値調査結果の説明および確定〕
　価値調査結果に関する証明書は、関与者のために縦覧に供されるものとする。結果は意見聴取期日に関与者に説明されるものとする。理由ある異議申立が処理された後に、価値調査結果は、農地整備官庁によって確定されるものとする。この確定は公示されるものとする。
　第33条〔価値調査に関する例外規定〕
　各州は、価値調査の実施ならびに価値調査結果の公示および確定について別段の定めをなすことができる。
　第5節　所有権の一時的制限
　第34条〔制限の方法〕
（1）農地整備決定から農地整備計画の確定 Unanfechtbarkeit までの間には、つぎの制限が適用される。
　1．地片の用益方法については、秩序正しい農業経営の範囲内での変更だけが、農地整備官庁の許可なしに許される。
　2．工作物、井戸、用水溝、垣塀、傾斜段地およびこれに類する施設は、農地整備官庁の許可によってのみ設置され、修繕され、本質的な変更を受け、もしくは除去することが許される。
　3．果樹、しょう果樹、ぶどう樹、ホップ樹、個々の樹木、叢林、原野および河岸山林は、特別な場合において、農村基盤整備上の利益とりわ

け、自然保護および景観保全に損害が及ばない場合に限り、農地整備官庁の許可によって除去することが許される。ぶどう樹およびホップ樹の除去に関する他の法律による規定は影響を受けない。

（2）第1項第1号、第2号の規定に反して変更がなされ、施設が設置または除去された場合には、これらの変更、設置、除去は農地整備手続において無視することができる。農地整備官庁は、農地整備にとって必要な場合には、第137条の規定に従って、従前の状態に回復させることができる。

（3）第1項第3号の規定に違反して、侵害行為がなされたときは、農地整備官庁は代償植樹を命じなければならない。

（4）許可の要件、およびこれを無視した場合の効果は、公告されるものとする。

（5）第4項による公告が、第6条第1項によって農地整備決定の重要事項に含められなかった場合には、第1項ないし第3項による法律効果は、4項の規定による特別公告によってはじめて生ずる。

第35条〔農地整備官庁の受任者による地片への立入り〕

（1）農地整備官庁の受任者は、農地整備の準備と実施のために地片に立入り、その測量のために必要な作業をその地片上において行う権限を有する。

（2）これによって生じた損害が平均を著しく超えるときは、農地整備官庁は適切な補償を決定しなければならない。補償は参加者組合が負担する。農地整備が命令されなかった場合には、この補償は州が負担する。

第36条〔暫定命令〕

（1）緊急な理由により、農地整備計画の施行以前に、もしくはその変更の準備および実施のために、地片の占有もしくは用益またはその他の権利を規制する必要がある場合には、農地整備官庁は暫定命令を公布し、公布された命令を撤回し、もしくは変更することができる。過酷の調整のために、農地整備官庁は適当な補償を決定することができる。補償は参加者組合が負担する。

（2）価値の調査および補償の算定のために、地片の状態が重要である場合には、農地整備官庁は、その状態を、必要な場合には専門家を召喚したうえで、適時に確定しなければならない。

第3章　農地整備区域の整備
第37条〔農地整備の任務〕
（1）農地整備区域は、その時々の自然構造を尊重しつつ、相互に較量さるべき当事者の利益および一般的農村基盤整備と農村の発展の利益に相応し、かつ公共の福祉の要求するように新たに整備されるものとする。村落耕地Feldmarkは新たに分割され、分散しもしくは非経済的形態をとっている土地所有は近代的経営の観点に従って集団化され、その状態、形態および面積に従って合目的的に形成されるものとする。通路、道路、河川およびその他の共同施設が造られ、土地保護ならびに土地改良および自然景観形成措置がとられ、かつ経営の基礎を改善し、労力消費を減少し、経営を簡易化するためのその他の措置がとられるものとする。村落再整備が実施されうる。地区詳細計画および類似の計画によって市街地を農地整備区域に編入する可能性が、排除されることはない。法的諸関係が整備されるものとする。
（2）農地整備官庁は、第1項の措置を実施するさいに公共の利益を守らなければならない。とりわけ、国土整備、州の国土整備および秩序正しい都市建設の発展、環境保護、自然保護および景観保全、保養、給水および排水を含む水利経済、漁業、狩猟制度、エネルギー供給、公共交通、農業移住、小移住地、小庭園制度および市街地＝自然景観の形成ならびに可能な建築上の用益および鉱物原料産出の維持と確保の必要を配慮しなければならない。
（3）自然河川の変更は、水利経済上の理由のみに基づき、測量技術上の理由のみに基づくことなく、専門家を適時に召喚してなされなければならない。

第38条〔一般原則、予備計画〕
　農地整備官庁は、農業職能代表および関係の官庁と諸機関、とりわけ管轄農業官庁によって任命された農地整備の技術顧問と協議して、農地整備区域の合目的的造成のための一般原則を確立する。そのさい1971年12月23日付の共通課題に関する法律の変更に関する法律（連邦法律官報第1部、2140頁）によって変更された1969年9月3日の「農業構造の改善と沿岸保護」という共通課題に関する法律（連邦法律官報第1部1573頁）第1条2項による予備計画および農業職能代表またはその他の農業官署Stelleの予備計画ならびに自然

保護および景観保全に関する予備計画の各成果が討議され、可能な範囲において考慮されるものとする。国土整備、州の国土整備計画および都市建設上の要請が尊重されるものとする。

第1節　共同施設および公共施設

第39条〔共同施設〕

（1）農地整備の目的のために必要とされる場合には、農地整備区域において、通路、道路、河川およびその他共同利用もしくは共同の利益に役立つ施設が創設されるものとする。これらは共同施設とする。

（2）既存の施設は、変更し、移転し、廃止することができる。

第40条〔公共施設の用地調達〕

公の通路、道路、鉄道施設、市街軌道電車およびその他の公共交通事業、給水施設、エネルギー供給施設、廃水利用施設、廃水処理施設、防風施設、気候保護施設および防火施設、近隣公害 Immissionen oder Emissionen に対する保護施設、遊び場と運動場ならびに自然保護、景観保全もしくは保養にとって有益な施設のような、公共交通もしくはその他の公共利益に役立つ施設のために、農地整備手続において、土地を比較的小範囲において提供することができる。その土地が誰の所有地として配分されるかは、農地整備計画によって決定される。施設が同時に参加者の経済的利益に役立たない場合には、施設の所有者は、土地および生じた損害に対して適切な金額を参加者組合に支払わなければならない。

第41条〔道路および河川計画〕

（1）農地整備官庁は、参加者組合の理事会と協調して、共同および公共施設に関する計画とりわけ公の通路および道路の廃止、変更ならびに設置に関する計画ならびに水利経済、土地改良および景観形成のための施設に関する計画を作成する（景観保全のための随伴計画付の道路および河川計画）。

（2）計画は、農業職能代表を含む公的利益の主体との間で聴問期間中に討議されるものとする。計画に対する異議は、除斥を回避するためには、聴問期間内に提出されなければならない。それについては召喚状と期日において指示されるものとする。召喚期間は1カ月とする。召喚状には、公的利益主体が利害関係を有する確定事項を含む計画の抜粋が添付されるものとする。

（3）計画は、上級農地整備官庁によって確定されるものとする。
（4）計画に対する異議が予測されず、提起されず、もしくは後に却下される場合には、計画確定手続が事前に実施されない場合でも、上級農地整備官庁は、これを認可することができる。計画確定は、本質的に重要でない変更および拡大の場合でも中止することができる。本質的に重要でない場合とは、とりわけ第三者の権利に影響を与えない場合もしくは参加者との間で相応する合意が成立している場合である。
（5）他の施設への必然的な随伴措置を含む企業案 Vorhaben の許可 Zulässigkeit は、企業案によって影響を受ける公的利益を考慮して、計画確定によって確定される。計画確定と並んで、他の官庁の決定 Entscheidung、とりわけ公法上の Genehmigung、Verleihung、Erlaubnis、Bewilligung、Zustimmung および計画確定は必要ではない。計画確定によって企業案の担当者と計画による該当者との間の公法上の関係はすべて法形成的に規制される。第44条、58条および59条による参加者の権利は影響を受けない。
（6）計画確定の決定は、企業案の担当者と参加者組合の理事会に対し、権利救済の方法を教示して送達される。

第42条〔共同施設の建設と維持、第三者の費用負担〕
（1）参加者組合は、他の者がその工事を担当しない場合において、法律に別段の定めがない場合には、共同施設を建設し、維持義務の承継時まで維持しなければならない。施設は、当該景観保全のための付随計画付の道路および河川計画がその施設のために確定されている場合には、農地整備の実施前においても、建設することができる。
（2）共同施設は、農地整備計画によって、参加者組合の所有として配分され、かつ参加者組合によって維持される。ただし、農地整備計画または法律の規定に別段の定めがある場合は、この限りではない。共同施設は、市町村が同意する場合には、これに配分することができる。各州は別段の定めをすることができる。
（3）農地整備区域には属していないが、当該施設によって重要な利益を享受する地片の所有者には、農地整備計画によって、当該施設の維持費につき、利益に相応する割合を負担させることができる。費用割当分は、維持義

務者に支払われるものとする。費用割当分は、公の負担として地片に付着し、地片ごとに確定される。

第43条〔土地水利組合の設立〕

　1937年2月10日の水利・土地組合に関する法律（水利組合法、帝国法律官報第1部188頁）の意味における施設が、農地整備手続において施工されるべき場合には、農地整備官庁は、当該施設の実施および維持のために、土地水利組合に関する規定に従って水利・土地組合を設立することができる。農地整備手続の期間中は、農地整備官庁が同組合の監督官庁であり、上級農地整備官庁が同組合の上級監督官庁である。（訳注：下線部が1991年にそれぞれ「1991年2月12日」、「連邦法律官報第1部405頁」と変更。）

第2節　補償に関する諸原則

第44条〔換地、農地整備と区画整理の結合〕

（1）各組合員は、その地片に対して、第47条に従ってなされる減歩を考慮したうえで、同一価値の土地をもって補償されるものとする。換地Landabfindungの査定にさいしては、第27条ないし第33条に従って調査された価値が基礎とされるものとする。新しい権利状態が従来のものに代って成立する時点が基準となる（第61条2段）。一時利用地の指定Besitzeinweisungの場合には、これが効力を生ずる時点が基準となる。

（2）換地にさいしては、すべての参加者の経営状態が相互に考慮され、かつ地片の収益、利用および換価に重大な影響を有するすべての事情が考慮されるものとする。

（3）換地は、できる限り大きな地片で指定されなければならない。不可避的な過剰指定もしくは過小指定は、金銭によって調整されるものとする。当該地片のために道路が利用できなければならない。必要な排水路は、できる限り設置されるものとする。

（4）参加者の換地は、近代的な経営認識に従って土地所有の大規模な集団化と結合されることを前提として、利用方法、状態、土質および農場構内もしくは集落市街地からの距離において、参加者の従前地に相応すべきである。

（5）換地によって従来の経営構造の完全な変更が必要となる場合には、変

更には参加者の同意を必要とする。変更の費用は実施費用とする（第105条）。

（6）換地は、交換の方法において、他の農地整備区域内に指定することができる。ただし、それが農地整備の実施にとって合目的的であり、かつ当該農地整備区域において新しい権利状態が同時に成立する場合に限る。この場合には、換地は、それが指定されている農地整備区域の農地整備計画によって確定される。

（7）該当権利者が了解している場合には、農地整備官庁および市町村（区画整理官署）は、相互に協調して、農地整備区域に存在する地片の所有者に対して、連邦建設法第4節の区画整理が実施されている区域内の地片をもって補償することができる。区画整理区域に存在する地片の所有者が農地整備区域内の地片によって補償される場合にも同様とする。その他の点については、第6項が準用されるものとする。（訳注：下線部は1986年に「建設法典第一部第1章」に変更。）

第45条〔特別な種類の地片の変更〕

（1）農地整備の目的上必要である場合には、次のものを変更することができる。

1. 屋敷地および建物敷地
2. 公園施設
3. 天然記念物、自然保護地域ならびに保護されている自然景観の部分と保護されている自然景観の構成部分
4. 湖、養魚池および養魚施設
5. 営業経営に役立つ河川
6. スポーツ施設
7. 園芸場
8. 墓地、個々の埋葬地および記念碑
9. 公の交通、洪水防御、公の給水およびエネルギー供給ならびに廃水利用もしくは廃水処理に役立つ施設
10. 付属地を有する食塩泉および鉱泉
11. 土地構成部分の採取のための営業施設であって継続的に営業している

もの、および鉱山監督局の監督下にある地下埋蔵物の貯蔵所

　第9号ないし第11号の場合には、所有者の同意が必要である。同意は、第9号の場合においては、第39条第1項の意味における共同の利益に役立つ施設に関する限りにおいて必要としない。

（2）農地整備の目的が他の方法によっては達成されえない場合には、第1項第1号ないし第8号に掲げられている地片は、移転されもしくは他の者に与えることができる。居住建物の場合および第2号、第7号および第8号の場合には、所有権者の同意が必要であり、墓地の場合には、関係教会の同意も必要である。

（3）天然記念物、自然保護地域ならびに保護されている自然景観の部分と保護されている自然景観の構成部分の現状に対する根本的侵害になる場合には、自然保護と景観保全について管轄権を有する官庁の事前の許可も必要である。

第46条〔特別措置による価値上昇〕

　農地整備区域のある部分が、農地整備手続における多額の公的資金による特別措置によって改良され、当該地片の価値が著しく高まった場合に、参加者への換地の査定は、高められた価値を基礎とすることができる。高められた価値は、必要な場合には、参加者の費用負担を考慮して、第28条、31条ないし33条による新たな価値調査によって確定されるものとする。参加者への換地のために必要とされない土地の売却金は、改良費用の補填のために使われるものとする。

第47条〔土地の減歩〕

（1）すべての参加者は、共同施設および第40条による公共施設のために必要な土地を、その従前地の農地整備区域の全地片に対する割合に従って、提供しなければならない。ただし、その土地が農地整備の前に存在した同種の施設もしくは農地整備区域の新たな測量によって生じる面積の余剰によって填補され、もしくは各参加者によって提供される場合はこの限りではない。新たな測量によって生じる面積の不足は、同様の方法によって提供されるものとする。参加者によって提供されるべき割合は、予見しえなかった目的、不適切な形状および調整のために適切に増大することができる。

（2）特別の理由により、共同もしくは公的施設のための土地についての需要が他の部分よりも多く存在する農地整備区域の部分のために、利益を受ける参加者の負担について、その他の農地整備区域の部分とは異なった基準を定めることができる。
（3）農地整備官庁は、各参加者の明白かつ不当な過酷を避けるために、例外として、その共同もしくは公的施設への提供部分の全部または一部を他の参加者の負担とすることができる。

第48条〔共同所有権の分割〕
（1）農地整備区域に属する地片であって、旧来の慣習により共同所有となっているものは、分割することができる。
（2）農地整備の目的に役立ち、かつ所有権者が同意する場合には、地片の共同所有権は他の場合においても、分割されもしくは新たに共有権の形態とすることができる。

第49条〔諸権利の廃止〕
（1）農地整備の目的が必要とする場合には、地片についての役権、物上負担および取得権ならびに地片の占有もしくは利用をなしうる人的権利または地片の使用を制限する人的権利は、廃止することができる。農地整備によって不必要となる権利については、補償は行われない。第1段に規定されている権利で、不必要にならないものが廃止される場合には、権利者は、土地によって、同種の権利によってまたはその同意を得て金銭によって補償されるものとする。土地もしくは同種の権利によって補償される場合には、第44条第3項第2段が、金銭によって補償される場合には、第52条から第54条が準用される。土地もしくは同種の権利による補償が不可能であるかまたは農地整備の目的と一致し難い場合には、権利者は金銭にて補償されるものとする。
（2）第1項第1段に掲げられた権利は、それが権利者への換地の移転のさいに、もはや従来の範囲では行使されえなくなる場合には、権利者の申請により、廃止されるものとする。
（3）廃止さるべき権利があるために従前地の価値減少が生ずる場合には、それが著しい場合にのみ、参加者への補償のさいに考慮されるものとする。

第50条〔樹木、ぶどう樹、建物およびその他の不動産の同体的構成部分〕
（1）果樹、漿果樹、ぶどう樹、ホップ樹、古蹟地、文化的記念物ならびに樹木、雑木林、藪であって、自然保護および景観保全の理由により、またはその他の理由によって、その維持が命ぜられたものは、換地の受領者によって承継されなければならない。
（2）第1項にいう木本植物に対しては、参加者組合が従来の所有者に金銭で補償しなければならない。参加者組合は、換地の受領者に対して適切な補償を要求することができる。参加者は、農地整備官庁の同意を得て、別段の協定をすることができる。実を結ばず、改良されておらず、未だ移植可能であり、もしくは衰微した漿果樹、ぶどう樹、ホップ樹および第1項にいう樹木以外のものに対しては、金銭補償は与えられない。この場合には、従来の所有者はそれらの樹木を撤去することができる。他の法律によって除去されるべきものとされているぶどう樹およびホップ樹もまた衰微したものと見なされる。当法による補償に関する規定は影響を受けない。
（3）各州は、果樹、漿果樹もしくはぶどう樹が撤去さるべき旨を決定することができる。ただし、それなしには、土地改良もしくはその他の収益促進策、例えばぶどう園の新建設を合目的的に実施することができない場合に限る。
（4）第1項に該当しない、その他の地片の同体的構成部分に対しては、とりわけ建物に対しては、従来の所有者もしくはその他の権利者は必要に応じて各別に補償されるものとする。

第51条〔暫定的不利益に対する調整〕
（1）従前地の価値と換地の価値との間の暫定的差異ならびに各参加者のその他の暫定的不利益であって、その他の参加者のもとで発生する同種の不利益の程度を著しく超えるものは、金銭その他の方法によって調整されるものとする。
（2）参加者組合は、当組合によって給付された調整金の支払につき、それによって利益を得る者に対してその利益の割合に応じて、求償することができる。

第52条〔不換地申立と金銭補償〕

（1）参加者は、自ら同意する場合には、土地に代えて、その全部または一部につき金銭による補償を受けることができる。
（2）同意は、その有効性のために書面方式を必要とする。同意は、農地整備官庁に送達されもしくは審議録（第129条ないし第131条）に記載された場合には、もはや撤回することができない。
（3）同意が撤回されえない場合には、参加者は、以後、金銭にて補償を受けるべき地片を譲渡しもしくはこれに負担を課することは許されない。処分禁止（民法典第135条）は、農地整備官庁の依頼により、参加者組合のために、また同意ある場合には一定の第三者の利益において、この者のために登記簿に登記されるものとする。処分禁止が登記されていない限り、地片、地片に関する権利もしくはかかる権利に関する権利の、法律行為による取得者は、取得のさいに処分禁止を知っていた場合にのみ金銭補償の支払を自己に対する関係において承認しなければならない。民法典第892条〔訳注：登記簿の公信力〕が準用される。参加者が地片の一部についてのみ金銭による補償を受ける場合には、処分禁止はこの部分についてのみ登記されるものとする。

第53条〔金銭補償の支払〕
（1）参加者の全部もしくは一部が金銭による補償を受け、かつ金銭補償額を了承する場合には、当該金額は、処分禁止（第52条第3項）が登記簿に登記されると同時に、すでに農地整備計画の実施以前においても支払われる。金銭補償の支払後においては、もはやその変更を要求することはできない。
（2）地片が第三者の権利によって負担を課せられている場合には、補償は当該権利の価値を控除した後に支払われるものとする。参加者組合または公共的内地植民事業団は、当該権利に基づいて存在している所有権者の人的権利を、債権者の同意を必要とせずに承継することができる。この承継は、債権者への通知によって効力を生ずる。この時点までは、参加者組合または内地植民事業団はその債権者に弁済する義務を所有権者に対して負う。

第54条〔金銭による補償と調整、保留地処分〕
（1）金銭補償 Geldabfindung および調整金 Geldausgleich は、妥当なもの

でなければならない。金額 Kapitalbetrag は、第28条による価値を基礎とし、建設用地ならびに建築施設の場合には、第29条による価値を基礎として確定されるものとする。当該金額は、分担金（第19条）と相殺することができる。

（2）金銭補償により参加者の補償のためには必要でなくなった土地および第46条による補償のために必要でなくなった土地は、農地整備の目的に相応する方法においてもしくは内地植民のために使われるものとする。その土地が誰の所有とされるかは、農地整備計画によって決定される。配分については第55条が準用される。

第55条〔農地整備と内地植民 Siedlung の結合〕
（1）内地植民事業団が参加者である場合には、同事業団に帰属する換地は、その同意を得て、農地整備計画により、内地植民者の1人に、もしくは区分して数人に所有地として配分することができる。
（2）農地整備官庁は、内地植民事業団の地片に設定されている抵当権を、当該地片が別々の内地植民者に配分されている場合においては、農地整備手続において調査されたその価値に従って、農地整備計画において個々の換地に配分することができる。債権者はその配分に異議を述べることはできない。
（3）新しい権利状態の発生後においては、内地植民者は、配分された抵当権の基礎となっている人的請求権に対して、それが抵当権付地片の負担に相応する限度において、責任を負う。従来の債務者に対する債権者の権利は消滅する。
（4）第2項および第3項の規定は、土地債務、定期土地債務および物上負担に対して準用される。ただし第2項は、隠居分 Altenteil については、権利者の生計が配分によって害される恐れがない場合にのみ適用される。

第3節　農地整備計画
第56条〔境界確定〕
　農地整備官庁は、農地整備計画の作成前に、必要な場合には、農地整備区域の境界に堅固な境界標を設定することを保証しなければならない。農地整備官庁は、区域の境界を画する地片の所有者から、必要な境界承認を取得し

なければならない。境界承認は、農地整備区域の境界が農地整備計画の決定によって確定される場合には、これによって代替することができる。

第57条〔補償に対する希望の聴取〕
　農地整備計画の作成前に、参加者は、補償に対する希望を聴取されるものとする。

第58条〔農地整備計画、市町村境界等の変更〕
（1）農地整備官庁は、農地整備計画における手続の結果を総括する。農地整備計画においては、景観保全のための随伴計画付の道路および河川計画が採用され、共同および公共施設ならびに関係者の従前地とその権限および換地が確認され、その他の権利関係が規制される。農地整備計画においては、土地登記簿に登記された所有者が記載されなければならず、また第12条第2段、第3段、第13条および第14条により、その者に代って他の者が関与者として取扱われる場合には、他の権利者もまた記載されるものとする。
（2）町村の境界は、農地整備のために合目的的である場合には、農地整備計画によって変更することができる。郡境界、行政区の境界および州の境界が市町村の境界と一致する場合には、変更はこれらの境界に及ぶ。市町村および郡境界の変更が意図されている場合には、管轄権を有する市町村監督官庁へ適時に報告されるものとする。変更は、利害関係を有する州および区域の団体の同意を必要とする。
（3）農地整備計画は、上級農地整備官庁の認可を必要とする。
（4）農地整備計画は、関係者の共同の利害もしくは公共の利害に適合する確定として、市町村条例の効力を有する。農地整備手続の終了後においては、確定は、市町村監督官庁の同意を得て、市町村条例により変更しもしくは廃止することができる。

第59条〔農地整備計画の公示、異議手続〕
（1）農地整備計画は、関与者に公示されるものとする。新農地の配分は、希望により、現場と官署において関与者に説明されるものとする。
（2）関与者は、手続からの排除を回避するために、公示された農地整備計画に対する異議を聴問期間内に提出しなければならない。この点については、召喚状と期日において指示されるものとする。召喚期日は2週間とす

る。
（３）各参加者には、農地整備計画の抄本が送達され、これが、面積および価値に従ってその換地を証明し、ならびに参加者の従前地に対するその換地全体の割合を証明する。抄本は聴問期日のための召喚状に添付されるべきである。公告によって召喚される場合には、抄本は聴問の２週間前に送達されるべきである。
（４）第２項による異議は、審議記録（第129条から第137条）に記載されるものとする。
（５）各州は、期日に提出されるべき異議に代えて、もしくはそれと共に期日後２週間以内に書面による異議を許すことができる。

　第60条〔異議の処理、農地整備計画の変更〕
（１）農地整備官庁は根拠のある異議を処理しなければならない。農地整備官庁は、必要と考える農地整備計画のその他の変更をも行うことができる。変更の告示および聴問は、それについての関与者に限定されるものとする。その他の点については、第59条の規定が適用されるものとする。
（２）農地整備官庁は、審議後においても未処理の異議を第141条１項の規定に従い、上級農地整備官庁に提出する。

　第４節　農地整備計画の施行
　第61条〔施行命令とその効果〕
　農地整備計画が取消されえなくなった場合に、農地整備官庁はその施行を命令する（施行命令）。施行細則において決定されるべき時点において、農地整備計画に規定された新しい法律状態が、従前の権利状態に代って発生する。

　第62条〔施行命令の公示、移行規則〕
（１）施行命令および新しい権利状態の発生時点（第61条第２段）は、公示されるものとする。公示においては、第71条第３段による期間が明示されるものとする。
（２）参加者組合の理事会の意見を聴取して作成された移行規則によって、農地整備官庁は新しい権利状態への現実の移行、すなわち換地の占有と用益への移行を規制する。

(3) 移行規則は、農地整備市町村の行政庁もしくは参加者組合の理事会において、関与者の縦覧に供されるものとする。縦覧については、公示されるものとする。

第63条〔取消不可能前の施行命令〕
(1) 農地整備計画の施行は、農地整備官庁が未処理の異議を第60条2項の規定に従って上級農地整備官庁に提出し、かつ施行の比較的長期の遅延により著しい損失が生じる恐れがあるときは、取消不可能となる前においても命令されうる（確定前の施行命令）。
(2) 取消不可能となる前に実施された農地整備計画が変更されて取消不可能となった場合には、この変更は、法律的には、実施命令において確定された日に遡ってその効果を生ずる。農地整備官庁は、変更の現実の施行を移行規則によって規制する。変更は関与者に告示されるものとする。

第64条〔施行命令後における農地整備計画の変更〕
　公の利益もしくは従前には存在していなかった、関与者の重要な経済的需要がそれを必要とする場合、または関与者に確定力ある裁判所の裁判が告知された場合には、農地整備官庁は、農地整備計画を施行命令（第61条、〔第62条〕、第63条）の後においても変更しもしくは補充することができる。手続については、第59条から第63条が準用される。第63条第2項は、農地整備計画の施行が第61条第1段に従って命令された場合にも準用される。

第5節　一時利用地の指定

第65条〔一時利用地の指定のための要件〕
(1) 換地の境界が現地に標示され、かつ換地の面積と価値に関する終局的な証拠が存在し、ならびに各関与者の従前地に対する補償関係が確定している場合には、関与者は、換地につき一時利用地の指定を受けることができる。新耕地区分は、関与者に公示され、かつ申請あるときは、現地と官署において説明されるものとする。一時利用地の指定は農地整備区域の一部に限定することもできる。
(2) 農地整備官庁は一時利用地の指定を命令する。第18条第2項の規定は適用されないものとする。一時利用地の指定は公示されるものとし、第1項第3段の場合においては送達することもできる。第62条第2項および第3項

の規定が準用される。

第66条〔一時利用地の指定の効果〕
（1）換地の占有、管理および用益は、移行規則において規定された時に、換地処分において指定された受領者に移転する。生産物もしくはその他の構成部分について特別の法律関係が存在しうる限りにおいては、受領者は換地の所有者とみなされる。とりわけ、換地の生産物は、法律的には従前地の生産物に代替する。農地整備官庁は別段の定めをすることができる。
（2）第69条から第71条の規定が準用されるものとする。
（3）一時利用地の指定の法律的効果は、農地整備計画の施行によって終了する（第61条および第63条）。

第67条〔金銭による調整と補償〕
（1）金銭による調整料および補償は、できる限り第65条第2項による命令に添えて給付されるものとする。ただし、第三者の権利が第74条ないし第78条の規定によって保護されている場合は、この限りではない。
（2）農地整備計画における最終的確定の後に、異なる額において支払われもしくは異なる関係者によって支払われるべき金額は、農地整備計画の施行後において調整されるものとする。

第6節　第三者の権利の保護

第68条〔代償物の原理〕
（1）換地は、従前地に関する権利および従前地に関する法律関係であって廃止されないもの（第49条）に関しては、従前地に代替する。従前地上にあってその土地に場所的に結合されている公の負担は、その場所に指定された換地に移転する。
（2）異なった権利関係に該当する数個の従前地または従前の権利に対して一括して換地が与えられる場合には、農地整備官庁はいずれの換地、または換地の持分がそれぞれ従前地もしくは従前の権利に代替するかを決定しなければならない。
（3）申請により、かつ必要な場合には職権により、農地整備官庁は、第2項によって決定された持分に代えて特別換地を指定しなければならない。ただし、第49条第1項に記載されている種類の権利の持分に関してはこの限り

ではない。

第69条〔用益権 Niessbrauch〕

用益権者は、所有者の負担となっている分担金（第19条）のうち適切な部分を支払い、その余の分担金につき所有者に支払の日から適切な利率で利子を支払わなければならない。用益権の基礎となっている超過配分地に対して所有者が支払わなければならない調整金に対しても、同様に利子が支払われるものとする。

第70条〔用益賃貸借（小作）〕

（1）用益賃貸借関係の場合には、新旧用益賃借地の価値の差異は、用益賃料の増減により、もしくはその他の方法で調整されるものとする。（訳注：下線部が2001年に Pachtzins から Pacht に変更。）

（2）用益賃借地が農地整備によって著しく変更され、用益賃借人にとって経営管理が本質的に困難になる場合には、用益賃貸借関係は、施行命令公布時の賃貸借年度もしくはその次の賃貸借年度の終了をもって解消されるものとする。

（3）第1項および第2項の規定は、契約当事者が別段の定めをした場合には、適用されない。

第71条〔用益権、用益賃貸借権に関する裁決等、申請期間〕

第69条による給付、第70条第1項による調整金および第70条2項による用益賃貸借関係の解消については、農地整備官庁が決定する。決定は申請に基づいてのみなされる。第70条第2項の場合には、用益賃借人のみが申請権を有する。申請は施行命令の公布後遅くとも3ヶ月以内に農地整備官庁においてなされるものとする。

第72条〔純粋金銭補償における債権者の権利〕

（1）参加者が金銭のみによって補償される場合には、従前地に関する抵当権、土地債務、定期土地債務および物上負担の権利者ならびに公の負担の未払金の債権者または公の負担として従前地に附着している定期金の債権者には、金銭補償がなされる。

（2）異なった権利関係にある数個の従前地もしくは従前の権利に対して金銭補償がなされる場合には、農地整備官庁は、金銭補償のどの部分が従前地

もしくは従前の権利に代替するものであるかを決定しなければならない。

第73条〔純粋金銭補償と隠居分権、取得権、およびその他の権利〕

参加者が金銭のみによって補償される場合には、隠居分権利者ならびに従前地に関する取得権を有する者または当地片を占有もしくは利用しもしくは当地片の利用を制限する物権的もしくは債権的権利を有する者は、各別に補償されるものとする。第49条第１および第３項の規定が準用される。

第74条〔純粋金銭清算の場合における物権の保護〕

参加者が金銭のみによって補償されるときは、第72条第１項による諸権利は、それが登記簿上もしくはその他の方法によって明らかである限りにおいて、次の規定に従って保護される。

1. その権利が争われておらず、参加者と権利者とが支払について合意し、いかなる第三者も金銭補償について物権を主張しない場合には、農地整備官庁は、参加者組合に対し、権利者にその金銭を支払うよう指示する。

2. その権利が争われており、または参加者と権利者とが支払について合意しておらず、または第三者が金銭補償について物権を主張している場合には、農地整備官庁は参加者組合に対して、その金銭を、金銭補償を受けた参加者、権利者および第三者のために、配分に関する第３号により管轄権を有する区裁判所に、取戻権を放棄して供託するよう指示する。供託後においては、金銭補償を理由とする請求権は農地整備手続においてはもはや主張することができない。区裁判所は、供託された金額を第75条の基準に従って配分しなければならない。第108条は適用されないものとする。

3. 配分については、権利による負担を負っている地片が存在する行政区の区裁判所が管轄権を有する。負担を負った地片が異なった区裁判所の管轄区に存在する場合には、負担を負った地片の最も大きいものが存在する管轄区の区裁判所が管轄権を有する。疑わしき場合には、1897年３月24日の強制競売および強制管理に関する法律（帝国法律官報369頁、713頁）—最新の改正は1974年３月２日の刑法典施行法（連邦法律官報第１部469頁）—が準用される。

4．金銭補償によっては満足されない抵当権、土地債務、定期土地債務、および物上負担は消滅する。

第75条〔争訟中の分配手続〕
（1）新しい権利状態発生後においては、供託をなした各関与者は、その権利を争っている共同関与者に対して供託された金額に関する権利を正式の法廷において主張し、もしくは裁判所の分配手続の導入を要求することができる。
（2）分配手続に関しては、強制競売の場合における売却代金の分配に関する規定が、次の事項を例外として準用されるものとする。
 1．分配手続は決定によって開始されるものとする。
 2．申請人に対する手続開始決定の送達は、強制競売法第13条の意味における差押えとみなされる。地片がすでに強制競売もしくは強制管理手続において差押えられているときは、送達済とする。
 3．分配を執行する裁判所は、手続の開始にさいして、職権により、土地登記所に対し、強制競売法第19条2項に記載されている報告を求めなければならない。土地登記簿用紙の公証された謄本には、新しい権利状態が成立した時点において存在している抵当権、土地債務、定期土地債務、および物上負担に関する登記ならびにその後になされた変更および削除が記入されるものとする。
 4．回帰的付随給付に対する請求権は、供託の時点までにおいてのみ考慮されるものとする。

第76条〔付加的金銭補償と第三者の権利〕
（1）参加者が土地補償と共に金銭補償を取得すべき場合において、それが1000ドイツマルク＊を超え、もしくは負担を負った従前地の価値（第28条、第29条）の20分の1を超える場合には、農地整備官庁は、第74条に記載された権利者に対し、農地整備手続における金銭補償についての権利は権利者がこれを1ヶ月以内に申請する場合に限り保護される旨を指示すると共に、補償を公示しなければならない。
（2）申請が適時になされた場合には、農地整備官庁は、申請人の権利および後順位の権利を第74条の規定を準用して保護しなければならない。ただ

し、申請人の権利については、優先順位の権利を考慮すると、負担を負っている従前地に対する換地の価値によっては保護されない場合に限る。農地整備官庁によって決定されるべき期間内に、参加者が優先順位の権利を除去するか、他の地片を換地に構成部分として合筆登記させるかもしくは換地を永続的に改良することによって削減された担保を回復した場合には、本項は適用されない。

　　＊　〔訳注：本条第１項にドイツマルクという表現が出てくるが、農地整備法の原文はそのままである（法令集における最新の条文は2008年１月１日付）。ただし、1998年３月３日の欧州共同体指令 EG‐Verordnung Nr. 974/98 により、１ユーロ Euro は、1.95583ドイツマルクとされている。この点については、2015年７月にドイツの専門家に確認した。なお、135条第２項も同様である。〕

　第77条〔金銭補償のさいにおける権利を対象とする第三者の権利〕
　権利を対象とする第三者の権利が存在し、それが第74条によって保護されるべきであり、もしくはその所持者が第49条もしくは第73条によって金銭により補償される場合には、第74条ないし第76条の規定が準用される。

　第78条〔金銭補償の準備〕
　参加者組合は、補償金を受領権者のために使用するときまで、信用機関の特別勘定に備蓄しておかなければならない。

　第７節　公簿の更正
　第79条〔公簿の更正と農地整備官庁の嘱託〕
（１）新権利状態発生後においては、公簿は農地整備官庁の嘱託により、農地整備計画に従い、更正されるものとする。
（２）権利救済手続における裁判によって発生する権利変更については、申請は、裁判が確定した後においてなされるものとする。

　第80条〔更正登記と必要書類〕
　土地登記簿の更正のための要請には、新権利発生に関する証明書および農地整備計画の公証された抄本が添付されるものとし、その抄本は、次の事項を証明しなければならない。
　１．農地整備区域に属する地片の所有権者

2．従前地および旧権利ならびにこれに対する換地
3．換地配分ならびに共同施設および公共施設
4．抹消されるべき権利、換地へ移転されるべき権利および新しく登記されるべき権利

第81条〔地片の官庁記録簿としての農地整備計画、土地台帳の官庁による継続処理〕
（1）土地台帳の更正までは、農地整備計画は地片の官庁記録簿（土地登記令第2条第2項）として使われる。
（2）農地整備官庁が、土地台帳更正のために書類を土地台帳処理について管轄権を有する官庁に提出した場合には、書類の継続処理のため更正終了前においても当該官庁は管轄権を有する。

第82条〔参加者による計画確定前の登記更正請求〕
農地整備官庁が土地登記簿をいまだ更正していない場合には、その権利が農地整備計画に対する異議によって影響を受けないことが予定されている参加者は、直ちに農地整備官庁を通じて土地登記所に対して換地の登記によって土地登記簿を更正するよう請求することができる。請求には、新しい権利状態の発生に関する証明書の他、申請者の新旧地片に関する証明書が添付されるものとする。

第83条〔後発的更正の土地登記簿への承継〕
農地整備計画の後発的変更、補充または更正（第64条および第132条）は、第79条ないし第82条に従って土地登記簿へ承継される。

第4章　特別規定
第1節　森林地片
第84条〔森林地片と農村土地所有〕
森林地片もまた本法の意味における農村土地所有である。

第85条〔特別規定〕
森林地片を農地整備手続に編入するについては、次の特別規定が適用される。
1．第5条第2項、第38条および第41条第2項の場合には、森林職能代表が農地職能代表に準じて関与するものとする。

2．10ヘクタール以上の面積を有するまとまりを持った森林地を手続に編入するためには森林監督官庁の許可を必要とする。
3．集団化を必要とせず、農地整備によって何らの本質的利益を受けない比較的大きな森林地片については、分担金（第19条）は徴収されないものとする。
4．木材現在高の価値が調査されるべき場合には、森林評価の原則が適用されるものとする。
5．農地整備決定の公示から施行命令までの間に、通常の経営範囲を超えて木材を伐採するには、農地整備官庁の許可を必要とする。許可は森林監督官庁の了解ある場合にのみ許される。
6．第5号の規定に違反して木材伐採がなされた場合には、農地整備官庁は、木材を伐採した者に対して、伐採又は間伐された面積を森林監督官庁の指示に従って通常の状態に回復しなければならない旨命ずることができる。
7．3ヘクタール以上の面積を有する一団の森林地については、所有権者もしくは森林監督官庁の許可ある場合にのみ、本質的変更が許される。
8．森林地が他の者に与えられる場合には、立木については、可能な限り、木材価格による補償がなされるものとする。
9．共同所有となっている森林地片（第48条第1項）の分割および役権（第49条第1項）の廃止には、森林監督官庁の許可を必要とする。
10．第31条第2項および第50条が準用される。

第2節　土地開発のための簡易農地整備手続（訳注：下線部は1994年に追加。）

第86条〔簡易農地整備手続〕

（1）鉄道、市街地電車軌道、道路、通路、河川の設置、変更もしくは除去により、または一般的農村基礎整備のための類似の施策により、将来において生じもしくはすでに生じた損失を除去するために、または内地植民手続、都市建設施策、自然保護および景観保全施策もしくは集落市街地および自然景観の形成の実施を可能にするために、農地整備手続は1つもしくは複数の

市町村の一部においても施行することができる。その場合には、第4条、および第6条第2項および第3項、ならびに第62条第1項および第3項の規定に代って、次の特別規定が適用される。

1. 農地整備官庁は、決定によって農地整備を命じ、農地整備区域を確定する。決定には理由が付されるものとする。決定の重要な部分は、関与者に謄本の形で送付され、または公示することができる。
2. 事業主体または施策の実施主体は、準参加者（第10条第2号）とする。
3. 価値調査結果の公示は、農地整備計画の公示と共に行うことができる。
4. 景観保全のための随伴計画を有する道路および河川計画（第41条）の作成は省略することができる。景観保全のための随伴計画を有する道路および河川計画が作成されず、かつ農地整備手続が、自然保護および景観保全を可能にするために実施される場合には、農地整備手続における相応する施策が指示されるものとする。
5. 施行命令および移行規則は、関係者に謄本の形で送付され、または公示することができる。
6. 第95条が準用される。

(2) 施行費用（第105条）は、損失が他の法律の規定による計画確定手続において考慮されず、かつ当該計画確定後に明らかになった場合に限り、施設の設置、変更もしくは除去によって生じた損失に応じて、事業主体に課されるべきである。施設の設置、変更もしくは除去以来5年間経過した場合には、本項第1段の費用は、事業主体にはもはや課することはできない。

(3) 簡易農地整備手続は、散村、比較的小面積の市町村、散居村形態の農場 Einödhöfen の存する地域、ならびにすでに農地整備済であるがより強力な地片の集団化が必要とされている市町村においても許される。本条1項の要件は必要としない。（訳注：以上旧条文）

(1) 簡易農地整備手続は、以下の目的のために開始することができる。
1. 土地開発施策、特に農業構造改善施策、内地植民施策、村落開発施策、都市計画上の施策、環境保護施策、水域の親自然的開発の施策、自然保護施策および景観保全施策または影観形成 Gestaltung des

Orts- und Landschaftsbildes 施策を可能にし、またはこれを実施すること、
2．一般的農村基盤整備のために、インフラ施設の建設、変更もしくは除去またはそれらと類似の施策によって生ずるまたは生じた障害を除去すること、
3．土地利用を巡る衝突を解決すること、または
4．小村落 Weiler、小規模自治体 Gemeinde kleineren Umfanges、孤立農家 Einzelhof が点在する地域およびすでに農地整備が行われた自治体において必要となった土地所有の再編成を実施すること。
（2）第1項に基づく手続には以下の特別規定が適用される。
1．第4条前段および第6条第2項・第3項の規定にかかわらず、農地整備官庁は農地整備を決定によって命令し、農地整備地域を確定する。決定の重要な部分は関係当事者に写しの形で送付され、または公告され得る。
2．簡易農地整備手続は、第1項に基づく施策の実施者 Träger が農地整備を申請する場合にも、開始することができる。
3．第1項に基づく施策の実施者は準関与者 Nebenbeteiligter である（第10条第2号）。
4．価値査定の結果の公表（第32条）は、農地整備計画の公表（第59条）と結合してなされることができる。
5．景観保全のための随伴計画（第41条）付の通路計画および水域計画の作成は、行わないことができる。この場合には、相応する施策が農地整備計画（第58条）に取り入れられなければならない。
6．公益の代表者の計画は、それらが第41条第2項に基づく聴聞期日、また前号の場合には第59条第2項に基づく聴聞期日の時点までに実施可能でなくかつそれにより農地整備の実施が過度に遅滞する場合には、考慮しないことができる。
7．実施命令（第61条）および移行に関する規定（第62条第3項）は、関係当事者に写しの形で送付され、または公告され得る。
8．第95条はこれを準用する。

（3）第1項に基づく施策の実施者は、参加者組合に対して自らに起因する実施に掛かる費用（第105条）を支払わなければならない。実施者には相応の分担金が農地整備計画によって課される。第1項第2号の場合には、実施に掛かる費用は施策の実施者に対して、施設の建設、変更または除去によって生じた不利益が他の法律上の規定に基づく計画確定手続において考慮されず計画確定後にはじめて明らかになった場合に限り、その不利益に応じて課されなければならない。施設の建設、変更または除去から5年が経過した後は、第2文に基づく費用は施策の実施者に対してもはや課すことはできない。
（訳注：第86条が1994年に下線部のように変更。）

第3節　事業のための広範な土地調達

第87条〔収用を動機とする農地整備、要件〕

（1）農村の地片を広範囲に必要とするであろう特別な理由により土地収用が許される場合において、該当者のもとで生じる土地損失が広範囲な所有権者に配分され、または事業によって生じた一般的農村基盤整備上の損失が回避されるべき場合には、土地収用官庁の申立により、農地整備手続を導入することができる。土地損失の配分の範囲は、農業職能代表と協議して規制されるものとする。

（2）農地整備手続は、その利益のために土地収用が実施されるべき事業のための計画確定手続もしくはそれに相応する手続が導入される場合には、直ちに命令することができる。農地整備計画の公示（第59条）および一時利用地の指定に関する関係者への指示（第65条）は、事業のための計画確定またはそれに相応する行政行為が取消不可能になるかまたは執行可能と宣言された後にはじめて、許される。

（3）計画確定手続もしくはそれに相応する手続が中止される場合には、農地整備手続もまた中止されるべきである（第9条）。ただし、上級農地整備官庁は、かかる手続の実施を必要なものと考え、かつ参加者の利益が存するものと考える場合には、農地整備手続が第1条および第37条または第86条の基準による手続として実施されるべき旨を命ずることができる。第5条第1項および第2項および第6条第2項および第3項が準用されるものとする。

（4）上級農地整備官庁は、第1項の要件が存在する場合には、収用官庁の申立により、農地整備手続が、第87条から第89条の適用による手続として実施される旨を命令することができる。第5条第1項および第2項および第6条第2項および第3項が準用されるものとする。

第88条〔特別規定〕

第87条の場合における農地整備手続については、次の特別規定が適用される。

1. 農地整備決定（第4条）および地片所有者への説明（第5条第1項）の場合においては、手続の特別の目的が指示されるものとする。第1条の要件は必要としない。
2. 事業主体は準参加者とする（第10条第2号）。
3. 事業について管轄権を有する官庁の申立により、農地整備官庁は、第36条による暫定命令を発することができる。命令は、義務履行と結合され、もしくは条件、とりわけ担保の給付に依存せしめることができる。事業主体は、暫定命令の故に関係者のもとに発生した損失に対して、補償 Entschädigung を金銭で給付しなければならない。ただし、発生した損失が関与者の同意によってなされた代替用地 Ersatzflächen の暫定的提供により調整される場合はこの限りではない。その補償は、農地整備官庁によって確定された額において、参加者組合のもとに支払われるものとする。
4. 事業に必要な用地は、参加者により、農地整備区域の全地片の価値に対する従前地の価値の割合に従って供出されるものとする。第45条はその限りにおいて適用されない。供出に当って、農業経営もしくは造園経営は、その経営の続行が危険にさらされない限度において事業に編入されるものとする。用地は、農地整備計画によって、事業主体に所有権として配分される。参加者によって供出された用地に対しては、事業主体は、金銭補償 Geldentschädigung を給付しなければならない。
5. 事業主体は、関与者のもとで発生した損失を除去しなければならず、かつ、それが不可能であるか農地整備官庁の裁量によれば合目的的で

ないと考えられる場合においては、損失に対する金銭補償が給付されなければならない。

6. 事業主体により第5号による損失除去のためになされるべき給付および第3号ないし第5号による金銭補償は、その事業について適用されている法律に従う。この給付および金銭補償は、事業主体の意見を聴取した後、農地整備官庁によって確定される。金銭補償は、参加者組合のもとに支払われ、かつ分担金（第19条）と相殺することができる。第5号による金銭補償の相殺は、それが事業によって参加者のもとに発生した損失の除去のために使われない範囲においてのみなされる。事業主体は、自ら支払義務を負っている金銭補償を、農地整備官庁によって確定された額において、参加者組合のもとに前払いしなければならない。

7. 金銭補償の額については、事業について適用されている法律に従い、通常裁判所における権利救済だけが許される。参加者によって供出された用地に対する金銭補償請求権は、すべての参加者の換地が不可取消的に確定している場合に初めて、裁判上主張することができる。第2項に規定されている請求権の裁判上の主張期間は、農地整備官庁が、いまだ権利救済が許されている補償請求権者に対し、すべての参加者の換地が確定力をもって不可取消的に確定された旨を告げた時点より開始する。

8. 事業主体は、配分された用地の調達およびこの事業によって必要とされている共同施設の施工によって生じた施行費用（第105条）に関する分担部分を参加者組合に支払わなければならない。上級農地整備官庁は、事業主体の聴問の後に、分担部分を確定する。事業主体に対しては、参加者組合への前払金の支払が義務づけられる。前払金は、事業担当者の聴問の後、農地整備官庁によって確定される。

9. 事業主体は、手続費用のうち自ら原因となった分担部分を支払わなければならない。分担部分は、事業主体の聴問の後、上級農地整備官庁によって確定される。

10. 簡易農地整備手続（第86条）および迅速集団化手続（第91条から第103

条)は、適用されないものとする。
第89条〔金銭のみによる補償〕
(1) 第87条の場合において、参加者が事業について適用されている法律によれば、代替地補償 Entschädigung in Land 請求権を持たない場合には、収用官庁は、参加者が農地整備手続において金銭によって補償されるべき旨決定することができる。決定の取消は、事業について適用されている法律に従う。
(2) 金銭補償額については、第1項による決定が取消しえなくなった後において、農地整備官庁が決定する。金銭補償の額に関する決定は、第88条第7号とは異なり、決定時から直ちに取消すことができる。金銭補償は、農地整備計画施行前において、すでに支払うことができる。第52条第3項および第53条第2項が準用される。
第90条〔鉱山事業への土地譲渡にさいしての農地整備〕
農村の地片について鉱山法の規定に従った土地譲渡が広範囲に実施されもしくは許可され、かつ地片所有者が、鉱山事業者によって地片の所有権が取得される旨を根拠をもって請求する場合には、該当者のもとで生じる土地損失は、農地整備の方法により、広範囲な所有権者に配分することができる。この場合には、鉱山事業者が農地整備計画によりその所有権を取得する。第88条の規定が準用されるものとする。

第5章　迅速集団化手続

第91条〔集団化 Zusammenlegung の目的と概念〕
農地整備において目標とされている、農林業における生産＝労働条件の改善をできる限り迅速に達成するために、または自然保護および景観保全にとって必要な措置を可能にするために、新たな道路網の施設および比較的大きな水利経済上の施策がさしあたって必要でない村落耕地 Gemarkungen においては、集団化は次条以下の規定に従って行われる。

第92条〔集団化手続〕
(1) 集団化とは、農地整備官庁の監督のもとでなされる手続であって、それによって、一定の区域（集団化区域）内において農村の土地所有が関係地片所有権者全体の協力のもとに経済的に集団化され、合目的的に形成され、

新たに秩序づけられるものである。集団化は、一定の所有権者の土地所有もしくは土地所有の一部に限定することができる。
（2）集団化に対しては、農地整備に関する規定が準用される。ただし、集団化の目的および第93条から第103条までの規定に反する場合はこの限りではない。

　　第93条〔集団化の申請、集団化決定〕
（1）集団化は、複数の地片所有者もしくは農業職能代表がそれを申請する場合に開始されるものとする。自然保護および景観保全措置のために集団化を実施するには、自然保護および景観保全につき管轄権を有する官庁がそれを要求し、かつ集団化が同時に該当地片所有者の利益に役立つ場合でなければならない。
（2）集団化命令（集団化決定）については、第6条第1項および第86条<u>第1項</u>第1号が準用される。命令の前に、参加予定地片の所有者、農業職能代表、市町村および市町村連合が聴問されるものとする。（訳注：下線部が1994年に「第2項」と変更。）

　　第94条〔集団化区域の後発的変更、手続の中止〕
（1）集団化区域の後発的変更は、参加者組合の理事会の同意を必要とする。
（2）手続の中止は、手続の実施が非合目的的と思われる場合に、参加者組合の理事会および農業職能代表の聴問日後、農地整備官庁が、上級農地整備官庁の許可を得て、命令することができる。第93条第2項が準用されるものとする。

　　第95条〔理事会に代る参加者総会〕
　参加者組合の理事会を設置しないこともできる。この場合には、理事会の任務は参加者総会に課される。組合員によって選出された参加者組合の理事長が総会の議長をつとめる。第21条ないし第26条が準用される。

　　第96条〔地片価値の調査〕
　地片の価値調査は簡易な方法によってなされるものとする。結果の公示は、集団化計画（第100条）の公示と共になすことができる。

　　第97条〔集団化に関する原則〕
　散在する土地所有は広範囲に集団化されるものとする。可能な限り、全農

地が交換されるべきである。道路および水路の変更および新設ならびに土地改良は、最も必要な施策に限定されるべきである。道路および景観保全のための随伴計画付の道路および河川計画（第41条）は作成されない。自然保護および景観保全施策を可能にするために集団化が実施される場合には、集団化計画（第100条）中にそれに相応する施策が明記されるものとする。

第98条〔補償 Abfindung に関する原則〕

補償については、第44条ないし第55条の原則が適用される。ただし、第45条に載げられた地片の変更はその所有者の同意によってのみ許され、かつ第48条第1項は適用されないものとするとの制限に服する。

第99条〔補償に関する合意、補償の決定〕

（1）補償はできる限り関与者との同意によって決定されるものとする。合意は農地整備官庁の認可を必要とする。その有効性のためには、書面形式（民法典第126条）で充分である。

（2）農地整備官庁は、当事者との合意達成のための審議を指導し、1つの集団化計画を提案するよう適切な官署 Stellen、とりわけ農業職能代表または農業行政官署に、またはその同意を得て専門家に委任することができる。委任は撤回することができる。

（3）合意が成立しえない場合には、補償は、農地整備官庁によって職権により決定される。そのさいには、1969年9月3日付の「農業構造と沿岸保護の改善」という共通課題に関する法律（連邦法律官報1部1573頁）—最新の改正は1971年12月23日付の法律の改正に関する法律（連邦法律官報1部2140頁）—によって改正された第1条第2項による準備計画の成果、農業職能代表もしくはその他の農業機関の準備計画ならびに自然保護および景観保全の準備計画が広範に考慮されるものとし、国土整備、州の国土整備計画および都市建設上の要件が尊重されるものとする。第38条および第56条のその他の規定は適用されないものとする。

第100条〔集団化計画〕

集団化計画が農地整備計画に代替する。これに対しては、第58条ないし第60条の規定が準用されるものとする。ただし、市町村の境界は変更されるべきではない。

第101条〔施行命令、一時利用地の指定〕
施行命令（第61および第63条）、一時利用地の指定命令（第65条）および移行規則は、関与者に謄本の形で送付され、もしくは公示されるものとする。

第102条〔後日の農地整備手続の不排除〕
集団化手続の実施は、農地整備手続を後日実施することを排除しない。

第103条〔州法の規定〕
1954年8月11日付の公布文言による、農業用地片の集団化に関するバイエルン州法（耕地整理法）（バイエルン法令官報169頁）および1949年12月16日の土地改革法実施のためのヴュルテンベルク・ホーエンツォレルン州大臣の第2命令（農業改革令）（ヴュルテンベルク・ホーエンツォレルン政府官報1950年7頁）——最新の改正は1971年3月30日の州の司法費用法（バーデン・ヴュルテンベルクのラント法律官報96頁）——は、影響を受けない。

第6章　任意の土地交換

第103条 a〔目的と概念〕
（1）農村の地片を農業構造の改善のために、迅速かつ簡易な手続で<u>集団化する</u>ために、任意の土地交換を実施することができる。（訳注：下線部を1994年に「新しく整理する」と変更。）
（2）任意の土地交換は、自然保護および景観保全という理由に基づいても実施することができる。

第103条 b〔農地整備に関する規定の準用〕
（1）任意の土地交換は、関係権利者の了解のもとに農村の地片が交換される手続であって、農地整備官庁によって指導されるものである。任意の土地交換には、任意の土地交換の目的および第103条 c ないし第103条 i に反しない限り、農地整備に関する規定が準用される。
（2）参加者組合に関する規定（第16条から第26条）、価値調査手続に関する規定（第27条から第33条）、補償原則に関する規定（第44条から第55条）、一時利用地の指定に関する規定（第65条）ならびに代理人選任に関する規定（第119条）は適用されない。

第103条 c〔実施の申請〕
（1）任意の土地交換の実施は、交換当事者がそれを文書により、もしくは

農地整備官庁のもとで申請し記録せしめることを前提要件とする。任意の土地交換が実現されるということを申請者が疎明できないときは、申請は却下されるべきである。申請の却下には理由が付されるものとする。申請却下は申請者に告示されるものとする。
（2）任意の土地交換の命令については、第6条第1項第2段および第86条<u>第1項</u>第1号が準用される。（訳注：下線部を1994年に「第2項」と変更。）

第103条d〔手続の中止〕

手続の中止については、農地整備官庁が管轄権を有し、第9条<u>第1項</u>および第86条第1項第1号が準用される。（訳注：下線部を1994年に「第2項」と変更。）

第103条e〔土地交換の原則〕

交換地片は、広範囲に集団化されるべきである。可能な限り、すべての地片が交換され、道路および河川建設措置ならびに土地改良策は回避されるべきである。景観保全のための随伴計画付の道路および河川計画（第41条）は、作成されない。

第103条f〔交換計画〕

（1）交換計画が農地整備計画に代替する。農地整備官庁は、該当権利者の了解の意思表示を獲得しなければならない。任意の土地交換の実施に対して疑問が存在しない場合には、農地整備官庁は、交換されるべき地片に関する合意、金銭給付に関する合意、その他交換当事者間に妥当する規制、およびすべての権利とりわけ物権を交換計画中において総括する。
（2）交換計画は、聴問期間内に関係交換当事者によって論議されるものとする。農地整備官庁は、交換当事者各個人についてその確信を確認する。交換計画は交換当事者に最終的に読み聞かせ、ならびに認可および署名のために提出されるものとする。交換計画について合意が成立しえない場合には、任意の土地交換は成立せず、農地整備官庁は手続の中止を命令する。第103条dが準用されるものとする。
（3）交換計画に関する合意が達成される場合には、交換当事者およびその他の該当権利者に、それに該当する交換計画の抄本が送達されるものとする。交換計画が取消不可能になった後に、農地整備官庁は、その施行を命令

する。施行命令は、該当権利者に謄本の形で送達されもしくは公示されるものとする。

(4) 地片または権利を法律行為もしくは強制競売により取得する者は、交換当事者またはその他の権利所持者の了解の意思表示を、施行命令がその者にとって取消不可能になる時までに撤回することができる。地片に関する権利もしくは権利に関する権利が第三者のために設定される場合も同様とする。撤回の場合には、第2項第4段が準用されるものとする。

(5) 任意の土地交換についてなされる意思表示は、それに相応する法律行為による意思表示が同意もしくは認可を必要とする場合には、第三者の同意または裁判所もしくは官庁の認可を必要とする。

第103条 g〔施行費用〕

任意の土地交換の施行にとって必要な費用は、交換計画の基準に従って、交換当事者が負担する。

第103条 h〔手続の終結〕

終結確定(第149条)は必要ではない。手続は、公簿が更正されると同時に終結する。

第103条 i〔後日におけるその他の整備手続の導入〕

任意の土地交換の実施により迅速集団化手続もしくは農地整備手続のその後の実施が排除されるものではない。

第7章 農地整備手続、迅速集団化手続および任意の土地交換の結合

第103条 j〔農地整備手続の承継〕

農地整備手続は、農地整備区域の全部又は一部について、迅速集団化手続または任意の土地交換手続として続行することができる。

第103条 k〔集団化手続の承継〕

迅速集団化手続は、集団化区域の全部または一部について、任意の土地交換として続行することができる。

第8章 費用

第104条〔手続費用〕

官庁機関の人的および物的費用(手続費用)は、各州が負担する。

第105条〔施行費用〕

農地整備の施行のために必要な費用は、参加者組合の負担とする（施行費用）。

第106条〔農地整備区域外の地片についての費用分担〕

農地整備区域には属していないが、農地整備によって根本的な利益を受ける地片の所有者は、農地整備計画によって、施行費用につきその利益に相応する分担金を課されるものとする。分担金は、公の負担 öffentliche Last として当該地片に賦課される。

第107条〔特別費用〕

（1）申請の処理が農地整備手続の実施にとって必要でないときは、申請者が費用を負担する。農地整備官庁は、実際に生じた費用を考慮して徴収費用額を確定する。農地整備官庁は、発生が予定されている費用の額によって査定される前納金を費用義務者から徴収することができる。前納金が農地整備官庁によって決められた期間内に支払われない場合には、事業申請は却下されうる。

（2）期日もしくはその他の手続の実施にとって必要な措置の挫折ならびに怠慢（第134条）によって生じた費用は、それについて責任を有する者の負担とする。

第108条〔手数料、租税、費用および公課の免除〕

（1）公簿の更正を含む農地整備の実施にとって有益な業務および審議は、手数料、租税、費用および公課を免除される。これによって、ラント法の規定に基づく手数料、費用および公課に関する規制は影響を受けない。

（2）農地整備官庁が、業務および審議は農地整備の実施にとって有益である旨を保証する場合には、手数料、租税、費用および公課の免除は管轄官庁によって再審査なしに承認されるものとする。

（3）第1項および第2項は、土地取得税については、<u>それが州法の規定に基づくものである限り</u>、適用されない。（訳注：下線部は1982年に削除。）

第9章　一般的手続規定

第109条〔農林業もしくは漁業の職能代表〕

農業、林業または漁業の職能代表とは、本法の規定により聴問されもしくは関与する限りにおいて、農業会議所である。農業会議所が存在せずもしく

は職能身分としての資格を持たない州においては、農業について管轄権を有する州の最上級官庁が、各場合に関与すべき機関および組織を決定する。

第110条〔公示〕

本法に規定されている公示は、関与者、代理人、受任者もしくは受領受任者が居住している場合には、その農地整備市町村および隣接市町村において、その市町村の処分についての公示のために存在している法規に従ってなされる。官庁、公法上の団体および参加者組合の理事長は、公示の謄本を取得するものとする。

第111条〔召喚およびその他の通知〕

（1）召喚およびその他の通知は、本法に別段の定めがない限り、いかなる形式において通告することもできる。召喚およびその他の通知が農地整備市町村もしくは隣接市町村において複数の関与者に通告されるべき場合には、本法に別段の定めがない限り、通告は公示によってなすことができる。

（2）召喚もしくは通知が期限の進行を開始させまたはその無視について一定の法律効果が発生することになっている場合には、通告は文書で証明されるものとする。

（3）公法上の団体に対する通告は、さらに文書でなされるべきである。

第112条〔送達手続〕

（1）送達手続については、<u>1952年7月3日の行政送達法（連邦法律官報第1部379頁）—最新の改正は1972年5月19日行政送達法の変更に関する法律（連邦法律官報第1部789頁）—</u>の規定が適用される。これとともに第113条によって規制される送達の特別な方法も適用される。

（2）<u>1943年8月23日の公行政における郵便送達に関する命令（郵便送達令）（帝国法律官報第1部527頁）は、農地整備手続については適用されないものとする。</u>

（訳注：下線部は2005年に削除。）

第113条〔回覧による送達〕

1つの市町村の複数の関与者には、回覧によっても送達することができる。その場合には次の規定が適用される。

1．送達されるべき文書が参照のために呈示されるものとする。公証され

た謄本は、送達地域の市町村役場もしくは警察または回覧がなされる関与者の１人のもとに保管されるものとする。保管は文書に記載されるものとする。（訳注：下線部を2005年に削除。）
２．行政送達法第11条および第13条の場合においては、文書に代って、公証された謄本（第１号）の保管に関する文書による通知が交付されもしくは差し置かれるものとする。行政送達法第11条第２項第２段による通知においても、当該保管が指示されるものとする。（訳注：下線部を2005年にそれぞれ「第５条第２項」、「行政送達法第５条第２項および民事訴訟法第181条第１項第２文」と変更。）
３．異議に対する決定は回覧によって送達されてはならない。

第114条〔召喚状の内容および召喚期限〕

（１）召喚状においては、審理の対象および欠席の法律効果が指示されなければならない。

（２）召喚の通告と期日との間には、当法に別段の定めがない限り、１週間の期限が存在しなければならない。公示による召喚がなされる場合には、召喚期間は２週間とする。

（３）関与者は、法律上の召喚期間および召喚に関するその他の規定の遵守に基づく利益を放棄することができる。関与者が期日に出頭し、かつその件に関する審理の前にその瑕疵を問責しない場合には、放棄とみなされる。

第115条〔期間の開始と計算〕

（１）法定期限は、通告（送達）から起算され、公告がなされる場合には、公告の初日から起算される。

（２）期間の計算については、民法典の規定が適用される。期間の終日が日曜日、一般の祭日もしくは土曜日に該当する場合には、期間は次の作業日の満了をもって終了する。

第116条〔証言聴取・個人の出頭命令〕

（１）農地整備官庁および上級農地整備官庁は、関与者の個人的出頭を命じ、専門家および証人を尋問し、かつその裁量により必要とされる証拠を広範に集収することができる。当該官庁は、関与者に対し、その者が所持している説明に必要な文書を提出するよう命令し、抵当債権者、土地債務の債権者お

よび定期土地債務の債権者に対しては、その者が所持している抵当権証書、土地債務証書および定期土地債務証書を提出するよう命じることができる。
（2）農地整備裁判所もしくは区裁判所のみが司法共助の方法により証人および専門家を宣誓のうえ尋問することができる。民事訴訟法の規定が準用される。第135条1項1段は影響を受けない。

第117条〔審議秩序の維持〕
（1）審議の秩序は審議指揮者が維持する。
（2）審議指揮者は、秩序維持のための命令に従わない者を審議場から退去させることができる。
（3）侮辱を犯しもしくは秩序維持のための命令に従わない者に対しては、審議指揮者は、刑法上の訴追を留保して、秩序罰を決定することができる。
（4）人の退去、秩序罰の決定およびその原因は審議録に採録されるものとする。

第118条〔公法上の団体の意思表示〕
　公法上の団体は、自らなすべき意思表示については、監督官庁の認可を必要としない。

第119条〔農地整備官庁の申請による代理人の選任〕
（1）次に掲げる者のために代理人が存在しない場合には、農地整備官庁もしくは上級農地整備官庁の申請により、後見裁判所は適切な代理人を選任しなければならない。（訳注：下線部を2008年に「第2項に基づいて管轄権を有する裁判所」と変更。）
　1．誰であるか知られていない参加者のために、
　2．その現住所が不明であるかもしくはその業務の処理が妨害されている不在関与者のために、
　3．本法の効力範囲内に在住しない関与者のために、ただし、この者が、代理人を選任すべき旨の官庁の催告に対し、定められた期間内に応じない場合に限る、
　4．手続に関連している所有者のない地片については、その地片との関連で生じる権利義務を守るために、
　5．地片の共有者もしくは共同所有者のために、ただし、その者が任意代

理人を選任すべき旨の農地整備官庁もしくは上級農地整備官庁の催告に定められた期間内に応じない場合に限る。

（２）第１項に記載されている場合の代理人の選任については、その管轄区内に第16条による参加者組合が住所を有する<u>後見裁判所</u>が管轄権を有する。当該関与者が未成年の場合には、家庭裁判所が<u>後見裁判所</u>に代わる。（訳注：下線部を2008年にそれぞれ「世話裁判所」と変更、さらに第２文の追加。）

（３）代理人は、その選任を申請した官庁の権限代行者に対して、適切な補償とその現金による立替払いを要求する権利を有する。官庁は被代理人に対してその費用の補填を要求することができる。官庁は補償額を定め、立替金額と費用額を確定する。

（４）その他、代理人の選任と官職については、後見に関する規定が準用される。

第120条〔任意代理人および補佐人〕

（１）関与者は、任意代理人によって代理させ、かつ審議に補佐人 Beistand とともに出頭することができる。

（２）補佐人による陳述は、関与者によってなされたものとみなされる。ただし、関与者が審議においてこれを遅滞なく取消し、もしくは更正する場合はこの限りでない。

第121条〔任意代理人および補佐人の却下〕

無制限な行為能力を有せず、もしくは適切な陳述のための能力に欠けている任意代理人および補佐人については、その就任を却下することができる。

第122条〔弁護士等に対する例外〕

弁護士および他人の法律事務の処理を管轄官庁から許可されている者に対しては、第117条第２項ないし第４項および第121条は、適用されないものとする。

第123条〔委任の形式〕

（１）任意代理人は、文書による委任によって身分を証明しなければならず、命令あるときは、それを農地整備官庁もしくは上級農地整備官庁に交付しなければならない。

（２）農地整備官庁もしくは上級農地整備官庁の要求あるときは、署名は公

証されなければならない。

第124条〔委任状なき代理〕
　ある者が関係者のために任意代理人として、形式的に有効な委任状を呈示せずに行為をする場合には、その者には、暫定的に供述を許すことができる。当供述は、もし所定の期間内に委任状が呈示されず、もしくは被代理人が自己のためになされた供述を追認しない場合は、無効となる。

第125条〔代理権の内容〕
（1）農地整備に関して与えられた代理権は、手続に関するすべての行為、個々の行為のための代理人の選任、協定の締結、債務引受け、物もしくは権利の放棄についての権限を含む。ただし、代理権の内容に別段の定めがある場合は、この限りではない。
（2）第13条もしくは第119条によって選任された代理人は、前項によるすべての行為について権限を与えられるものとする。

第126条〔代理権の消滅〕
（1）代理権は、授権者の死亡またはその行為能力もしくは法定代理に関する変更によっては消滅しない。
（2）取消権者が代理権を取消す場合には、代理権の消滅は農地整備官庁への通知後に法的効力を生ずる。
（3）任意代理人は、自己の側から告知を行った場合でも、授権者がその権利の配慮のために他の方法を講ずるまでは、授権者のために行動することを妨げない。

第127条〔受領任意代理人〕
（1）関与者が農地整備市町村もしくは隣接市町村の外に居住しており、かつ当該市町村に居住する任意代理人を選任しない場合には、当該関与者は、農地整備官庁の命令により、適切な期間内に、農地整備市町村もしくは隣接市町村の区域内に居住する者に、関与者あての召喚状およびその他の通知の受領権を授与し、かつ農地整備官庁に通知しなければならない（受領任意代理人）。命令には通知がなされなかった場合の効果（第2項）が明示されるものとする。
（2）命令に応じなかった場合には、農地整備官庁は、召喚状およびその他

の通知を郵便送達によって行うことができる。送達は郵便局への投函の後1週間の経過によって、発送物が送達不能で返送された場合にも、送達されたものとみなされる。

第128条〔連邦領域外に居住する関与者のための任意代理人〕
　関与者が当法の適用領域外に居住する場合には、関与者は適切な期間内に、当法の適用領域内に居住する任意代理人を選任するよう要請されるものとする。第14条2項ないし4項が準用される。

第129条〔審議録〕
（1）審議については記録が作成されるものとする。記録は審議の重要な過程を含むものとする。
（2）審議録に付属書類として添付され、かつ付属書類として表示されている書類への採録は、審議録への採録と同等の効力を有する。付属書類は審議録中に明示されるものとする。

第130条〔審議録の事後同意〕
（1）記録は、審議関与者に読み聞かせ、もしくは呈示されるものとする。記録中には、読み聞かせかつ呈示がなされたこと、および記録が認可を受けたか否かもしくはそれに対していかなる異議が提起されたか、が記入されるものとする。
（2）関与者が審議録の補正もしくは更正を申請せずに、その同意を拒否する場合には、当該記録は同意されたものとみなされる。当該関与者はこの点について指示を受けるものとする。
（3）審議録は審議長によって署名されるものとする。

第131条〔審議録の正式手続に関する証明力〕
　審議に関して規定されている正式手続の遵守は、審議録によってのみ証明することができる。この正式手続に関する審議録の内容に対しては、偽造・変造の証明のみが許される。

第132条〔明白な誤りの更正〕
　審議録、農地整備計画、命令、決定および裁決における誤記、誤算およびこれに類する明白な誤りは、職権により更正することができる。これは誤った測量資料に基づいた農地整備計画における重要ではない誤りについても同

様とする。

第133条〔謄本の交付〕
　すべての関与者に対して、要求あるときは、費用の支払と引換に審議録の謄本と農地整備証明ならびに地図の複写が、要請あるときは公証された形式で、交付されなければならない。ただし、関与者が正当な利益を明示する場合に限る。

第134条〔期日もしくは期間の懈怠〕
（1）関与者が期日を懈怠し、もしくは期日の満了までに審議事項について意思表示をしない場合には、関与者は審議の結果について了承したものとする。この点については、関与者は召喚状もしくは期日において指示されるものとする。
（2）農地整備官庁は、各場合の事情により、懈怠にもかかわらず、時期に遅れた意思表示をさせることができる。責に帰すべき事由によらない懈怠の場合において、障害の除去の後、遅滞なく追完されるときは、農地整備官庁はこれをさせなければならない。
（3）法定期間の懈怠にもかかわらず、異議もしくは申請が提出される場合には、第2項の規定が準用される。
（4）代理人もしくは任意代理人の過失は、被代理人の自己過失とみなす。

第135条〔司法共助および職務共助〕
（1）裁判所および連邦の官庁、各州、市町村および市町村連合ならびにその他の公法上の団体は、とくに関与者の調査、公示および送達、執行および強制の適用のさいには、農地整備官庁に対し、必要な司法共助および職務上の共助を与え、かつ情報を提供する。測量官庁は、農地整備官庁の申請により、地図および縮尺図の複写もしくは青写真を、統一基準に基づいて、遅滞なく作成し、かつ図書、地図およびその他の資料を一時的に引渡す義務を負う。
（2）要請側官庁は、職務共助に対し、被要請側官庁に管理手数料を支払う必要はない。ただし州法において支払が規定されており、もしくは規定される場合はこの限りではない。要請側官庁は、立替金を、それが個々の場合に50ドイツ・マルク（訳注：ユーロとの関係については76条の＊を参照）を越え

る場合には、要請により被要請側官庁に支払わなければならない。同一権利者である官庁が相互に職務共助を給付する場合には、立替金は支払われない。
（3）被要請側官庁が職務共助の実施のために費用支払義務のある職務行為を行う場合には、この点について第三者の支払責任が生じた費用（手数料および立替金）は、当該官庁に帰属する。

第136条〔金銭請求権の執行〕
（1）金銭請求権の執行については、1953年4月27日の行政執行法第1条ないし第5条（連邦法律官報第1部157頁）——最新の改正は1974年3月2日の刑法典施行法（連邦法律官報第1部469頁）——が準用されるものとする。参加者組合の金銭請求権は、市町村税と同様に行政強制手続によって執行される。
（2）第1項による執行措置のための執行官庁は、農地整備官庁である。

第137条〔行政強制〕
（1）次のものは強制手段によって実施されうる。
　1、農地整備官庁、上級農地整備官庁、参加者組合およびその連合会（第26条aおよび第26条e）の行政行為、
　2、これらの官庁、参加者組合またはその連合会（第26条aおよび第26条e）の審議録中に採録された義務の陳述および合意。
行政執行法第6条ないし第18条が準用される。行政執行法第7条の意味における執行官庁は農地整備官庁である。
（2）参加者組合または連合会が、その権限（第17条1項、第26d、第26条e7項）の範囲内でなされた監督官庁の命令に従わない場合には、これらの者に対して、行政執行法第10条および第12条に規定されている強制手段を適用することができる。

第10章　法律上の救済手続

第138条〔農地整備裁判所〕
（1）各州において、最上級行政裁判所のもとに農地整備に関する部（農地整備裁判所）が設置されるものとする。裁判所の構成および手続については、行政裁判所管轄権に関する規定が適用される。ただし、第139条ないし第148条において別段の定めがある場合は、この限りではない。

(2) 複数の州は、州間の条約によって、共同の農地整備裁判所を設置することができる。ブレーメン州およびハンブルク州においては、農地整備裁判所の任務を他の裁判所に委任することができる。

  第139条〔農地整備裁判所の人的構成〕
(1) 農地整備裁判所は、所要の裁判官、名誉職的陪席者および職務代理によって構成される。同裁判所は、2人の裁判官と3人の名誉職的陪席者の出席のもとで審理し裁判する。裁判長は裁判官とする。
(2) 裁判官およびその職務代理は、裁判官職のための資格を有していなければならない。<u>1人の裁判官および</u>1名の名誉職的陪席者<u>ならびに</u>その職務代理は、農地整備官庁の<u>上級職</u>のための資格を有していなければならず、かつ最小限度、3年間、農地整備実務に関与したことがあるべきである。ただし、これらの要件を備える適切な者がいない場合には、右の要件は満たされなくてもよい。<u>裁判官および</u>2段に規定されている陪席者<u>ならびに</u>その職務代理は、農業に関して管轄権を有する州の最上級官庁の提案に基づいて任命され、その任期は、<u>裁判官については終身、名誉職的陪席者およびその職務代理については</u>5年とする。(訳注：下線部を2001年にそれぞれ削除、「ならびに」を「および」と変更。)
(3) その他の名誉職的陪席者およびその職務代理は、農業経営の所有者でなければならない。これらの者は例外として、その経営をすでに農場承継者に譲渡している場合においても任命することができる。これらの者は、農業経営について特別な経験を有していなければならない。その任命は州法に従ってなされる。州法に従って選挙団体が形成される場合には、それは営農家および営林家から構成されなければならない。

  第140条〔農地整備裁判所の管轄権〕
  農地整備裁判所は、当法の執行中に生ずる行政行為の取消、拒否されもしくは中止された行政行為の告示の言渡、および農地整備手続によって生じかつ決定の取消不可能性の発生前に係属したすべての争訟について裁判する。ただし、この点につき行政上の権利救済手段が与えられている場合に限る。手続については、第118条から第128条も準用されるものとする。<u>行政裁判所法第67条第1項第1文は、適用されない。</u>(訳注：下線部が1996年に追加され、

下線部がさらに2007年に「第1項第1文」が「第4項」と変更された。)

第141条〔上級農地整備官庁への異議〕
（1）つぎの行政行為は、異議によって取消されうる。
 1．上級農地整備官庁の行政行為および農地整備官庁の行政行為は上級農地整備官庁のもとで、
 2．参加者組合の行政行為は農地整備官庁のもとで、
 3．参加者組合連合会もしくは総連合会の行政行為は第26条ｄおよび第26条ｅに基づいて監督権を有する官庁のもとで。
<u>異議申立期間は２週間とする。</u>第59条２項は影響を受けない。第60条第１項第３段および第４段が準用される。（訳注：下線部を1994年に削除。）
（2）各州は、価値調査の結果または農地整備計画に対する異議に関する裁決のために、２人の営農家が名誉職的に関与する旨を決定することができ、その選任については、第139条第３項が準用されるものとする。この規定に該当する場合には、異議に対する決定をしなければならない官庁は、その審理および調査全体から得られた自由な確信に従って裁判する。

第142条〔訴訟提起の要件〕
（1）<u>訴訟は異議決定送達の後、２週間以内に提起しなければならない。</u>（訳注：下線部を削除。第２項および第３項の繰り上がりはなし。）
（2）異議申立につき、または行政行為の実行申請につき、６ヶ月以内に、第59条第２項の場合には１年以内に、実際に決定がなされなかった場合には、訴訟は前置手続なしで許される。この場合には、訴訟の提起は、第１段に規定されている期間満了時からさらに３ヶ月間満了の時まで許される。
（3）第32条および第59条<u>第３項</u>の場合においては、請求の趣旨はその種類、範囲および額によって特定されている必要はない。（訳注：下線部を「第２項」と変更。）

第143条〔農地整備裁判所の裁判の準備、調査〕
　農地整備裁判所の裁判長は、裁判の準備のために必要と考える調査および審理を行う。裁判長は、裁判所の構成員に受任裁判官として当該任務を委任することができる。裁判長は農地整備官庁ならびに管轄官署の同意を得て、上級農地整備官庁の上級官吏もしくは州の上級農業技術官吏に、調査および

審理を委任し、かつその者に対し農地整備計画の変更に関する提案を含みうる鑑定意見を求めることができる。取消された行政行為を発令した官庁ならびに当該行政行為もしくは取消された決定に従事した官吏には委任することはできない。

第144条〔農地整備裁判所の判決〕

農地整備裁判所が訴を理由ありと考える場合には、同裁判所は、取消された行政行為を判決によって変更し、農地整備官庁もしくは上級農地整備官庁の異議決定の全部又は一部を破棄し、かつ異議決定が破棄される場合には、当該事件を新たな審議と裁決のために、農地整備官庁もしくは上級農地整備官庁に差戻すことができる。これらの官庁は、破棄の基礎とされた判断をその裁判の基礎としなければならない。

第145条〔裁判長の決定による訴の棄却〕

（1）裁判長は、事実関係および法律関係が充分に明らかにされたにもかかわらず訴が明確に理由づけられない場合には、農地整備裁判所の名において、取消訴訟を口頭弁論なしで、理由を付した決定によって棄却することができる。

（2）関与者は、決定送達の後2週間以内に、口頭弁論を要求する権利を有する。この権利は、決定において指示されるものとする。申請が適時になされる場合には、決定はなされなかったものとみなす。その他の場合には、決定は確定力ある判決とみなされる。

第146条〔第32条および第59条第2項の場合における農地整備裁判所の審査権限〕

第32条および第59条第2項の場合には、次の特別規定が適用される。

1. 農地整備裁判所は、関与者の申請に拘束されない。
2. 農地整備裁判所は、農地整備官庁もしくは上級農地整備官庁が合目的的な方法でその裁量を行ったか否かを審査しなければならない。

第147条〔権利救済手続の費用〕

（1）行政裁判手続における棄却裁判については、手続によって生じた現金立替額を考慮して計算された均一額が徴収される。さらに、手数料を定めることができる。

（2）裁決の一部が棄却される場合には、取消の申立をしている関与者に、費用の相応する部分を1項に従って賦課することができる。
（3）訴が取下げられた場合には、発生した立替額は異議を申し立てている関与者に対して課することができる。争訟が主要な点において処理された場合には、取消申立中の関与者には立替額のみを賦課することが許される。
（4）第1項ないし第3項の規定は、上級農地整備官庁における異議手続について準用される。

第148条〔判決の執行〕
　農地整備裁判所の判決の執行については、第136条および第137条が準用される。

第11章　農地整備手続の終結

第149条〔終結確定〕
（1）農地整備官庁は、農地整備計画が実施され、かつ農地整備手続において考慮されなければならなかった請求権がもはや関与者には帰属しないという確定（終結確定）によって手続を終結する。農地整備官庁は参加者組合の任務が終結したか否かを確定する。終結確定は公示されるものとする。終結確定に対しては、参加者組合の理事会も上級農地整備官庁への異議申立権を有する。
（2）終結確定は、それが取消不可能となり、かつそれに対する異議期間満了までに提起される手続再開の申請が裁決された後に、参加者組合に送達されるものとする。
（3）参加者組合への送達によって、農地整備手続は終了する。関係官庁は、終結確定の謄本を保持すべきである。
（4）参加者組合は、終結確定において、その任務が終了したものと宣言された時に消滅する。

第150条〔図面およびその他の書類の保存〕
（1）市町村およびその監督官庁には次のものが保存用として送付される。
　1．換地配分を証明する図面の原本
　2．図面および面積が添付された換地および共同施設と公共施設の一覧表
　3．農地整備計画の決定の集成であって、継続的に一般的意義を有し、か

つ土地登記簿およびその他の公簿へは承継されないもの
4．終結確定の謄本
　農地整備区域が複数の市町村にわたる場合には、農地整備官庁がその市町村を決定する。
（2）各関与者および正当な利害を陳述する者はすべて、1項に記載した書類を閲覧することができる。

第12章　農地整備手続終了後の参加者組合

第151条〔参加者組合の任務と代理〕

　参加者組合は、農地整備手続の終了後においても参加者組合の任務、とりわけ消費貸借契約から生ずる義務が履行されるべき場合には、公法上の団体として存続する。第149条による終結確定が取消不可能となるとともに、農地整備官庁は、参加者組合の代理行為およびその事務の管理を市町村官庁に委任することができる。農地整備官庁の監督権限は、市町村監督官庁に移行する。

第152条〔参加者組合の収入の分配〕

　参加者組合の収入の分配については、第19条第1項が準用される。分配は、収入が参加者組合の債務の弁済のために必要でなくなるか、または分配が不均衡な費用であることもしくはその他の理由により非合目的的であると思われない限りにおいてのみ、なされる。

第153条〔参加者組合の解散〕

（1）農地整備官庁は、参加者組合の任務が達成された場合には、これを解散しなければならない。これは、農地整備官庁の監督権限が市町村監督官庁に委譲されている場合に（第151条第2文後段）市町村監督官庁につき準用される。解散は公示されるものとする。

（2）1932年2月11日の文言におけるバイエルン農地整備法（自由国家バイエルンの法令集73頁）——最新の改正は1954年8月11日の農地整備法施行法（バイエルン法令官報165頁）——によっていまだ存続している農地整備組合は、その事業が終了し、かつその任務が達成されたときは、理事会の決定によって解散することができる。

第13章　完了および経過規定

第154条〔秩序違反、没収〕

(1) 第34条第1項第2号および第3号もしくは第85条第5号に違反する者は、秩序違反とする。

(2) 秩序違反は罰金をもって処罰することができる。

(3) 違反に関連する目的物件は没収することができる。

第155条〔従来の規定の廃止〕

―略―

第156条〔係属中の手続に関する規定〕

農地整備計画の通告もしくはこれと同等の文書によって開始された係属中の手続には、本法は適用されない。ただし、州の立法が別段の定めを有する場合はこの限りではない。バイエルン農地整備法（第155条第1項）に従って開始された手続は、同法に従って最後まで実施することができる。その他、当法施行前から存在する官庁および裁決官署 Spruchstelle の命令、確定および裁決の法的効力は、従来の法律に従って判断されるものとする。係属中の権利救済手続は、本法により管轄権を有する官署へ移行する。

第157条〔隣接州の地片への州法の規定の適用〕

地片が隣接する州の農地整備区域もしくは集団化区域に編入される場合（第3条第3項第2段）には、本法の授権に基づいて公布される州の規定が前記の地片にも適用される。

第158条〔農地整備法のベルリンへの適用〕

本法は、1952年1月4日の第3次導入法第13条第1項（連邦法律官報第1部1頁）―最新の改正は1971年8月30日の財政適応法（連邦法律官報第1部1426頁）―の基準に従ってベルリンへも適用される。第138条第2項第2段の規定はベルリンにおいても適用される。

第159条〔効力発生時期〕

本法は公布の翌月の1日から効力を生ずる。

訳注：ヴァイス教授の原書には、1953年の農地整備法の全文が収録されているが、本書では割愛させていただいた。同法（条文）については、殿村又一『西独逸における農地整備法の研究』（農村計画研究会、1956年刊）がある。

条文事項索引（数字は条文）

あ行

異議　60、141　　／一次利用地の指定　　65-67　　／一般的農村基盤整備 allgemeine Landeskultur　　1　　／――上の損失　　86

か行

価値調査　27-33,46　　／価値評価法　　28　　／簡易農地整備　　86　　／換地　44　　／関与者　10-15　　／共同施設及び公共施設　39-43　　／共同地分割　43　　／金銭補償の原則　53,54　　／区画整理　44（7項）　　／計画確定 Planfeststellungen　61　　／経過規定　154-159　　／景観保全 Landschaftspflege　86　　／減歩　47　　／公示・召喚・送達手続等　110-137　　／公簿の訂正　79-83

さ行

参加者　5,10　　／参加者組合　16-26,151-153　　／――連合会　26a-26e　　／史跡保護　45　　／自然保護　86　　／収用を動機とする農地整備　87-90　　／準参加者　10　　／小集落 Weiler　86（3項）　　／諸権利の廃止　49　　／（一時的）所有権の制限　34-36　　／迅速集団化（手続）　91-103　　／施行命令　61　　／争訟　第10章（138以下）　　／村落耕地 Feldmark　37

た行

大規模事業のための農地整備事業　87　　／地片の変更　45　　／道路および河川計画　86　　／――の特別随伴計画　86　　／特別農地整備　第4章（84以下）　　／土地評価　第2節（44以下）　　／土地台帳 Liegenshaftskataster　12

な行

内地植民 Siedlung　55　　／任意の土地交換　103a―103i　　／

「農業構造の改善と沿岸保護」という共通課題　38　／——に関する法律　38　／農村発展　1　／農地整備　1　／——区域　7,8　／——計画　56-60　／——の施行　61-64　／——の概念　1　／——の任務　37

　農地整備官庁　2,3　／農地整備区域　2,3　／農地整備裁判所　138-148　／農地整備事件　138以下　／農地整備手続　2,149,150　／——における補償請求　第2節（44以下）　／——の結合　第7章（103条j以下）　／——の中止　9　／農林業の生産の促進および食料の確保（基本法第74条第1項第17号）

は行
　非農業目的の土地取得　44,87等　／分担金　19　／補償に関する諸原則　44-55

ま行
　名誉職裁判官　139

や行
　予備計画　38

ら行
　連合会（参加者組合連合会）　第3節（262以下）

付録（翻訳担当：片山英一郎）

その１：連邦制改革についての2006年３月８日のラインラント＝プファルツ州の経済・交通・農業・ぶどう栽培大臣ハンス＝アルトゥア・バウクハーゲの書簡：

連邦法務省　御中
州内閣府　御中
経済・交通・農業・ぶどう栽培省・州農業大臣　殿
連邦食料・農業・消費者保護大臣　殿　　　Stiftsstraße 9, 55116 Mainz
　　　　　　　　　　　　　　　　　　　　　　　　　　　　内線：略
2006年５月16日の連邦制改革についての聴問の鑑定人　殿
　　　　　　　　　　　　　　　　　　　　　　　　　　　2006年５月８日

2006年５月15日からの連邦制改革のための聴問
農地整備および土地法の分野における立法権限の再編

拝啓
　2006年３月15日からドイツ連邦議会の法律委員会および連邦参議院の内務委員会の包括的な聴問が連邦制改革のために行われています。これと関連して、専門分野「建築および交通」の下で、農地整備および土地法も取り上げられています。
　ドイツ連邦共和国の領域の80パーセント強を占める農村地域の開発のためには、農地整備という手段は、基本法第14条の所有権という基本権のためと同様に、非常に重要であります。
　基本法第14条に基づく所有権の全国共通の取り扱いに影響を及ぼすあらゆる手段は、所有権の保護およびその全国的に同一の内容の利用に疑問符を付しかねません。このようなケースは、とりわけ、農地整備法を連邦と州との競合的立法権限から個々の州の立法権限へと移行するという連邦制改革の意図が実行されるときに生じ得ます。それ故、農地整備に対する立法権限がその従来のステータスを保ち統一的な連邦の権利として存続するという点に、

絶対的に配慮がなされなければなりません。

　農地整備は1949年／1950年にすでに土地収用法の基準の下で特に詳細に調査されていました。農地整備のいわゆる「等価値的な補償」の枠内での「交換」という方法による特定の地片に対する所有権の強制的な剥奪は、すでに当時の法律家の意見がそうであったように、それぞれの州において州の立法を通じてばらばらに定義されてはなりません（1950年4月27日の連邦法務省の備考を参照）。州による州の土地秩序における等価値的な補償の様々な解釈を超えた所有権の州ごとに特殊な解釈は、なされてはなりません。

　それ故、連邦制委員会の農地整備に関する意図は再度詳細に検討されなければなりません。決定的な観点は添付された鑑定書において示されています。私は前述の理由からこの鑑定書に対するあなた方の注目と支持とを特にお願い申し上げたく存じます。これは、重大な結果をもたらすこの法改正に関して農地整備の分野から1人の専門鑑定人も聴問されていないだけに、より意義深いことであります。

敬具

　　ハンス＝アルトゥア・バウクハーゲ

その2：

技術博士、複数の名誉博士　エーリヒ・ヴァイス、大学教授
5315　ボン、2006年4月10日
Meckenheimer Allee 172　　Tel.：0228／000000, Fax.0228／000000

基本法の改正に関する法律草案についての技術科学的意見表明
（22、23、33、52、72、73、74、74a、75、84、85、87c、91a及び91b、93、98、104a及び104b、105、107、109、125aから125c、143c 条）
——2006年3月7日連邦参議院議会文書178／06／2006年3月7日連邦議会議会文書16／813——

　　基本法第74条第1項第17号及び18号の第一次改正

基本法第84条第1項及び第74条第1項第1号の第二次改正

1 法制度、自由権、人権としての土地所有権の意義について

ドイツ連邦共和国では、基本法第14条に基づく土地所有権の効果的な保障は国土整備および土地経済の存在が前提となっている。恐らくこの理由で、立法者にはこの保障によって同時に土地所有権を内容的に形成すべきとの依託がなされ、立法者によって様々な形で利用された。

その際、土地所有権は、私的使用と――いうまでもなく現行法の枠内での――排他的な処分権限というメルクマールによって決定される土地の人々への、法的な割り当てを包含している。すべての自然人は、このような所有の権利者となり得るが、法人がこのような権利者となり得るのは当該法人がその能力を有している場合に限られる（連邦憲法裁判所判例集 95,267）。

土地所有権の特性は、様々な社会政策的な発展における土地所有権の突出した意義を物語っている。土地所有権は人の個人的自由の保障との内的関係に立っている人権である。土地所有権には、人権の全体構造において、人権の享有者に対して財産法の分野における自由の余地を確保し、その享有者に人生の自己責任に基づく形成を可能にするという役割がある。法制度としての土地所有権の保障は人権の確保に資する。つまり、個々人のこの人権は土地所有権という法制度を前提としている。立法者が私人の土地所有権の代わりに土地所有権と呼ぶに値しないようなものを創設できるとしたら、土地所有権という法制度は有効には保障されないだろう（連邦憲法裁判所判例集 24,367,389）。

同時に以上のことから、昔の支配者や全体主義的な権力者が改革と称して土地所有権の構造に周期的に干渉してきた理由も明白になる。当時の支配者たちは、自分たちの権力システムを確保するために、人の自由権を制限することを欲し、また制限しなければならなかったのである。

2 国土整備の土地所有権、土地法への効果について

国土整備は静的要素および動的要素を包含している。国土整備の静的要素は、登記簿や土地台帳による土地所有権の確保および利用や課税を含めた土

地所有権のための所有制度 Eigentumsverfassung を内容としている。国土整備の動的要素は、土地についての所有関係、占有関係および利用関係（いわゆる主観的法関係）を土地利用計画に記されている土地の利用への要求（いわゆる客観的な計画目標）と可能な限り広範に調和させ、計画に基づく利用における妨害的効果を排除すること、つまり私的および公的な利害対立を解消すること、に資するすべての施策を包含する。

建設上の形成施策を伴う国土整備上の動的要素の手段としては、国家行為の相当性の原則―補充性の原則―に基づいて、例えば民法典に基づく売買、交換、分割といった純粋に市民法的な形成の可能性が自由に使えるべきである。私的な紛争解決のこのような可能性が適切な条件の下で目的を果たせない場合には、国家には補充的な方法でまずは公法的なしかし私的に利用しうる形成可能性を通じて援助することが要請される。それは、例えば、都市部においては簡易な区画整理 Umlegung または建設法典に基づく区画整理によって、そして農村部においては農地整備法に基づく集団化手続きまたは農地整備によってなされることになる。

国家は、これらの選択肢が公的な具体的必要のためにまだ十分には寄与しない場合にはじめて、非常に厳格な一定の要件の下で公法的だが第三者利用のための形成可能性によって、土地利用における対立を解決するために土地所有権に干渉することが許される。国家は、収用することが許されるが、この際、同様に問題なく必要な干渉を緩和するための一定の国土整備上の修正が考えられ、それは、農地整備法に基づく様々な専門計画上の大規模公共事業のための農地整備によりここ数十年の間に実証されている。例えば、国境を越えて効果が上がることが少なくない鉄道建設、道路建設、水路建設、洪水に対する備えとしての堤防建設、洪水に対する備え、そして同時に飲用水や工業用水の供給のためのダム建設、航空交通のために不可欠な飛行場、大規模な環境保護計画や自然保護計画などである。さらにまた、建設法典に基づく都市計画の大規模公共事業のための農地整備も許される。この場合には、国際的にまたはグローバルに反応する投資家たちは、地域的に構築された土地法には関心を持たないし、そしてこれはドイツ連邦共和国におけるこの関係においては同時に経済法的な意味をほとんどもたないであろう。

3 基本法第74条第1項第17号および第18号の修正についての意見表明

　先に簡単に挙げた、われわれの公共団体の補充性の原則によって形成された土地所有権および国土整備のためのシステムは、自己完結的に論理的な土地法の施策ないしその効果の構造をはっきりとさせる。私見によれば、全国家的な利害の範囲および競合的立法権限を伴った人権としての特殊な土地所有権をそこから実態に即して分離することはできない。これに関する州からの修正要求はこれまで表明されてこなかった。その他の点でも農地整備法においてもここ数十年間に数多く存在した州法上の規制の留保はこれまでほとんど要求されなかった。都市近郊において常に新たな人口密集地が誕生している中、実際に地方の領域と都市の領域を、異なる土地法に関して法治国家として確実に、そして市民にとって透明性を確保して、どのように互いから分離するつもりなのだろうか。

　この点に関する詳細な注釈：　農地整備法は1951年から1953年に亘って、基本法第74条第1項第18号—土地法—の規定への明白な関連の下で成立した。土地取引法または農業土地取引法は不成立であった（1952年1月10日の政府草案（BR-Drs.811／51）；立法権限についての別個の投票が行われた1952年2月1日の連邦参議院の第77回会期（BR-Drs.811／4／51）；1953年6月11日の連邦議会における法案の第2および第3読会（BT-Drs.1／3385）；1953年6月19日の連邦参議院の第110回会期（BR-Drs.262／53））。この限りにおいて、2006年3月7日の基本法の改正に関する法律の草案（BR-Drs.178／06／BT-Drs.16／813）は、これに関して意図に間違えた可能性がある。

　基本法第74条第1項第17号の規定は農業生産および林業生産の促進に関連して、そして食料の確保のために単に補助的に引き合いに出されるだけであった（1952年1月10日の政府草案（BR-Drs.811／51）およびさらなる上述の立法資料）。しかし、この立法の根拠は、土地法の全般的な改革の枠内での1974／76年の農地整備法の大幅な改正によって、放棄された（BT-Drs.7／3020：1975年11月27日の農地整備法の改正に関する法律の草案の第2および第3読会に関する連邦議会の第203回会議、連邦大臣のエアトル）。この限りにおいても2006年3月7日の基本法の改正に関する法律の草案（BR-Drs.178／06／BT-

Drs.16／813）は、これに関して意図に間違えた可能性がある。

　先に挙げたこの重要な農地整備という法制度に関する誤った評価および上記の法案（2006年3月7日のBR-Drs.178／16およびBT-Drs.16／813）による補充的に構成された全国家的な土地法のシステムへの農地整備の首尾一貫した組み入れは、農地整備の競合的立法権限への従来の組み込みをそのままにしておくという結論へ論理必然的に繋がる。

4　基本法第84条第1項および第74条第1項第1号の改正についての意見表明

　農地整備官署および農地整備の際に適用されるべき官署の手続きの整備に関するこれまでの規制は、基本法第84条第1項が根拠となっている。

　個々の州における既存の行政機構の多様性は一方では農地整備法に内在するこれに関する柔軟性を示している。この権限をより明確に州に割り当てることにより、いまだ存在する基本法上の疑問が払拭される。

　農地整備において適用されるべき官署の手続法は、競合的立法権限から完全に分離して評価されなければならない。官署の手続法は、十分に同時に形式的な土地法を示しており、私見によれば実質的な土地法からは適切には分離され得ない。

　行政裁判所による統制は、従来、基本法第74条第1項第1号に基づいて簡明な規制をもたらしていた。それにもかかわらず前述の私の意図に反して、農地整備法が連邦法から州法に移行されるならば、これにより同時にこれまで土地法、ここでは特に土地所有法つまり人権、の分野においても一定の法の統一性を保障できていた（行政裁判所令第137条—許される上告理由を参照）連邦行政裁判所による全国家的な法のコントロールは、行われなくなってしまう。これによって、当事者になった市民にとっては裁判所による権利保護のための審級が1つなくなり、1つが残るのみである。州は、ここでは現行の連邦法を州の農地整備法によって適用拡大することはもはやできない。

　この件（農地整備）のために、これらの指摘を実現してもらえれば大変ありがたい。

（技術博士・教授　エーリヒ・ヴァイス）

著者略歴

田山輝明（たやまてるあき）

1944年　群馬県に生まれる
1964年　司法試験合格
1966年　早稲田大学法学部卒業
　　　　早大大学院，助手，専任講師，助教授（この間，早大在外研究員，フンボルト財団給費生として西ドイツに留学）
1978年　早稲田大学教授
　　　　法学部長，常任理事（副総長）
現　在　早稲田大学名誉教授，法学博士（早稲田大学）

主な著書に，『ガイダンス民法第2版』（三省堂），『民法総則第4版』（民法要義1）』，『物権法』（民法要義2），『担保物権法第3版（民法要義3）』（成文堂），『債権総論第3版（民法要義4）』『契約法（民法要義5）』『事務管理・不当利得・不法行為（民法要義6）』（以上，成文堂），『西ドイツ農地整備法制の研究』（成文堂），『現代土地住宅法の基本問題』（成文堂），『口述契約・事務管理・不当利得』（成文堂），『特別講義民法Ⅱ（債権法）』（法学書院），『ドイツの土地住宅法制』（成文堂），『入門民法ゼミナール』（実務教育出版），『成年後見法制の研究』『続・成年後見法制の研究』（成文堂），『事例で学ぶ家族法第3版』（法学書院），『成年後見読本』（三省堂），『特別講義債権総論』，『事例演習民法』（以上，法学書院）などがある。
編著：『成年後見制度と障害者権利条約』（三省堂）、『成年後見――現状の課題と展望』（日本加除出版），『成年後見人の医療代諾権と法定代理権』（三省堂）
共著：我妻・有泉・清水・田山『我妻有泉・民法コンメンタール』（第3版）（日本評論社）

土地法の歴史と課題　　（土地法研究第3巻）

2015年12月1日　初　版第1刷発行

著　者　田　山　輝　明

発行者　阿　部　成　一

〒162-0041　東京都新宿区早稲田鶴巻町514

発行所　株式会社　成　文　堂

TEL 03(3203)9201(代)　FAX 03(3203)9206
http://www.seibundoh.co.jp

製版・印刷　シナノ印刷　　　製本　佐抜製本
©2015　T. Tayama　　Printed in Japan
☆乱丁・落丁本はおとりかえいたします☆　検印省略
ISBN 978-4-7923-2679-1 C 3032
定価（本体7600円＋税）